Kreibich/Canzler/Burmeister
Zukunftsforschung und Politik

ZukunftsStudien

Herausgegeben vom
Institut für Zukunftsstudien und
Technologiebewertung, Berlin
und dem
Sekretariat für Zukunftsforschung,
Gelsenkirchen

Band 3

Rolf Kreibich, Weert Canzler, Klaus Burmeister

Zukunftsforschung und Politik

in Deutschland, Frankreich, Schweden und der Schweiz

Die Deutsche Bibliothek – CIP-Einheitsaufnahme

Zukunftsforschung und Politik / Kreibich ; Canzler ;
Burmeister. – Weinheim ; Basel : Beltz, 1991
  (ZukunftsStudien ; Bd. 3)
  ISBN 3-407-85303-3
NE: Kreibich, Rolf; Canzler, Weert; Burmeister, Klaus; GT

Alle Rechte, insbesondere das Recht der Vervielfältigung und Verbreitung
sowie der Übersetzung, vorbehalten. Kein Teil des Werkes darf in irgendeiner Form (durch Photokopie, Mikrofilm oder ein anderes Verfahren) ohne
schriftliche Genehmigung des Verlages reproduziert oder unter Verwendung
elektronischer Systeme verarbeitet, vervielfältigt oder verbreitet werden.

© 1991 Beltz Verlag · Weinheim und Basel
Herstellung und Umschlaggestaltung:
L & J Publikations-Service GmbH, 6940 Weinheim
Satz: Sekretariat für Zukunftsforschung, 4650 Gelsenkirchen
Druck: Druck Partner Rübelmann GmbH, 6944 Hemsbach
Buchbinderische Verarbeitung: Druckhaus Beltz, 6944 Hemsbach
Umschlagabbildung: Bavaria-Bildagentur/Neuhaus, Gauting b. Mchn.
Printed in Germany

ISBN 3 407 85303 3

Inhalt

Vorwort 7

Einleitung: Zukunftsforschung und Politik 9
Cristoph Zöpel

A. Zukunftsforschung in der Bundesrepublik

Zukunftsforschung in der Bundesrepublik Deutschland 41
Rolf Kreibich

Was Zukunftsforscher denken - Ergebnisse einer Expertenbefragung 155
Weert Canzler

B. Länderberichte

Länderbericht: Zukunftsforschung in der Schweiz 207
Weert Canzler

Länderbericht: Zukunftsforschung in Frankreich 237
Peter H. Moll

Länderbericht: Zukunftsforschung in Schweden 284
Peter H. Moll und Henning Dunckelmann

C. Ausgewählte Einrichtungen der Zukunftsforschung und Literatur

Einrichtungen der Zukunftsforschung 339
Klaus Burmeister

Ausgewählte Literatur 379

Nachwort 397
Ossip K. Flechtheim

Autoren 409

Vorwort

Der vorliegende Band "Zukunftsforschung und Politik" beruht auf dem Bericht des gleichnamigen Forschungsprojektes, das vom Institut für Zukunftsstudien und Technologiebewertung in den Jahren 1987 und 1988 im Auftrag des damaligen Ministeriums für Stadtentwicklung, Wohnen und Verkehr des Landes NRW durchgeführt worden ist.

Es handelt sich bei der Veröffentlichung nicht allein um eine Geschichtsschreibung und Bestandsaufnahme der Zukunftsforschung in der Bundesrepublik Deutschland. Gleichzeitig wird im Sinne eines internationalen Vergleichs ein Abriß der jüngeren Zukunftsforschung in den Ländern Schweiz, Schweden und Frankreich vorgenommen. Angesichts einer breiten Palette von sehr unterschiedlichen Definitionsversuchen und des spärlichen Kenntnisstandes über das weite Feld der Zukunftsforschung und Zukunftsgestaltung kann die vorliegende Arbeit erst den Anfang einer ausführlichen und profunden Erörterung darstellen. Insbesondere sind die methodischen Aspekte der Zukunftsforschung weiterer Untersuchungen zu unterziehen und die Kenntnisse und Erfahrungen aus dem "Stammland" der Zukunftsforschung, den USA, sowie aus anderen Ländern und Regionen der Welt aufzuarbeiten. Eine solche Vertiefung und Erweiterung des facettenreichen und bisweilen schwierigen Spannungsverhältnisses "Zukunftsforschung und Politik" gerade im internationalen Kontext wird derzeit in einem eigenen Forschungsvorhaben im neugegründeten Sekretariat für Zukunftsforschung in Gelsenkirchen vorgenommen. Die Publikation der Ergebnisse ist ebenfalls in der Reihe ZukunftsStudien geplant.

Die vorliegende Untersuchung zeigt eindeutig eine Schwerpunktverlagerung innerhalb der Zukunftsforschung von einer quantitativ ausgerichteten Prognostik zu einer stärkeren Berücksichtigung normativer Elemente bei der Beschreibung wünschbarer Zukünfte in der Bundesrepublik und in den anderen untersuchten Ländern. Die Untersuchung veranschaulicht zudem, daß die interdisziplinär orientierte Zukunftsforschung in der Lage ist, neue Ansätze aus den Natur- und Sozialwissenschaften aufzunehmen. Insbesondere die Selbstorganisationsforschung, die Theorie chaotischer Systeme und dissipativer Strukturen und die systemische Evolutionstheorie liefern für die Zukunftsforschung hinsichtlich der Probleme prognostischer Aussagekraft und der Entwicklung von planungs- und handlungsrelevanten Zukunftsentwürfen methodische Orientierungspunkte.

Die Zukunftsforschung legt heute einen deutlichen Akzent auf Partizipation und Kommunikation. In diesem Kontext gewinnt die Szenarienbildung an Bedeutung, weil sie dazu beitragen kann, zukünftige Entwicklungen diskutierbar zu machen. Expertenwissen ist auch weiterhin wichtiger Bestandteil der wissenschaftlichen Analyse, die allerdings durch diskursive Methoden ergänzt und erweitert wird. Die Vermittlung von Zukunftswissen in Politik, Wirtschaft und Gesellschaft als Diskussionsgrundlage und Entscheidungshilfe für Handlungsoptionen wird zunehmend wichtiger. Dieser Entwicklung tragen eine Reihe von neuen und alten Zukunftsforschungs-Einrichtungen Rechnung, die am Ende des Bandes in einem umfänglichen Anhang dokumentiert werden.

Berlin/Gelsenkirchen 1991
        Rolf Kreibich
        Weert Canzler
        Klaus Burmeister

Einleitung: Zukunftsforschung und Politik

Christoph Zöpel

Diese Bemerkungen zum Verhältnis von Zukunftsforschung und Politik verknüpfen die Vergabe eines Forschungsauftrages im Jahre 1985 mit seiner Veröffentlichung im Jahre 1991. Viele Ereignisse sind in diesen 6 Jahren aus der Zukunft in die Geschichte gerückt; die historischen Fakten sind mehr geworden, Prognosen für den Zeitraum von weniger als 6 Jahren konnten an der Wirklichkeit überprüft werden, die längerfristigen Prognosen bedürfen der Revision, neue Prognosen sind gefragt. Das zeitliche Kontinuum von Geschichte, je momentaner Gegenwart und Zukunft, die dreiseitige Abhängigkeit von notwendig gegenwärtigem politischem Handeln, Wissen um geschichtliche Fakten und Wissen um zukünftige Entwicklungen werden deutlich, relativieren und konkretisieren alles, was über das Verhältnis von Zukunftsforschung und Politik gesagt werden kann, gleichermaßen. Das gilt zu Beginn der 90er Jahre in besonders eindringlicher Weise, nachdem es zwischen 1985 und 1991 historisch-politische Veränderungen gegeben hat, die von Trendprojektionen zukünftiger Entwicklung nicht einzufangen waren, die aber auch kaum in futurologischen Szenarien, ja selbst in Wunschgebäuden von Zukunft so nicht enthalten waren. Der Zusammenbruch der kommunistischen Systeme Europas, das Ende, zumindest aber das Aussetzen des militärischen Ost-West-Gegensatzes, die Auflösungstendenzen in der Sowjetunion, die Vereinigung Deutschlands - die globalen, regionalen und einzelstaatlichen Zusammenhänge haben sich grundlegend verändert. Dabei verschieben sich positiv und negativ bewertete Tendenzen schnell. Die optimistischen Projektionen von Abrüstungs-Gewinnen stehen pessimistischen Szenarien von durch Armut und Nationalitätenkonflikten bestimmten Wanderungsbewegungen gegenüber. Nord-Süd-Gegensatz und Ressourcenverteilung haben schneller als von Pessimisten befürchtet - und damit globalen Friedensoptimismus zerstörend - zu kriegerischer Auseinandersetzung im Nahen Osten geführt. National-patriotisches Denken, arabisch-islamische Bewußtseinslagen und militärische High-tech-Potentiale sind dabei zusammengetroffen. Die Ungleichzeitigkeit politischer Handlungsmuster ist offenkundig geworden. Kategorien des europäischen Nationalstaats verbinden sich mit den Möglichkeiten der Wissenschaftsgesellschaft, globale Wohlstands- und Verteilungsdiskrepanzen mit antiaufklärerischem Fundamentalismus.

Aus all dem ergibt sich, daß Zukunftsforschung schwieriger geworden ist, weil die projektierbare Wirklichkeit an Komplexität zugenommen hat. Aber auch bei dieser erweiterten Herausforderung darf die Zukunftsforschung ihre eigene Geschichte nicht außer acht lassen. Deshalb soll der politische und wissenschaftliche Erwartungshintergrund, der 1985 bei der Vergabe des hier veröffentlichten Forschungsauftrags bestanden hat, noch einmal kritisch expliziert werden. Die Ergebnisse der darauf aufbauenden Zukunftsforschung bewähren sich dann besonders in der Analyse der hier aufgezeigten Veränderungen.

1. Zukunft und staatliche Verantwortung - eine Ausgangsposition in der Bundesrepublik 1985

1.1 Ressortforschung des Ministeriums für Stadtentwicklung, Wohnen und Verkehr des Landes Nordrhein-Westfalen

1985 konnte ich in der Ressortforschung des Ministeriums für Stadtentwicklung, Wohnen und Verkehr einen neuen Schwerpunkt setzen, der in der Auseinandersetzung mit den Möglichkeiten der Zukunftsforschung als Informationsgrundlage politischen Handelns liegen sollte. Grundlage dafür war ein Auftrag des Ministerpräsidenten Johannes Rau. Der Auftrag an das Institut für Zukunftsstudien und Technologiebewertung, den Zusammenhang von Zukunftsforschung und Politik systematisch aufzuarbeiten, war ein wesentlicher Teil dieser Schwerpunktsetzung. Die Ergebnisse rechtfertigen das 1985 begonnene Vorhaben. Als Folge ist seit Anfang 1990 in Gelsenkirchen das Sekretariat für Zukunftsforschung tätig, das auf einer zunächst siebenjährigen Finanzierungsbasis im Auftrage des Landes die Arbeit an der Zukunftsforschung intensiv fortführen wird.

Für einen kontinuierlichen Prozeß der Diskussion über Zukunftsfragen sorgte zwischen 1986 und 1990 das Forum Zukunft, das ich gemeinsam mit Joachim Jens Hesse durchgeführt habe, und dessen Erträge in einer bislang sechsbändigen Publikationsreihe veröffentlicht wurden. Im Oktober 1991 werden Hesse und ich das Forum Zukunft fortführen.

Im ersten Forum habe ich zur Verdeutlichung des staatlichen bzw. politischen Interesses an der Zukunftsforschung die "Fragen des Staates an die Zukunftsforschung" formuliert; sie spiegeln mit staatlicher Tätigkeit in der Bundesrepublik Deutschland verbundene Selbstreflektionen in der Mitte der 80er Jahre wider.

1.2 Der hinterfragte Staat

Der Staat Bundesrepublik Deutschland konnte in dieser Zeit als hinterfragter Staat beschrieben werden. Diese Situation des Staatsverständnisses folgte auf zwei vorhergehende Phasen, die durch eine Zäsur in der Mitte der 60er Jahre abgegrenzt wurden.

Der Staat des neuen Grundgesetzes war zunächst bestimmt durch ein Staatsverständnis der Abwehr sowohl gegenüber den Ansprüchen des untergegangenen totalitären faschistischen Staates als auch gegenüber den Ansprüchen des neu entstehenden kommunistischen Staates in dem sowjetisch besetzten Teil des ehemaligen Deutschen Reiches. Grundrechte als abwehrende Freiheitsrechte und Gewaltenteilungen vielfältiger Art zwischen den Organen und Institutionen des Staates kennzeichneten dieses Staatsverständnis der 50er und 60er Jahre.

Die gesellschaftlichen, die ökonomischen und sozialen Probleme der jungen Bundesrepublik ließen sich im Verlauf der "wirtschaftswunderlichen" Entwicklung ohne sonderliche staatliche Korrekturen lösen. Jährliche Wachstumsraten des Bruttosozialproduktes zwischen 10,5 % in 1951, 11,5 % in 1955, 8,8 % in 1960 und noch 4,5 % in 1965, bei einem Tiefstwert von 3,3 % in 1958, steigerten die Verteilungsspielräume für die primäre wie sekundäre Einkommensverteilung bei permanenter Einkommenssteigerung fast aller. Die Arbeitslosenquote war schnell von 8,2 % in 1950 auf weniger als 1 % in 1959 gefallen. 1962 betrug sie noch 0,5 %.

In der Mitte der 60er Jahre begann eine wissenschaftliche und politische Diskussion um die materielle Realisierung der Grundrechte. Ansätze dazu ergaben sich durch Probleme wie dem Bildungsnotstand, den Infrastrukturdefiziten, regionalen Disparitäten und vor allem dem ersten tieferen Konjunktureinbruch 1966/67, der auch erstmals ein Krisengerede aufkommen ließ: Die Sozialproduktentwicklung war 1967 mit minus 0,3 % rückläufig. Der sozialstaatliche Auftrag des Grundgesetzes trat in den Vordergrund des Staatsverständnisses. In den 10 Jahren zwischen Mitte der 60er und Mitte der 70er Jahre sind so dem Staat teils deskriptiv, teils aber auch mit programmatischem Anspruch Aufgaben zugeschrieben worden, die über die klassischen Funktionen staatlichen Handelns im bürgerlichen Rechtsstaat hinausgingen. Die neuen Eigenschaften waren der "gestaltende", "planende" und "steuernde" Staat.

Es sind dann vor allem drei grundlegende Veränderungen der europäischen Industriegesellschaften, die ab Mitte der 70er Jahre diese Aufgaben und Eigenschaften wieder in Frage stellten, ohne zum Staatsverständnis der Gründungsphase der BRD zurückzuführen.

Die erste ist die Tatsache, daß wirtschaftliches Wachstum nicht mehr mit den prozentualen Steigerungsraten erfolgte, an die sich die frühen Nachkriegsjahre gewöhnt hatten. Die beiden anderen Veränderungen hängen mit dieser ersten zusammen.

Zusätzliches Wachstum ist als Löser von Verteilungskonflikten weitgehend ausgefallen.

Und schließlich: Der sehr schnelle Wachstumsprozeß der Nachkriegszeit hat dazu geführt, daß die Industriegesellschaften die Wirkungen von Technik in weiten Bereichen nicht mehr beherrschen. Damit sind - als Kehrseite der technologisch-ökonomischen Entwicklung - ökologische Veränderungen eingetreten. Die Nichtbeherrschung technischer Prozesse ist die wichtigste Ursache ökologischer Probleme geworden.

Diese Veränderungsprozesse waren weder in den Ansprüchen der Gesellschaft an den Staat noch im staatlichen Selbstbewußtsein verarbeitet. Die Aufarbeitung hat in den 80er Jahren begonnen und ist auch 1991 noch im Gange. Vor diese Aufarbeitung traten aber sowohl in der politischen und publizistischen wie auch in der wissenschaftlichen Diskussion das Bewußtsein oder das Gerede von der Krise der Staatlichkeit.

Dabei werden massive heterogene und im Kern nicht vereinbare gesellschaftliche Verantwortungszuweisungen an den Staat adressiert. Er wird für technologische Innovationen in Anspruch genommen, aktive, gestaltende Technologie- und Industriepolitik wird von ihm erwartet. Für die Folgen und Nebenfolgen der technologischen Entwicklung soll er Verantwortung tragen. Dem Staat werden einerseits Lenkungs-, Orientierungs- und Innovationsaufgaben hinsichtlich der technologischen Entwicklung zugewiesen, andererseits und zugleich wird der Aufbau eines umfassenden wissenschaftlich-bürokratischen Kontrollapparats zur Vermeidung von Risiken und zur Behebung von Schäden von ihm gefordert. Die Bündelung beider Handlungsbereiche führt zu einer Dimension staatlicher Verantwortlichkeit, die den Vorwurf des Staatsversagens herausfordern muß. An die Stelle der von konservativer Seite so bezeichneten "sozialstaatlichen" Anspruchsinflation ist eine Inflation der Ansprüche "innovationsstaatlicher" bzw. "umweltstaatlicher" Dimension getreten, die sich sowohl auf ökonomische Interessen stützen wie auf die Erwartung der Bevölkerung, daß der Staat sie vor technologischen und ökologischen Risiken zu schützen habe.

Als Ausweg aus dieser "Krise der Staatlichkeit" wird mehr Selbststeuerung sozialer Systeme vorgeschlagen, gestützt allerdings auf primär unterschiedliche gesellschaftspolitische Grundpositionen. Dies soll durch Privatisierung, Entstaatlichung und Deregulierung erfolgen, entweder zugunsten vorhandener gesellschaftlicher Kräfte oder zugunsten sozialer Netzwerke, deren Aufbau und Arbeit der Staat fördern und sichern, wie er die deregulierte Gesellschaft vor Gefährdungen ihrer inneren und äußeren Sicherheit schützen soll. Gemeinsam ist diesen Modellen der Rückzug des Staates aus der Gesellschaft und damit die größere Staatsferne ökonomischer oder sozialer Systeme.

Diese Situation des Staatsverständnisses forderte viele dazu heraus, sie als "unübersichtlich" zu qualifizieren. Auf den Begriff gebracht hat dies Jürgen Habermas in einer Rede, die er im November 1984 auf Einladung des Präsidenten des spanischen Abgeordnetenhauses vor der Cortes gehalten hat. Auf diese Unübersichtlichkeit, auf die inkonsistenten Ansprüche an den Staat hat das staatliche Selbstverständnis zunächst unsicher und vorrangig defensiv reagiert.

Faktisch wurden in weiten Bereichen staatliche Planungs- und Rationalitätsansprüche zurückgenommen. Nordrhein-Westfalen verzichtete 1976 auf die Fortschreibung des Nordrhein-Westfalen-Programms. Der in der Regierungserklärung 1980 niedergelegte Selbstauftrag - "Die Landesregierung wird die Schwerpunkte ihrer künftigen Politik in einem neuen Nordrhein-Westfalen-Programm zusammenfassen. ... Dieses Programm soll die Grundlage für die Entwicklung unseres Landes in den 80er Jahren sein", so die Regierungserklärung von Ministerpräsident Johannes Rau vor dem Landtag Nordrhein-Westfalen am 4. Juni 1980 - wurde nicht erfüllt und diese Nichterfüllung wurde parlamentarisch nicht eingefordert. Dem Hessenplan widerfuhr ein ähnliches Schicksal. Allen voran mußte der Planungsstab des Bundeskanzleramtes erhebliche Einbußen an politischem Gewicht hinnehmen.

Diese staatliche Reaktion findet in der pragmatischen Argumentation eine Rechtfertigung, die auf eine aus ihrer Sicht notwendige Differenzierung verweist: Die programmatisch-theoretische Auseinandersetzung in den politischen Parteien sei die eine Sache, eine ganz andere sei die der praktischen Regierungsarbeit. Beide hätten zu unterschiedliche Funktionen, als daß sie zu eng miteinander verknüpft werden dürften. Den staatliche Verantwortung tragenden Politiker, der notwendiger- wie sinnvollerweise in die allgemeinen und innerparteilichen Wahlentscheidungen eingebunden ist, bringt dies in eine unfruchtbare Diskussion: Wo konkrete Entscheidungen politisch zu begründen sind, wird ihre Einordnung in grundsätzliche Programmatik verlangt; wo programmatisch argumentiert wird, wird erwartet, daß der Argumentationsaufwand die praktische Regierungsfähigkeit nicht lähme.

Teilweise ist diese "Arbeitsteilung" noch weiter gegangen. Die Dichotomie zwischen programmatischer Auseinandersetzung als Sache der politischen Parteien und politischem Handeln als Sache des Staates wird zum Auseinanderfallen von politischer Propaganda mit den Mitteln der Sozialpsychologie als Aufgabe von Parteimanagern einerseits und Regierungshandeln andererseits, das für diese Zwecke weitgehend beliebig ist.

Unterschiedliche Ansprüche an den Staat und unsicheres Reagieren des Staates - dies sind Gründe, *den Staat zu hinterfragen*, in der wissenschaftlichen wie in der grundsätzlichen politischen Diskussion.

Wie aber soll sich der so hinterfragte und damit verunsicherte Staat helfen?

Der Staat muß *fragen*. Er muß ein Interesse daran haben, daß ein Prozeß der gesellschaftlichen Verständigung darüber stattfindet, welche Rolle der Staat bei der Zukunftsgestaltung haben soll und ausfüllen kann.

1.3 Der fragende Staat

Dieser "fragende Staat" soll keine neue Kategorie staatlichen Handelns sein. Der aufgeklärte Staat hat sich immer schon fragend an die ausdifferenzierten Systeme von Wissenschaft und Forschung gewandt. Nur indem staatliche Politik fragte, zunächst eher unsystematisch einen Kreis kluger Vertrauter und später vermittelt über Forschungsförderung und -finanzierung wissenschaftliche Spezialisten, was in einen reflexiven Prozeß der Politikberatung, der Begleitforschung und der regelmäßigen Berichterstattung sachverständiger "Weiser" mündete, konnte staatliche Politik die Qualität und Dauerhaftigkeit von Problemlösungen verbessern und sich zugleich gegenüber der Öffentlichkeit legitimieren.

Nachfrage nach Ratgebung, Information und Wissen ist also nichts Neues. Und doch: Der Staat muß eine andere, eine qualitativ neue Kommunikation mit der Wissenschaft suchen, ohne zunächst ausreichend adäquate Formen des Wissens- und Innovationstransfers gefunden zu haben. Wenn die These richtig ist, daß Umfang, Intensität und Inhalt staatlicher Nachfrage nach extern vorhandenem Wissen Rückschlüsse auf den Zustand und die Qualität von staatlicher Politik zulassen, ist es erforderlich, die Entwicklung staatlichen Fragens an die Wissenschaft in der Bundesrepublik Deutschland etwas genauer zu untersuchen.

Der innovativ zu gestaltende Austauschprozeß zwischen Staat und Wissenschaft muß abgegrenzt werden zu dem der 60er und 70er Jahre. Damals entwickelte sich unter dem Einfluß der politisch artikulierten Planungs-, Gestaltungs- und Steuerungsbedarfe eine bis dahin ungekannte Nachfrage nach handlungsorientierten Beratungsmodellen. Unter den Bedingungen wachsender Wirtschaft und breiter Verteilungsspielräume gab sich der Wohlfahrtsstaat in engster Kommunikation vor allem mit der ökonomischen Wissenschaft seine Konturen.

Mit dem Abflachen der prozentualen Wachstumsraten des Sozialprodukts orientierte sich staatliches Fragen um: Rationalitätsansprüche wurden zurückgenommen und Fragen nach dem "Warum" von Rationalitäts- und Gestaltungsdefiziten gestellt. Implementations-, Wirkungs- und Vollzugsforschung sollte allen staatlichen Ebenen Aufschlüsse darüber geben, warum erwünschte Wirkungen staatlicher Entscheidungen ausblieben, dafür sich aber unerwünschte Nebenfolgen einstellen. Mag noch offenbleiben, ob nicht früher nach den Gründen für das Abflachen der Wachstumsraten hätte gefragt werden müssen - zunächst wurden entweder Wissenschaft oder Staat für die nicht eingetretenen Prognosen und Planungen verantwortlich gemacht. Damit fanden Politik wie Wissenschaft - sich jeweils am anderen Bereich entlastend - ihre neuen Themen: Unregierbarkeit, Entstaatlichung, Dezentralisierung, Abbau von Vorschriften und Bürokratie, Privatisierung, Prognoseskepsis, Planungsfeindlichkeit.

Diese Diskussion hat administrative Konsequenzen: Verwaltungsvereinfachung ist inzwischen zum Routineprogramm der Administration geworden. Entwickelt hat sich eine administrative Leidenschaft zur systematischen Selbstbeschneidung, und zwar nicht selten ohne Rücksicht und losgelöst von der Frage, wie und mit welchen Mitteln der Staat seinen Aufgaben gerecht werden soll.

Überlappt wird diese Entwicklung von technischen Innovationen mit ihren neuen Chancen, aber auch bislang nicht gekannten Risikopotentialen. Diese Situation fördert auf den ersten Blick Aktionismus mehr als systematisches Fragen. Transfereinrichtungen schießen mit staatlicher Hilfe aus dem Boden, die Wissensverwertung im Rahmen der außeruniversitären Wissenschaftsindustrie wird intensiviert, die Großforschungseinrichtungen expandieren. Zugleich aber sieht sich jetzt der Staat in immer größeren Schwierigkeiten, den technischen und wissenschaftlichen Sachverstand verfügbar zu haben, um kontrollierend eingreifen oder um die öffentliche Infrastruktur, für die er Verantwortung trägt, jedenfalls in Kenntnis des Standes von Wissenschaft und Technik erstellen, aus- und umbauen und erhalten zu können. Neue Fragen des Staates sind jetzt mehr inkrementalistisch, am Einzelfall orientiert, was aber in Verbindung mit klaren Zielperspektiven eine problemlösende Handlungsorientierung sein kann.

In dieser Situation ist systematische Zukunftsforschung wieder aktuell, weil notwendig. Wenn sie im neuen Austauschprozeß Staat-Wissenschaft helfen soll, muß sie sich ihrer selbst vergewissern.

Was Zukunftsforschung nach meinem Eindruck bevorzugt anbietet, sind Zukunftsszenarien. Diese setzen sich von der Prognosemethodik der 70er Jahre ab, die die Vorhersage künftiger Ereignisse mit allein "rationalen" Methoden ermöglichen wollte. Szenarien wollen keine Prognosen vorstellen, sondern sind eine qualitative Methode, mit deren Hilfe mögliche Wirkungen von Verhaltensweisen, Stimmungsänderungen, politischen Strategien usw. aufgezeigt werden sollen. Die staatliche Nachfrage hat sich auf derartige Szenarien mit ihrem systemanalytischen Wissen über komplexe Problemfelder vordergründig eingestellt. Gegenseitig signalisieren sich dabei Staat und Zukunftsforschung kognitive Umorientierung hinsichtlich der Problemdefinitionen; aber der Erfolg dieses aktuellen Nachfrage- und Forschungsmusters ist noch begrenzt. Dies hat im wesentlichen zwei Gründe: Das Angebot an Szenarien ist überwiegend nicht verlaufs- oder strategieorientiert. Gemalt werden Zukunftsbilder, aber der Weg dorthin, die Strategiekosten und -hindernisse, werden ungenügend berücksichtigt. Vielleicht liegt das daran, daß diese Szenarien auch unhistorisch sind, denn Historizität erlaubt keine Pausen des Ausblendens.

Der zweite Grund hängt mit dem ersten zusammen. Szenarien müssen diskutiert werden. Sie lassen und legen Wertungen offen und machen sie diskutabel. Kommunikation zwischen Staat und Forschung ist insofern essentieller Bestandteil der Szenarientechnik. Diese Kommunikation ist häufig überwiegend zufällig, nicht auf Stetigkeit hin organisiert, vielleicht auch abhängig von der Qualität staatlichen Personals und staatlicher Organisation als Vorbedingungen für Kommunikation über Zukunft. Aber mit diesem Hinweis wird das dritte Kriterium für die Neuartigkeit des Austauschprozesses zwischen Wissenschaft und Staat deutlich: Die Funktionstrennung des Wissen nachfragenden Staates und des Wissen produzierenden Systems von Wissenschaft und Technik ist aufzuheben in gemeinsamer Kommunikation. Der "fragende" Staat der Gegenwart kann seine Fragen an die Wissenschaft schon gar nicht mehr ohne deren Hilfe formulieren. Die Antworten der Wissenschaft - also neues Wissen und neue Technologie - verändern unmittelbar gesellschaftliche Wirklichkeit und damit die Bedingungen staatlichen Handelns.

Die Explosion des Wissens im auslaufenden 20. Jahrhundert ist ein historischer Prozeß, innerhalb dessen sich Wissenstransfer vollzieht. Wissenstransfer verändert immer schon die historische Wirklichkeit - zum Besseren oder zum Schlechteren. Staat und Wissenschaft müssen sich dieser Veränderung von Wirklichkeit durch Wissenstransfer bewußt sein. Verzicht des Staates auf diesen Austauschprozeß bedeutet letztlich Rückzug aus der politischen Verwantwortung für den Zustand der Wirklichkeit; Verzicht der Wissenschaft auf Kommunikation mit dem Staat bedeutet vermehrte Übernahme moralischer Verantwortung für die Wirkungen der Wissensproduktion.

1.4 Methodische Fragen der Zukunftsforschung

Zwei unzulängliche Arten der fragenden Annäherung an Zukunft wurden erwähnt: die rationalistische lineare Verlängerung von Entwicklungsmodellen in die Zukunft - zumeist unter Berufung auf Sachzwänge - und das ebenso unhistorische Malen neuer Zukünfte - unter Verdrängung von Entscheidungssituationen von heute.

Die entsprechenden Antworten - Prognosen, Vorhersagen, Zukunftsentwürfe - tragen Züge des Zwanghaften oder aber des Spekulativ-Unverbindlichen. Zukunft als Folge von Entscheidungen der Gegenwart oder als Wahlmöglichkeit in einer historischen Situation wird ausgeblendet.

Dies ist das unhistorische Denkmuster: verdrängte Vergangenheit - ungeklärte Gegenwart - spekulative Zukunft. Zukunftsentwürfe, vornehmlich mit der Vorsilbe "post-" gebildet, setzen sich bewußt von der Gegenwart ab und immunisieren sich gegen Probleme von heute. Ohne die zentralen gesellschaftlichen Aufgaben der Gegenwart zu lösen, ergreifen sie vorschnell Partei: Postmoderne gegen Moderne, die postindustrielle Gesellschaft gegen die industrielle, fortschrittstechnokratische Durchbrecherentwürfe gegen postmateriell-alternativ-ökologische "sanfte" Leitbilder, die Dienstleistungsgesellschaft gegen die Selbsthilfegesellschaft. Dabei sind diese Begriffe nichts weiter als die Abbildung zentraler gesellschaftlicher Fragen

- des Umgangs mit der Technik und - sozusagen als Kehrseite - des Umgangs mit der Natur einerseits
- und der Verteilung von Chancen, Belastungen und Risiken andererseits,

beides in einer *historisch einmalig reichen Gesellschaft*.

Klarheit darüber aber erfordert zureichende Verständigung über die Geschichte und die Gegenwart unserer Zukunft.

Sicher sind geschichtslose Zukunftsentwürfe häufig Ausdruck einer Verzweiflung über Geschichte. Verzweiflung über die Vergangenheit legte es nahe, die Zukunft so entwickeln zu wollen, daß sie keinen Bezug zur Geschichte und damit auch nichts Bösartiges und Tragisches mehr haben konnte. Die Utopie, sozial Richtiges als Dauer-, ja "Endlösung" konzipieren zu können, ist ein Ergebnis dieser Art der Geschichtsbewältigung.

Aber verdrängte Geschichte stellt den Umgang mit der Zukunft ebenso auf eine Grundlage, die nicht hält, wie linear-fortgeschriebene. Ein kritisch-bewußter historischer Zugang zur Zukunft heißt auch, die konstanten, die dauerhaften Elemente der menschlichen Geschichte herauszuarbeiten und sie dann mit historischen Situationen zu konfrontieren, die rückblickend veränderlich, vorausblickend veränderbar sind.

Die Frage der staatlichen Politik an die Wissenschaften, die Aussagen über die Zukunft machen, geht also zunächst dahin, in welcher Weise sie helfen können, *Sachzwänge und Tabus der Nichtveränderbarkeit aufzulockern.* Angebliche Systemzwänge, Sachzwänge oder Eigendynamiken schmieden immer festere Ketten zwischen Vergangenheit, Gegenwart und Zukunft und grenzen gesellschaftliche Entscheidungsspielräume ein - gewollt und ungewollt. Sind die Wissenschaften, die im Zeitalter der Aufklärung als Tabubrecher begonnen haben, heute noch dazu in der Lage? Oder sind sie nicht gar die Begründer von Tabus? Treibt nicht die Verwissenschaftlichung weitere Lebensbereiche in die Unveränderbarkeit, indem "unvermeidliche" Nebenfolgen auf andere Bereiche abgewälzt werden? Was leistet die Wissenschaft, um den Radius gesellschaftlicher Wahlmöglichkeiten zu erweitern oder zumindest zu sichern?

Ein Indiz dafür, daß die Zukunftsforschung ihrer freiheitsstiftenden, Wahlmöglichkeiten eröffnenden Aufgabe nicht vollends gerecht wird, liegt vor, wenn Utopien ins Negative umschlagen. Wird dieser Befund verallgemeinert, heißt es, Aufklärung habe ihre Rolle ausgespielt; das überprüfbare Argument, die geleistete Deutung von Geschichte, Gesellschaft und Zukunftsmöglichkeiten werden dann durch Katastrophenphilosophie ersetzt. Es ergibt sich aus der Bedeutung der Wissensexplosion für die historische Entwicklung des 20. Jahrhunderts, daß die utopischen Energien aufgezehrt erscheinen. Aber Forschung und Wissenschaft müssen die Kraft haben, den Prozeß der wissenschaftlichen Spezialisierung, der die Unkalkulierbarkeit von Nebenfolgen erhöht und Unübersichtlichkeiten schafft, jedenfalls insofern wieder aufzuheben und zu überwinden, als gesamtgesellschaftliche Entwicklungsvarianten im Zusammenhang erkannt werden können. Dazu sollte die Zukunftswissenschaft in der Lage sein, ihre Arbeit so an die empirische Wirklichkeit anzubinden, daß kritische Reflexion und praktische Zukunftsgestaltung miteinander ins Gespräch kommen können und gegenseitig lernfähig werden.

Ernst Bloch hat in "Prinzip Hoffnung" die Sozialutopien in Freiheitsutopien und Ordnungsutopien unterschieden. Die Aufklärung hat wohl die ersten Versuche unternommen, beide Zugänge zu integrieren, ein Versuch, der mit zunehmender Verselbständigung der wissenschaftlich-technischen Entwicklung in einen immer schärferen Gegensatz zur Wirklichkeit geriet. Technologische Innovationen wurden nicht nur zur Vergrößerung von Freiheit gebraucht, sondern auch zu deren Einschränkung mißbraucht. Die gesellschaftlichen Chancen der technischen Entwicklung blieben in weiten Bereichen ungenutzt.

Aufklärung heute hieße möglicherweise, einen erneuten Versuch der Integration von ordnungs- und freiheitsorientierten Zukunftsentwürfen zu versuchen, in dem das Verhältnis zur Technik neu definiert und neue Spielräume zur Verteilung von Lebenschancen genutzt werden. Ordnende Rahmensetzung für Technikentwicklung und Erweiterung individueller und gesellschaftlicher Wahlfreiheiten wären die Zukunftsthemen, in denen dies gelingen könnte.

2. Erträge des Forum Zukunft für Staatsverständnis und politisches Handeln

Die Erprobung dieses 1986 formulierten Anforderungsprofils an Zukunftsforschung aus der selbstreflexiven Sicht des Staates, die Prüfung der Konsistenz des dargelegten methodischen Verständnisses, brachten die bislang sechs Diskussionsveranstaltungen im Rahmen des Forum Zukunft. Sie waren in zeitlicher Reihenfolge folgenden Themen gewidmet:

- Zukunft und staatliche Verantwortung
- Neuorganisation der Zeit
- Zukunftswissen und Bildungsperspektiven
- Zukunftsoptionen - Technikentwicklung in der Wissenschafts- und Risikogesellschaft
- Der Staat der Zukunft
- Die Zukunft der Städte

Jedes dieser Foren ergab neben vielen anderen Erkenntnissen Einsichten in die Möglichkeiten und Grenzen des politischen Handelns und damit auch des Verständnisses vom Staat.

Ausgangspunkt für die Fragen des Staates an die Zukunftsforschung sind, wie bereits festgestellt, die grundlegenden Veränderungen der europäischen Industriegesellschaften seit der ersten Hälfte der 70er Jahre, nämlich

- die Verringerung der Steigerungsraten wirtschaftlichen Wachstums,
- der Ausfall dieses hohen Wachstums als Löser von Verteilungskonflikten,
- das Erkennen der ökonomisch-ökologischen Ambivalenz des technischen Fortschritts.

Der Zusammenhang von wirtschaftlicher Entwicklung, technischem Fortschritt und ökologischen Gefährdungen wurde im Forum Zukunft 4 "Zukunftsoptionen - Technikentwicklung in der Wissenschafts- und Risikogesellschaft" herausgearbeitet. Es wurde die fundamentale Erkenntnis vertieft, daß der technische Fortschritt entscheidende Triebkraft der ökonomischen Entwicklung und die Ursache der ökologischen Risiken ist. Technischer Fortschritt, die Diffusion von Wissen und die Vermehrung ökologischer Risiken gehen ineinander über und stellen sich so komplex dem politischen Handeln als kontinuierlicher Zuwachs von Problemen dar.

2.1 Problemgerechte staatliche Handlungsfähigkeit

Die erste Konsequenz aus diesem Zuwachs von Problemen für das politische Handeln muß die Konzentration staatlicher Tätigkeit sein, und zwar unter divergierenden Aspekten.

Es stellen sich gesellschaftliche Probleme, die nur der Staat lösen kann - insbesondere die ökologischen Probleme. Daraus folgt die dauerhafte Konzentration auf Grundsätzliches.

Es stellen sich zeitlich beschränkte Probleme, die eher punktuell gelöst werden müssen. Daraus folgt die aktuelle Konzentration auf

Einzelfälle von Gewicht. Es differenzieren sich Probleme und verlangen unterschiedliche Lösungen. Daraus folgt die erforderliche Dezentralisierung staatlichen bzw. kommunalen Handelns.

Eine instrumentelle Konsequenz aus dieser notwendigen Konzentration staatlicher Tätigkeit ist die Rückbesinnung der Politik auf die Notwendigkeit und die Chancen staatlicher Rahmensetzung. Die moderne Verfassungsgeschichte ist vorrangig eine Darstellung des Sicherns von Rechten, des Setzens von Rahmen, der Begrenzung von staatlichen Befugnissen, aber auch privater Willkür. An diese verfassungsgeschichtliche Tradition anknüpfend, muß der Staat es als eine neue Aufgabe begreifen, Grenzen zu setzen gegen das, was technisch unbeherrschbar und damit lebens- und umweltgefährdend wird. Grenzen sichern gehört zu den konstitutiven Aufgaben des modernen Staates; er ist wegen der Existenz von räumlich-nationalen Grenzen entstanden, er findet wegen technologisch-globaler eine historisch neue konstitutive Notwendigkeit.

Konzentration staatlicher Tätigkeit und Rückbesinnung auf die Aufgabe der Rahmensetzung bedeuten in der Tat Absage an den nicht einlösbaren Anspruch, flächendeckende Planungen und Problemsicherungen vorzunehmen. Dies folgt auch aus der Kritik am Planungsverständnis der 70er Jahre. Diese erforderliche Beschränkung des Ausmaßes und der Form staatlicher Tätigkeit darf aber nicht im Gegensatz stehen zu dem Anspruch des Staates, voll am Prozeß der Wissensentstehung, der Wissensvermehrung und der Wissensvermittlung teilzunehmen. Dies gilt unter zwei Aspekten:

- der Garantie der Wissensvermittlung durch den Staat,
- der Selbstvergewisserung des Staates über den Stand des gesellschaftlichen Wissens.

Der Prozeß der Entstehung von Wissen ist in Hochschulen, Labors, wissenschaftlichen Instituten und Unternehmen organisiert. Die industriell-ökonomische Wissensverwendung regelt sich über die Mechanismen des Marktes, nicht immer in den Grenzen staatlich gesetzten Rechts. Die Wissensvermittlung dagegen hat jedenfalls in ihrer ganzen Breite keine so verläßlichen Promotoren. Hier ist eine neue Aufgabe des Staates in der Wissenschaftsgesellschaft entstanden, wenn er sich weiterhin als demokratischer Rechts- und Sozialstaat verstehen will. In Analogie zum Rechts- und Sozialstaat muß der Staat auch ein Wissensvermittlungsgarantiestaat sein.

In *sozialer* Hinsicht muß er garantieren, daß am Wissensentstehungsprozeß jeder teilnehmen kann. Durch die Beschränkung der Möglichkeit zur Wissenschaftsorganisation dürfen nicht neue Machtstrukturen, neue soziale Schichtungen und unüberwindliche Differenzierungen entstehen. Dies ist verbunden mit einem Nachdenken über das Gebot der Transparenzen einer Gesellschaft, besonders auch der Transparenz von Unternehmen.

In *räumlicher* Hinsicht heißt die Garantie der Wissensvermittlung, daß Friktionen zwischen Regionen vermieden werden müssen, daß sich die Gleichwertigkeit der Lebensverhältnisse in einer Wissenschaftsgesellschaft eben auch auf die Teilhabe von Regionen an verfügbaren Wissenspotentialen erstrecken muß. Dies macht die flächendeckende Einrichtung von Transferstellen so notwendig.

Garantie der Wissensvermittlung heißt in *zeitlicher* Hinsicht, daß Weiterbildungs- und Weiterqualifikationsangebote ausgebaut werden müssen. Hier kann sich die Kommunikation zwischen Staat, Wissenschaft und Unternehmen zuallererst beweisen.

Schließlich bedeutet Garantie der Wissensvermittlung unter *inhaltlichen* Aspekten, daß kritisches, alternatives Wissen, das Bedenken gegenüber technologischen Entwicklungen anmeldet, nicht unterdrückt wird. Kritisches Wissen muß die Chance der Darstellung und Artikulation bekommen, um den Staat, dessen regulierende Schrankensetzung nachgefragt wird, erst in die Situation der Wahlmöglichkeiten zu versetzen.

An dieser Stelle, bei der Garantie der Wissensvermittlung auch kritischen Wissens, wird deutlich, inwieweit die staatliche Garantiefunktion für die Wissensvermittlung mit der Selbstvergewisserung des Staates zusammenhängt. Indem der Staat den Zugang zum Wissen für jedermann garantiert, kann er sich auch selbst in den Stand setzen, das für allfällige Problemlösungen notwendige Wissen zur Verfügung zu haben. Beides allerdings, die Garantie der Wissensvermittlung wie die Selbstvergewisserung, muß institutionell abgesichert sein, damit sie als ein kontinuierlicher Prozeß staatlichen Handelns erfolgen, der, sicherlich zeitlich leicht versetzt, mit der Wissensentstehung und Wissensdiffusion parallel verläuft.

2.2 Zeitpolitik

Der beschleunigte technische Fortschritt hat sowohl zu hohen Wachstumsraten und damit einer reichen Gesellschaft geführt, gleichzeitig auch die für die Erstellung des Sozialprodukts erforderliche Arbeitszeit zu reduzieren ermöglicht. Diese Tatsache ist im Prinzip nicht neu. Sie gewann aber neue politische Bedeutung unter zwei Gegebenheiten:

- dem Ausfallen hoher Wachstumsraten für die Lösung von Verteilungsproblemen,
- der Entwicklung neuer Lebensstile bei zunehmender Gleichstellung der Frau.

In dieser Situation tritt neben den bisher wichtigsten sozialen Generalindikator, das Geld, ein weiterer, die Zeit. Damit läßt sich als ein neues materielles wie formelles Feld politischen Handelns Zeitpolitik definieren.

Ein historisches Charakteristikum der Wohlstandsgesellschaft ist also die Situation des Zeithabens. Allerdings gilt diese Tatsache nicht für alle sozialen Gruppen der Gesellschaft gleichermaßen. Wie Geld ist auch Zeit asymmetrisch verteilt. Damit stellt sich für soziale Steuerung die ganz prinzipielle Frage, wie in vielen Bereichen dazu übergegangen werden könnte, mit einem zweiten Generalindikator neben dem Steuerungsmedium Geld zu arbeiten. Geld hat die Funktion, komplexe Zusammenhänge auf einen einfachen Begriff zu bringen, gesellschaftliche Austauschbeziehungen zu regeln und Ressourcen zu verteilen. Wird mit dem Generalindikator und Steuerungsmedium Zeit gearbeitet, um Ressourcen zu verteilen, erweitert sich die Zahl anwendbarer politischer Instrumente. Es findet der politische Vollzug der soziologischen Einsicht statt, daß Zeit immer eine Informations- und Regulationsfunktion hat.

Soziale Regulierungen, die Verwendung des sozialen Generalindikators Zeit, benötigen wert- und zielgerichtete Orientierung.

Norbert Elias hat Zeit in einen engen Zusammenhang mit Begriffen des Zwanges, des Fremdzwanges, des Selbstzwanges und des Zwanges zum Selbstzwang gebracht. Gegen diese Vorstellung, die sich in eine enge Verbindung mit industrieller Disziplin bringen läßt, wäre der Begriff der Zeitsouveränität zu stellen. Er füllt Zeit mit Freiheit auf. Mit dem Begriff Zeitsouveränität soll den Menschen die Chance gegeben werden, sich von einem Übermaß an Selbstzwang und mehr noch an Fremdzwängen befreien zu können. Er umschreibt damit den liberalen Entwurf von Freiheit im Kontext der Zeitverwendung.

Zeitsouveränität könnte auch für staatliches und gesellschaftliches Handeln zu einem leitenden Begriff werden. Dies setzt voraus, daß es gelingt, der liberalen Position der Zeitsouveränität einen komplementären gesellschaftlich eingebundenen Begriff von Zeitverwendung gegenüberzustellen. Dies könnte der Begriff der Zeitsolidarität sein. Er setzt an der Frage an, wie mehr Menschen Zeitsouveränität eingeräumt werden könnte und erweitert damit den Sozialstaatsgedanken um die Dimension der Zeit. Wie der politische Freiheitsbegriff des Liberalismus in seiner Fixierung auf die Sicherung individueller Freiräume vor staatlicher Intervention das Problem der ungleich verteilten Zugangs- und Nutzungschancen staatsfreier Sphären in der Gesellschaft ausblendet, erfordert die Einsicht in die sozialen Disparitäten bei der Realisierung von individueller Zeitsouveränität ausgleichendes gesellschaftspolitisches Handeln, das über die Durchsetzung von Zeitsolidarität Zeitsouveränität für alle Mitglieder der Gesellschaft erst ermöglicht.

2.3 Zeit als Möglichkeit zur Entlastung von Problemen bei abnehmender fiskalischer Handlungsfähigkeit des Staates

Die kontinuierliche Zunahme möglicher Probleme ist als entscheidende Herausforderung an staatliches Handeln offenkundig geworden. Eine grundsätzliche Antwort darauf ist, wie gezeigt, die Konzentration staatlicher Tätigkeit auf eine begründete Auswahl von Problemen. Dabei könnten viele in der Gegenwart nicht lösbare Probleme

Stück für Stück abgearbeitet werden, wenn staatliche Politik entschiedener und verantwortlicher als bisher in zeitlichen Dimensionen denken und handeln würde. Dies scheint eine Binsenweisheit zu sein - sie nicht zu akzeptieren, grenzt an Irrationalität. Und gerade weil diese plausible Möglichkeit der Verbesserung der Methoden staatlichen Handelns zu oft ausgeschlagen wird, mehren sich die Forderungen nach langfristigem staatlichen Handeln aus Gründen materieller Notwendigkeit.

Zeit als Medium der Politik, das die Komplexität ständig zunehmender Probleme reduziert, das bedeutet natürlich nicht eine Strategie der Problemvertagung und -verdrängung. Noch weniger darf es bedeuten, neue Probleme zu schaffen, die in späterer Zeit gelöst werden müssen - ohne heute zureichend bedacht zu werden. In diesem Sinne ist der Zeithorizont ein Kriterium für staatliche Politik, das zu der geforderten Selektion aus der Menge der zu behandelnden Probleme nötigt.

Die Zunahme von gesellschaftlichen Problemen korrespondiert seit Beginn der 80er Jahre mit einer kontinuierlichen relativen Verknappung von Ressourcen. Dies hat zu abnehmender Handlungsfähigkeit des Staates geführt. In den 70er Jahren wurde als probater Ausweg aus Handlungsbeschränkungen der Weg in die steigende Staatsverschuldung gewählt. Vor allem seit der ersten Erdölkrise stiegen die staatliche Nettokreditaufnahme und der öffentliche Schuldenstand in der Bundesrepublik Deutschland sprunghaft an. Das wachstumsorientierte weltwirtschaftliche Krisenmanagement der 70er Jahre war es vor allem, das diese Entwicklung auslöste, ohne daß sie wieder gestoppt werden konnte. Die Kreditaufnahme blieb kontinuierlich hoch, der Anteil der Steuereinnahmen an den öffentlichen Ausgaben sank entsprechend - von 81,4 % 1962 auf 67,4 % 1982; seitdem oszilliert er um 72 %. Es gehörte zu den entscheidenden Beiträgen des 5. Forums "Der Staat der Zukunft", die Abhängigkeit künftiger Handlungsspielräume des Staates von der Staatsverschuldung deutlich zu machen. Das Resümee läßt sich wie folgt formulieren: Ein hoher und weiterhin ansteigender Zinsausgabenanteil besitzt den Nachteil, daß er künftig andere Staatsaufgaben verdrängt und auf diese Weise die Erfüllung wichtiger öffentlicher Ausgaben verhindern kann. Staatsverschuldung droht in intertemporaler Hinsicht die budgetären Entscheidungsspielräume einzuengen und so die wirtschaftspolitische Handlungsfähigkeit des Staates zu gefährden. Das eigentliche Ziel der staatlichen Kreditaufnahme - nämlich Handlungsspielräume zu erweitern - ist ins Gegenteil verkehrt: Der Handlungsspielraum ist jetzt geringer als bei einer Budgetpolitik ohne Staatsverschuldung. Damit ist ein Zustand erreicht, der vor allem die Inangriffnahme neuer Staatsaufgaben behindert - auch wenn sie als dringlich angesehen werden.

Der Verlust an staatlicher Handlungsfähigkeit - mit harten Zahlen belegbar und vor allem an der Entwicklung der Investitionen und folglich der Infrastruktur ablesbar - scheint allerdings weder in den Parlamenten noch in der politischen Öffentlichkeit zureichend erfaßt. Weiterhin sind vielfältige finanzielle Forderungen an den "Förderungsstaat" gestellt und gleichzeitig Steuersenkungen befürwortet worden. Die Vereinigung der deutschen Staaten hat diese Problematik in eine quantitativ wie qualitativ neue Dimension anwachsen lassen. Angesichts der generellen Bewußtseinslage und der neuen historischen Situation ist neben der finanziellen Handlungsfähigkeit des Staates auch seine politische Glaubwürdigkeit in Gefahr geraten, weil zu lange und insbesondere in einer entscheidenden Wahlauseinandersetzung über Konzepte und Aufgaben diskutiert wurde, deren Finanzierbarkeit nicht mehr gegeben war.

Es stellt sich daher die Frage, ob es gesellschaftliche Interessen an einer fiskalischen Situation hoher Staatsverschuldung und steigender Zinsausgaben geben könnte. Das 5. Forum Zukunft gab dafür Hinweise: Während die Zinszahlungen im öffentlichen Sektor die Entscheidungsspielräume verkleinern und zur Verfestigung der Ausgabenstruktur beitragen, erweitern sie die künftigen Handlungsmöglichkeiten jener privaten Wirtschaftssubjekte, denen die Entgelte der staatlichen Kreditaufnahme zufließen. Es erfolgt eine Verschiebung des Ausgaben- bzw. Entscheidungsspielraums von öffentlichen zu privaten Planträgern. Dauerhaft hohe Staatsverschuldung führt also zu einer Machtverschiebung vom Staat zur privaten Wirtschaft. Diese Machtverschiebung läßt sich dabei noch kaschieren, indem der Staat wegen seiner hohen Kreditaufnahme als aufgebläht dargestellt werden kann, obgleich er realiter bereits abgenommen hat.

Auch bei dieser strukturellen finanziellen Ressourcen-Knappheit, die zu Handlungsbeschränkungen des Staates führt, ist die Zeit zur Entlastung des dadurch entstehenden Problemdrucks geeignet. Dies bedeutet, daß insbesondere in den Bereichen staatlicher Investitions- und Infrastrukturpolitik langfristige, fiskalisch abgesicherte Planungen vorgenommen werden. Daß dieses bislang überwiegend nicht geschieht, liegt darin begründet, daß paradoxerweise Investitionen der Bereich staatlicher Ausgaben sind, der als erster reduziert werden kann. Die damit erlangte kurzfristige Erweiterung von staatlichen Handlungsmöglichkeiten hebt sich allerdings bereits mittelfristig wieder auf, um langfristig den Problemdruck zu erhöhen.

2.4 Globalisierung und Lokalisierung staatlichen Handelns

Die Formel "Global Denken, lokal Handeln" ist nicht neu. Sie gewinnt aber bei weltweiter Vergrößerung von Problemen, die komplex miteinander verbunden sind, immer mehr Relevanz auch für die Zuordnung staatlicher Aufgaben auf die unterschiedlichen Instanzen der Handlungshierarchie. Dies ist für die Sicherheitspolitik nichts Neues. Seit der Gründung des Völkerbundes und dann nach dem Zweiten Weltkrieg der Vereinten Nationen gibt es entsprechende Ansätze. Die Ergebnisse der Konferenz für Sicherheit und Zusammenarbeit in Europa sowie das blockübergreifende Eingreifen in Nahost seit dem Sommer 1990 haben auch hier neue Qualitäten entstehen lassen. Im letzten Jahrzehnt sind globale ökologische Herausforderungen hinzugetreten, die nur noch international gelöst werden können. Besonders gravierende Beispiele sind weltweite Klimaveränderungen und im Zusammenhang damit die Folgewirkungen der Reduzierung der tropischen Regenwälder. Die schon länger bekannten internationalen ökonomischen Verteilungsfragen, die Entwicklungsunterschiede zwischen Westeuropa und Nordamerika einerseits und abgestuft aller übrigen Teile der Welt andererseits, haben in Verbindung mit globalen ökologischen Problemen gleichfalls eine neue Dimension erreicht. Unterhalb dieser im Wortsinne globalen Zuständigkeitserfordernisse kommt es zu zunehmender Integration von Weltregionen. Hier mag die Beschränkung auf Europa genügen. Mit dem europäischen Binnenmarkt gehen zunehmend

Kompetenzen staatlichen Handelns auf Organe und Institutionen der Europäischen Gemeinschaft über. Es mag aber kein Zufall sein, daß gerade kurz vor Vollendung dieses Binnenmarktes im Rahmen der Europäischen Gemeinschaften sich das Problem Gesamteuropas ökonomisch und sozial in neuer Aktualität stellt. Mit dem Fallen der Grenzen zwischen den westeuropäischen Demokratien und den ehemals kommunistischen Staaten Europas sind auch Barrieren gefallen, die bisher Konsequenzen aus den Unterschieden der wirtschaftlichen Entwicklung verhindert haben. Der Zuwanderungsdruck von Menschen aus den ärmeren Teilen Europas in die reicheren Länder nimmt somit zu. Die europäischen Länder werden also notwendigerweise die Anstrengungen der wirtschaftlichen Integration verstärken müssen, um das ökonomische Gefälle in Europa zu reduzieren.

Diese Globalisierung und Europäisierung staatlichen Handelns stellt für die bisherigen, in den Kategorien des Nationalstaates des 19. Jahrhunderts agierenden Staaten die Frage nach ihren Kompetenzen. Die Kompetenzverlagerung auf internationale und europäische Ebenen ist unverzichtbar. Andererseits sind Tendenzen zur Lokalisierung und Regionalisierung von Problemlösungen offensichtlich. In der Bundesrepublik Deutschland entsprechen sie im Prinzip auch dem Grundgesetz, das die primäre Zuständigkeit für staatliches Handeln im Artikel 30 den Ländern zuspricht. Der daraus folgende Wunsch nach stärkerer Dezentralisierung, der auch dem Charakter der Wissenschaftsgesellschaft entspricht, führt natürlich zu der Frage, welche Kompetenzen dem traditionell gedachten Nationalstaat zukommen.

Diese Fragestellung wird in der gegenwärtigen historischen Situation noch dadurch kompliziert, daß die Tendenzen zu stärkerer nationalkultureller und sprachlicher Identitätsfindung zu Größenverschiebungen zwischen den Staaten Europas führen. Während Deutschland mit der Vereinigung der bisherigen beiden deutschen Staaten erheblich vergrößert ist, befinden sich die bisher kommunistischen Staaten Europas teilweise in einem Prozeß der Auflösung. Das gilt insbesondere für die Sowjetunion und Jugoslawien. Da die Zahl der Ebenen, denen unter Gesichtspunkten der öffentlichen Kontrolle und der demokratischen Legitimation staatliche Verantwortung zugeordnet werden kann, wohl begrenzt ist, sind radikale Überlegungen für den zukünftigen Aufbau staatlicher Zuständigkeitshierarchien in Europa erforderlich. Die aus meiner Sicht anzustrebende Richtung wäre die Schwerpunktverlagerung der übergeordneten sicherheitspolitischen, wirtschaftspolitischen und umweltpolitischen Kompetenzen auf europäische Institutionen, die sich aus der EG einerseits und der KSZE andererseits entwickeln auf der einen, die Stärkung der föderalen Strukturen in den größeren, dann ehemaligen Nationalstaaten auf der anderen Seite.

3. Orientierungen politischen Handelns - Lehren aus dem Zusammenbruch der kommunistischen Staaten und dem deutschen Einigungsprozeß

Die Veränderungen in den ehemals kommunistischen Staaten Europas einschließlich der früheren DDR hatten die Diskussionen und die Veröffentlichung des 6. Forum Zukunft über "Die Zukunft der Städte" bereits mitbeeinflußt. Die Zukunft der Städte wurde unter den vorstehend analysierten Bedingungen global vernetzt gesehen. Es war allerdings noch nicht Gelegenheit, die Veränderungen gründlich zu analysieren und die Zukunftsperspektiven entsprechend den historischen Veränderungen neu zu formulieren. Für den Oktober 1991 haben Joachim Jens Hesse und ich dieses geplant. Hier sollen einige analytische Erkenntnisse des bechriebenen Dialogs zwischen Politik und Zukunftsforschung auf die Analyse dieser Veränderungen in den ehemaligen kommunistischen Staaten bezogen werden - sicher nur als Annäherung an diese historische wie futurologische Problematik.

Inzwischen gibt es konkrete und damit schon historische Erfahrungen mit dem Einigungsprozeß. Er ist in Kategorien nationalstaatlichen Handelns verlaufen; er hat damit Orientierungen aus politischen Kategorien des 18. und 19. Jahrhunderts aus der Geschichte gewonnen. Dabei wurde auf Emotionen eingegangen, und damit sind Emotionen angeregt, deren Wirkungen aus der geschichtlichen Erfahrung heraus beurteilbar sind. Dennoch: Emotionale Phänomene als Bestimmungsfaktoren politischen Handelns sind unumgänglich, ja unverzichtbar - das bestätigen gerade auch wissenstheoretische Positionen, die ein einseitig rationalistisch-wissenschaftliches Wirklichkeitsverständnis mit Gründen in Frage stellen.

Welche Notwendigkeit hat neben diesen traditional-politischen Orientierungen die Suche nach zukunftsgerichteten langfristigen Orientierungen für politisches Handeln? Gerade die Analyse der Gründe für das Zusammenbrechen des Staates Deutsche Demokratische Republik führt zu Antworten, die offensichtlich viel zu wenig beachtet wurden. Es besteht bei den Beobachtern Übereinstimmung, daß die technisch-ökonomische Rückständigkeit der DDR negative Einschätzungen aus der Zeit vor November 1989 noch übertroffen hat. Es wird offenkundig, daß die DDR als politisch-ökonomisches System nicht in der Lage war, im notwendigen Umfang technologische Innovationen in den volkswirtschaftlichen Produktionsprozeß einzuführen - verglichen mit dem Innovationsstandard und dem Innovationstempo westeuropäischer Staaten bzw. Volkswirtschaften. Damit hat sie die entscheidende Triebkraft der gesellschaftlich-ökonomischen Entwicklung der zweiten Hälfte des 20. Jahrhunderts nicht zureichend genutzt: nämlich die historisch einzigartige Vermehrung wissenschaftlichen Wissens und dessen Umsetzung in Technologie, Technik, neue Produkte und Produktionsverfahren. Für diese Triebkraft der gesellschaftlichen und ökonomischen Entwicklung, die für Rolf Kreibich die Wissenschaftsgesellschaft hat entstehen lassen, wurden in der DDR und in den anderen kommunistischen Staaten Europas nicht die notwendigen Anwendungsbedingungen möglich gemacht. Dabei ist auf diese Bedingungen und die Notwendigkeit sie zu beachten von zukunftsorientierter Wissenschaft auch im kommunistischen Europa rechtzeitig aufmerksam gemacht worden. Zu erwähnen ist insbesondere der Richta-Report "Politische Ökonomie des 20. Jahrhunderts", Untertitel "Die Auswirkungen der technisch-wissenschaftlichen Revolution auf die Produktionsverhältnisse". Der Richta-Report wurde 1968 von **Radovan Richta** und einem Kollektiv der Tschechoslowakischen Akademie der Wissenschaften vorgelegt. Er bezeichnet die Wissenschaft "als entscheidenden Faktor der heutigen dynamischen Zivilisation". Damit tritt diese Zivilisation in Gegensatz zu den ökonomischen und sozialen Bedingungen der industriellen Zivilisation. "Die wissenschaftlich-technische Revolution kehrt die elementaren technischen, ökonomischen, sozialen und anthropologischen Voraussetzungen der Zivilisationsentwicklung um. Im Gegensatz zur Industrialisierung wird hier die Wissenschaft und ihre technologische Anwendung und **dadurch** schließlich die Entfaltung des Menschen und seiner schöpferischen Fähigkeiten ... zum entscheidenden Wachstumsfaktor der Produktivkräfte." Diese analytischen Feststellungen gelten für die hochentwickelten Gesellschaften Westeuropas und Nordamerikas, wie wir heute wissen, empirisch belegbar. 15 Jahre nach dem Richta-Report ergeben Untersuchungen Edward Denisons für die USA, daß 2/3 des Wachstums der Produktion Faktoren wie Ausbildungsstand, Innovation und wissenschaftlichem Fortschritt zuzuschreiben sind.

Der Richta-Report stellte dann auch fest: "Unter den Bedingungen der wissenschaftlich-technischen Revolution tritt als neuer selbständiger Faktor die Massenentfaltung des Menschen in den Wachstumsprozeß ein. Wesentlich erhöhen sich die Anforderungen an individuelle Aktivität und ein reiches Innenleben des Menschen, an die Fähigkeit, die eigenen Schranken zu sprengen sowie an die Kultivierung der eigenen Fähigkeiten und Kräfte; zugleich wächst die gesellschaftliche Bedeutung der individuellen Entfaltung." Dem folgt die deutliche Kritik an den Verhältnissen in der Tschechoslowakei vor dem Prager Frühling von 1968: "Die bisherige Praxis beeinträchtigte vielmehr die individuelle sozialistische Aktivität und petrifizierte die Horizonte und Grenzen des reproduktiven Lebens; sie schwächte die individuelle Initiative durch ein Übermaß an Direktiven."

Es ist offensichtlich, welche Bedeutung der Richta-Report für die Entwicklung der Tschechoslowakei 1968 haben mußte, auch warum er nach dem 20. August nicht mehr beachtet wurde - dem Internationalen Sekretär der KPC war er im Frühjahr 1989 in einem Gespräch mit mir unbekannt. Richta und das Kollektiv der Akademie diagnostizierten aber zunächst eher technokratisch den weiteren Verlauf der ökonomischen Entwicklung und die Bedingungen für Wachstum in späten Industriegesellschaften. Im nachhinein ist diese analytisch-prognostische Arbeit Beleg dafür, daß die kommunistischen Staaten daran gescheitert sind, daß sie den Bedingungen für die Entfaltung der Produktivkräfte in einer Welt, in der sich in Westeuropa und Nordamerika nachindustrielle Wissenschaftsgesellschaften entwickelt hatten, nicht mehr genügten.

Zur Entwicklung der Wissenschaftsgesellschaft, zur ungehinderten Verbreitung und Vermehrung von Wissen gehören Informationsfreiheit und Dezentralisierung. Indem die kommunistischen Systeme den

Zugang zu Informationen monopolisierten und die Entscheidungen über die produktive Verwertung von Wissen zentralisierten, reduzierten sie zunehmend die Möglichkeiten wissensinduzierter innovativer Wachstumsprozesse.

Die Informationskontrolle durch den Staatssicherheitsapparat war geradezu die zwangsläufige Folge dieser Informationsmonopolisierung und -zentralisierung. Die Bemühungen, das Informationsmonopol der Staats- und Parteiführung zu wahren und die Anstrengungen, die Kritik an zunehmender ökonomischer Rückständigkeit aufgrund der Informationsbehinderungen einzudämmen, verstärkten sich in der Tätigkeit des Staatssicherheitsdienstes gegenseitig.

Zu den so unterdrückten Informationen zählen auch die Informationen über ökologische Probleme. Das Wissen um die ökologischen Zusammenhänge und Gefährdungen ist notwendiger Teil des Wissens um naturwissenschaftlich erklärbare technologische Möglichkeiten. Die gesellschaftliche Bedeutung dieser Seite des Wissens hat Ulrich Beck auf den Begriff der Risikogesellschaft gebracht; ich meine, das dialektische Verhältnis von Wissenschaftsgesellschaft und Risikogesellschaft ist konstitutiv für das Verständnis von Entwicklungen der nachindustriellen Gesellschaft. Viele dieser ökologischen Risiken, so stellt Beck fest, sind nicht auf lebensweltliche Erfahrungen zu beziehen, sondern werden nur durch wissenschaftliches Wissen bewußt; ein wissenssoziologischer Tatbestand, der geradezu die Unterdrückung wissenschaftlichen Wissens um ökologische Zusammenhänge herausfordern kann - um der Stabilität politischer Institutionen willen. Allerdings lassen sich auch die ökologischen Probleme nicht kontinuierlich informationell verbergen - dort nicht, wo die Belästigungen auch physisch erfahrbar oder in Form von Gesundheitsproblemen erleidbar werden.

Ökonomische Insuffizienz und ökologische Gefährdungsanhäufung destabilisierten schließlich die politischen Institutionen der kommunistischen Staaten Europas, obwohl sie sich mit Repressionsmitteln verteidigten. Die Orientierung politischen Handelns an institutioneller Stabilität und/oder an historischen Erfahrungen war in der DDR offensichtlich unzureichend. Die Staatsführung verhinderte offene Zeitanalysen und die daraus ableitbaren Zukunftsperspektiven.

In den ehemaligen kommunistischen Staaten und auch in der als relativ leistungsfähig angesehenen DDR bestanden also vor allem Defizite an Wissen, an Know-how, an Innovationspotential. Dieses Faktum muß den historischen Vergleich mit der Situation der "alten" Bundesrepublik nach 1945 ebenso verbieten wie die Annahme schneller sozial-ökonomischer Integrationsbedingungen. Die Vernachlässigung dieses Faktums ist wohl die entscheidende Ursache der mittlerweile offensichtlichen Schwierigkeiten im sozial-ökonomischen Vereinigungsprozeß.

Der zweite Problemkomplex ist die Vernachlässigung der Unterscheidung von Struktur und Prozeß. Diese für die Systemtheorie konstitutive methodologische Erkenntnis hat Bedeutung für Zukunftsaussagen, mehr noch für handlungsorientierte Zukunftsstrategien. Gewohnterweise beziehen sich Zukunftsaussagen von Relevanz im Zusammenhang systemtheoretisch eingebundener Analysen primär auf Prozesse; sie müssen dabei eine relative Konstanz der Strukturen voraussetzen. Akteure des Zukunftshandelns benötigen eine institutionelle Einbindung, um ihr Handeln prognostizieren oder für ihr Handeln Empfehlungen erhalten zu können. Die Veränderungen in der ehemaligen DDR haben den Charakter von Systemumbrüchen, die Strukturen in Frage gestellt haben. Deshalb sind hier nur Zukunftsaussagen und Handlungsstrategien sinnvoll, die diese Strukturen, die Stabilität bzw. Destabilität, die Funktionsfähigkeit bzw. Prozeßfähigkeit der Institutionen - seien es es staatliche oder wirtschaftliche oder soziale - mitberücksichtigen. Dies gilt vor allem für Strategien und Handlungen, die grundlegende Veränderungen des Systems in Gang setzen. Sie müssen mitberücksichtigen, wie bisherige Strukturen bzw. Institutionen darauf reagieren, in welcher zeitlichen Perspektive neue Institutionen funktionsfähig gemacht und damit neue Strukturen geschaffen werden können.

Fast alle Überlegungen hätten zu dem Ergebnis einer allmählichen Neustrukturierung der sozial-ökonomischen Verhältnisse in den neuen Ländern führen müssen. Das gilt für die Währungsangleichung, das gilt für die betriebliche Umstellung, das gilt für die Organisation sozialer Einrichtungen. Die umbruchhafte Neustrukturierung hat zwei Gründe sehr unterschiedlicher Art. Einmal kann ein traditionales Politikverständnis, das in historischen Kategorien des 19. Jahrhunderts denkt und handelt, den ökonomischen Verhältnissen der Wissenschafts- und Risikogesellschaft nicht gerecht werden. Hieraus resultierende Fehler waren vermeidbar. Dann aber gibt es das Faktum, daß die alten Strukturen der DDR untrennbar mit dem Unterdrückungsapparat der Staatssicherheit verbunden waren. Die Ablehnung und gründliche Beseitigung dieser Unterdrückung ist mit einer allmählichen Umstrukturierung der gesellschaftlichen und ökonomischen Institution inkompatibel. Die daraus resultierenden Schwierigkeiten dürften eher unvermeidbar gewesen sein.

4. Langfristiges Handeln und stabile Institutionen

Die Analyse des Zusammenbruchs der kommunistischen Staaten Osteuropas hat auch gezeigt, daß zuverlässiges zukunftsorientiertes Handeln nicht mehr möglich ist, wenn die Institutionen in Frage gestellt werden, die für dieses Handeln verantwortlich sind. Die kontinuierliche Aufnahme von Wissen, die Garantie der Wissensvermittlung als eine öffentliche Funktion in demokratischen Gesellschaften, die Möglichkeit, auf neue Probleme auf der Grundlage aktuellen Wissens reagieren zu können, die Chance, auf der Grundlage zukunftsorientierter wissenschaftlicher Szenarien und Projektionen langfristige Problemvorausschau und damit langfristige Problemlösungsstrategien zu entwickeln, hängt an stabilen Institutionen, die diese Aufgabe wahrnehmen können. Für die historische Situation des ausgehenden 20. Jahrhunderts und damit als Perspektive für das 21. sind Demokratie und Wohlstand dafür offensichtlich wechselseitig die notwendigen Bedingungen.

Es stellt sich allerdings die Frage, ob nicht die durch die Wissensvermehrung auftretenden gesellschaftlichen Veränderungsprozesse auch Institutionen unter Bedingungen von Demokratie und Wohlstand in Frage stellen können. Die Antwort darauf kann wohl nur sein, daß die Vermittlung zwischen der Stabilität der Institutionen und ihrer Anpassung an veränderte Situationen transparent sind. Die Bedingungen ökonomischer und sozialer Entwicklung in der Wissenschaftsgesellschaft und die demokratische Legitimierung von Institutionen haben eines gemeinsam, nämlich Öffentlichkeit und Transparenz. Dieses Erfordernis, nämlich Transparenz zu erhalten, geht in eins mit dem Erfordernis, eine zulängliche ökonomische Entwicklung mit der Abwehr ökologischer Gefährdungen zu verbinden. Und damit ist auch die wechselseitige Bedingung von ertragreicher zukunftsorientierter Wissenschaft und demokratischem politischen Handeln offenkundig.

A. Zukunftsforschung in der Bundesrepublik

Zukunftsforschung in der Bundesrepublik Deutschland

Rolf Kreibich

1.	Praktische und geistesgeschichtliche Ausgangspunkte ..	42
2.	Internationale Ausgangspunkte	
2.1	Vereinigte Staaten	46
2.2	Frankreich	51
2.3	Niederlande und skandinavische Länder	53
2.4	Osteuropäische Länder	56
3.	Die Entwicklung in der Bundesrepublik Deutschland	
3.1	Ausgangsbedingungen und Grundlagen	60
3.2	Emigranten am Anfang	61
3.3	Aufbruchstimmung im Jahre 1963	66
3.4	Die technokratische Zukunftsforschung	70
3.5	Die wirtschaftliche Zukunftsforschung	75
3.6	Zukunftsforschung in der Wirtschaft	79
3.7	Technokratiedebatte und Zukunftsforschung	80
3.8	Einflüsse auf die Politik	82
4.	Die Institutionalisierung der Zukunftsforschung	
4.1	Einrichtungen der Zukunftsforschung in den 60er und 70er Jahren	87
4.2	Der Zukunftsforschung nahestehende Einrichtungen seit 1951	99
4.3	Zukunftsforschung in den 80er Jahren	106
4.3.1	Dissipative Strukturen	106
4.3.2	Das institutionelle Spektrum	111
4.3.3	Neue Einrichtungen der Zukunftsforschung und Zukunftsgestaltung	117
5.	Nachtrag: Ausblick für die zukünftige Zukunftsforschung	125
	Anmerkungen	140
	Anhang	145

1. Praktische und geistesgeschichtliche Ausgangspunkte

Es gibt kaum ein Problem, über das in der heutigen Gesellschaft und unter Experten unterschiedlicher Fach- und Praxisbereiche ein so weitgehender Konsens besteht, wie die Feststellung, daß wir angesichts der globalen wissenschaftlich-technischen, ökonomischen, sozialen, ökologischen und kulturellen Herausforderungen über zu wenig Zukunftswissen und zuwenige verläßliche Methoden zur Zukunftsgestaltung und Politikberatung verfügen. Zumindest verbal läßt sich heute auch schon für das Bekenntnis allgemeine Zustimmung finden, daß Lösungen und Lösungswege für die komplexen Probleme in unserer Welt nicht mehr von einzelnen Fachdisziplinen oder einzelnen Praxisbereichen zu erwarten sind, sondern daß interdisziplinäres vernetztes Denken und Handeln erforderlich sind. Ein dritter Aspekt ist auch weitgehend unbestritten, daß die Zukunft oder humane Zukünfte nur über Ländergrenzen hinweg, also international zu entwickeln und zu gestalten sind. Immer mehr nimmt der Satz "global vernetzt denken - lokal handeln" die Form eines Überlebens-Imperativs an.

Vor diesem Hintergrund sind die Ergebnisse unserer ersten Bestandsaufnahme über die Entwicklung und gegenwärtige Situation der Zukunftsforschung und einer auf wissenschaftlichem Wissen beruhenden Zukunftsgestaltung in der Bundesrepublik Deutschland ernüchternd bis deprimierend. Im Gegensatz zu anderen westeuropäischen Ländern wie der Schweiz, Österreich oder Frankreich, Großbritannien und Holland oder zu den skandinavischen Ländern Schweden und Finnland, den nordamerikanischen USA und Kanada oder zu den osteuropäischen Staaten Sowjetunion, Ungarn und Jugoslawien gibt es in der Bundesrepublik Deutschland keine öffentlich geförderte und anerkannte Zukunftsforschung.

Die prekäre Situation der Zukunftsforschung in der Bundesrepublik wird noch dadurch verstärkt, daß aus allen gesellschaftlichen Praxisbereichen und vor allem aus der Politik seit Jahren ein großer Bedarf an Zukunftswissen und zukunftsgestaltenden Lösungsansätzen offenbar wird. Indiz hierfür ist, daß zahlreiche große und sogar mittlere Unternehmen in den letzten Jahren mit dem Aufbau eigener leistungsfähiger Zukunftsforschungskapazitäten auf die Herausforderungen reagiert haben.

Die von uns durchgeführte Befragung von 27 namhaften Wissenschaftlern und Praktikern, die sich heute professionell oder aus privatem Engagement wissenschaftlich mit Zukunftsfragen und mit auf Zukunftsgestaltung gerichteten Methoden beschäftigen, hat im Hinblick auf das Urteil über die Zukunftsforschung in der Bundesrepublik Deutschland ein eindeutiges Ergebnis erbracht: Der Bedarf an wissenschaftlichem Zukunftswissen und leistungsfähigen Methoden der Zukunftsforschung und zur Zukunftsgestaltung ist in allen gesellschaftlichen Bereichen groß. Demgegenüber ist die öffentlich geförderte Zukunftsforschung und ihre institutionelle Absicherung sowohl im universitären als auch im außeruniversitären Bereich katastrophal.

Die folgende Einschätzung der Situation stammt von dem in der Schweiz lebenden Zukunftsforscher Rolf Homann, Sekretär der World Futures Studies Federation (WFSF) für Europa und zur Zeit unseres Interviews noch Mitarbeiter am Gottlieb-Duttweiler-Institut (GDI) in Rüschlikon (Zürich). Homann gilt als einer der besten Kenner der internationalen Zukunftsforschung, und aufgrund seiner Arbeiten im Rahmen des GDI konnte er jahrelang die Situation in Europa und speziell auch in der Bundesrepublik hautnah verfolgen. Auf unsere Frage nach der Lage der Zukunftsforschung in der Bundesrepublik Deutschland führte er aus:

"Ich glaube, die Zukunftsforschung ist im Augenblick in einer katastophalen Situation. Es gibt eine Menge Einzelinitiativen, die mir bekannt sind. Aber eine Organisationsstruktur, die auch die Zukunftsforschung braucht, gibt es meines Erachtens in Deutschland nicht mehr. Es sind von den Grünen eine ganze Menge Impulse zu einer sinnvollen Zukunftsgestaltung ausgegangen. Die Impulse sind dadurch kaputtgegangen, daß die Grünen eine normale Partei wurden. Es ist das einzige große oder mittlere Land, das es sich leistet, keine eigene Zukunftsforschung zu haben. Ich habe einmal ein Gutachten für Nordrhein-Westfalen geschrieben, die wollten ein Institut für soziale und kulturelle Fragen errichten, und ich habe damals darauf hingewiesen, daß ich das für verfehlt halte, solange es keine vernünftigen Zukunftsforschungs-Institute in der Bundesrepublik Deutschland gibt. Meines Wissens muß da dringend etwas gemacht werden, denn ein Land wie die Bundesrepublik Deutschland, mit dem Potential an wirtschaftlicher Stärke, wie es auf die Dauer ohne Zukunftsforschung auskommen will, ist mir ein Rätsel".

Auf die Frage nach dem Bedarf der Zukunftsforschung heute antwortete Homann auch im Namen seiner Kollegen von der World Futures Studies Federation:

"Wir sind der Überzeugung, daß der Bedarf unendlich groß ist. Da wir in einer Situation stehen, daß wir eine Epoche verlassen, müssen wir einfach versuchen, ein Wissen zu haben über das was passiert, um nicht zum Beispiel zu einem völligen Systembruch zu kommen. Und die Gefahr, vor der wir stehen, ist ja wohl unübersehbar. Früher haben wir niemals weltweite Bedrohungen gehabt. Wir haben das erste Mal seit der Neuzeit bzw. in den letzten Jahren der Industrialisierung weltweite Bedrohungen. Da braucht es dann schon weltweite Anstrengungen, wie man diese Bedrohungen auslöschen kann. Ein zunehmender Gestaltungsbedarf rührt allein schon aus der demographischen Entwicklung. Wenn wir in den nächsten Jahren auf 12 Mrd. Menschen anwachsen, dann müssen wir uns schon überlegen, wie wir diese Zukunft human gestalten. Aber auch angesichts der ökologischen Bedrohungspotentiale scheint es mir absolut notwendig zu sein, daß die Menschen sich mit ihrer Zukunft beschäftigen, um nicht in die Zukunft geworfen zu werden oder Manipulationsmasse zu sein".

Die nachfolgenden Ergebnisse unserer Untersuchung bestätigen den Grundtenor der Homannschen Aussagen.

Auch wenn sich in Deutschland erst nach dem Zweiten Weltkrieg Konturen einer eigenständigen wissenschaftlichen Beschäftigung mit der Zukunft herausbilden bzw. alternative Zukünfte als Forschungsgegenstand von einzelnen Wissenschaftlern überhaupt erst als möglich angesehen werden, lassen sich gleichwohl deutliche Linien zu einer Reihe der großen weltanschaulichen und soziologischen Gesellschaftsentwürfe der Vergangenheit ziehen, die die Dimension Zukunft in besonderer Weise einschlossen. Vor allem für die Bundesrepublik Deutschland lassen sich für jene Vertreter der Zukunftsforschung, die eher an visionären, utopischen und planerischen Perspektiven orientiert sind, Ausgangspunkte bei den großen Systementwürfen der Philosophie und Soziologie für eine zukünftige humane Gesellschaft bzw. aus den Interpretationen der Geschichte und ihrer in die Zukunft verlängerten Entfaltungsmodelle finden. So sind insbesondere die Ansätze einer sozial-kritischen Zukunftsforschung, wie sie etwa von Ossip K. Flechtheim, Georg Picht, Fritz Baade, Hans Paul Barth oder Robert Jungk vertreten werden, ohne Rückbezug auf Hegel, Saint-Simon, Marx, Engels, Spengler, Toynbee, McIver, Alfred und Max Weber oder Siegmund Freud nicht vorstellbar. In neuerer Zeit spielen vor allem die Einflüsse etwa von Karl Mannheim, Paul Tillich, Hans Freyer, Pitirim A. Sorokin, Teilhard de Chardin, Herbert Marcuse, Ernst Bloch, Bertrand de Jouvenel und Lewis Mumford eine große Rolle.

Die kritisch humanistische Linie einer zukunftsbezogenen Gesellschaftswissenschaft und Gesellschaftsgestaltung enthielt neben dem historisch-analytischen Ansatz immer auch phantasievolle prospektive, planerische und utopische Elemente, also vor allem auch normativ-gestalterische Ansatzpunkte für wünschbare Zukünfte. Ihre Nähe zu globalen Entwicklungsmodellen und großen ideologischen Systementwürfen läßt sich im allgemeinen leicht nachweisen. Das gilt bis in die Gegenwart.

Eine andere Linie zukunftsbezogener Forschung in der Bundesrepublik entwickelte sich vor dem Hintergrund des positivistischen Wissenschaftsverständnisses und der damit korrespondierenden empirisch-quantifizierenden und formalisierenden Sozialwissenschaft sowie der statistisch-mathematisierenden Wirtschafts-, Markt- und Meinungsforschung. Diese Wissenschaftszweige übernahmen in den fünfziger und sechziger Jahren vor allem Methoden und Instrumente quantitativer und formalisierender Modellbildungen, systemtechnische Verfahren und Prognosetechniken, die hauptsächlich in den USA entwickelt wurden. Wie noch zu zeigen sein wird, wurden die in den USA entwickelten Methoden in der Bundesrepublik jedoch in den etablierten sozial- und wirtschaftswissenschaftlichen Instituten auf statistische und ökonometrische Verfahren, Trendextrapolationen und Simulationstechniken verengt. Da die heute weltweit wohl bedeutsamste Linie der Zukunftsforschung und wissenschaftlichen Zukunftsgestaltung mehr auf kybernetischen, probabilistischen, evolutiven und kreativen Methoden beruht, ist ein kurzer Rekurs auf die Entstehungsgeschichte unentbehrlich. Hierfür ist die Entwicklung in verschiedenen Ländern von besonderer Bedeutung.

2. Internationale Ausgangspunkte

2.1 Vereinigte Staaten

In den USA spielt die spezifische pragmatische Wissenschaftstradition für die Entwicklung der Zukunftsforschung eine besondere Rolle. Neben der festen Verankerung der amerikanischen Wissenschaft in der europäisch-abendländischen Naturwissenschaft ist es vor allem ihre fast unbeschwerte direkte Hinwendung auf das Nützlichkeitskalkül der kapitalistischen Produktionsweise und allgemein auf das technisch-industrielle Verwertungs- bzw. Wachstums- und Fortschrittsparadigma, das die Entwicklung spezifischer Forschungsmethoden und Organisationsmuster hervorbrachte. Besonders wichtig für die Ausrichtung der amerikanischen Wissenschaft auf die Dimension Zukunft ist ihre frühe Orientierung an wissenschaftsexternen gesellschaftlichen und unternehmerischen Zielen und Strategien. Hierfür bot die philosophische Rückbindung an den amerikanischen Pragmatismus eine entscheidende Grundlage. Dieser mit Namen wie Charles S. Peirce, William James, George H. Mead und John Dewey verbundene Ausgangslage verschaffte einerseits die Möglichkeit, von den stark ideologisch geprägten Globalmodellen der europäischen Philosophie, Soziologie und Geschichtswissenschaft abzurücken, andererseits eine tiefgreifende ethische und geistige Legitimationsgrundlage, Wissenschaft gesellschaftlich nützlich zu machen und praktisch für eine quantifizierende und formalisierende Zukunftsgestaltung ökonomischer und sozialer Systeme einzusetzen[1]. So war es für die amerikanische Wissenschaft kaum ein Problem, daß etwa effiziente Methoden der Arbeitsorganisation und der Planung von der Industrie übernommen und in Zusammenarbeit mit der Wissenschaft verfeinert wurden. Ebensowenig war es jemals anrüchig, Aufträge der Industrie oder der politischen Administration für die Entwicklung von Projekten, Organisationsmustern und Strategien zu bearbeiten und für die wissenschaftliche Erkenntnisgewinnung zu nutzen.

Das Interesse der auftragsgebundenen Wissensproduktion an effizienten Planungs- und Organisationstechniken traf sich voll und ganz mit den Interessen der Industrie und der Militärs, diese Techniken zu perfektionieren. Vor allem sind die Wirtschaftsunternehmen und noch mehr die militärischen Administrationen in höchstem Maß daran interessiert, das Moment des Zufalls auch in den Zukunftsstrategien zu eleminieren. Somit ist es jene Interessenidentität von marktorientierter Auftragsforschung, Industrie und Militär, weshalb sowohl die Ansätze der formalisierten Planungs- und Organisationstechniken als auch die Prognoseverfahren besonders gefördert werden. Vor diesem Hintergrund läßt sich leicht erklären, daß in den USA alle Ansätze in der Wissenschaft, die auf strategische und zukunftsorientierte Methoden und somit auch auf die Durchdringung und Manipulation komplexer sozialer Systeme ausgerichtet sind, eine besondere Aufmerksamkeit erfahren. So kam beispielsweise die schon Ende der 20er Jahre von John von Neumann entwickelte Spieltheorie (Theorie der strategischen Spiele) erst hier in seinem amerikanischen Exil zu theoretischer wie praktischer Anerkennung und Ruhm. Anfang der vierziger Jahre erfährt sie zusammen mit der Entwicklung der Informationstheorie, der Algorithmentheorie und der mathematischen Grundlagen der Computertechnik ihre grundlegende Entfaltung und bald danach wird auch ihre wirtschaftliche, militärische und soziale Nützlichkeit und Bedeutung sichtbar[2]. Später wurde sie mehrfach zur Entwicklung militärischer und politischer Strategien insbesondere von der RAND Corporation, einer der bedeutendsten Zukunftsforschungsinstitutionen der USA, angewandt und das in teilweise höchst problematischen Zusammenhängen. So auch für Planspiele im Rahmen des Vietnam-Krieges "mit äußerst negativen Ergebnissen"[3].

In den USA entstanden in den 30er und 40er Jahren zahlreiche leistungsfähige quantifizierende, teilquantifizierende und qualitative sozial- und wirtschaftswissenschaftliche Methoden, die zu den wichtigsten Grundlagen der Zukunftsforschung zählen: Entscheidungsverfahren und Entscheidungsmodelle, Optimierungsmethoden, spezielle Organisations- und Managementtechniken, Systemanalyseverfahren, Systemtechniken, die Graphentheorie, morphologische Verfahren, die Netzplantechniken usw.[4].

Die Grundlagen hierfür schufen neben John von Neumann und Oskar Morgenstern Wissenschaftler, die auch in der Zukunftsforschung einen Namen haben, so etwa Norbert Wiener, Claude E. Shannon, Ludwig von Bertalanffy, Herbert A. Simon, H. Guetzkow, Kenneth Boulding, Russel L. Ackoff, W. Ross Ashby, J. Marshak, Anatole

Rapaport, C. West Churchmann, Stafford Beer. Sie und andere haben den Weg einer quantifizierenden, mathematisch-kybernetischen Grundlegung gegenwarts- und zukunftsbezogener Forschung sowie strategischer Unternehmensplanung und Politikberatung vorgezeichnet.

Der wachsende Bedarf an Planungs- und Prognosekapazität der militärischen und politischen Administration im Rahmen der Kriegsvorbereitungen der USA hat die Tendenz zu einer "knowledge industry" stark forciert. So werden zur Entwicklung neuer Techniken, die auf die Verringerung von Unsicherheiten bei Zielfindungs- und Entscheidungsprozessen und auf effizientere Steuerungs- und Organisationsverfahren bei der Umsetzung von Konzepten mit rationalem Mitteleinsatz und knapper Zeit abzielen, von der US Air Force und der US Army horrende Mittel aufgewandt. Nach Beendigung des Zweiten Weltkriegs läßt sich die Fortsetzung dieser Förderung ökonomisch mit dem strategischen Bedarf der auf Wachstum und Produktivitätssteigerung ausgerichteten Nachkriegsproduktion in den Unternehmen begründen. Die politisch-militärische Administration argumentiert nunmehr mit den gestiegenen Anforderungen im Rahmen des Kalten Krieges.

In der Folgezeit wird jedoch immer deutlicher - zahlreiche strategische Irrtümer in Unternehmen und im politisch-militärischen Komplex weisen darauf hin -, daß die quantifizierenden und formalisierenden Methoden häufig zu starr sind und meistens nur unter sehr eingeschränkten Randbedingungen akzeptable Ergebnisse liefern. Vor allem bei der Durchdringung und Manipulation komplexer dynamischer Systeme und im Hinblick auf innovative und zukunftsbezogene soziale und organisatorische Prozesse und Verfahren versagen diese Methoden häufig. Aus dieser Erkenntnis resultieren neue methodische Ansätze und Institutionen, die besonders für strategische Zukunftsaufgaben Lösungen finden sollen. Es sind das die berühmten "think tanks" der Zukunftsforschung. Beispiele hierfür sind die RAND Corporation, das Stanford Research Institute, das Hudson-Institute und das Institute for the Future sowie zahlreiche Forschungsgruppen in den großen Konzernen. Sie arbeiten nunmehr direkt als Kapazitäten der Zukunftsforschung und strategischen Zukunftsgestaltung für die politische Administration und im Rahmen der Unternehmensberatung. Hier vor allem entstanden dann auch die im engeren Sinne spezifischen Zukunftsmethoden wie Brainstorming, Simulationstechniken, Relevanzbaum-Methode, stochastische Modellbildungen, Innovations- und Diffusionsanalysen, das Szenario-Writing, Kreativitäts-Trainingsmethoden, Utopia-Beschreibungen u. a. Diese mehr auf qualitative Analyse, Phantasie und Kommunikation ausgerichteten Methoden sollten vor allem normative, explorative und projektive Elemente berücksichtigen und damit der Kreativität und Vision im Rahmen der insgesamt weiterhin quantitativ und formalisierend arbeitenden Zukunftsforschung, Zukunftsplanung und Zukunftsgestaltung mehr Raum verschaffen.

Obwohl sich die Zukunftsforschung in den 50er und 60er Jahren in den USA keinesfalls als einheitliche Wissenschaftslinie oder ihre Repräsentanten gar als einheitliche scientific community darstellten, haben sich doch in fast allen etablierten Einrichtungen der Zukunftsforschung die neuen methodischen Ansätze niedergeschlagen.

Die im Anhang wiedergegebene Tabelle (Anhang 1) über Methoden, Verfahren, Techniken und Prinzipien, die fast durchweg hier ihren Ausgang nahmen, spielen in den verschiedensten Bereichen und unter sehr unterschiedlichen Rahmenbedingungen in der Zukunftsforschung eine wichtige Rolle.

Das Spektrum der bekannten Zukunftsforscher und Zukunftsforschungsinstitute umfaßt ebenfalls eine breite Spannweite. So wird der eine Randbereich von eingefleischten Technokraten, Sozialtechnikern und Wachstumseuphorikern repräsentiert, zu denen etwa Alvin M. Weinberg, Hermann Kahn, Anthony J. Wiener oder Zbiginiew Brzezinsky zu rechnen sind.

Auf der anderen Seite finden sich Zukunftsforscher, die einen grundlegenden Werte- und Systemwandel in Richtung auf soziale und ökologisch verträgliche Gesellschaftsmodelle und Lebensstile propagieren und für das Überleben der Menschheit für erforderlich halten. Zu diesen gehören etwa der Direktor des Center for the Study of Social Policy des Stanford Research Institute International, Willis W. Harman. Harman setzt sich vor allem für eine Zukunftsforschung ein, die auf systemisch-vernetzten Denk- und Handlungsweisen aufbaut und die sogar meditative Elemente aus asiatischen Philosophien und Religionen enthalten könnte[5]. Zu dieser Linie gehörte auch Hazan Ozbekhan, Direktor der "Systems Development Corporation", einer Untergliederung, die bis 1956 zur RAND Corporation gehört hat. Ozbekhan tritt insbesondere für ganzheitlich vernetzte zukunftsorientierte Handlungsstrategien ein. So zeigt er etwa, daß die weltweite Hungerkrise nicht allein durch die Erzeugung von mehr Lebensmitteln und einer Verbesserung der landwirtschaftlichen Methoden zu erreichen ist, sondern daß die Welthungersnot eng mit Problemen der Erziehung, der politischen Steuerung, der Bevölkerungsentwicklung, der Technik und Wissenschaft in den Entwicklungsländern und in den Industrieländern sowie mit den internationalen wirtschaftlichen Verflechtungen sowie den internationalen Markt- und Preismechanismen zusammenhängt.

Zu nennen ist weiterhin der aus der Physik, Chemie, Biologie und Informationstheorie kommende Leo Szilard, Mitbegründer der Pugwash-Konferenz (1956) und des amerikanischen "Ausschuß für eine lebenswerte Welt" (1961). Auch schon zu dieser Zeit aktiv ist Hazel Henderson, Direktorin des Center for Alternative Futures, die später Mitglied des Beraterstabes des Office of Technology Assessment des amerikanischen Kongresses und Mitglied des Worldwatch Institute und der World Future Society wird.

Typisch für diese Zeit ist die unter dem Titel "Hermann-Harmandebatte" berühmt gewordene Zukunftsdiskussion zwischen den Antipoden Hermann Kahn und Willis W. Harman, die in ihrer Grundsätzlichkeit unterschiedlicher Zukunftspfade die ganze Nation aufwühlte.

Zwischen diesen Polen sind zahlreiche bedeutende Zukunftsforscher zu nennen wie Olaf Helmer, langjähriger Direktor der RAND Corporation und später Direktor des Institute for the Future, Erfinder der Delphi-Methode, Daniel Bell von der Columbia University und Vorsitzender der berühmten "Comission of the year 2000"[6], die 1967 von der American Academie of Arts and Sciences ins Leben gerufen wurde, Karl W. Deutsch, Jay W. Forrester, Dennis L. Meadows und Donella H. Meadows, John McHale, Peter F. Drucker, Nigel Calder, Ervin Laszlo, Alvin Toffler u. a.

Die rein technokratische Linie der Zukunftsforschung fand in der Bundesrepublik Deutschland zwar eine Reihe von Anhängern, ihre internationale Bedeutung blieb jedoch wegen ihrer Realitätsferne und gravierender Fehlprognosen aufgrund zu simpler Trendextrapolationen begrenzt. Andererseits hatte sie in der Bundesrepublik durchaus Einfluß auf die Politik der Bundesregierung, einzelner Bundesländer und Unternehmen. Zu ihren Verfechtern gehörten u. a. der theoretische Physiker Wilhelm Fucks ("Formeln zur Macht"), der Nachrichtentechniker und Kybernetiker Karl Steinbuch und der Raumfahrt- und Systemtechniker Heinz Hermann Koelle, Direktor für Systementwicklungen bei der NASA und Mitbegründer des Zentrums Berlin für Zukunftsforschung e. V. (ZBZ) im Jahre 1968.

Mit der Übernahme quantifizierender und formalisierender Methoden der Systemtechnik ergänzten diese auf allgemeine Zukunftsprobleme orientierten Naturwissenschaftler und Ingenieure die eher traditionellen statistischen und ökonometrischen Ansätze, Trendanalysen und Prognosetechniken, wie sie vor allem in den wirtschaftswissenschaftlichen Instituten und im Rahmen der Meinungsforschung benutzt wurden. Bei allen herrschte ein fast emphatischer Fortschritts- und Technikoptimismus vor. Dieser resultierte hauptsächlich aus dem tiefen Glauben, daß der naturwissenschaftlich-technische Weg durch die ständige Verbesserung seiner analytischen und formalisierenden Methoden letztlich der Königsweg für alle Planungs- und Entscheidungsprobleme der Zukunft auch im Bereich von Ökonomie und Sozialleben ist. Nur so könnten auf rationale Weise die Probleme der Zukunft gelöst bzw. gestaltet werden.

2.2 Frankreich

Während der Einfluß der angelsächsischen, vor allem aber der amerikanischen empirischen und formalisierenden Sozial- und Wirtschaftswissenschaften und der Zukunftsforschung auf die Entwicklung in der Bundesrepublik in den 60er und Anfang der 70er Jahre durchaus beträchtlich war, gilt das weniger für den Einfluß aus Frankreich und für die skandinavischen Länder. Der französische Einfluß auf die Anfänge der Zukunftsforschung in der Bundesrepublik läßt sich auf relativ wenige Namen konzentrieren. Hier ist in erster Linie Bertrand de Jouvenel zu nennen, der 1961 die Zeitschrift Futuribles gründete. Für Jouvenel war Zukunftsforschung nie eine Wissenschaft, sondern Kunst[7]. Er hat ganz zweifellos die systematische Befassung mit der Zukunft und dem Zukunftsbegriff schon frühzeitig in die Sphäre des phantasievollen und spekulativen Denkens und Gestaltens gebracht. Ossip K. Flechtheim schreibt hierzu:

"Der von dem spanischen Jesuiten des 16. Jahrhunderts Louis de Molina stammende Begriff 'futurible' kombiniert die Begriffe Zukunft und Möglichkeit. Er wurde von Jouvenel gewählt, da dieser die Zukunft als einen Gegenstand der Spekulation über das Mögliche sieht, nicht als Objekt des Wissens um das, was sein wird. Die 'futuribles' befassen sich sowohl mit politischen und wirtschaftlichen wie mit sozialen und kulturellen Trends. 'Das Profil Europas 1971', 'Die Tendenzen der Bürokratie', 'Die wirtschaftliche Zukunft der tropischen Länder', 'Die Voraussicht der Ideen', 'Die Zukunft der Kultur', 'Die langfristige Planung', 'Die Zukunft der systematischen Analyse der sozialen Modelle' - so lauten einige der zahlreichen dort behandelten Themen"[8].

Bedeutende Resonanz hatte zweifellos noch der französische Futurologe und Planificateur Jean Fourastié. Seine Thesen über die Entwicklung der tertiären Gesellschaft, also der Entwicklung der Industriegesellschaft von der Produktions- zur Dienstleistungsgesellschaft, hatten zwar ihren stärksten Widerhall in den USA (Daniel Bell und andere), beeinflußten aber auch die Debatte über die Zukunft der Industriegesellschaft in der Bundesrepublik. Lange Zeit beherrschten die Thesen von Fourastié über künftige Herrschaftsformen von Experten und Spezialisten die Zukunftsdiskussionen. Fourastié hatte immerhin schon 1954 verkündet:

"In der tertiären Zivilisation werden einige hunderte von Spezialisten die Herren über das Schicksal von Millionen von Menschen sein"[9].

Ohne hier auf die Werke und Wirkungen einzelner Zukunftsforscher und politisch-journalistischer Zukunftsgestalter näher eingehen zu können, haben ganz sicher Jean Meynaud (Les speculations sur l'avenir, Lausanne 1965) und Pierre Massé (L'esprit prospectif et l'application, in Prospective, H. 10/1962; Reflexions pour 1985, L' Documentation Francaise, Paris 1964) auf die deutsche Zukunftsforschung gewirkt.

Eine besondere Bedeutung für die Bundesrepublik im Hinblick auf die öffentliche Diskussion über die Zukunftsgestaltung der Industriegesellschaft und Europas hatte der Einfluß des Journalisten und Herausgebers der französischen Wochenzeitung L'Express und späteren Generalsekretärs der Radikalsozialistischen Partei Frankreichs Jean-Jacques Servan-Schreiber. Er machte vor allem mit den beiden in der Bundesrepublik Deutschland viel beachteten Büchern "Die amerikanische Herausforderung" (1968) und "Die befreite Gesellschaft - eine Charta für Europa" (1970) Furore.

In Frankreich hat das Stichwort Planification einen magischen Klang. Hinter diesem Begriff verbirgt sich eine prognostische und planend prospektive Tätigkeit zur Zukunftsgestaltung, die von der Regierung ausgeht. Wurzeln hierfür legte schon der Philosoph Gaston Berger, der 1957 in Paris das Centre d'etudes prospectives gründete und dort durch das "Studium der technischen, wissenschaftlichen, wirtschaftlichen und sozialen Ursachen" jene Kräfte zu erforschen suchte, die die moderne Welt bewegen, um daraus eine Vorausschau und Vorausplanung abzuleiten, die über die übliche Prognose hinausgeht. In der Regel sollte sich "prospektiv" auf eine Voraussicht beziehen, die auf einen Zeitraum von 15 Jahren beschränkt ist und dafür Planungsvorgaben macht.

Natürlich müssen noch die Arbeiten von Pierre Rousseau (Geschichte der Zukunft, München 1960), Teilhard de Chardin (z. B. Die Zukunft des Menschen, Olten/Freiburg 1963), Luis Pauwels und Jacques Berger (Aufbruch ins dritte Jahrtausend, Bern/Stuttgart 1962) sowie Pierre Bertaux (Mutationen der Menschheit, Stuttgart 1966) als Anreger für die Zukunftsforschung in der Bundesrepublik erwähnt werden[10].

2.3 Niederlande und skandinavische Länder

Für die wirtschaftliche Zukunftsforschung waren die Arbeiten des holländischen Nationalökonomen und Nobelpreisträgers für Wirtschaftswissenschaften Jan Tinbergen auch in der Bundesrepublik von besonderer Bedeutung. Tinbergen hat zusammen mit H. Linnemann in einem Sonderprojekt des Club of Rome Vorschläge erarbeitet, wie 3 1/2 Mrd. Menschen mehr innerhalb einer Zeitspanne von etwa 30

Jahren mit Nahrung bzw. den notwendigen Konsumgütern und Dienstleistungen versorgt werden können, ohne daß die Umwelt darunter leiden müßte.

Als einer der bedeutendsten Zukunftsforscher überhaupt gilt der Holländer Fred L. Polak. Polak hat sich sowohl durch seine frühen Werke zur Zukunftsforschung als auch durch seine vielfältigen zukunftsorientierten Beratungstätigkeiten für die UNESCO, den Europarat und verschiedene große Konzerne internationale Geltung verschafft. In seinem bereits 1961 erschienenen Werk "The Image of the Future" zeigt Polak zunächst, wie kühne Zukunftsbilder zur Renaissance, zur Aufklärung und zu den frühen industriellen Leistungen geführt haben. Dem Menschen der Mitte unseres Jahrhunderts hält er vor, wie er, ganz im Banne der gegenwärtigen Lebenserfüllung, sich verzweifelt an alte Gewohnheiten klammert, aus Furcht, Innovationen könnten seine liebgewordenen Verhaltensmuster stören. Die Erkenntnisse, daß er dabei die krisenhaften Probleme der Gegenwart und Zukunft übersieht und sein Talent ungenutzt läßt, nämlich mit Phantasie andere und bessere Zukünfte zu schaffen, war Ausgangspunkt seiner kritischen Position. Vielmehr sollte der Mensch auf soziale Phantasie und soziale Experimente setzen, um den heutigen Entwicklungstrends und der armseligen Entfaltung rein technologischer Möglichkeiten zu entgehen, die den Menschen lediglich verkrüppeln ließen. Polaks Thesen haben auf die humane kritisch-soziale Zukunftsforschung in der Bundesrepublik einen erheblichen Einfluß ausgeübt[11]. Ein anderes Werk, "PROGNOSTICS - A science in the making surveys and creates the future" (1971), hat 10 Jahre später noch einmal die Zukunftsforschung und die wissenschaftliche Zukunftsgestaltung in der Bundesrepublik zu nachhaltigen Diskussionen angeregt[12].

Mitte der 70er Jahre waren es vor allem die skandinavischen Impulse auf den Gebieten der Zukunftsforschung und Zukunftsgestaltung, die in der Bundesrepublik Deutschland Resonanz fanden. Die schwedischen Aktivitäten standen in engem Zusammenhang mit den Forschungen des amerikanischen Kybernetikers Jay W. Forrester von der Management-Fakultät des Massachusetts Institute of Technology (M.I.T.) über "Urban dynamics" (1969) und "World dynamics" (1971). Seine Arbeiten waren Anwendungen der Philosophie und

Methodology der Systemdynamik auf urbane Probleme einerseits und globale Zusammenhänge unserer Welt andererseits. Sie waren die wesentlichen Voraussetzungen für die Studien von Dennis L. Meadows und seines Forschungsteams für den Club of Rome. Das Meadows-Team arbeitete ebenfalls am M.I.T. an Simulationsstudien, die zu den berühmten Berichten an den Club of Rome "The Limits to Growth" (1972), "Toward Global Equilibrium. Collected Papers" (1973) und "Dynamics of Growth in a Finite World" (1973) führten.

Unter dem Eindruck der wachsenden militärischen Bedrohungspotentiale zwischen Ost und West, der Verschärfung des Nord-Süd-Konflikts und nunmehr auch der weltweiten Diskussion über die Grenzen des Wachstums bzw. die Endlichkeit der Rohstoffe und natürlichen Lebensgrundlagen gab es erstmals in Schweden eine regierungsoffizielle Reaktion. Unter der Leitung von Alva Myrdal, Mitglied der schwedischen Regierung, wurde 1972 der Bericht "Att välja framtial, Statens offentliga utredningar" erstellt[13]. Dieser Bericht enthielt eine Skizze für ein schwedisches Konzept für Zukunftsstudien. Das unmittelbare Ergebnis war die Einrichtung des Secretariat for Futures Studies im Frühjahr 1973, das direkt beim Büro des schwedischen Ministerpräsidenten angesiedelt wurde (vgl. hierzu auch den Länderbericht "Zukunftsforschung und Technologiebewertung in Schweden").

Die schwedische Politikerin Alva Myrdal übte als Friedens- und Zukunftsforscherin, ebenso wie ihr Mann Gunnar Myrdal, Nationalökonom, Politiker, Friedens- und Zukunftsforscher und langjähriger Präsident des Stockholmer Internationalen Instituts für Friedensforschung (SIPRI), in den folgenden Jahren großen Einfluß auf die Friedens- und Zukunftsforschung in der Bundesrepublik aus. Nicht nur daß es vielfältige Kontakte zwischen den Friedens- und Zukunftsforschern der Bundesrepublik und Alva und Gunnar Myrdal gab, auch die zahlreichen Kontakte zu sozialdemokratischen Politikern wie Willy Brandt, Gustav Heinemann, Egon Bahr, Horst Ehmke und Erhard Eppler haben dazu beigetragen, daß zentrale Probleme der Friedens- und Zukunftsforschung in der Bundesrepublik Deutschland auch politisch ihren Niederschlag fanden. Insbesondere die Entspannungs- und Ostpolitik der sozialliberalen Koalition und die auf Gustav Heinemann zurückzuführenden Gründungen verschiedener Friedensforschungsinstitute gehen auch auf den Einfluß der schwedischen Friedens- und Zukunftsforschung zurück.

Seit Mitte der 60er Jahre gibt es enge Kontakte zwischen den deutschen Zukunftsforschern Robert Jungk, Ossip K. Flechtheim, Theodor Ebert und Martin Jänicke und dem norwegischen Zukunfts- und Friedensforscher Johan Galtung. Die Thesen von J. Galtung (Mankind 2000, Oslo/London 1969)[14] und seine Arbeiten im Rahmen der deutschen Zukunftsforschung sowie der Friedens- und Konfliktforschung nehmen einen besonderen Stellenwert ein.

2.4 Osteuropäische Länder

Für die sozialkritische Linie der Zukunftsforschung spielten die Entwicklungen in den Ländern Osteuropas immer eine spezifische Rolle. In der Literatur läßt sich das in der Rezeption und Diskussion der sozialistischen Utopie- und Zukunftsmodelle ebenso ablesen wie in Stellungnahmen und kritischen Debatten zu realsozialistischen Zukunftsentwürfen und Perspektivplanungen.

Schon Ende der 50er Jahre gab es verschiedene Bemühungen, Kontakte zu offiziellen Vertretern osteuropäischer Institutionen der Gesellschaftswissenschaften, der politischen und ökonomischen Langfristplanung und zukunftsorientierter Forschungsinstitute aufzunehmen. Hieraus resultierten zahlreiche Arbeitskontakte, die hauptsächlich über internationale Konferenzen, Tagungen und Symposien gepflegt wurden. Parallel dazu waren es vor allem die Kontakte zu Dissidenten in fast allen osteuropäischen Ländern, die entweder halblegal oder illegal an Themen der Zukunftsforschung und Zukunftsgestaltung arbeiteten.

Mit dem wohl bekanntesten Zukunftsforscher der Sowjetunion, Igor V. Bestushew-Lada von der Akademie der Wissenschaften der UdSSR, erfolgte ein reger Informationsaustausch, der vor allem auch von den Evangelischen Akademien in Berlin und Loccum organisiert und getragen wurde. Bestushew-Lada ist auch Berater von Staats- und Parteichef Michael Gorbatschow.

Vor allem über internationale Organisationen (UNESCO, World Future Society u. a.) sowie amerikanische und österreichische Zukunftskonferenzen bestanden Kontakte zwischen einzelnen deutschen Zukunftsforschern und J. Gvishiani von der Akademie der Wissenschaften der UdSSR, der enger Berater der Regierung Breschnew war. Gvishiani wurde 1972 Vorsitzender des Kuratoriums des Internationalen Instituts für angewandte Systemanalyse (IIASA), das im Schloß Laxenburg bei Wien seinen Sitz erhielt. Das IIASA war das erste Forschungsinstitut, in dem Wissenschaftler aus Ost und West über grundlegende Themen zur Zukunftsentwicklung gleichberechtigt zusammenarbeiteten. Die Akademien der Wissenschaften der USA und der UdSSR haben unter Mitwirkung wissenschaftlicher Organisationen aus der CSSR, Kanada, Bulgarien, Japan, der Bundesrepublik Deutschland, der DDR, Italien, Polen und Großbritannien Anfang Oktober 1972 in der Royal Society in London dieses Institut gegründet. Die jährlichen Kosten in Höhe von ca. 3,5 Mio. $ werden zu je einem Drittel von den USA, der UdSSR und den anderen Ländern getragen. Zur Zeit der Gründung sollte das Institut neue Methoden der Systemanalyse, der Management-Technik, der Kybernetik und der Unternehmensforschung entwickeln und auf relevante gesellschaftliche Probleme anwenden. Es sollten insbesondere Umweltsysteme, Gesundheitssysteme, Kommunale Systeme und große technische Systeme untersucht werden. Die weltweite Energieversorgung wurde als besonders vordringlicher Untersuchungsgegenstand angesehen. Das Institut hat zahlreiche international beachtete Zukunftsstudien erarbeitet und Tagungen veranstaltet. Es sieht sich aber auch, insbesondere wegen gravierender Fehlprognosen und wegen seines engen technizistischen Wachstumsansatzes, erheblicher Kritik ausgesetzt.

Ein wichtiger Kontakt des IZT Instituts für Zukunftsforschung und Technologiebewertung, Berlin, bestand schon frühzeitig zu dem Direktor des Instituts für Systemtechnik der Akademie der Wissenschaften der UdSSR, A. A. Arbatov. Er arbeitet mit seinem Forschungsteam über komplexe Infrastruktursysteme, insbesondere der Energieverteilung, und führt diverse Zukunftsstudien über Entwicklungstrends der sowjetischen Volkswirtschaft und der Weltwirtschaft durch.

Großen Einfluß auf die sozialkritischen Zukunftsforscher in der Bundesrepublik hatten bereits sehr früh die Arbeiten des ungarischen Philosophen und Literaturwissenschaftlers Georg Lukacs. Das ehemalige Mitglied der Kommunistischen Partei Ungarns hatte schon vor 1933 zahlreiche Kontakte zu deutschen Philosophen und Sozialwissenschaftlern (Ernst Bloch, Walter Dirks u. a.). Lukacs war einer der perspektivischen Wegbereiter des Ungarn-Aufstandes durch seine Theorie der demokratischen Diktatur, die eine Kampfansage an das bürokratische realsozialistische System war und eine Art "dritten Weg" der Gesellschaftsentwicklung aufzeigte. Als Kultusminister der Regierung Nagy versuchte er, diesen Weg auch politisch zu gehen. Sein Einfluß auf die Neue Linke und die kritische Zukunfts- und Sozialforschung in der Bundesrepublik war nach seiner Verfemung in Ungarn und als Dissident besonders groß.

Aus Polen war es vor allem Leszek Kolakowski, der Theoretiker des polnischen Oktober 1956, der mit seinem Werk "Der Mensch ohne Alternative (1960)" nachhaltige Wirkung auf die Diskussionen zukunftsorientierter Gesellschaftsmodelle in der Bundesrepublik hatte. Zu Kolakowski bestanden vor allem über Ossip K. Flechtheim Kontakte zur deutschen Zukunftsforschung.

Zu weltweiter Bedeutung und beträchtlichem Einfluß auf die Zukunftsdiskussion in der Bundesrepublik gelangte vor dem Prager Frühling die Richta-Gruppe aus der CSSR. Der als "Richta-Report"[15] bekannt gewordene Beitrag hatte für die Diskussion über die Grundlagen zukünftiger Entwicklungen in der Industriegesellschaft große Bedeutung. Wenn darin klipp und klar festgestellt wird, daß die entscheidenden Faktoren für das Produktivitätswachstum nicht mehr Arbeitskraft und Kapital sind, sondern Wissenschaft und Technik, dann wurden hiermit sowohl für den Bereich des staatsbürokratischen Sozialismus als auch für den neokapitalistischen Wirtschaftsbereich zentrale ideologische Fundamente in Frage gestellt. Auch später hat es im realsozialistischen Lager niemals wieder eine Analyse gegeben, in der so eindeutig die zentrale "revolutionäre Dynamik" der Produktivkraft "Wissenschaft und Technologie" hervorgehoben wurde. Insofern ist es kein Zufall, daß der "Richta-Report", dessen ideologische und politische Konsequenzen für die Staaten des real existierenden

Sozialismus natürlich erheblich waren, mit dem Tod des Prager Frühlings ebenfalls zu Grabe getragen wurde. Es sollte aber nicht unerwähnt bleiben, daß der "Richta-Report" trotz seiner scharfsinnigen Analyse hinsichtlich der Produktivkraft "Wissenschaft und Technologie" dem Produktivfaktor "Natur" keine besondere Beachtung geschenkt hat.

Als Ost-West-Drehscheibe der Zukunftsforscher hat sich vor allem die jährlich stattfindende Sommerakademie der World Futures Studies Federation in Dubrovnik (Jugoslawien) etabliert, die erstmals 1967 ins Leben gerufen wurde. An dieser Veranstaltung nahmen regelmäßig Vertreter der bundesdeutschen Zukunftsforschung auf privater Basis teil. Nicht nur auf Dubrovnik beschränkt bestanden persönliche Kontakte zur jugoslawischen PRAXIS-Gruppe, die lange Zeit illegal und halbillegal arbeiten mußte.

In den 60er und 70er Jahren spielte Rumänien im Rahmen der internationalen Zukunftsforschung eine besondere Rolle. Offiziell hatte sich die Akademie für Sozial- und Politikwissenschaften der Sozialistischen Republik Rumänien an internationalen Aktivitäten der World Futures Studies Federation beteiligt, so daß die 3. Weltkonferenz 1972 über Zukunftsforschung und Zukunftsgestaltung in Bukarest stattfand. Enge Kontakte hatten vor allem die Berliner Zukunftsforscher zu Pavel Apostol, Mitglied der Rumänischen Akademie für Sozial- und Politikwissenschaften und Leiter des "Laboratoriums zur Analyse des Ausbildungsprozesses" an der Akademie. Apostol mußte im Jahre 1979 Rumänien verlassen und war bis zu seinem Tode im Jahre 1983 Exekutivmitglied der World Futures Studies Federation.

Auch zu DDR-Wissenschaftlern, die sich mit Fragen der Zukunftsforschung, der Langfristplanung und der perspektivischen Politikberatung befaßten, gab es Verbindungen und von Zeit zu Zeit kritische Dialoge und Ansätze zu Arbeitskontakten. Ein intensiver Gedankenaustausch fand vor allem mit einer Reihe von Dissidenten statt, so vor allem mit Robert Havemann und Rudolph Bahro ("Die Alternative. Zur Kritik des real existierenden Sozialismus", Köln 1977).

3. Die Entwicklung in der Bundesrepublik Deutschland

3.1 Ausgangsbedingungen und Grundlagen

Die historischen Anfänge einer deutschen Zukunftsforschung genau zu beschreiben, ist schwierig, weil es keine "Geburtsstunde" dieser Wissenschaft gibt. Daß es keine Geburtsstunde gibt, hat verschiedene Gründe. Sie liegen sowohl im wissenschaftlichen Verständnis der Zukunftsforschung selbst als auch in der wissenschaftstheoretischen und wissenschaftssoziologischen Entwicklung der deutschen Wissenschaft. Eine besondere Rolle spielt natürlich auch die jüngere deutsche Geschichte, die mit den Stichworten Nationalsozialismus, Faschismus, Zweiter Weltkrieg, Nachkriegs-Deutschland, Wirtschaftswunder, Kalter Krieg und Mauer charakterisiert ist und auf extreme Bedingungen gerade auch für die wissenschaftliche Beschäftigung mit Gesellschaft und Zukunft hinweist.

Zur Bestimmung der Grundlagen der Zukunftsforschung ist in erster Linie darauf zu verweisen, daß alle Ansätze einer wissenschaftlichen systematischen Beschäftigung mit der Zukunft bzw. mit Zukünften eine die traditionellen Fachdisziplinen übergreifende Sichtweise benötigen. Zukunftsforschung und Zukunftsgestaltung sind nur möglich, wenn mehrere Fach- und Realitätsbereiche miteinander verknüpft werden. Daß gerade eine solche Denk- und Arbeitsweise in der deutschen Wissenschaft keine Tradition hat, wird von vielen Experten immer wieder hervorgehoben (vgl. auch das nächste Kapitel: "Was Zukunftsforscher denken - Ergebnisse einer Expertenbefragung").

Ein zweiter Aspekt der Zukunftsforschung ist ihre unmittelbare Handlungs- und Gestaltungsorientierung, die mit der Beschreibung, Deutung, dem Entwurf, der Planung, der Vorausschau oder der Utopie und Vision von Zukünften verbunden ist. Niemand kann Zukünfte denken, prognostizieren oder projizieren, ohne Gestaltungs- und Handlungsmuster mitzudenken. Auch diese Form wissenschaftlicher Tätigkeit hat zumindest in der naturwissenschaftlichen Wissenschaftstradition keinen Raum, die ja gerade die Distanz des Beobachters und Forschers zum Objekt zur Grundlage hat.

Ein dritter Aspekt ist der gesellschaftliche. Alle auch noch so parzellierten Zukünfte, ob neue Lebensformen, Stadtkulturen, Energieszenarien oder technische Kommunikationszukünfte, sind unmittelbar mit gesamtgesellschaftlichen Wirkungen und Folgen verbunden. Isolierte, nur auf einzelne Gruppen oder Individuen gerichtete Betrachtungen greifen für Zukunftsentwürfe im allgemeinen zu kurz. Sie werden im Einzelfall zwar immer auch notwendig, aber nicht hinreichend sein.

Der vierte und vermutlich strittigste Aspekt ist das spekulative Element. Auch wenn sich Zukunftsforschung nicht nur mit Zukünften in mehr als 30 Jahren beschäftigt, enthält sie gleichwohl ein spekulatives Element. Das gilt nicht nur für jene Ansätze der Zukunftsforschung, die von vornherein normativ geprägt sind, sondern auch für morphologische Studien, Planentwürfe, Modellbildungen oder Simulationen, die vielleicht nur die Fortschreibung oder Variation von Vergangenheits- und Gegenwartswissen beanspruchen. In Wahrheit fließen auch hier in die Annahmen und Randbedingungen und in die spezifische Anwendung der gewählten Methoden subjektiv-normative Elemente ein, die nach Thomas S. Kuhn ganz wesentlich auch psychologische und spekulative Ursprünge haben[16].

Die hier genannten vier konstitutiven Elemente jeder Zukunftsforschung, also Disziplinen übergreifend-vernetzend, gestaltungs- und handlungsorientiert, gesellschaftsbezogen zu sein und einen normativ-spekulativen Bestandteil zu enthalten, sollen vorerst zu ihrer Charakterisierung ausreichen. Die hier skizzierten Anfänge und Entwicklungen der Zukunftsforschung in der Bundesrepublik Deutschland beziehen sich jedenfalls auf jene wissenschaftlichen Bemühungen. Dabei wird sich zeigen, daß die unterschiedlichen Linien der Zukunftsforschung nicht ohne weiteres unter ein einheitliches definitorisches Dach zu subsumieren sind.

3.2 Emigranten am Anfang

Nicht zufällig lassen sich die Wurzeln der Zukunftsforschung in der Bundesrepublik Deutschland vor allem auf Personen zurückführen, die während der Nazizeit Deutschland verlassen mußten. Dazu gehören einige, die sich als Wissenschaftler hauptsächlich in den USA mit mathematischen und formalisierten Grundlagen der Kybernetik, der Wirtschafts- und Sozialwissenschaften beschäftigt haben. Andere haben sich sicher nicht zuletzt wegen ihrer Erfahrungen mit dem Faschismus wissenschaftlich mit der Zukunft bzw. den großen Zukunftsthemen befaßt. Unter den letzteren befinden sich vor allem Politikwissenschaftler, Soziologen, Publizisten und Schriftsteller. Von diesen haben für die Zukunftsforschung in Deutschland Karl Mannheim, Ossip K. Flechtheim, Robert Jungk, Fritz Baade, Ernst Bloch und Karl W. Deutsch eine besondere Bedeutung.

Ossip K. Flechtheim hat bereits in den vierziger Jahren in den Vereinigten Staaten den Begriff "Futurology" geprägt und wie er selbst schreibt:

"...populär zu machen gesucht, um auf die Bedeutung einer systematischen Beschäftigung mit der Zukunft der Natur wie aber auch der Kultur hinzuweisen".

"Obwohl ich in den USA mit einem Vorschlag, die Behandlung der Gesellschaft und Kultur der Zukunft zum Gegenstand einer akademischen Unterrichtsveranstaltung zu machen, zunächst mehr Skepsis als Zustimmung gefunden habe, haben sich doch schon damals Persönlichkeiten wie Aldous Huxley, Max Lerner, Thomas Mann, Lewis Mumford, Hans Simons, Pitirim Sorokin und Arnold Wolfers positiv geäußert"[17].

Es hat dann immerhin noch neun Jahre gedauert, bis Flechtheim den Begriff in Deutschland gebraucht hat, nicht zuletzt deshalb, weil der Ausdruck Futurologie für die deutsche Wissenschaft und die Öffentlichkeit gleichermaßen eine Provokation darstellte. Dieser Begriff und die dahinterstehende Wissenschaft galt als unseriös und wurde in die Nähe der Astrologie gerückt.

Im Jahre 1952 erschien Robert Jungks Buch "Die Zukunft hat schon begonnen". In diesem Buch zeigt Jungk, daß nicht in Europa und schon gar nicht in der Bundesrepublik Deutschland, sondern in Amerika die Dimension Zukunft entdeckt wurde. Flechtheim schreibt dazu:

"Das, was Jungk den Griff nach der Zukunft genannt hat, hatte mit religiösen Visionen oder philosophischen Utopien wenig zu tun. Die

Zukunft wurde nun 'einer neuen Gruppe spezialisierter Wissenschaftler' überantwortet, den Forecasters, die mit Hilfe von 'Beschleunigungskurven, Zukunftsparabeln, Zukunftscyklen, Strömungsplänen und Wahrscheinlichkeitsrechnungen das Kommende möglichst exakt vorauszusagen versuchen...'. 'Den Amerikanern' geht es dabei nach Jungk nicht mehr darum, 'über die Zukunft zu philosphieren, sondern etwas mit ihr zu tun: sie zu erobern und ihr, soweit es menschenmöglich ist, Richtung und Marschtritt vorzuschreiben. Mit Ausnahme von Sowjetrußland und seinen Verbündeten, gibt es kein Land der Erde, in dem so viel Zukunftsplanung getrieben wird, wie in den USA. Freilich blieb das auf die Einzelplanungen und Einzelprogrammierungen der Firmen und Militärorganisationen beschränkt - selbst die umfassendere Prognostik trug technokratische Züge"[18].

Da in der Zukunftsforschung der Utopie-Begriff bzw. die Nutzung des utopischen gedanklichen Elements im Sinne kreativer, phantasievoller, visionärer Zukunftsvorstellungen eine große Rolle spielt, müssen an dieser Stelle Karl Mannheim und Ernst Bloch genannt werden.

Mannheim, Schüler von Max Weber, führte in seinem bereits 1929 erschienenen Werk "Ideologie und Utopie" hierzu u. a. folgendes aus:

"Nur jene 'wirklichkeitstranszendente' Orientierung soll von uns als eine utopische angesprochen werden, die, in das Handeln übergehend, die jeweils bestehende Seinsordnung zugleich teilweise oder ganz sprengt. Die Beschränkung des Utopischen auf jene Art wirklichkeitstranszendenter Orientierung, die zugleich eine bestehende Ordnung auch sprengt, unterscheidet das utopische vom ideologischen Bewußtsein"[19].

"So, wie der Begriff utopisch hier gebraucht wird, kann er auf sämtliche Denkprozesse angewandt werden, die ihre Impulse nicht aus dem unmittelbaren Druck der sozialen Wirklichkeit empfangen, sondern aus Vorstellungen beziehen, wie sie sich in Symbolen, Phantasien, Träumen, Ideen und auf ähnliche Weise manifestieren, die im weitesten Sinne des Wortes nicht existent sind. Vom soziologischen Gesichtspunkt aus gesehen können solche geistigen Konstruktionen im wesentlichen zwei Formen annehmen: sie sind 'ideologisch', wenn sie der Absicht dienen, die bestehende soziale Wirklichkeit zu verklären oder zu stabilisieren; "utopisch", wenn sie kollektive Aktivität hervorrufen, die die Wirklichkeit so zu ändern sucht, daß sie mit ihren die Realität übersteigenden Zielen übereinstimmt"[20].

Mannheim emigrierte 1933 nach Großbritannien und wirkte dort als Soziologe an der University of London und an der London School of Economics und wurde britischer Staatsbürger.

Noch vor Mannheim beschäftigte sich Ernst Bloch mit dem Utopie-Begriff in seinem Werk "Vom Geist der Utopie" (1918). Mit dem Geist der Utopie verbinden sich für Sozialisten und Anarchisten vor allem Wunschvorstellungen oder - wie Bloch sagt - "Wunschlandschaften"[21], die auf eine herrschafts- und klassenlose Gesellschaft der Zukunft hinzielen. Gemeint war dies immer im Sinne eines real möglichen und wünschbaren Zukunftszustandes. Besonders aber das in den Jahren 1954 bis 1959 erschienene Werk "Das Prinzip Hoffnung" des ebenfalls 1933 emigrierten Bloch hat vor allem auf die sozialkritische Zukunftsforschung in der Bundesrepublik Deutschland einen nachhaltigen Einfluß ausgeübt.

Ein in der Zukunftsforschung und politischen Zukunftsgestaltung viel zu wenig beachteter Mann ist der Nationalökonom und ehemalige Reichstagsabgeordnete der SPD, Fritz Baade, der von 1934 bis 1946 in die Türkei emigrieren mußte. Baade, von 1949 bis 1965 Mitglied des Deutschen Bundestages und zur gleichen Zeit Direktor des Instituts für Weltwirtschaft in Kiel, hat sich nach dem Kriege sehr intensiv wissenschaftlich und praktisch-politisch mit Langfristperspektiven befaßt. Von ihm stammen zahlreiche Trendanalysen, Prognosen und Perspektivplanungen zu verschiedenen konkreten Zukünften. Neben der Neugestaltung der westdeutschen Industriegesellschaft galt sein Interesse vor allem der Bevölkerungsentwicklung, der Energieerzeugung und einem sinnvollen Energieverbrauch sowie der ausreichenden Nahrungsmittelproduktion in der Welt. Er entwickelte hierfür konkrete Vorstellungen über Notwendigkeiten des Bildungswesens in Ost und West und über die Verhinderung des weiteren Rüstungswettlaufs. Mit seinen Arbeiten "Deutschlands Beitrag zum Marschall-Plan (1948)" und "Weltenergiewirtschaft (1958)" war er einer der ersten, der nach dem Kriege perspektivisches Denken und Handeln in die politische Arena einbrachte. Mit dem 1960 veröffentlichten Buch "Der Wettlauf zum Jahre 2000"[22] war er auf der Grundlage eines profunden statistischen Materials und der Nutzung zahlreicher angelsächsischer und internationaler Quellen und Trendanalysen zu der Auffassung gelangt, daß nur ein "friedlicher Wettlauf" zwischen den Völkern eine Selbstvernichtung der Menschheit verhindern kann. Und dieser Wettlauf darf nicht in quantitativen, sondern muß in qualitativen Zielen liegen. Wegen dieser immer aktueller gewordenen

Zukunftsvision soll sein entscheidendes Credo mit folgenden Zitaten verdeutlicht werden:

"Man überlegt sich die großen Linien der Entwicklung und behält sich vor, Einzelheiten dann aufgrund der tatsächlichen Entwicklung neu festzulegen. Ohne diese vorausschauenden Entwicklungen aber kommt heute keine Volkswirtschaft in der Welt mehr aus, gleichgültig, ob sie nun kommunistisch oder nichtkommunistisch ist.
Der Wettlauf der Völker zum Jahr 2000 kann nur ein einziges Ziel haben, das sinnvoll ist: den Bau einer völlig neuen Welt, einer Welt ohne Hunger, ohne Armut und ohne Krieg.
Bei dem Wettlauf zwischen den Völkern der Erde kommt es nicht darauf an, wer mehr Tore schießt, wer weiter wirft, höher springt, schneller läuft oder schwerer stemmt. Der Sinn dieses Wettlaufs liegt darin, daß jedes einzelne Volk versuchen muß, ein Höchstmaß an Beitrag zur Weltentwicklung zu leisten. Quantitative Betrachtungen sind hier völlig fehl am Platze, alles kommt auf die Qualität des Beitrags an.
Wie unangebracht quantitative Betrachtungen für die Bewertung eines Beitrags eines Volkes zum Bau der neuen Welt des Jahres 2000 sein würden, ergibt sich aus einer einfachen zahlenmäßigen Überlegung.
Die Schweiz ist mit einer Bevölkerung von etwa 5 Mio. Menschen an der heutigen Weltbevölkerung mit knapp 0,2% beteiligt. In der Welt des Jahres 2000 wird ihr Anteil an der Weltbevölkerung auf weniger als 0,1% reduziert sein. Sollten die Schweizer deshalb Minderwertigkeitskomplexe haben? Sie haben keine und sie brauchen keine zu haben"[23].

Ganz auf den zentralen Gedanken der Kybernetik, also der Integration von Informationstheorie, Rückkopplungsprinzip und Systemtheorie aufbauend, erarbeitet Karl W. Deutsch seine "Politische Kybernetik"[24]. In den Möglichkeiten der Formalisierung von Informations-, Kommunikations- und Entscheidungsprozessen sieht er vor allem in der Analyse von kommunizierenden und lernenden Sozialsystemen ganz neue Perspektiven, auch die gesellschaftliche Vorausschau auf methodisch festere Fundamente zu stellen.

Die neuen kybernetischen Modelle und Perspektiven haben vor allem die jüngeren Sozialwissenschaftler, Wirtschaftswissenschaftler und Zukunftsforscher wie Renate Mayntz, Helmut Krauch, Carl Böhret, Herbert Stachowiak, Rolf Kreibich u. a. beeinflußt. Karl W. Deutsch war Mitglied der amerikanischen Kommission für das Jahr 2000 und führte als Professor an der Harvard University und am Wissenschaftszentrum Berlin zahlreiche Zukunftsstudien durch. Zuletzt entwickelte er gemeinsam mit Stuart A. Bremer am Wissenschaftszentrum Berlin das GLOBUS Modell, ein Computer-Simulationsmodell, das für die meisten Politikbereiche globale Zusammenhänge aufzeigen und als dynamisches Modell vom Benutzer eigenständig variiert werden kann.

3.3 Aufbruchstimmung im Jahre 1963

1963 stellt für die Bundesrepublik im Hinblick auf die Erfassung der Dimension Zukunft ein wichtiges Jahr dar. Das hängt mit den Nachwirkungen des Mauerbaus in Berlin und der Entwicklung neuer Zukunftsansätze sowie mit der Aufbruchstimmung durch die von John F. Kennedy propagierte neue Politik und neue politische Kultur der strategischen Planung unter Einschluß von Sozial- und Zukunftswissenschaftlern zusammen. In diesem Jahr besuchte Kennedy auch die Bundesrepublik und Berlin (West).

Der Desch-Verlag begann unter der Herausgeberschaft von Robert Jungk und Hans Josef Mundt mit der berühmten Reihe zur Zukunftsforschung und Zukunftsgestaltung "Modelle für eine neue Welt".

Die "Deutsche Rundschau" brachte in ihrer Dezemberausgabe im Jahr 1963 einen Beitrag von Ossip K. Flechtheim über Zukunftsforschung, was insofern außergewöhnlich war, als Zukunftsforschung allgemein in der etablierten Wissenschaft als nicht seriös galt[25].

Wegen der grundsätzlichen Bedeutung der Buchreihe "Modelle für eine neue Welt" für die Zukunftsforschung und die perspektivische Diskussion über Zukunftsgestaltung in der Bundesrepublik Deutschland werden nachfolgend die Titel der Bände aufgeführt:

Jungk, Robert/Mundt, Hans Josef (Hg.): Modelle für eine neue Welt, Band I-XV, München 1964
Band I: Der Griff nach der Zukunft. Planen und Freiheit
Band II: Wege ins neue Jahrtausend. Wettkampf der Planungen in Ost und West
Band III: Deutschland ohne Konzeption? Am Beginn einer neuen Konzeption

Band IV: Horizonte 1984. Wissenschaftler und Techniker entwerfen unsere Welt von morgen

Band V: Den neuen Menschen formen. Reformvorschläge für Schulen, Volkshochschulen, Universitäten. Die permanente Bildung. Aufstieg durch Wissen

Band VI: Dämme gegen die Autolawine. Städte, Autos, Zirkulation

Band VII: Mit der Technik leben. Gesundheit im Industriezeitalter. Geburtenkontrolle. Erfülltes Alter

Band VIII: Das Ende der Fron? Gezähmte Maschinen

Band IX: Wer regiert morgen? Die Demokratie im technischen Zeitalter

Band X: Milliarden Menschen wollen wissen. Lesen, Hören, Sehen durch Massenmedien

Band XI: Die Wiederentdeckung des Schöpferischen. Der Laie als Experte, als Künstler und Forscher

Band XII: Das ganze Deutschland. Modelle zwischen Ost und West

Band XIII: Planetarisches Zusammenspiel. Kontinentale und interkontinentale Projekte

Band XIV: Die Chancen des Schönen. Die Musen und die neue Wirklichkeit. Der Mensch in der 30-Stundenwoche

Band XV: Die permanente Wandlung. Die Weiterentwicklung des Menschen. Über die Zukunft der Religionen

Sonderausgabe: Unsere Welt 1985. Hundert Beiträge internationaler Wissenschaftler, Schriftsteller und Publizisten aus fünf Kontinenten, München 1965.

Der Erfolg dieser Buchreihe läßt sich sowohl an der durch sie ausgelösten intensiven Diskussion in Fachkreisen und in der Öffentlichkeit sowie an den Auflagen ablesen. Die ZEIT schrieb nach der ersten Veröffentlichung von "Unsere Welt 1985", die Zukunftsentwürfe von 100 Wissenschaftlern und Technikern aus allen Kontinenten enthielt[26]:

"Perspektiven über Perspektiven, die wahrhaft ein ungeheuerliches Bild - dabei ein unpathetisches, vernünftiges - von den zukünftigen Möglichkeiten des Menschen geben. Ein Entwurf, der um vieles reicher erscheint, als es je die philosophische Utopie, die dichterische Vision der Literatur sein könnte. Ein Panorama von einer Weite, Vollständigkeit, das nicht seinesgleichen hat".

Besonders hervorzuheben ist die Tatsache, daß sich als Autoren nicht nur Wissenschaftler, sondern auch Politiker, Journalisten, Manager und Schriftsteller beteiligten, die ein breites Spektrum weltanschaulicher, wissenschaftstheoretischer und methodischer Meinungen repräsentierten. So waren neben zahlreichen bedeutenden Namen der internationalen Zukunftsforschung und zukunftsorientierter Wissenschaftsdisziplinen ein weit gefächerter Kreis von Wissenschaftlern, Schriftstellern und Journalisten aus der Bundesrepublik an der Buchreihe beteiligt. Ziel war eine breite geistige Kommunikation und Vernetzung der einzelnen Ideen und Gedanken angesichts der großen Herausforderungen und der Zukunftsgestaltungsaufgaben für eine "neue Welt". Unter dem Kreis der beteiligten Autoren, befanden sich u. a. Wolfgang Abendroth, Günter Anders, Fritz Baade, Daniel Bell, Pierre Bertaux, Karl W. Deutsch, Walter Dirks, Klaus von Dohnanyi, Ossip K. Flechtheim, Günter Friedrichs, Claus Koch, Hermann Kahn, Helmut Krauch, Alexander Mitscherlich, Anatole Rapaport, David Riesmann, Gösta von Uexküll, Martin Shubik, Nicolaus Sombart, Antony J. Wiener.

Wie stark Mitte der 60er Jahre sowohl die wissenschaftliche Beschäftigung mit der Zukunft als auch die politische und gesellschaftliche Zukunftsorientierung zunahmen, läßt sich an den folgenden Beispielen zeigen, die Ausdruck des allgemeinen Klimas der Öffnung von Zukunftsdimensionen in den Bereichen von Wissenschaft, Bildung, Wirtschaft, Politik und Kultur waren.

Mit dem Spürsinn eines Vollblutpolitikers für Kommendes verkündete Franz Josef Strauß in einer Rede auf der Landesversammlung der CSU in München 1964 "man trüge heute Zukunft"[27].

Auch DER SPIEGEL spürte die Aufbruchstimmung zur wissenschaftlichen Beschäftigung mit Zukünften und eine neue gesellschaftspolitische Grundströmung, die sich mehr und mehr Fragen der Zukunftsgestaltung widmete. Das Ergebnis waren verschiedene Artikel und die Titelgeschichte in Nr. 52/1966 zum Thema "Futurologie: die Zukunft des Menschen wird geplant".

Ganz offensichtlich in dem Bestreben, den Anschluß an die weltweite Entwicklung in Sachen Zukunftsforschung, Zukunftsplanung und Zukunftsgestaltung nicht zu verpassen, widmete die führende Zeitschrift für Ideologie in der DDR, die "Deutsche Zeitschrift für Philosophie", fast zeitgleich ihren ersten Beitrag zum 7. Parteitag der SED dem Thema "Zukunftsdenken im Kampf der Ideologien - Eine Kritik der Futurologie". Ossip K. Flechtheim läßt mit Blick auf diese

Kritik an der bürgerlichen Futurologie die DDR-Autoren selbst zu Wort kommen:

"Die Verfasser dieses Artikels stellen nicht ohne Skepsis die Frage, ob die Futurologie 'eine vorübergehende Modeströmung oder eine ernst zu nehmende Erscheinung ist'. Ihre Antwort ist eindeutig: Daß die bürgerliche Zukunftsforschung nicht einfach als Modeströmung, Phantasterei, bloße Utopie und Spekulation abgetan oder gar negiert werden kann, darauf weisen sowohl ihr Umfang als auch die Namen ihrer Vertreter hin..."[28].

Auch im Staatssekretariat für Westdeutsche Fragen der DDR machte man sich offensichtlich Gedanken über die Zukunftsplanungen in der Bundesrepublik. Einer der führenden DDR-Gesellschaftswissenschaftler, Dieter Klein, analysierte und bewertete die zunehmenden Aktivitäten auf den Gebieten der Zukunftsforschung und Zukunftsgestaltung in der Bundesrepublik in einer in Berlin(Ost) erschienenen Publikation "Soziale Planung für die Zukunft" kritisch, aber mit Respekt vor der Qualität und Wirkung[29].

Es kann heute keinen Zweifel mehr geben, daß die Aufbruchstimmung in der Zukunftsforschung seit 1963 in den USA und in der Bundesrepublik Deutschland zu den Vorboten der Aufbruchjahre der Studentenbewegung gehörten. In Berkeley/Kalifornien werden erstmals neue kommunikative Aktionsmethoden wie Go-ins, Sit-ins usw. erprobt, die in neuer ungewohnter Form auf die Durchsetzung zukunftsorientierter Forderungen wie Abrüstung, Beendigung des Vietnam-Krieges, Abbau von Rassendiskriminierungen, soziale Gerechtigkeit und Chancengleichheit im Bildungsbereich gerichtet sind.

An der Freien Universität Berlin verbietet der damalige Rektor eine Podiumsdiskussion mit dem Allgemeinen Studentenausschuß (ASTA), auf der der Journalist Erich Kuby über Meinungsfreiheit sprechen sollte. Hintergrund war die Weigerung des Rektors, Karl Jaspers zu einem Vortrag über die Zukunft der deutschen Frage einzuladen, weil er mit den Anschauungen Jaspers nicht einverstanden war. Kurz darauf kam es am 22. Juni 1966 zu dem ersten Sit-in auf deutschem Boden im Henry-Ford-Bau der FU, die erste große Protestaktion der deutschen Studentenbewegung mit den Mitteln der Studenten-, Bürgerrechts- und Friedensbewegungen der USA.

Die inhaltlichen Forderungen der Studenten und Assistenten orientierten sich in starkem Maß an den Thesen des Pädagogen, Religionsphilosophen und Zukunftsforschers Georg Picht. Dieser hatte mit seinen Werken die besondere Bedeutung von Bildung und Wissenschaft für die Zukunft hervorgehoben und ihre Misere in der Bundesrepublik Deutschland bloßgelegt, insbesondere durch sein Buch "Die deutsche Bildungskatastrophe (1964)". Mit seinen in den darauffolgenden Jahren erschienen Büchern "Die Verantwortung des Geistes (1965)", "Der Gott der Philosophen und die Wissenschaft der Neuzeit (1966)" und vor allem mit "Prognose, Utopie, Planung (1967)" und "Mut zur Utopie (1969)", wurde Picht zu einem der bedeutendsten Wegbereiter der Zukunftsforschung in der Bundesrepublik. Für Picht sind die Kategorien "Prognose, Utopie und Planung" die entscheidenden, in denen Menschen Zukunft denken, fühlen und geistig gestaltend sich vorstellen können. Für die Studenten und Assistenten wurde Picht zum Aktivator, als er schrieb: "Mut zur Utopie ist notwendig, wenn man die geistigen, seelischen und körperlichen Fesseln der Vergangenheit und Gegenwart für bessere Zukünfte sprengen will".

3.4 Die technokratische Zukunftsforschung

Im Jahre 1965 machte das Buch "Formeln zur Macht" des Professors für theoretische Physik und Direktors des Instituts für Plasmaphysik des Kernforschungszentrums in Jülich, Wilhelm Fucks, Furore. Das Buch mit dem Untertitel "Prognosen über Völker, Wirtschaft, Potentiale" versprach quantitative Antworten auf die Veränderungen der Machtpotentiale der wichtigsten Staaten der Erde in den nächsten 75 Jahren. Fucks führte u. a. folgendes aus:

"Die Antworten führten schließlich zu einer Tabelle oder, wenn man so will, zu einer Rangliste der Macht von rund 30 Staaten zunächst einmal für die heutige Zeit. Diese Tabelle wurde für die großen und größeren Völker der Erde in die Zukunft hinein fortentwickelt, und zwar für eine Zeitspanne von 75 Jahren. Das ist eine Zeit, deren Ende heute Geborene erleben können. Macht ist bestimmt durch Menschen und Sachen. So stützt sich die Untersuchung als erstes auf eine Berechnung der Bevölkerungszahlen.
Zweitens stützt sich die Bestimmung der Macht auf einen großen verwickelten Komplex von Sachfaktoren. Aus diesen werden Produktion und Verbrauch von Energie und Stahl als besonders charakteri-

stisch herausgegriffen. Auch für die Verknüpfung der zukünftigen Produktionen mit denen der Vergangenheit wurden neue Methoden entwickelt und auf die Bestimmung der Produktionen einer Reihe großer und größerer Länder angewandt. Gestützt auf diese Ergebnisse wurde dann untersucht, wie aus Bevölkerungszahl, Energie- und Stahlproduktion die Macht eines Staates *ausgerechnet* werden kann (Hervorhebung von den Autoren).
Für verschiedene mögliche Verbindungen von Völkern werden die Zeitabschnitte errechnet, in denen potentiell gegnerische Machtgruppen gleichstark sein werden. So erhält man Zeitabschnitte, in denen der Friede in erhöhtem Maße gefährdet ist. Daraus folgen die Fragen, ob der Krieg ein unabänderliches Schicksal der Menschheit ist oder ob er vermieden werden kann, ob es ernst zu nehmende Möglichkeiten gibt, die Auslöschung der am meisten gefährdeten Völker abzuwenden und ob insbesondere eine hochentwickelte technische Zivilisation grundsätzlich friedlich stabilisierbar ist"[30].

Da globale Prognosen offenbar so relativ einfach und über fünfundsiebzig Jahre quantitativ zu errechnen sind, erreichte das Buch innerhalb weniger Monate sechs Auflagen.

Die Bedeutung der Dimension Zukunft erkennend, wurde auch der Nachrichtentechniker und Informatiker Karl Steinbuch, Direktor des Instituts für Nachrichtenverarbeitung und Nachrichtenübertragung der Universität Karlsruhe, innerhalb kurzer Zeit zum Bestseller-Autor der Zukunftsliteratur. Steinbuch befaßte sich zunächst mit Computertechnik und insbesondere mit zeichenerkennenden und lernenden Automaten. Dies führte ihn zu den neuen methodischen Denk- und Handlungskonzepten der Kybernetik und ihren Anwendungsmöglichkeiten in der Biologie, der Physiologie, der Infrastrukturtechnik, der ökonomischen Modellbildung sowie in sozialen Organisationen und für politische Steuerungsprinzipien in komplexen Gesellschaften[31].

Seine Bücher "Automat und Mensch (1961)" und "Die informierte Gesellschaft (1966)" sind durchdrungen von den durch Kybernetik und Computereinsatz gegebenen neuen wissenschaftlich-technischen Möglichkeiten einer rationalen Beherrschung nicht nur des technischen, sondern auch des sozialen Fortschritts. Von hier aus greift Steinbuch nach der Dimension Zukunft und verkündet die Lösbarkeit der vorhandenen sozialen und ökologischen Herausforderungen durch die technisch-rationale Zukunftsbewältigung. Da die gesellschaftlichen Organisationen und Institutionen "falsch programmiert" seien, gäbe es neue Zukünfte durch wissenschaftlich-technisch erstellte vernünftige Planungsprogramme für die verschiedenen Politikbereiche, vom Gesundheitswesen über die Energie-, Stadt- und Verkehrsplanung, die Bekämpfung der Luft- und Wasserverschmutzung bis zur Schaffung neuer technischer Sozialstrukturen und der Nutzung des Weltraums. Dafür seien leistungsfähige Datenbanken aufzubauen, die die Grundlage für Umsetzungsstrategien bilden.

Steinbuch gilt zu Recht seit seinen Veröffentlichungen "Programm 2000 (1970)", "Mensch, Technik, Zukunft (1971)" und "Die humane Gesellschaft (1972)" als Exponent einer technokratischen Zukunftsforschung, die im Wissenschafts-Technik-Industrialisierungs-Paradigma verankert ist und sozialen sowie ökologischen Fortschritt über den wissenschaftlich-technischen Weg propagiert.

Ein ebenfalls auf diesem Pfad sich bewegender Zukunftsforscher ist Heinz Hermann Koelle, Direktor des Instituts für Raumfahrttechnik an der Technischen Universität Berlin und bis 1967 verantwortlich für Systemtechnik und Organisation bei der NASA[32]. Koelle ist einer der Initiatoren der Gründung des *Zentrums Berlin für Zukunftsforschung e. V.* (ZBZ) im Jahre 1968 und dessen erster Vorsitzender.

Die Entdeckung der Zukunft ist Mitte der 60er Jahre angesichts des bestehenden Problemdrucks infolge der Hochrüstung zwischen den Supermächten, dem Hunger und Elend in der Dritten Welt, dem zunehmenden Raubbau an der Natur und der wachsenden Entfremdung des Menschen im Arbeitsprozeß so wichtig geworden, daß sich an der Gründung des ZBZ ganz unterschiedliche Persönlichkeiten beteiligen. Dies läßt sich bereits an den folgenden Namen ablesen: Robert Jungk, Helmut Klages, Heinz Hermann Koelle, Peter-Christian Lutz, Werner Mialki, Günther Spur, Karl Stephan und Harro Trenkler.

Daß der Anfangskonsens nicht lange halten würde, ließ sich schon 1971 erkennen, als beispielsweise Karl Steinbuch als Exponent der technokratischen Zukunftsforschung Robert Jungk in äußerst barscher Weise attackierte:

"Auf der einen Seite sehen wir die Literaten mit ihren ständigen Vorwürfen gegen die angeblichen Technokraten, denen man erst einmal Verantwortung für ihr Tun beibringen müßte und auf der anderen Seite sehen wir Naturwissenschaftler und Ingenieure, die unter den ungelösten Problemen unserer Zeit nicht weniger leiden als die Literaten, die zukünftige Gefahren noch deutlicher als sie sehen, aber die ritualisierten Vorwürfe der Literaten nicht mehr hören mögen und sich verärgert auf ihr berufliches Feld zurückziehen.

Ein Beispiel für unreflektierten Haß auf die Wissenschaftler liefert Robert Jungk (in dem Buch 'Geisteswissenschaft und Naturwissenschaft' Berlin 1970):

'Wissenschaft und Technik, die sich die 'Erde untertan' machen, erwachsen konsequent aus einer Herren- und Untertanenmentalität, Wissenschaft und Technik, die immer neue Gebiete 'erobern', die ins innerste des Atomkerns oder der Zelle eindringen, sind gezeichnet vom Kainsmal der Zerstörung. In der angeblich so wertneutralen Forschung und ihrer Anwendung wird nicht zufällig die Sprache des Unmenschen so ausgiebig verwendet. Und es ist nicht ohne tiefere Bedeutung, wenn der Spezialjargon des Militärs, selbst in der Interpretation der 'reinen Forschung', eine so große Rolle spielt. Da gibt es 'Strategie', 'Penetration' und 'Reduktion', da eilt man von 'Vorstoß' zu 'Vorstoß', da werden immer neue 'Durchbrüche' erzielt.'

Was Jungk kritisiert, ist nicht der naturwissenschaftliche Sprachgebrauch, sondern das Denken des problemlösenden Menschen schlechthin.

Ich möchte Jungk drei konkrete Vorhaltungen machen: Erstens ist seine Kritik ohne Alternative: Wovon sollen wir denn leben, wenn wir keine Tiere schlachten und wenn wir keine Atome spalten? Wie sollen Menschen gerettet werden, wenn der Chirurg nicht mehr amputiert? Von diesen Voraussetzungen unserer Existenz kann man sich doch nicht verbal hinwegstehlen. Vor allem die technische Intelligenz kann sich dieses Hinwegstehlen nicht leisten, sie muß sich diesen Problemen stellen, auch wenn sie dabei schmutzige Finger bekommt. Es ist aber unerträglich, für diesen Dienst an der Gesellschaft auch noch beschimpft zu werden.

Mein zweiter Einwand gegen Jungks Kritik ist: Er klagt Menschen an, die wir zur Lösung unserer zukünftigen Probleme dringend brauchen und die weder objektive noch subjektive Schuld tragen. Wir müssen nicht nur einen Weg zur Lösung unserer realen Probleme suchen, sondern auch eine gesellschaftliche Ordnung und Moral, bei welcher Menschen ohne derartige Diffamierungen unsere Probleme lösen können. Ich bestreite ausdrücklich, daß sich die technische Intelligenz vor der Zukunft weniger verantwortlich verhält als andere Gruppen. Es ist im Interesse einer wirksamen Lösung unserer Probleme unverantwortlich, die technische Intelligenz zu diffamieren.

Mein dritter Einwand gegen Jungks Kritik ist: Der humane Appell darf nicht zum Kleingeld der Zeitkritik, zur literarischen Masche degradiert werden. Genau dies geschah aber: Ohne sachlich fundierbare Begründungen wird so getan, als ob Jungk ein Verhalten höherer Moralität kennen und vorschlagen würde, während er in Wirklichkeit nur humane Assoziationen und publikumswirksame Platitüden erzeugte. Der humane Appell ist aber zu wichtig, als daß man ihn so leichtfertig zerschleißen darf: Wir müssen ihm Autorität verschaffen, ihn glaubwürdig und praktisch wirksam machen"[33].

An anderer Stelle kritisiert Steinbuch aber auch die "Irrtümer der Konservativen" und in diesem Zusammenhang vor allem Carl Friedrich von Weizsäcker:

"Die Steuerung des technischen Fortschritts ist nur sinnvoll als Ergebnis einer rationalen Systemanalyse, bei der die zukünftige Entwicklung geistig vorweggenommen und in Kenntnis sachlicher Zusammenhänge und bewußter Wertsysteme optimiert wird.
Das fortgesetzte jährliche Wachstum der Industrieproduktion um x Prozent erscheint im Rahmen einer solchen Systemanalyse als ein explosiver Vorgang, der nicht unbegrenzte Zeit weitergeführt werden kann, ohne daß das betrachtete System zerstört wird. Erste Warnzeichen der drohenden Zerstörung sind die Luft- und Wasserverunreinigung, weitere Warnungen kommen aus dem psychosozialen Bereich. Andererseits muß aber unsere Produktion Jahr um Jahr x Prozent wachsen, um die durch die Automatisierung freigesetzten Arbeitskräfte aufnehmen zu können. Etwas überspitzt könnte man unsere Situation so beschreiben: Um die sozialen Folgen der Automatisierung kurzfristig ausgleichen zu können, muß die industrielle Entwicklung einen Weg gehen, der langfristig schwere Gefahren erzeugt[34].

Unsere konservative Philosophie ist ziemlich hilflos gegenüber unseren ungelösten Problemen. Sie ist eine dualistische Philosophie: Hie die reine Welt der Ideen und dort die unreine Wirklichkeit, hie die Kultur und dort die Zivilisation. Moral ist nur metaphysisch zu verstehen, sie ist jenseits dessen, was durch seine Folgen begründet werden kann. So entstand eine Moral für feierliche Anlässe, die ohne Lorbeerbüsche nicht sein kann, ohne Wirkung auf die Praxis ist und sich vor jedem angeblichen Sachzwang verkriecht. Um die moderne Technik entstand so ein moralisches Vakuum: Dort, wo am meisten entschieden wird, da ist unsere konservative Moral fehl am Platze. Zur Lösung unserer zukünftigen Probleme brauchen wir eine ganz andere Moral: Eine unglorifizierte Alltagsmoral, operational definiert und operational benutzt, so konstruiert, daß sie sogar dort verwendet werden kann, wo in Zukunft die meisten Entscheidungen fallen werden: im Computer. Der Computer hat kein Gewissen: Wir müssen ihn durch die operational definierte Moral zu moralischem Verhalten bringen.

Unsere konservative Philosophie hat einen fatalen Hang zur Mystifikation: Wo es darauf ankommt, aufgrund nüchterner und differenzierter Analyse die Probleme zu lösen, da wird eine Ganzheit postuliert, die über die zergliedernde Rationalität scheinbar hinweghilft. So meinte C. F. von Weizsäcker: 'Hier stelle ich nun die Behauptung auf, daß kein Mensch, keine Gruppe oder Nation imstande ist, mit anderen Menschen, Gruppen und Nationen in mehr Frieden zu leben als mit sich selbst.' Was ist wohl die Definition und Maßeinheit für 'Frieden', die eine Naturwissenschaftler befähigt, diese Beziehung aufzustellen?

Solche philosophischen Fehlleistungen dürfen nicht durch Personenkult überspielt werden. Falsche Philosophie erzeugt falsches Verhalten: Obige Behauptung begründet eine Ideologie für Nichtwiderstandskämpfer und verdunkelt die in der Friedensforschung tatsächlich zu lösenden Probleme.

Aus dieser Philosophie, die in unserem Lande unter stärkster Mitschuld philosophierender Naturwissenschaftler herangezüchtet wurde, konnte in unserer Zeit nichts Besseres entstehen als die Ideen der Spätmarxisten. Die Philosophie unserer Konservativen ist das Sprungbrett der Linksextremen"[35].

Steinbuch wurde in den 70er und 80er Jahren zu einem der begehrtesten Langfrist-Politikberater vor allem konservativer Landesregierungen und von Helmut Schmidt. Im Jahre 1983 war er Mitglied der von der Landesregierung Baden-Württemberg unter Ministerpräsident Späth berufenen Kommission "Zukunftsperspektiven gesellschaftlicher Entwicklungen", die den Auftrag hatte,

"...kulturelle, politische, soziale und wirtschaftliche Entwicklungen, die die Zukunft eines Industrielandes im allgemeinen und Baden-Württembergs im besonderen wesentlich beeinflussen können, zu analysieren und in einem Bericht darzustellen"[36].

3.5 Die wirtschaftliche Zukunftsforschung

Eine in den 60er und 70er Jahren in der Bundesrepublik Deutschland wenig verbreitete Entwicklungslinie der Zukunftsforschung verkörpert Horst Wagenführ, die "ökonomische Futurologie" oder "wirtschaftliche Zukunftsforschung"[37]. Der Wirtschaftswissenschaftler Wagenführ ist Leiter der *Agro-Future 2000*, Gesellschaft für landwirtschaftliche Zukunftsforschung mbH und des *Instituts für wirtschaftliche Zukunftsforschung* (Wickert-Institute) in Tübingen. Zusammen mit Günter Wickert gibt er seit 1957 die "Zeitschrift für Markt-, Meinungs- und Zukunftsforschung" heraus.

Angesichts der geringen Akzeptanz der Zukunftsforschung und insbesondere des Begriffs Futurologie in der deutschen Wissenschaft ist es erfrischend, mit welcher Selbstverständlichkeit Wagenführ die ökonomische Futurologie oder wirtschaftliche Zukunftsforschung vertritt. Das läßt sich leicht erklären, denn über die Meinungs- und Marktforschung und durch den direkten Zugang zu den Wirtschaftsunternehmen erkannte er schon damals den großen Bedarf an Zukunftswissen, Perspektivplanung und Grundlagen für das strategische Innovationsmanagement. Wagenführ veröffentlicht seinen ersten Beitrag zur Zukunftsforschung 1963 "Morgen leben wir anders". Im Jahre 1968 schreibt er in der Zeitschrift Futurum über "Technische Zukunftstrends". Die einschlägigen Arbeiten zur "Ökonomischen Futurologie" und zur "Futurologistik" als "Wissenschaft von dem Sichdurchsetzen der Zukunftspläne"[38] erscheinen 1969 ("Wirtschaftliche Zukunftsforschung"; "Wirtschaft morgen") und 1970 ("Zukunft in Wort und Zahl - Deutschlands Wirtschaft 1970 - 2000"; "Industrielle Zukunftsforschung"). Die Begriffsbestimmung und die Zielgruppen werden von Wagenführ wie folgt vorgenommen:

"Ökonomische Futurologie oder wirtschaftliche Zukunftsforschung ist eine interdisziplinäre Wissenschaft, d. h. eine solche, die mehrere Fachgebiete wie Ökonomie, Soziologie, Psychologie, Mathematik, Statistik und andere umfaßt. Sie bemüht sich, auf Grund von Gesetzmäßigkeiten und konstanten Bedingungen für das Sozial- und Wirtschaftsleben Voraussagen auf kürzere oder längere Frist in Zahlen oder in Werten (verbal) zu tätigen.
Die verschiedensten Personen, Berufe, Schichten, einzelne Behörden und wer immer können an den Ergebnissen der wirtschaftlichen Futurologie interessiert sein. In unserem Fall sind die Hauptinteressenten Unternehmer und Manager. Wenden wir uns zunächst diesen 'Schlüsselfiguren' des modernen Wirtschaftslebens zu! Denn Futurologie ist immer für oder gegen jemanden da - den Menschen kann man auch hier nicht ausklammern!"[39]

"Auf den Erfolgen von gestern auszuruhen, hat noch keinem Unternehmen auf lange Sicht gutgetan. Der Wert eines Unternehmens wird bald nicht einmal mehr an seinen gegenwärtigen Leistungen gemessen werden, sondern allein nach Ausmaß und Qualität seiner Planung und Vorkehrung für die Zukunft. Nur der künftige Erfolg wird zählen! Dieser Wandel in der Betrachtungsweise zieht nachhaltige Konsequenzen für jedes Unternehmen nach sich. Die wachsende Kapitalintensität in der Produktion von Gütern und Dienstleistungen sowie die Knappheit qualifizierter Führungskräfte zwingen das Management mehr als bisher, sich auf die Zukunft zu konzentrieren. Industrielle Zukunftsforschung heißt... die bewußte Ausrichtung aller unternehmerischen Verhaltensweisen auf die künftige Entwicklung und vor allem die systematische Beobachtung und Auswertung aller für die Zukunft des Unternehmens relevanten Einflußgrößen...

> wie sich das Image des Unternehmens und des Managers heute und morgen entwickeln wird,
> wer für was und wen Wirtschaftsprognosen aufstellt,
> wo man einschlägige Daten über die künftigen Entwicklungen findet,
> wie ein Unternehmen seine Zukunftsforschung organisiert und nicht zuletzt
> mit welchen Schwierigkeiten und Grenzen die industrielle Zukunftsforschung in Theorie und Praxis rechnen muß"[40].

Neben den umfangreichen Studien und Institutionalisierungen der wirtschaftlichen Zukunftsforschung in den USA, der Schweiz und in Japan nehmen sich die bundesdeutschen Ansätze jedoch äußerst spärlich aus. Neben Horst Wagenführ und seinem an die Markt- und Meinungsforschung angebundenen Institut für wirtschaftliche Zukunftsforschung im Rahmen der Wickert-Institute in Tübingen gab es nur einzelne Personen, die in der Universität oder in außeruniversitären Institutionen die Grenzen der traditionellen Wirtschaftsforschung in Richtung einer die Disziplinen übergreifenden ökonomischen Zukunftsforschung und perspektivischen Planungsmethodik überschritten haben. Hierzu zählen etwa Heik Afheldt, Gottfried Bombach, Wilhelm Krelle, Hajo Riese, Hans Peter Widmaier. Die Aufgaben des 1966 gegründeten Instituts für wirtschaftliche Zukunftsforschung beschreibt Wagenführ wie folgt:

"...Methoden der Futurologie weiter zu entwickeln, ein umfassendes Archiv anzulegen, durch Vorträge, Kurse und Veröffentlichungen das Interesse für wirtschaftliche Zukunftsforschung zu fördern und Aufgaben der Praxis, z. B. durch Anfertigung von Spezialgutachten, zu lösen. Das Institut verfügt über eine eigene computergesteuerte Datenbank. Es arbeitet auf rein privater Grundlage, ist völlig neutral und unabhängig von irgendwelchen Gremien oder Zuschüssen"[41].

Die miserable Situation auch der wirtschaftlichen Zukunftsforschung in der Bundesrepublik Deutschland erklärt sich hauptsächlich aus der damals noch immer feindseligen Haltung der etablierten Wirtschaftswissenschaft und aus der negativen Haltung tradierter Unternehmen und der offiziellen Politik gegenüber perspektivischer strategischer Planung und visionär-innovativer Gestaltung von Wirtschaft und Gesellschaft. Noch im Jahre 1969 bezeichnete beispielsweise der Altbundeskanzler und Ehrenvorsitzende der CDU, Ludwig Erhard, "Planung der Zukunft als Irrtum der Zeit". Auf einer Parteiveranstaltung der CDU in Baden-Württemberg sagte er:

"Glücklicherweise ist mir nicht, wie es zunehmend immer mehr Mode zu werden scheint, der Auftrag zuteil geworden, meine Blicke auf die Jahrhundertwende vorauszurichten und daraus Erkenntnisse für unsere Gegenwart und den einzuschlagenden Weg zu gewinnen".

Eine ablehnende Haltung gegenüber der wirtschaftlichen Zukunftsforschung nahmen nicht nur die wirtschaftswissenschaftlichen Institute an den Universitäten und Technischen Hochschulen ein, sondern auch die außeruniversitären Wirtschaftsforschungsinstitute. So haben sich etwa das *Deutsche Institut für Wirtschaftsforschung in Berlin (DIW)*, das *Ifo-Institut für Wirtschaftsforschung e. V. in München*, das *DIVO-Institut für Wirtschaftsforschung, Sozialforschung und Angewandte Mathematik GmbH* und das *Hamburgische Weltwirtschaftsarchiv HWWA* (Forschungsinstitut der Freien und Hansestadt Hamburg) weitgehend auf traditionelle Konjunkturberichterstattung, kurz- und mittelfristige Wirtschafts-, Energie-, Verkehrs- und Bevölkerungsprognosen sowie wirtschaftliche Entwicklungen in Städten und Regionen beschränkt. Die Prognosen und Modelle wurden ausschließlich auf der Grundlage traditioneller Wirtschaftsmethoden wie ökonometrische Ansätze, Input-Output-Tabellen oder Trendextrapolationen erstellt. Das große Spektrum der neueren kybernetischen Modellansätze, der kreativen und normativ-visionären Zukunftsforschungs-Methoden blieb hier weitgehend tabu. Es ist äußerst interessant, daß sich alle genannten Wirtschaftsforschungsinstitute in den letzten Jahren neueren Methoden auch der qualitativen Zukunftsforschung geöffnet haben.

Den Versuch, eine eigenständige Abteilung zur Zukunftsforschung aufzubauen, unternahm Anfang der 70er Jahre das *Wirtschafts- und Sozialwissenschaftliche Institut (WSI)* des Deutschen Gewerkschaftsbundes. Es blieb allerdings bei Ansätzen, die heute noch in der Satzung (von 1974) des WSI dokumentiert sind. Dort heißt es im

Paragraph 1: "Zweck des WSI sind eigene Forschungen im Bereich der Wirtschafts- und Sozialwissenschaften, der Zukunftsforschung und des Umweltschutzes ..."[42]. Die vom WSI erkannte Notwendigkeit zu "interdisziplinärer Forschungs- und Umsetzungstätigkeit" mündete nicht in einer dauerhaften Verankerung einer wirtschaftlichen Zukunftsforschung im WSI. Ab Mitte der 70er Jahre orientierten sich die zuständigen Referenten (z. B. Ulrich Briefs) in Richtung Technikfolgenforschung und Bewertung technologischer und arbeitsorganisatorischer Entwicklungen.

Ganz anders operierten demgegenüber verschiedene internationale Institute wie die Prognos AG (Basel), Arthur D. Little Ltd. (Köln) oder das Battelle-Institut e. V. (Genf/Frankfurt am Main), die zunehmend in die Lücke der wirtschaftlichen Zukunftsforschung in der Bundesrepublik Deutschland stießen.

Auch wenn das bereits 1911 gegründete *Institut für Weltwirtschaft an der Universität Kiel* heute im großen und ganzen wie die anderen traditionell ausgerichteten deutschen Wirtschaftsforschungsinstitute arbeitet, so gab es doch während der Direktorenzeit von Fritz Baade Ansätze, sich der wirtschaftlichen disziplinenübergreifenden Zukunftsforschung zu widmen.

3.6 Zukunftsforschung in der Wirtschaft

Über die wirtschaftliche Zukunftsforschung und strategische Zukunftsgestaltung im Rahmen der Wirtschaftsunternehmen in den sechziger und siebziger Jahren ist nur wenig bekannt. Dieses wichtige Thema soll deshalb im Sekretariat für Zukunftsforschung (SFZ)[43] als Forschungsvorhaben näher untersucht werden. Denn es gibt eine Reihe von Hinweisen, daß in zahlreichen Großunternehmen eigene Zukunftsforschungsaktivitäten vorhanden und sogar bereits geeignete Kapazitäten im Aufbau sind[44]. Bekannt sind Arbeitsgruppen in verschiedenen internationalen Konzernen bzw. international operierenden Unternehmen wie Esso, Shell, BP, Unilever und Philips. Von Shell und Unilever gibt es Energie-, Verkehrs- und Beschäftigungsprognosen.

Alle internationalen Unternehmen führen Veranstaltungen und Symposien zu Zukunftsthemen sowie zum Aufbau von zukunftsorientierten Management- und Innovationsstrategien durch oder unterstützen solche. Aber auch die großen deutschen Konzerne wie Siemens, Daimler-Benz, Bayer, BASF, Bosch und andere rüsten sich für die Zukunft mit Hilfe zukunftswissenschaftlicher Forschungskapazitäten in unterschiedlich institutionalisierten Formen. Weiterhin werden insbesondere Arbeitsgruppen für die zukunftsorientierte Informationsbeschaffung und für die internationale Kommunikation mit den führenden Zukunfts- und Technologiezentren in der Welt aufgebaut. Darüber hinaus ist ein Trend zu beobachten, mit Institutionen der Zukunfts-, Wirtschafts-, Markt- und Meinungsforschung enger zusammenzuarbeiten. Vielfach lassen sich die Unternehmen von solchen Instituten Tagungen, Symposien, Trainingsprogramme sowie Fort- und Weiterbildungsveranstaltungen zur Zukunftsgestaltung und einzelnen Zukunftsthemen ausrichten, in denen das gesamte methodische Instrumentarium der Zukunftsforschung zur Anwendung kommt.

3.7 Technokratiedebatte und Zukunftsforschung

Gewissermaßen als Kontrastprogramm gab es in den sechziger Jahren eine für die Zukunftsforschung wichtige Diskussion und Auseinandersetzung über Probleme der Wissenschafts- und Technologiepolitik. Dabei ging es vor allem um die Bestimmung und Durchdringung des technischen Fortschritts und seiner Folgen sowie um die Institutionalisierung der Friedens- und Konfliktforschung.

Es gibt keinen Zweifel, daß vor allem die Technokratiedebatte, heute erweitert vor allem durch die Probleme des Wissenschafts- und Technologietransfers, der Technologiefolgenabschätzung, der Wissenschafts- und Technikkontrolle, Technikbewertung und Technikgestaltung, zum Kernbestandteil der Zukunftsforschung und der wissenschaftlich-systematischen Zukunftsgestaltung in der Wissenschafts- und Risikogesellschaft gehört.

In den 60er Jahren wurden diese Diskussionen vor allem in der Monatszeitschrift "atomzeitalter" geführt, die seit 1961 von Claus Koch als verantwortlichem Redakteur herausgebracht wurde. Durch ihre Öffnung für Themen der Friedens- und Konfliktforschung und zukunftsorientierter Globalanalysen sowie einer kritischen Aufarbeitung neuer Methoden der Sozialforschung und der Langfristplanung wurde die Zeitschrift zu einer wichtigen Plattform auch der Zukunftsforschung. So war es für die Zukunftsforschung wie für die Konflikt- und Friedensforschung und die Wissenschafts- und Technikdiskussion ein erheblicher Verlust, als die Zeitschrift "atomzeitalter" 1968 ihr Erscheinen einstellen mußte.

Ohne daß ein kausaler Bezug bestand, kam im gleichen Jahr unter der Herausgeberschaft von Ossip K. Flechtheim die Zeitschrift "FUTURUM" heraus, die sich angesichts der intensiven Zukunftsdiskussionen in Wissenschaft, Politik, Wirtschaft und Öffentlichkeit anbot. Flechtheim beschrieb ihre Position und Funktion wie folgt:

"FUTURUM geht davon aus, daß die Zukunft heute schon in wichtigen Bereichen der menschlichen Gesellschaft vorhersehbar oder deutbar ist, daß es aber eines umfassenden und aufgeklärten Dialogs der Wissenschaften und der Öffentlichkeit bedarf, um die Dimension der Zukunft als einen vom Menschen selbst bestimmten Bereich der Freiheit zu entwerfen und demokratisch zu planen.
FUTURUM will einen Ort bieten, an dem dieser Dialog beginnen kann, an dem Wissenschaftler aus allen Fachrichtungen über die Futurologischen Forschungen ihrer Fachgebiete und über die sich hieraus ergebenden Prognosen und Perspektiven berichten. Die interdisziplinäre Zusammenarbeit der Wissenschaften sub spezie futuri soll hier einem breiten Kreis zugänglich gemacht werden.
FUTURUM soll darüber hinaus die internationalen Kontakte auf dem Gebiet der Futurologie fördern."

Die Zeitschrift erschien unter Beteiligung namhafter Wissenschaftler aus West und Ost hauptsächlich zu Themen globaler Zukunftsperspektiven, zur Friedens- und Konfliktforschung, zur langfristigen Politikberatung und zur gesellschaftlichen Zukunftsgestaltung sowie zur Wissenschafts- und Technologieentwicklung. Aber auch Fragen der Automation, der Biotechnologien, neuer Lebensbedingungen in der wissenschaftlich-technischen Welt waren wichtige Themen. Die Technokratiediskussion wurde auch in der Zeitschrift FUTURUM geführt.

Ganz offensichtlich überstieg der ambitiöse Versuch die Möglichkeiten des Verlags, so daß die Zeitschrift bereits 1971 wieder eingestellt werden mußte. Dies war besonders bedauerlich, weil es das erste Mal gelungen war, eine institutionalisierte dauerhafte Zusammenarbeit zwischen West und Ost auf dem Gebiet der Zukunftsforschung und Zukunftsgestaltung zu vereinbaren. Im Anhang wird die Namensliste all jener Persönlichkeiten wiedergegeben, die sich zur Zusammenarbeit im Rahmen von FUTURUM zusammengefunden hatten (Anhang 2).

3.8 Einflüsse auf die Politik

Während in den USA die Einflüsse der Zukunftsforschung auf die Politik kaum zu unterschätzen und in vielfacher Hinsicht auch direkt nachweisbar sind, spielt die Zukunftsforschung bisher eine vergleichsweise geringe Rolle für die Politik in der Bundesrepublik Deutschland.

In den USA haben die berühmten think factories und think tanks wie RAND Corporation, Stanford Research Institute, Hudson-Institute, M.I.T., Institute for the Future usw. sehr häufig nicht nur die öffentliche Diskussion durch ihre Zukunftsfragen und Zukunftsthemen geprägt, sondern vielfach auch direkt auf die politischen und militärischen Administrationen eingewirkt, ebenso auf grundlegende strategische Entscheidungen von Unternehmen. Ein weiteres Indiz sind die zahlreichen Persönlichkeiten, die teilweise im Bereich der Politik und in der Wirtschaft und teilweise auf dem Feld der Zukunftsforschung und wissenschaftlichen Zukunftsgestaltung arbeiten, manchmal sogar zur gleichen Zeit in beiden Bereichen. Auch die vielfältige Auftragssituation der Politik im Hinblick auf Zukunftsstudien ist in den USA auch gegenüber kritischen Studien weit unverkrampfter als in der Bundesrepublik. Eine direkte Beratertätigkeit erfolgt in vielfältiger Weise.

In der allgemeinen Aufbruchstimmung Mitte der sechziger und Anfang der siebziger Jahre wurde erstmals auch in der Bundesrepublik ein Einfluß der Zukunftsforschung auf die Politik spürbar. Diese Aufbruchstimmung resultierte zum Teil aus einer Krisensituation. Erstmals war deutlich geworden, daß die bis dahin geltenden Nachkriegskonzepte nicht mehr geeignet waren, die großen Herausforderungen der Zukunft - Friedensbedrohung, Umweltkrise, Nord-Süd-

Konflikt, wachsende Risiken durch Supertechniken, neue Lebensformen - zu bewältigen. So konnte es schon fast nicht mehr verwundern, daß Anfang der siebziger Jahre die für verschiedene Bundesländer herausgegebenen "Berichte und Prognosen für das Jahr 2000" eine ungewöhnliche Resonanz hatten. Die von dem Journalisten und Leiter der Öffentlichkeitsarbeit der DEMAG, Ernst Schmacke, herausgegebene Reihe "Deutschland auf dem Weg in das Jahr 2000" erzeugte jedenfalls Aufmerksamkeit in doppelter Hinsicht. Einmal beteiligten sich an den Projekten neben Wissenschaftlern verschiedenster Fachgebiete führende Persönlichkeiten der Wirtschaft und der Politik des jeweiligen Bundeslandes. Zum anderen wurde die Buchreihe vom Herausgeber als "Beitrag zur interdisziplinären Information und Zusammenarbeit von Zukunftsforschung und Zukunftsplanung in der Bundesrepublik" angelegt. Ihr Erfolg war sowohl im Hinblick auf die öffentliche Diskussion als auch im Hinblick auf Mobilisierungseffekte in den Bundesländern Nordrhein-Westfalen, Hamburg und Baden-Württemberg unstreitig[45].

Die Erstellung der Prognosen und Materialien erfolgte in den einzelnen Bundesländern nach dem gleichen Prinzip. Es wurden führende Politiker, Wissenschaftler und Wirtschaftsfachleute aus dem Bundesland gebeten - unabhängig von ihrem politischen Standort - die Zukunftsperspektiven für eine Reihe wichtiger Sachgebiete aufzuzeigen. Ihre Beiträge sollten den Bürgern dieses Landes, aber auch den Lesern in der ganzen Bundesrepublik, gezielte Informationen über wichtige Probleme der nächsten Jahrzehnte geben, um sie so für die permanente Diskussion um die Gestaltung der Zukunft vorzubereiten.

Die Gründe für den Bedarf an Zukunftswissen und wissenschaftlicher Zukunftsforschung lagen auf der Hand. Wir zitieren nachfolgend ausführlich den Initiator des Projektes, weil dieser als einer der bekannten Persönlichkeiten aus der Wirtschaft in prägnanter Weise die Problemlage und den Bedarf an Zukunftsforschung und Zukunftsgestaltung sowie die Notwendigkeit der Institutionalisierung der Zukunftsforschung in der Bundesrepublik, insbesondere auch im Lande Nordrhein-Westfalen, darlegt und begründet[46]:

"Das Thema 'Zukunft' hat in den letzten Jahren eine vorher nie gekannte Aktualität gewonnen. Die Frage: wie wird es weitergehen - was haben wir in Zukunft von der Zukunft zu erwarten - ist zur

Schlüsselfrage unserer Zeit geworden. Und diese Frage ist schon lange nicht mehr allein das Problem der Wissenschaftler und Techniker, der Politiker und Manager, sondern ebenso eine Existenzfrage für jeden einzelnen Bürger unseres Landes. (...)
In diesem Zeitalter der Wissenschaft und Technik wandeln ganze Branchen ihr Gesicht. Der Strukturwandel in der Wirtschaft wird in den nächsten Jahren weiter fortschreiten. In manchen Industrien werden heute schon zu 90% Produkte verkauft, die es 1950 noch nicht gab. Und man rechnet damit, daß 50% aller Produkte, die heute verkauft werden, in 10 Jahren nicht mehr auf dem Markt sind. (...)
Wir müssen in den nächsten 30 Jahren mit Veränderungen rechnen, die tief in unseren Alltag und in unser Berufsleben eingreifen werden. Der homo movens, das neue Leitbild für den Menschen im letzten Drittel unseres Jahrhunderts, ist in eine ganz neue Entscheidungssituation gestellt. (...)
Die künftige Entwicklung der einzelnen Regionen unserer Welt und unseres Landes wird ebenso verschieden sein, wie die Zukunft des Einzelmenschen. Aus diesem Grunde ist es auch notwendig, die Zukunft der einzelnen Regionen zu analysieren, für kleinere und größere Einheiten entsprechende Zukunftsmodelle zu entwickeln und diese Informationen als Diskussionsgrundlage der Öffentlichkeit zugänglich zu machen. (...)
Nordrhein-Westfalen ist mit seinen 16,8 Millionen Einwohnern immer wieder als Testland für die gesamte Bundesrepublik herangezogen worden. Dieser Modellfall gilt ebenso für die wirtschaftliche und politische wie auch für die soziale Entwicklung: Strukturkrisen werden hier am ehesten sichtbar und politische Veränderungen zeichnen sich hier zuerst ab. Und es gibt einen weiteren Grund: Wer von Nordrhein-Westfalen spricht, meint immer auch gleichzeitig das Ruhrgebiet, das auch heute noch das größte Industriegebiet Europas und der wirtschaftliche Mittelpunkt der Bundesrepublik ist. (...)
Für diesen Großraum NRW mit seinen unterschiedlichen Strukturen gilt es, die Zukunft zu planen, zu gestalten und in vielen Bereichen schon heute die Weichen für die künftige Entwicklung zu stellen. Man darf sich über das Ausmaß dieser Aufgaben keinen Illusionen hingeben:
Was hier auf den Gebieten des Verkehrs, des Städtebaues, der Bildungseinrichtungen - um nur einige Beispiele zu nennen - bis zum Jahre 2000 noch zu tun ist, wird von unserer Generation viel Mut, Phantasie und den Einsatz ungeheurer Mittel verlangen. (...)
Eine entscheidende Hilfe bei der Bewältigung dieser Probleme könnte die Zukunftsforschung sein. Diese junge Wissenschaft, die noch vor wenigen Jahren das verlachte Stiefkind der Gesellschaft war, ist dabei, auch in der Bundesrepublik einen ihr angemessenen Platz zu erwerben. Trotzdem kann man nicht sagen, daß hier schon alles zum besten bestellt ist: Der systematische Aufbau der Zukunftsforschung schreitet in der BRD viel zu langsam voran, und die ideologischen Auseinandersetzungen unter den deutschen Zukunftsforschern haben nicht dazu beigetragen, den schnellen Aufbau entsprechender Institute zu fördern. (...) Ob wir uns eine derartige Lücke in der Zukunftsfor-

schung leisten können, muß zweifelhaft erscheinen. Aus diesem Grund ist es notwendig, zunächst einmal eine kleine Lösung ins Auge zu fassen, um dann systematisch eine Reihe weiterer Institute aufzubauen, die imstande sind, den Anschluß der Bundesrepublik an den internationalen Stand der Zukunftsforschung zu ermöglichen. Im 'Zeitalter der Information' sind vor allem schnelle Ergebnisse unerläßlich. Darum ist es notwendig, wenigstens die bereits vorhandenen Ergebnisse der internationalen Zukunftsforschung zu sammeln, zu ordnen und auszuwerten, um damit relativ schnell die allgemeine Informationslücke auf diesem Gebiet, und zwar in der ganzen Breite der verschiedenen Wissensbereiche, zu schließen. Der Vorschlag, der hier zur Diskussion gestellt wird, ist die Errichtung eines Instituts für 'Zukunfts-Informationen', dessen Aufgabe es sein sollte, in Zusammenarbeit mit den zuständigen Stellen in Wissenschaft, Wirtschaft und Politik für alle wichtigen Sachgebiete nach einer Prioritätenliste Studien über die zu erwartenden künftigen Entwicklungen in den nächsten 10, 20 oder 30 Jahren vorzulegen. (...) Natürlich kann dieses Institut für Zukunftsinformation nur die kleine Lösung sein, aber wer bereit ist, den Realitäten ins Auge zu sehen, weiß, daß wir uns im Augenblick in der deutschen Zukunftsforschung mit der Politik der kleinen Schritte begnügen müssen. Ein deutsches 'Zentralinstitut für Zukunftsforschung', wie es schon vor Jahren gefordert wurde, wird es jetzt wahrscheinlich erst - als Ergebnis der Koordination einer Reihe von Einzelinstituten für bestimmte Teilbereiche - gegen Ende der siebziger Jahre geben. (...)
Parallel mit der Aktualisierung der Zukunftsforschung muß die Intensivierung der Zukunftsinformation erfolgen, wenn wir das Ziel haben, jeden einzelnen Bürger unseres Landes zum Mitglied der 'informierten Gesellschaft' zu machen. (...)
Es ist höchste Zeit, 'kritische Zukunftsforschung' in einem neuen Sinne zu betreiben, d. h. zu erkennen, daß wir unter dem Zwang stehen, zunächst einmal praktische Zukunftsmodelle für die nächsten zehn Jahre zu entwickeln, wenn die Zukunftsforschung ihrer Funktion als Entscheidungshilfe für unsere Generation gerecht werden soll. Wir müssen davon ausgehen, daß hier im Augenblick ein absoluter Nachholbedarf herrscht".

In Nordrhein-Westfalen beteiligten sich an diesem Projekt seitens der Politik der damalige Staatssekretär und Chef der Staatskanzlei Prof. Dr. Friedrich Halstenberg und der Staatssekretär und Leiter des Landesamtes für Forschung beim Ministerpräsidenten Prof. Dr. Leo Brandt.

In Baden-Württemberg waren der Ministerpräsident Hans Filbinger und der Regierungsdirektor Dr. Menz vom Kultusministerium als führende politische Repräsentanten des Landes an dem Projekt unmittelbar beteiligt.

Eine besondere Relevanz kam in den 60er und 70er Jahren den Prognosen und Perspektivplanungen im Rahmen der Raumordnungspolitik und Landesplanung zu, weil hier erstmals im großen Stil Zukunftsplanung sanktioniert wurde. Der interministerielle Ausschuß für regionale Wirtschaftspolitik erkannte elf größere Regionen als Förderungsgebiete in der Bundesrepublik Deutschland an. Die Aktionsprogramme betreffen die Regionen Eifel-Hunsrück, Schleswig-Holstein, Oberfränkisches und Nordoberpfälzisches Zonenrand- und Anbaugebiet sowie Saarland-Pfalz. Für mehrere Länder gab es zum Teil weit in die Zukunft reichende Raumordnungspläne. So war z. B. das "Programm für Bayern" bis 1990 konzipiert, der Große Hessenplan bis 1985; der Landesentwicklungsplan Baden-Württembergs sah den gleichen Zeitraum vor, ähnlich der für Rheinland-Pfalz.

Das Entwicklungsprogramm Ruhr hatte als Zieljahr 1973. Zugrunde gelegt wurden die Bevölkerungs- und Erwerbstätigenzahlen der Zukunft. Aus heutiger Sicht ist besonders interessant, daß eines der Hauptprobleme jener Planung darin bestand, für die Ballungsräume die erforderlichen Arbeitsplätze für die nächsten Jahrzehnte zu beschaffen und zu diesem Zweck auch neue Industrien anzusiedeln. Ferner galten der Verbesserung der Infrastrukturen besondere Bemühungen. Als Gegengewichte zu den Ballungsräumen sollten "Entlastungsräume" geschaffen werden. Auch für die Großstädte Hamburg, München und Frankfurt am Main wurden besondere Zukunftspläne aufgestellt.

Sieht man von den zahlreichen fachspezifischen zukunftsorientierten Beratungskapazitäten ab, so hat es in der Folgezeit in der Bundesrepublik nur wenige Ansätze gegeben, in denen Zukunftsforschung und wissenschaftliche Zukunftsgestaltung so eng mit der Politik gekoppelt waren. Einen anderen Versuch hat der Planungsstab im Bundeskanzleramt während der Kanzlerschaft von Willy Brandt unter dem Chef des Bundeskanzleramtes Horst Ehmke in den Jahren 1969 bis 1972 unternommen. In dieser Zeit wurden auch verschiedene Personen aus dem Bereich der Zukunftsforschung als Berater hinzugezogen, so daß gerade interdisziplinäres zukunftsorientiertes Wissen einfließen konnte. Die vom Planungsstab geforderten und immer stärker tagespolitisch begründeten Aufgaben ließen jedoch dem ursprünglichen, auf langfristige Zukunftsperspektiven ausgerichteten

Ansatz mehr und mehr in einer auf Kurzfristigkeit ausgerichteten Muddle-through-Strategie aufgehen.

Ein neuer Ansatz zur Verknüpfung von Zukunftsforschung und Zukunftsgestaltung mit Politik, an dem zumindest ein gewichtiger Teil der konservativen Sozial- und Wirtschaftswissenschaftler sowie einige Natur- und Ingenieurwissenschaftler mit Zukunftsorientierung beteiligt wurden, erfolgte mit der Berufung der Kommission "Zukunftsperspektiven gesellschaftlicher Entwicklungen" durch die Landesregierung von Baden-Württemberg im Februar 1983. Immerhin berief der Ministerpräsident von Baden-Württemberg in die mit 21 Wissenschaftlern besetzte Kommission 8 Mitglieder, die als Zukunftsforscher gelten können und durch entsprechende wissenschaftliche Arbeiten und Tätigkeiten ausgewiesen sind: Karl W. Deutsch (Berlin/Cambridge), Klaus Haefner (Bremen), Bruno Fritsch (Zürich), Hermann Lübbe (Zürich), Helmut Klages (Speyer), Karl Steinbuch (Karlsruhe), Rudolf Wildenmann (Mannheim, Vorsitzender), Wolfgang Zapf (Mannheim). Wegen der grundsätzlichen Bedeutung dieser Kommission und ihres Berichts dokumentieren wir im Anhang die Arbeitsthemen sowie Auftrag der Kommission, Zusammensetzung und Arbeitsgruppe[47].

4. Die Institutionalisierung der Zukunftsforschung

4.1 Einrichtungen der Zukunftsforschung in den 60er und 70er Jahren

Die Zuspitzung der Krisenphänomene in der Welt schlägt sich Ende der 60er Jahre nicht nur in intensiven Diskussionen im Rahmen von Expertenzirkeln nieder, sondern immer mehr auch in der Öffentlichkeit. Vor allem aber wird deutlicher, daß die Probleme global vernetzt sind und langfristig sowie inter- und multidisziplinär angegangen werden müssen.

Flechtheim faßt in seiner "Futurologie" mit den bekannten "challenges" die "die Menschheit bedrohenden Probleme" zusammen und begründet nachhaltig, wie groß die Verantwortung ist, die gerade auch auf der Wissenschaft lastet. Dabei kommt es ihm vor allem darauf an nachzuweisen, daß es zur Bewältigung der Probleme seitens der Wissenschaft eines neuen zukunftswissenschaftlichen und zukunftsgestaltenden Lösungsansatzes bedarf, der "mehr ist als Technokratie oder crisis management" und der versuchen muß, "Prognostik, Planung und Philosophie der Zukunft zu einer neuen Einheit zusammenzufügen".

"Die Futurologie muß die fünf 'challenges', die die Menschheit bedrohen, beantworten - sie muß ihren Beitrag leisten zur Eliminierung des Krieges und Institutionalisierung des Friedens; zur Beseitigung von Hunger und Elend in der Dritten Welt und zur Stabilisierung der Bevölkerungszahl; zur Beendigung des Raubbaus und zum Schutz der Natur und des Menschen vor sich selber; zur Überwindung von Ausbeutung und Unterdrückung und zur Demokratisierung von Staat und Gesellschaft; zum Abbau von Entleerung und Entfremdung und zur Schaffung eines neuen kreativen Homo humanus. Eine kritische Futurologie, die sich diesen Herausforderungen stellt, ist keine 'reine Wissenschaft', die einfach die Zukunft als solche erforscht (so wie die Geschichtswissenschaft lange die Vergangenheit schlechthin zu erkennen versuchte); als angewandte oder praktische Forschung versucht sie vielmehr, die Zukunft der Menschheit hier auf unserem Planeten in den Griff zu bekommen"[48].

Diese etwas pathetisch klingenden Sätze, deren Inhalt aber in der Folgezeit in der weltweiten Diskussion eine immer stärkere Rolle spielen sollten, sind nicht nur als moralisch-ethischer Appell an die Wissenschaft zu verstehen, sondern als Aufforderung zum Heraustreten aus dem Elfenbeinturm tradierter wissenschaftlicher Arbeitsweisen und Hinwendung zu globaler Betrachtung und zur Übernahme von Verantwortung durch Handlungs- und Gestaltungsorientierung der Wissenschaft selbst.

Neben diesem kritischen Zukunftsforschungsansatz sind es zu dieser Zeit vor allem die Impulse aus den Denk- und Wissenschaftsfabriken der USA, die neue Chancen versprechen, Planung, Prognose und Gestaltung der Zukunft auf neue wissenschaftliche Fundamente zu stellen. Es sind die neuen Methoden, die neuen Themen und die neue interdisziplinäre und multidisziplinäre Arbeitsweise, die die amerikanischen think tanks zu den wichtigsten Brutstätten der modernen Zukunftsforschung und langfristigen Politik- und Industrieberatung gemacht haben[49].

Auch in der Bundesrepublik Deutschland erhalten nun Begriffe wie Kybernetik, Simulationstechnik, Systemtechnik, Scenario-Writing, Kreativitätstraining in der Diskussion um den Aufbau neuer zukunftsbezogener Wissenschaftskapazitäten einen magischen Klang. Auch die Namen und Programme der zukunftsorientiert arbeitenden Institute der USA wie das M.I.T., das Institute for Advanced Studies in Princeton, die RAND Corporation in Santa Monica (Kalifornien), die Systems Development Corporation (SDC/Kalifornien), das Stanford Research Institute (SRI/Palo Alto) oder das Institute for the Future in Hartford sowie das Hudson Institute Inc. in Croton on Hudson werden je nach weltanschaulicher und wissenschaftlicher Grunddisposition zu Vorbildern für die Institutionalisierung der Zukunftsforschung. Zahlreiche, teilweise spektakuläre Arbeitsergebnisse und Arbeitsmethoden dieser Institute dringen allmählich auch in den tradierten deutschen Wissenschaftsbetrieb ein. Einige der mit den neuen kybernetischen und systemtechnischen Methoden vertrauten Natur- und Ingenieurwissenschaftler sowie einige Wissenschaftsjournalisten sind die ersten, die die Relevanz auch für die Bearbeitung globaler und regionaler sozialer und ökonomischer Zukunftsprobleme erkennen. Dazu kommt, daß zahlreiche Mitarbeiter jener Institute, die eine starke Bindung an die militärische Administration der USA hatten, durch das Aufgreifen neuer Themen mehr und mehr von den militärischen Aufträgen abrücken.

Die Entdeckung, daß mit den Methoden der zunächst militärisch dominierten amerikanischen Denkfabriken auch Themen einer wünschbaren, friedlichen und sozialverträglichen Zukunftsgestaltung bearbeitet werden können, führte beispielsweise auch Robert Jungk dazu, für die Bundesrepublik Deutschland eine vergleichbare Institution wie die RAND Corporation für die zivile Zukunfts- und Friedensforschung zu fordern. Das war kühn, denn immerhin gehörten der RAND Corporation schon Anfang der sechziger Jahre etwa 1.500 Experten an. Die Mitarbeiterzahl hat sich im übrigen bis zum Jahre 1980 auf etwa 3000 erhöht.

"Wer nun die qualitativ meist ausgezeichneten, datenreichen, genauen und oft auch recht phantasievollen Studien von RAND etwa mit der der Welternährungsorganisation entwickelten 'Kampagne gegen den Hunger', den noch ganz in den Anfängen steckenden Arbeiten zur weltweiten Bildungsökonomie oder den vorhandenen, meist viel zu wenig komplexen Voraussagen über Verkehrsfragen vergleicht, muß bedauern, daß es noch kein RAND-Institut für Zivilprobleme und Friedensstrategie gibt"[50].

Wie stark seitens der Mitarbeiter der RAND-Corporation die Tendenz war, eine ähnlich leistungsfähige Institution für Zukunfts- und Friedensforschung zu entwickeln, zeigen die 1966 erarbeiteten Vorschläge für ein mit gleichen Methoden arbeitendes Zukunftsforschungsinstitut ("Prospectus for an Institute of the Future"). In diesen Vorschlägen wurden hauptsächlich die folgenden Inhalte und Ziele für ein solches Institut für erforderlich gehalten:

1. Entwicklung von Alternativvorschlägen für unsere künftige Gesellschaft und das internationale Zusammenleben
2. Erarbeitung von Vorstellungen, wie mögliche Zukünfte aussehen sollten, die für die Menschheit wünschenwert sind
3. Erarbeitung solcher Strategien und Mittel, die unter den gegebenen internationalen politischen Randbedingungen realistisch zu verwirklichen sind

Diese allgemeine Zielsetzung wird ergänzt durch eine lange Liste von Studien, die als besonders dringlich erachtet werden. Im folgenden werden einige Themen angegeben, die die Weitsichtigkeit des Programms zeigen:

- Untersuchungen über die langfristigen Wirkungen technologischer Veränderungen auf die Wirtschaft, die internationalen Beziehungen und die gesellschaftlichen Einrichtungen
- Analysen der Stadt- und Verkehrsprobleme
- Studien zur Erziehungsreform unter besonderer Beachtung der neuen Informationstechnik
- Veränderungen von Besitzverhältnissen und Besitzweitergabe
- Folgen möglicher und wahrscheinlicher biologischer Forschung und Kontrolle, insbesondere auf dem Gebiet der Biogenetik
- Entwicklung von Vorstellungen über neue Organisationsformen, die der sich wandelnden Gesellschaft besser angepaßt sind (Lösungsvorschläge zum Problem der Entbürokratisierung)
- Erarbeitung von Studien über die Entstehung und Verhinderung von Spannungszuständen und militärischen Konflikten. Dabei

sollten insbesondere Strategien und Mittel entwickelt werden, die außerhalb militärtechnischer Überlegungen zur Konfliktlösung bzw. Konfliktminimierung beitragen.

Es darf nicht unerwähnt bleiben, daß sich in der Bundesrepublik Deutschland mit der Studentenbewegung und der wachsenden Friedensbewegung und Ökologiediskussion das Klima für zukunftsorientierte wissenschaftliche Studien und zukunftsbezogene Themen und Problemlösungen verbesserte. Trotzdem gelang es aber nicht, im tradierten Wissenschaftsbetrieb Institutionen der Zukunftsforschung zu etablieren. So mußte Karl Steinbuch noch 1968, ohne Widerspruch zu erhalten, feststellen:

"Es gibt in unserem Lande etwa 150 Institutionen, die sich mit wissenschaftlicher Analyse der Vergangenheit beschäftigen. Es gibt in unserem Lande meines Wissens aber keine einzige Institution, die sich ernsthaft mit der sorgfältigen wissenschaftlichen Analyse der Zukunft beschäftigt"[51].

Wir müssen heute nach mehr als 20 Jahren beklagen, daß es mittlerweile über 1000 Institutionen gibt, die sich wissenschaftlich mit der Vergangenheit und Gegenwart beschäftigen, aber nicht ein einziges öffentlich gefördertes Institut für Zukunftsforschung, ausgenommen das 1990 gegründete Sekretariat für Zukunftsforschung des Landes Nordrhein-Westfalen.

Im Jahre 1968 gab es tatsächlich nur ein einziges Institut, das im weitesten Sinne zur Zukunftsforschung gerechnet werden konnte: die von Helmut Krauch 1959 gegründete und von ihm langjährig geleitete *Studiengruppe für Systemforschung e.V.* in Heidelberg. In ihr wurden zwar keine globalen Zukunftsthemen bearbeitet, sie war aber in ihren Zielen, Aufgaben und mit ihrem methodischen Instrumentarium interdisziplinär und gesellschaftsbezogen auf zukunftsorientierte Studien ausgerichtet. In ihrer Arbeitsweise war erstmals die Vernetzung der Fachdisziplinen in den Forschungsteams Grundprinzip der Arbeit. Von den etwa 70 Mitarbeitern waren die Hälfte Wissenschaftler, die den Disziplinen Mathematik, Physik, Chemie, Ökonomie, Sozialpsychologie, Elektronik und Maschinenbau angehörten. Im Mittelpunkt der Arbeit stand die Systemforschung, angewendet insbesondere auf allgemeine Planungsverfahren, Technologieentwicklung, den sozialen Wandel, Forschungs- und Technologiepolitik, Innovationsstrategien, Information und Dokumentation, Organisation und Verwaltung, Entscheidungstheorie und Infrastrukturentwikklungen. Praktische Forschungs- und Entwicklungsprojekte wurden für das Bundeskanzleramt, die Bundestagsverwaltung, das Presse- und Informationsamt der Bundesregierung sowie für das Deutsche Patentamt durchgeführt. Die Studiengruppe für Systemforschung entwickelte sich später immer mehr zu einer Institution für Information und Dokumentation.

Ein in der Zukunftsforschung bekannt gewordenes Projekt war das sogenannte "ORAKEL-System", dessen selbstgestecktes Ziel es war, für gesellschaftliche Problemlösungen "die selbstherrliche Verkündung der Politik von oben aus den Regierungsstellen durch sachbezogene Debatten breiter Bevölkerungskreise zu ersetzen". Nach Krauch sollten durch ORAKEL Vertreter aller direkt oder indirekt betroffenen Gesellschaftsgruppen an der Formulierung politischer Zukunftsbilder beteiligt werden, die über ausreichenden Sachverstand und Fachwissen verfügen. Das Kürzel ORAKEL heißt: "Organisierter Konflikt einer repräsentativen Auswahl von Bürgern, die sich um die Artikulation kritischer Entwicklungslücken bemühen"; eine zweifellos gestelzte Beschreibung eines im Grunde einfachen Tatbestandes. Es ist möglich, daß auch diese umständliche Bestimmung des Systems dazu beitrug, daß es in der Praxis weniger Resonanz fand.

Die erste Gesellschaft, die sich unmittelbar der Förderung der Zukunfts- und Friedensforschung in der Bundesrepublik verpflichtet fühlte, wurde 1964 in Hannover von Lothar Schulze gegründet. Schulze erhielt im Jahre 1984 als erster Deutscher für seine Verdienste um die Friedens- und Zukunftsforschung den "Internationalen Lentz-Friedensforschungspreis". Die *Gesellschaft zur Förderung von Zukunfts- und Friedensforschung e.V. (GFZFF)* hatte sich zur Aufgabe gestellt,

"1...die Dringlichkeit, ja Lebensnotwendigkeit der Lösung von Fragen für eine friedliche und gesicherte Zukunft der Öffentlichkeit ins Bewußtsein zu bringen,
2. Wissenschaftler und Institutionen an der Lösung dieser Fragen zu interessieren und um geistige und materielle Hilfe zu bitten,
3. ein eigenes Institut nebst Fachbibliothek zu gründen, das zum Teil

selbstforschend tätig ist, zum Teil Forschungsaufträge vergeben kann,
4. die für diese Aufgaben nötigen Mittel zu beschaffen"[52].

Die GFZFF gab von 1964 bis 1978 die vierteljährlich erscheinende Informationsschrift "Zukunfts- und Friedensforschung" heraus, die in populärwissenschaftlicher Form grundlegende und aktuelle Themen der Zukunftsforschung und Zukunftsgestaltung, der Friedensforschung, Friedenssicherung und der sozialen Konfliktbewältigung behandelte.

Dem Kuratorium gehörten u. a. Norman Alcock, Ossip K. Flechtheim, Robert Jungk, Otto Kimminich, Martin Neuffer, Linus Pauling und Horst Wagenführ an.

Die "Arbeitsplanung der GFZFF" sowie weitere Gründungsdokumente sind im Anhang wiedergegeben (Anhang 4).

Anfang 1968 wurde in Duisburg die *Gesellschaft für Zukunftsfragen e.V. (GfZ)* als gemeinnütziger Verein gegründet, dessen Sitz im Jahre 1969 nach Hamburg verlegt wurde. Die Ziele der Gesellschaft wurden im einzelnen in 2 der Satzung wie folgt festgelegt:

"Der Verein fördert und koordiniert Bemühungen der Zukunftsforschung und macht deren Ergebnisse der Allgemeinheit zugänglich, in dem er insbesondere:

- das Interesse der Öffentlichkeit an einer systematischen Analyse von Zukunftsproblemen durch Veranstaltungen und Publikationen weckt,
- eine Basis für den Informationsaustausch über Zukunftsfragen bildet,
- zukunftsgerichtete Forschungsvorhaben anregt und unterstützt,
- die Behandlung von Zukunftsfragen in Ausbildung, Lehre und Fortbildung anstrebt,
- Orientierungs- und Entscheidungshilfen im Hinblick auf Zukunftsfragen für Verwaltung, Wirtschaft und Politik vermittelt und
- in internationalen Gremien an zukunftsorientierten Fragestellungen mitarbeitet".

Es wurde von vornherein ein Mitgliederkreis angestrebt, in dem die wichtigsten gesellschaftspolitischen Gruppierungen vertreten sein sollten. In diesem Ansatzpunkt sah man einerseits die Chancen der GfZ, die Satzungsziele zu verwirklichen, andererseits aber auch die

Gefahr, daß in der Öffentlichkeit ein uneinheitliches Bild und damit ein negatives Image entsteht. Tatsächlich blieb das Bild der Gesellschaft diffus und ihre Resonanz im Rahmen der Zukunftsforschung und der öffentlichen Diskussion hinter den Erwartungen zurück.

Wie stark die Gesellschaft von den Ansätzen der systemtechnisch orientierten Zukunftsforschung geprägt war, geht aus der Grundsatzerklärung hervor, die in Anhang 5 dokumentiert wird. Zur Arbeit der Zukunftsforschung heißt es dort:

"Zukunftsforschung kann nur interdisziplinär arbeiten. Ihre Methoden sind häufig nicht nur denen der experimentellen Naturwissenschaften ähnlich, sondern teilweise auch denen der Philosophie (Systemkritik), der empirischen Sozialwissenschaften (Systembeschreibung), Mathematik (System-Theorie) oder Kybernetik (System-Entwurf). Zukunftsforschung ist immer zugleich angewandte Systemwissenschaft und kritische Reflektion über Wertvorstellungen in der Gesellschaft und in gesellschaftlichen Gruppen. Sie sucht in möglichst umfassender Weise, Gesamtzusammenhänge aufzuzeigen, das heißt Beziehungen zwischen Systemteilen und Faktoren darzustellen (stets auch in ihren möglichen Veränderungen). Zugleich beobachtet sie Trends mit allen ihren sozialen, politischen und wirtschaftlichen Konsequenzen und legt zu diesem Zweck Datenbanken an, die ein ständiges Verfolgen aller Auswirkungen technischer Neuerungen ermöglichen. Zukunftsforschung vermittelt insofern den Änderungshorizont und Entscheidungsspielraum für die Übertragung technischen Wissens, bestimmter Wertvorstellungen oder politischer Ziele in wirtschaftliche, soziale und politische Wirklichkeit. Sie hat unter anderem auch die Aufgabe, bewußt zu machen, was geschehen würde, wenn in bestimmten Fällen keine Entscheidungen getroffen werden, das heißt keine Überlegungen zu den möglichen Folgewirkungen bestimmter Ist-Zustände angestellt werden."

Die Zusammensetzung des Vorstands der GfZ weist einerseits das angestrebte interdisziplinäre und verschiedene Praxisbereiche übergreifende Spektrum auf, andererseits eine Zentrierung seiner Mitglieder auf den kybernetisch-systemtechnischen Ansatz. Dem Vorstand gehörten an: Klaus Repenning (Deutsche BP Benzin- und Petroleum AG), Peter Menke-Glückert (Ministerialdirigent in Bonn), Günter Friedrichs (Vorstand der IG Metall), Bruno Fritsch (Institut für Wirtschaftsforschung, ETH Zürich), Herbert Geschka (Battelle-Institut e. V., Frankfurt), Heinz Hermann Koelle (Direktor des Instituts für Raumfahrttechnik der TU Berlin). Die Gesellschaft für Zukunftsfragen e. V. hat entgegen ihrem Satzungsziel praktisch keine eigenen Forschungsprojekte durchgeführt.

Erst mit der Gründung des *Zentrums Berlin für Zukunftsforschung e. V. (ZBZ)* im gleichen Jahr in Berlin wurde eine eigenständige Forschungskapazität in der Bundesrepublik Deutschland zur Zukunftsforschung aufgebaut. Auch diese Gründung erfolgte bezeichnenderweise auf privater Basis in Form eines eingetragenen Vereins. Das ZBZ war nach der Satzung sowohl im Hinblick auf seine Forschungsaktivitäten als auch seine Zielsetzung zur fachöffentlichen und öffentlichen Verbreitung der Grundlagen und Methoden der Zukunftsforschung und Zukunftsgestaltung verpflichtet und hundertprozentig auf Mittel aus Auftragsforschung, Mitgliedsbeiträgen und Stiftungszuwendungen angewiesen.

Obwohl sich an der Gründung Persönlichkeiten sehr unterschiedlicher weltanschaulicher und wissenschaftlicher Provenienz beteiligten, so u. a. Kurt Hübner, Robert Jungk, Helmut Klages, Heinz Hermann Koelle, Herbert Kundler, Peter-Christian Ludz, Günter Spur, Karl Stephan und Harro Trenkler, war auch hier der Bezug auf die amerikanischen Denkfabriken und ihre methodischen Ansätze unverkennbar. So ist es besonders interessant, wie von den Gründern die Situation und Zielsetzung des Zentrums Berlin für Zukunftsforschung beschrieben wurde:

"Wir stehen in dieser Stadt, in diesem Land, in diesem Erdteil, auf diesem Planeten heute mit immer stärkerer Dringlichkeit vor der Aufgabe, Prioritäten zu setzen. Begrenzte Hilfsmittel wollen sinnvoll eingesetzt, konkurrierende Zielsetzungen sorgsam gegeneinander abgewogen werden. Diese Aufgabe kann nur dann bewältigt werden, wenn alle anderen wissenschaftlichen und technischen Möglichkeiten optimal genutzt und neue Methoden, zu denen insbesondere die Systemanalyse gehört, mit großem Nachdruck weiter entwickelt werden. Wir stellen uns daher in erster Linie die Aufgabe, durch interdisziplinäre Zusammenarbeit verbesserte Orientierungs- und Entscheidungshilfen für bessere und schnellere Entscheidungen in Politik, Verwaltung, Forschung und Wirtschaft zu schaffen. Es kommt uns darauf an, diejenigen Probleme die heute dem Fortschritt der Zivilisation entgegenstehen oder mit deren Entstehung in absehbarer Zeit gerechnet werden muß, sichtbar zu machen und akzeptablen Lösungen zuzuführen. Wir wollen darauf bedacht sein, Überholtes zu markieren und innovative Potenzen möglichst frühzeitig erkennbar und hinsichtlich ihres Zukunftsgehaltes abschätzbar werden zu lassen. Wir wollen dazu beitragen, frische Kristallisationspunkte zu bilden, neue Akzente zu setzen und fruchtbaren Ideen zum Durchbruch zu verhelfen. Auch wollen wir auf diesem Wege bei der Entstehung neuer Wertmaßstäbe behilflich sein, die in eindeutigerer Weise als bisher an den Möglichkeiten der Zukunft orientiert sind. Wir haben die Erfahrung, Gedankenmodelle zu konstruieren, die es erlauben, alternative Entwürfe zu Problemlösungen auf rationale Weise miteinander zu vergleichen. Wir wollen zu diesem Zweck alle diejenigen Methoden nutzen, die im vergangenen Jahrzehnt im 'Operations Research', in der Raumfahrttechnik, in der modernen Datenverarbeitung und in sonstigen Anwendungsbereichen der simulativ arbeitenden Systemanalyse gefunden wurden"[53].

Insbesondere Forschungsarbeiten auf den Gebieten Technologische Vorausschau, Technologische Innovation, Infrastrukturentwicklung, Friedenssicherung, Umweltschutz, Arbeitsmarktpolitik, Wirtschaftsstrukturpolitik, Energie- und Ressourcensicherung, Informations- und Kommunikationstechnologien, Ausländerpolitik, Probleme der Weltraumerkundung oder globale Steuerungsprobleme sollten von der neuen wissenschaftlichen Einrichtung behandelt werden.

Neue Planungstechniken (etwa zur Stadt- und Regionalplanung), Bewertungs- und Entscheidungsverfahren (etwa zur Technologiefolgenabschätzung) oder die verstärkte Anwendung computergestützter Prognoseverfahren (etwa Modellbildungs- und Simulationstechniken) und intuitive Methoden (z. B. Szenario-Methode, Delphi-Technik) sollten verstärkt angewandt werden. Besonders betont werden auch die neuen organisatorischen Ansätze in der Forschungsarbeit - Interdisziplinarität, Projektarbeit, Anwendung neuer komplexer Forschungsmethoden, Politikberatung, Programmforschung und das Aufgreifen gesellschaftlich relevanter Themen -, die für die Entscheidungsträger von besonderem Interesse sind.

Das Zentrum Berlin für Zukunftsforschung bzw. die Nachfolgeeinrichtung, das Institut für Zukunftsforschung GmbH, gaben vom Oktober 1968 bis zur Auflösung im Jahre 1981 die Zeitschrift "analysen und prognosen - über die Welt von morgen" heraus, die mit jeweils 6 Heften im Jahr erschien. Daß die Zeitschrift zu Beginn sehr stark auf die kybernetisch-systemtechnische Zukunftsforschung ausgerichtet war, geht aus den meisten Beiträgen in den ersten Jahrgängen hervor. Zum Geleit hieß es in der ersten Ausgabe:

"Das 'Zentrum Berlin für Zukunftsforschung e. V.' möchte mit der Veröffentlichung dieses Informationsdienstes 'analysen und prognosen - über die welt von morgen' eine Möglichkeit schaffen - unabhängig von irgendwelchen Interessen - der interessierten Öffentlichkeit und insbesondere den Entscheidungsträgern auf die Zukunft ausgerichtete Informationen in kondensierter Form zugänglich zu machen. Die Schwerpunkte unseres Informationsdienstes werden auf drei Gebieten liegen:
1. Konzepte für die Welt von Morgen
2. 'Technological Forecasting'
3. Nachrichten, wichtig für die Zukunft.
Er wird im Dienste der 'zukunftsgerichteten, aktionsorientierten, interdisziplinären sozio-ökonomisch-technischen Systemanalyse' und der objektiven Berichterstattung stehen, um einen Beitrag dazu zu leisten, daß in Zukunft schneller bessere Entscheidungen getroffen werden können als bisher"[54].

Das erste Titelbild der neuen Zeitschrift zeigt bezeichnenderweise die Kontroll- bzw. Steuerzentrale des Startkomplexes 39 von Cape Kennedy. Hier wird nicht nur die methodische Anknüpfung an die neue kybernetisch-systemtechnische Entwicklungsstufe von Wissenschaft und Technologie symbolisiert, sondern auch der Aufbruch zu neuen Ufern durch wissenschaftliche Innovationen und Technologieentwicklung.

Im Februar 1975 wurde auf der Jahrestagung des ZBZ e. V. die Gründung des *Instituts für Zukunftsforschung (IFZ)* in Form einer GmbH mit Sitz in Berlin beschlossen. Die offizielle Begründung für diesen Schritt war die Absicht, die Forschungsaktivitäten des Vereins zu bündeln und auf eine professionellere Basis zu stellen, um so vor allem auch eine öffentliche Grundfinanzierung zu erreichen.

Im Jahre 1976 wurden die Gesellschaft für Zukunftsfragen e. V. (GfZ), Hamburg, die Gesellschaft zur Förderung der Zukunfts- und Friedensforschung e. V. (GFZFF), Hannover, und das Zentrum Berlin für Zukunftsforschung e. V. (ZBZ), Berlin, zur *Gesellschaft für Zukunftsfragen e. V. (GZ)* mit Sitz in Berlin und Hannover vereinigt.

Am ZBZ bzw. IFZ wurden bis zu dessen Auflösung im Jahre 1982 über einhundert Zukunftsstudien erarbeitet. Darüber hinaus wurden die Publikationsreihe "Werkstattberichte zur Zukunftsforschung" und die Buchreihe "Beiträge des Instituts für Zukunftsforschung" herausgegeben. Gemeinsam von ZBZ/IFZ und der Gesellschaft für Zukunftsfragen (GZ) wurden zahlreiche nationale und internationale

Tagungen zur Zukunftsforschung und Zukunftsgestaltung sowie Zukunftswerkstätten, Arbeitskreise und Symposien durchgeführt.

Im Jahre 1976 richtete das Zentrum Berlin für Zukunftsforschung gemeinsam mit der Kommission der Europäischen Gemeinschaften in Berlin die internationale Tagung "Europa + 30 Jahre: Die Frage nach Europäischer Zukunftsforschung" in Berlin aus[55].

Im Mai 1979 fand in Berlin die "World Futures Studies Conference" der World Futures Studies Federation (WFSF) statt, die von der Gesellschaft für Zukunftsfragen und dem IFZ in Zusammenarbeit mit der Association International Futuribles (AIF), der Deutschen Stiftung für internationale Entwicklung (DSE), der Schweizerischen Vereinigung für Zukunftsforschung (SZF) und der Society for International Development (SID) durchgeführt wurde. Die Konferenz stand unter dem Thema "Science and Technology and the Future"[56].

Große Resonanz fand die vom IFZ getragene Ausstellung "Unsere Welt - ein vernetztes System" von Frederic Vester. Hier handelte es sich um die modellhafte Darstellung und Visualisierung des globalen Vernetzungsgedankens der Zukunftsforschung. Durch eine aktive Beteiligung des Ausstellungsbesuchers am Lernvorgang über die krisenhaften Folgen technisch-industrieller Risiken und globaler Folgen für die Menschen und die Natur konnte eine breite Wirkung in der Öffentlichkeit erzielt werden. Diese von Vester und seiner *studiengruppe für biologie und umwelt* konzipierte und gemeinsam mit dem Schweizer Gottlieb-Duttweiler-Institut realisierte Ausstellung wurde in allen deutschsprachigen Ländern sowie in Luxemburg und Holland in zahlreichen großen Städten gezeigt. Sie erreichte in den Jahren von 1978 bis 1981 fast 2 Mio. Besucher[57].

Nachfolgend werden in chronologischer Folge verschiedene Vereine und Institute dargestellt, die zwar nicht ausdrücklich unter dem Vorzeichen Zukunftsforschung gegründet wurden, gleichwohl dieser aber nahestehen und in jedem Fall auf wissenschaftlichen Grundlagen entweder Zukunftsstudien erarbeitet haben oder in besonderem Maß qua Satzung der Zukunftsforschung oder der langfristigen perspektivischen Zukunftsgestaltung verpflichtet sind bzw. waren.

4.2 Der Zukunftsforschung nahestehende Einrichtungen seit 1951

Das *DIVO-Institut für Wirtschaftsforschung, Sozialforschung und angewandte Mathematik GmbH* in Frankfurt am Main wurde 1951 gegründet und hat sich mit Prognosen zu Entwicklungen in der Industrie und im Handel, zum Bevölkerungswachstum, zur wirtschaftlichen Entwicklung von Städten und Regionen, Infrastruktur und Verkehr beschäftigt. Als Publikation wurden die DIVO-Informationen herausgegeben. Das Institut hat im Rahmen der Zukunftsforschung jedoch keine größere Bedeutung erlangt.

Eine wichtige Begegnungs- und Kommunikationsstätte für Zukunftsforscher mit führenden Persönlichkeiten aus Politik und Wirtschaft, Verwaltung, Bildung und Wissenschaft, Verteidigung, Rechtsprechung und Publizistik ist das *Haus Rissen - Internationales Institut für Politik und Wirtschaft e. V.*, das im Jahre 1954 von Gerhard Merzyn, Mitglied des Club of Rome, in Hamburg gegründet wurde. Im Haus Rissen werden unter internationaler Beteiligung vor allem Zukunftstrends, Friedens- und Abrüstungsstudien und globale Herausforderungen hauptsächlich im Rahmen von Veranstaltungen für Führungskräfte der verschiedenen Praxisbereiche behandelt. In einer Selbstdarstellung heißt es u. a.:

"Die wachsende Komplizierung und Widersprüchlichkeit der wirtschaftlichen, gesellschaftlichen und politischen Zusammenhänge sowie die wissenschaftlich-technische Dynamik führen zu einer weitverbreiteten Orientierungslosigkeit und Verhaltensunsicherheit. Lebensängste entstehen, und Gruppen der Gesellschaft, vor allem der jungen Generation, reagieren mit Verweigerung und Gewalt. Damit hängt unsere Zukunft weitgehend davon ab, inwieweit es uns gelingt, die politische Auseinandersetzung zu versachlichen. In internationalen und interdisziplinären Konferenzen erarbeiten wir Analysen und denkbare Entwicklungstrends von internationalen Beziehungen. Im Vordergrund stehen regionale Konflikte sowie die westeuropäische Integration und atlantische Zusammenarbeit als Grundlage unserer Existenz, ferner Spannungsfelder und Kooperationsmöglichkeiten zwischen Ost und West, nicht zuletzt mit den Entwicklungsländern in Afrika, Asien und Lateinamerika. In einer Zeit zunehmender sozialer, wirtschaftlicher und machtpolitischer Spannungen, Ungleichheiten und Konflikte sind Bemühungen aller Beteiligten um mehr Vertrauen, Berechenbarkeit, Ausgleich und Zusammenarbeit in Ost und West, in

Nord und Süd unerläßlich für die Zukunftssicherung der gesamten Menschheit. Jede Nation soll ihre eigene Zukunft selbst gestalten können"[58].

Das Haus Rissen gibt monatlich den Rissener Rundbrief heraus, der die wesentlichen Beiträge und Ergebnisse der Seminare, Kolloquien, Expertengespräche und Konferenzen dokumentiert. Dem Vorstand und dem Kuratorium gehören namhafte Persönlichkeiten aus Politik, Wirtschaft und Wissenschaft an.

Im Haus Rissen wurde 1978 von den drei deutschen Mitgliedern des Club of Rome (Eduard Pestel, Gert Kortzfleisch und Gerhard Merzyn) die Deutsche Gesellschaft des Club of Rome gegründet, die es sich zur Aufgabe gemacht hat, die Ideen und Konzepte des Club of Rome der Öffentlichkeit in der Bundesrepublik Deutschland näherzubringen und Anregungen an den Club of Rome heranzutragen.

Wichtige Impulse für die Forschungs- und Wissenschaftspolitik, für die Zukunftsforschung und die Friedensforschung sowie im Hinblick auf die Wirkungen und Folgen von Wissenschaft und Technik gab seit ihrem Bestehen die *Vereinigung Deutscher Wissenschaftler e. V. (VDW)*. Die VDW wurde 1959 im Anschluß an die "Erklärung der 18 Atomwissenschaftler" (Göttinger Achtzehn) zur Frage der atomaren Bewaffnung der Bundeswehr (1957) gegründet. Gründungsmitglieder waren u. a. M. Born, G. Burkhardt, W. Gerlach, O. Hahn, W. Heisenberg, G. Howe, H. Kopermann, H. Maier-Leibnitz, C. F. von Weizsäcker und K. Wolf.

In "Aufgaben, Struktur und Perspektiven" der VDW aus dem Jahre 1980 werden die Ziele wie folgt angegeben:

"Ziel der VDW ist es,
- die Auswirkungen wissenschaftlicher und technischer Entdeckungen auf die menschlichen Lebensbedingungen im Interesse einer möglichst frühzeitigen Wahrnehmung von Fehlentwicklungen zu untersuchen,
- die Öffentlichkeit auf derartige Entwicklungen aufmerksam zu machen und dadurch
- das Bewußtsein sowohl der in Forschung und Entwicklung Tätigen als auch der Öffentlichkeit für die Folgen wissenschaftlich-technischer Entwicklungen zu schärfen".

Die wissenschaftliche Arbeit der VDW geschieht in Studiengruppen und durch Kolloquien bzw. Tagungen. Aus der Arbeit der VDW sind zahlreiche Buchveröffentlichungen und Aufsätze hervorgegangen. Schwerpunkte der Arbeit waren anfangs Probleme der internationalen Gefährdung durch atomare Waffensysteme und die mit der Entwicklung der Welternährungssituation verbundenen Risiken. Im Rahmen der internationalen Pugwash-Bewegung, die in der Bundesrepublik durch die VDW repräsentiert wird, sind vor allem die militärpolitischen Fragen bzw. Fragen der Entspannung und Rüstungskontrolle charakteristisch für die Arbeit der Vereinigung. Im Spannungsfeld zwischen wissenschaftlicher Forschung und Entwicklung einerseits, politischen Zielen und gesellschaftlichen Bedürfnissen andererseits, arbeiteten Studiengruppen der Vereinigung beispielsweise über

- die Sozialverträglichkeit von Energiesystemen,
- Energieversorgung und Wirtschaftswachstum
- Perspektiven der Meeresnutzung,
- Probleme der biotechnologischen Entwicklung,
- Unternehmensverfassung und Eigentumsformen,
- Probleme der Entwicklungsländer.

Neben den großen und globalen Gefährdungen durch Hunger und Krieg hat sich die VDW im Laufe der Zeit zunehmend auch mit begrenzteren Problemen beschäftigt. Dazu gehören die Prioritäten in der Forschungsplanung, die Dynamik der Bevölkerungsentwicklung, der Technologie-Transfer zwischen Industrieländern und Entwicklungsländern, Zivilisationskrankheiten, die gesundheitspolitische Bedeutung und die Behandlung erbbedingter Stoffwechselstörungen, Probleme der Arzneimittelversorgung, Mitbestimmungsfragen, Möglichkeiten der zivilen Verteidigung u. a.

Der VDW gehören etwa 350 Wissenschaftler aller Fachgebiete an, wobei sich die Zusammensetzung seit der Gründung deutlich von den Natur- und Ingenieurwissenschaften zu den Sozial- und Geisteswissenschaften verschoben hat.

Die VDW verfügte nur zeitweise über finanzielle Mittel der Oskar-Mahr-Stiftung für eine eigene Forschungsstelle. Heute unterhält sie keine eigene Forschungsstelle mehr und finanziert sich ausschließlich durch Mitgliedsbeiträge und Spenden bzw. Zuwendungen für Tagungen durch die öffentliche Hand.

An der Universität Karlsruhe hat 1967 Karl Steinbuch am "Institut für Nachrichtenverarbeitung und Nachrichtenübertragung" ein *Zukunfts-Seminar* eingerichtet, das sich mit neuen kybernetischen Methoden, Gesundheitsproblemen, Luft- und Wasserverunreinigung, Rohstoffen und Energie, Informationstechnik, Stadt- und Landesplanung, Verkehrsproblemen, Wohnungsfragen und Freizeit, Sozialstrukturen, Wertsystemen, Entscheidungsprozessen, Erziehung, Strategien des ökonomischen Wachstums und Raumfahrt befaßt hat. Vom Steinbuch-Seminar wurde eine Systemstudie über die Errichtung einer Datenbank für Industrietechnik in Zusammenarbeit mit dem Rationalisierungs-Kuratorium der Deutschen Wirtschaft (RKW) in Frankfurt/M. erarbeitet. In München wurde im November 1969 ein internationales Symposium "System 69" abgehalten, das sich vor allem mit der Systemtechnik in der Zukunftsforschung befaßte.

Im Rahmen der *Deutschen Gesellschaft für Auswärtige Politik e.V.* in Bonn wurden internationale und europäische Fragen der Politik behandelt und politische Prognosen gestellt, so zum Beispiel "Prognose für Europa; die siebziger Jahre zwischen Ost und West", "Alternativen für Europa: Mögliche Entwicklungsmodelle in den 70er Jahren", "Die Rolle der Massenmedien in der Weltpolitik". Eine Verbindung zur Zukunftsforschung bestand hauptsächlich über einzelne Persönlichkeiten, die sich an den Veranstaltungen und Berichten etwa des Zentrums Berlin für Zukunftsforschung beteiligten.

Die *Forschungsgemeinschaft für Wirtschaftsfragen der Entwicklungsländer e.V.* in Bonn erarbeitete in den sechziger und Anfang der siebziger Jahre langfristige Studien bis 1975 und 2000 für folgende 15 Länder: Syrien, Griechenland, Spanien, Pakistan, Türkei, Frankreich, Indien, Costa Rica, Guatemala, Mexiko, Nicaragua, Panama, El Salvador und Marokko. Die Berichte wurden im Auftrag des Bundesministeriums für wirtschaftliche Zusammenarbeit durchgeführt. Die Bedeutung der Arbeiten der Forschungsstelle für Wirtschaftsfragen der Entwicklungsländer für die Zukunftsforschung blieb auf jene Bereiche beschränkt, die ihren Schwerpunkt in der Nord-Süd-Problematik haben.

1969 wurde das *Max-Planck-Institut zur Erforschung der Lebensbedingungen in der wissenschaftlich-technischen Umwelt* mit Sitz in

Starnberg bei München gegründet, dessen Träger die Max-Planck-Gesellschaft zur Förderung der Wissenschaften e. V., München, ist. Initiiert wurde das Institut u. a. von Klaus von Bismarck, Otto Wolff von Amerongen und Klaus Dohrn. Leiter war Carl Friedrich von Weizsäcker, sein zweiter Direktor Jürgen Habermas. In den ersten Jahren sollte ein allgemeiner Arbeitsplan für interdisziplinäre Zukunftsforschung entwickelt werden. Das Institut hat sich dann allerdings von den konkreten Zukunftsaufgaben mehr und mehr abgewandt und zahlreiche theoretisch anspuchsvolle Arbeiten zu Möglichkeiten der Gestaltung der bedrohten Lebenswelt und zur Entwicklung der Wissenschaftsforschung und Technikverwertung veröffentlicht. In den späteren Jahren nahmen Arbeiten zum Völkerrecht, zur Rüstungskontrolle und Abrüstung, zur alternativen Sicherheitspolitik und Friedenserhaltung einen breiteren Raum ein. Über das Institut hat es in all den Jahren seines Bestehens bis 1982 lebhafte Diskussionen gegeben. Robert Jungk beurteilte das Institut eher kritisch:

"Chancen, wirkliche Anstöße zu geben, hatte auch das von Carl Friedrich von Weizsäcker gegründete 'Max-Planck-Institut für die Erforschung der Lebensbedingungen in der wissenschaftlich-technischen Umwelt' in Starnberg, falls es weniger behutsam taktieren und sich mehr zur Öffentlichkeit, deren Steuergelder es schließlich verbraucht, hinwenden würde"[59].

Im Jahre 1971/72 erfolgte die Gründung des *Instituts für Systemtechnik und Innovationsforschung (ISI)* im Rahmen der Fraunhofer-Gesellschaft zur Förderung der angewandten Forschung e. V. Wie schon der Name signalisiert, ist die Anlage des ISI auf die kybernetisch-systemtechnische Wissenschaftslandschaft zurückzuführen. Das ISI kann allerdings aufgrund seiner spezifischen Aufgabenstellungen nicht ohne weiteres als Zukunftsforschungsinstitut angesehen werden. Als Ziel der Tätigkeit wurde in einer Selbstdarstellung aus dem Jahre 1973 angegeben:

"Ziel des ISI ist, einen Beitrag zur Verbesserung der Lebensbedingungen zu leisten durch gezielte Steigerung der Innovationsrate und Bereitstellung von Entscheidungshilfen im Bereich staatlicher Daseinsvorsorge und für die Industrie"[60].

Unter "Aufgaben und Arbeitsweise" heißt es unter anderem:

"Das ISI erweitert das naturwissenschaftlich-technische Fachspektrum der FhG durch systemtechnische Arbeiten im Grenzgebiet zwischen Technologie und Gesellschaft. Das ISI hat ein interdisziplinäres Mitarbeiterteam aus Ingenieuren, Natur- und Sozialwissenschaftlern. Das ISI steht öffentlichen und privaten Auftraggebern für Projektbearbeitungen (Vertragsforschung) zur Verfügung"[61].

Seitens der Bundesregierung war dem ISI von Anfang an die Federführung bei der Entwicklung von Innovationsstrategien und bei der systematischen Organisierung des Wissens- und Technologietransfers in der Bundesrepublik zugedacht. Als Arbeits- und Programmbereiche werden Systemtechnik, Innovationsforschung und Technologietransfer hervorgehoben:

"Die Systemtechnik ist aus der Notwendigkeit entstanden, bei der Bewältigung größerer Projekte die Anforderungen an einzelne Technologien zu definieren und deren Beiträge zu einem funktionierenden Ganzen zusammenzuschließen. Sie ist heute zu einem unentbehrlichen Werkzeug des industriellen Managements und der staatlichen Daseinsvorsorge geworden. Systemtechnische Forschung des ISI liefert innovative Anregungen und hilft bei Planung, Beratung, technologischer Vorausschau und Technologie-Folgenabschätzung (technology assessment). Innovationsforschung im ISI will die maßgebenden Elemente, Abhängigkeiten und Gesetze des Innovationssystems erkennen, um zur gezielten Förderung von Innovationen und zur Beseitigung von Innovationshemmnissen beizutragen. Das ISI interessiert sich vor allem für die zweckmäßige Ausgestaltung der öffentlichen Technologieförderung und ihr Zusammenwirken mit dem privaten Sektor;...
Die Innovationsforschung liefert dem ISI strategische und taktische Konzeptionen für den Programmbereich Technologietransfer. Technologietransfer durch das ISI reicht von der Bedarfsermittlung im öffentlichen Bereich und der Erschließung neuer technischer Anwendungsmöglichkeiten und Märkte bis zur Patentverwertung und Vermittlung technischen Wissens in den Bereich industrieller Produktion und Dienstleistung"[62].

Angesichts der Entwicklung in den letzten Jahren, in denen Technologieentwicklung, Innovationsforschung und Technologiefolgenabschätzung immer mehr in das Zentrum der Zukunftsforschung gerückt sind, ist das ISI eher unfreiwillig an die Zukunftsforschung herangerückt. Dieser Prozeß hat in der wissenschaftlich tradierten Fraunhofer-Gesellschaft nicht nur Zustimmung gefunden. Gleichwohl hat das ISI eine Reihe qualifizierter Zukunftsstudien erarbeitet, auch wenn die globalen Vernetzungsaspekte und die spekulativen Elemente wenig ausgeprägt sind. Die Beispiele für Zukunftsstudien reichen von der Mitte der siebziger Jahre im ISI erstellten "Erfassung und ökonomischen Bewertung technologischer Entwicklungstendenzen auf der Basis des im Deutschen Patentamt vorhandenen Datenmaterials und technologischen Wissens" über Technikfolgenabschätzungen bis zu Untersuchungen zur Energietechnik und Modellen zur Energieeinsparung. Unter anderem wurden 1976 eine Untersuchung zur "Motorisierung und ihre Auswirkungen" und 1978 eine Studie mit dem Titel "Der Einfluß neuer Techniken auf die Arbeitsplätze" veröffentlicht. Nach einer Reihe von Studien zur Innovationsförderung und Technologiepolitik in den 80er Jahren sind in den letzten Jahren vor allem einige neuere Untersuchungen des ISI zum zukünftigen Energieverbrauch und -einsatz - insbesondere auch zur künftigen Rolle der Solarenergie -, zur Informations- und Kommunikationstechnik und deren Folgen sowie zur Früherkennung technologischer Entwicklung erschienen.

Von dem Direktor des Instituts für Mechanik an der Technischen Universität Hannover und Mitglied des Exekutiv-Komitees des Club of Rome, Eduard Pestel, wurde 1975 das *Institut für angewandte Systemforschung und Prognose e. V. (ISP)* in Hannover gegründet. Eduard Pestel hat im Rahmen seiner Tätigkeit an der TU Hannover als System- und Regelungstechniker zusammen mit M. D. Mesarovic (Case University, Cleveland) an dem Forschungsprojekt "Strategy for Survival" gearbeitet. Mit dieser Arbeit begannen die beiden Wissenschaftler noch vor dem Erscheinen der umstrittenen Studie "The Limits to Growth" den Weltmodellen von Jay W. Forrester und den Meadows ein Modell entgegenzustellen, das differenzierter auf die sieben Hauptregionen der Erde mit ihren unterschiedlichen Interessen, Ideologien, Zielsetzungen, Entscheidungsweisen und inneren Entwicklungen zielt und deren Wirkungen untereinander[63]. Aus dem von Mesarovic und Pestel erstellten 2. Bericht an den Club of Rome zur Weltlage "Menschheit am Wendepunkt" entwickelten sie die Theorie des organischen Wachstums[64]. Die Arbeiten des ISP bauen hierauf im wesentlichen auf.

In der Folgezeit führte das ISP zahlreiche Systemanalysen auf den Gebieten Bevölkerungsentwicklung, Wirtschaft, Energie und dynamische Modellbildung durch. Auch Technology-Assessment-Aktivitäten (z. B. zum Kernernergieausstieg), eine Metastudie zu verschiedenen Entwicklungskonzepten der Landwirtschaft und Arbeiten zur sozialverträglichen Gestaltung des Einsatzes der Mikroelektronik gehörten zum Arbeitsprogramm des ISP. Als Fortsetzung der Arbeiten, die zum Mesarovic-Pestel-Weltmodell und zum 2. Bericht an den Club of Rome führten, ist 1978 das "Deutschland-Modell" entwickelt worden[65]. In dieser Zukunftsstudie wird dargestellt, welche Probleme und Herausforderungen auf dem Weg ins 21. Jahrhundert zu erwarten sind. Das Deutschland-Modell besteht aus einer Reihe miteinander verkoppelter Teilmodelle, mit denen die Entwicklung auf den Gebieten Bevölkerung, Ausbildung, Wirtschaft, Energie und Arbeitsmarkt untersucht worden sind. Außerdem wurde die internationale Verflechtung der Bundesrepublik und ihr Beitrag zum Nord-Süd-Dialog berücksichtigt. Die Bekämpfung der Arbeitslosigkeit wird nach Ansicht der Studie zumindest in den nächsten zehn Jahren das zentrale Problem sein. Ursachen hierfür sind der Altersaufbau der deutschen Bevölkerung und das verringerte wirtschaftliche Wachstum. Auf das quantitative Arbeitslosenproblem könnte ein qualitatives folgen, weil die Anpassung des Beschäftigungssystems in Staat und Wirtschaft an die große Zahl höherqualifizierter Personen ein langfristiges Problem sein wird. Für den Energiebereich zeigen die Berechnungen, daß der zukünftige Bedarf erheblich geringer sein dürfte als vorausgeschätzt wurde. Mit wirklich ernsten Problemen bei der Energie- und Rohstoffversorgung und mit daraus folgenden strukturellen Änderungen wird nach diesem Modell nicht vor Ende des Jahrhunderts gerechnet.

4.3 Zukunftsforschung in den 80er Jahren

4.3.1 Dissipative Strukturen

Die Krise, in die die Zukunftsforschung in den 80er Jahren geraten sollte, kündigte sich schon Mitte der 70er Jahre an. Die Debatten über die materiellen, energetischen und sozialen Grenzen des Wachstums spalteten nicht nur die Gesellschaft und die politischen Akteure, sondern auch die Wissenschaft, die sich mit Fragen der Zukunftsentwicklung und Zukunftsgestaltung befaßte. Kaltlassen konnten die Katastrophenberichte niemanden. Der Bogen spannte sich von Rachel Carsons "Der stumme Frühling"[66] über die Berichte an den Club of Rome zu den Wachstumsgrenzen der Weltbevölkerung sowie der materiellen und energetischen Ressourcen auf unserer Erde bis zu den scharfsinnigen Feststellungen von Fred Hirsch über "Die sozialen Grenzen des Wachstums"[67] und die niederschmetternde Erkenntnis von Egmont R. Koch und Fritz Vahrenholt, daß "Die tödlichen Risiken der Chemie", also "Seveso überall ist"[68]. Dazu kam die sich ausbreitende Einsicht, daß das Wachstum der Waffenarsenale einer hochtechnologischen Rüstungsspirale gesetzmäßig zu folgen schien und bereits zum Tanz auf dem Vulkan geführt hatte und die friedliche Nutzung der Atomenergie gar nicht so friedlich ist. Immerhin wurden diese in Richtung Katastrophe weisenden Zukunftsstudien wenige Jahre später hochoffiziell durch Global 2000, den von der US-Regierung verfaßten Bericht an den Präsidenten und den Brandt-Report, den Bericht der Unabhängigen Kommission für Internationale Entwicklungsfragen (Nord-Süd-Kommission) in ihrer Grundtendenz bestätigt.

Eine Folge war die Auflösung verschiedener bis dahin noch erkennbarer formaler institutioneller und kommunikativer Strukturen der Zukunftsforschung. Während auf der einen Seiten die "harte" technokratische Linie, hauptsächlich vertreten in den etablierten Wirtschaftsforschungsinstituten und Großforschungseinrichtungen, trotzig weiter horrende Fehlprognosen des Wirtschaftswachstums oder für den Bedarf an Energie, Stahl- oder Schiffsbaukapazität lieferten lösten sich auf der anderen Seite sozial-und technikkritische und ökologisch orientierte Wissenschaftler immer mehr von Zukunftsstudien, die sich des Instrumentariums der quantifizierenden und formalisierenden Wissenschaft bedienten. Sie konnten für ihre Abkehr von den durch die offiziell anerkannte Expertokratie erstellten Trendprognosen der 60er und 70er Jahre ins Feld führen, daß deren Aussagewert häufig viel geringer, ja vielfach sogar gefährlicher war als Einschätzungen, die auf Alltagserfahrungen und gesundem Menschenverstand beruhten. Die Energieprognosen, noch in der Mitte der 70er Jahre mit einem fast dreifachen Energieverbrauch bis zum Jahre 2000, erstellt als Planungsgrundlagen für die Bundesregierung für einen ebenfalls dreifachen Energieträgerbedarf, sind ein typisches Beispiel für das Erstarren der etablierten Wissenschaftsinstitutionen, die sich offiziell anerkannt mit der Zukunft befaßten. Es gehört zur ironischen Pointe der Entwicklung der Zukunftsforschung, daß in der Folgezeit nicht etwa prognosekritische alternative Positionen, sondern jene tradierten großen Forschungseinrichtungen des Bundes und der Länder weiterhin massiv gefördert wurden, die die Fehlprognosen in die Welt gesetzt hatten.

Aus der Katastrophenvorausschau und den Fehlprognosen erwuchsen u. a. Gegenpositionen mit folgendem Credo: Zukunft darf nicht im Singular betrachtet werden. Die Gestaltung von Zukünften ist erforderlich und braucht soziale Phantasie, soziale Innovationen und eine breite Bewußtseinsöffnung für alternative Überlebenspfade an Stelle von technischer und superindustrieller Eindimensionalität. Extreme Positionen verlangten sogar die Einbeziehung mythischer Elemente besonders auch aus anderen, etwa asiatischen Kulturkreisen. Nur so sei aus der Risiko- und Katastrophenwelt des alles dominierenden abendländischen Fortschrittsabsolutismus und des darauf aufbauenden Industrialismus herauszukommen. Wissenschaftlich gestütztes Zukunftshandeln müsse ganz neue methodische Dimensionen erschließen. Gemeint war damit beispielsweise auch, über neuere psychologische Methoden wie Rollenspiele hinauszugehen und etwa meditative Ansätze mit aufzunehmen. Es gibt keinen Zweifel, daß solche Positionen, wie sie etwa von Vertretern der New-Age-Bewegung vorgetragen wurden, auch in der Zukunftsliteratur und in den Zukunftsdebatten der 80er Jahre in der Bundesrepublik Deutschland eine gewichtige Rolle spielten[69].

Zwischen diesen Extrempositionen fächern sich nun, hauptsächlich in Korrespondenz zu den mannigfaltigen sozialen Bewegungen, vor allem der Friedens- und Ökologiebewegung und zu den zahlreichen Ansätzen zur Praktizierung neuer Lebensformen und Lebensweisen, aber auch im Zuge neuer Wissenschaftsansätze, etwa aus der Evolutionstheorie oder der Theorie selbstorganisierender Systeme, bis hin zu neuen Formen des Innovationsmanagements oder der Partizipation in Unternehmen, neue Organisationsmuster der Zukunftsforschung und Zukunftsgestaltung auf, die interessante Analogien zu den dissipativen Strukturen der Nichtgleichgewichts-Thermodynamik von Ilya Prigogine zeigen[70]. Vor allem neue raumzeitliche Kommunikationsstrukturen von Bürgerbewegungen oder in innovativen Unternehmen und sozialen Netzwerken weisen das Hauptmerkmal dissipativer Prozeßstrukturen, die Fähigkeit zur Selbstorganisation aus instabilen Zuständen durch selbstverstärkende Fluktuationen, auf. Gerade in der unübersichtlichen Differenziertheit der neuen Strukturen sind aber bereits neue Ansätze für institutionelle Organisationsmuster der Zukunftsforschung und Zukunftsgestaltung enthalten. Auch diese Analogie zu dissipativen Strukturen läßt sich beobachten.

Wir vermuten, daß etwa mit der Konjunktur von Netzwerkbildungen mehr als nur ein modischer Trend verbunden ist. Dissipative Strukturen können sogar evolvieren, d. h. über Instabilitäten in Strukturen höherer Komplexität und Ordnung übergehen. Dabei ist wichtig, daß die Systeme zwar als offene dynamische Systeme mit der Umwelt gekoppelt sind, so wie jedes biologische und soziale System nur in Kopplung zur Umwelt existiert, daß aber die notwendigen und hinreichenden Bedingungen für solche evolutiven Ordnungssprünge aus dem inneren Verhalten des Systems selbst resultieren.

Der besondere Wert verschiedener Erkenntnisse über dissipative Strukturen liegt darin, daß sie aus jener analysierenden und formalisierenden Wissenschaft stammen, die bisher solche Vorgänge und Interpretationen nicht kannte bzw. anerkannte. Somit trägt das neue aus einer erweiterten Physik der Thermodynamik, der Evolutionstheorie und der Allgemeinen Systemtheorie stammende Erkenntnismuster nicht nur dazu bei, neue Erklärungsansätze für die Organisation selbstorganisierender demokratischer Strukturen in Gesellschaft und Wirtschaft zu finden, sondern auch die festgefahrene Dogmatik alter Wissenschaftsstrukturen im Hinblick auf eine Auflösung der Grenzen zwischen Natur- und Sozialwissenschaften zu überwinden. Zur Vertiefung dieser Thematik muß auf andere Publikationen verwiesen werden[71]. Es erschien an dieser Stelle aber unabdingbar, auf einen der interessantesten Erkenntnisprozesse hinzuweisen, der für die Erklärung gesellschaftlicher Organisationsprozesse ganz allgemein und speziell für die Zukunftsforschung von grundlegender Bedeutung ist. Gerade in ihrem Rahmen lösen sich ja die alten starren Wissenschaftslinien und -positionen seit Jahren auf. Wenn heute bereits die Physik von der Fiktion eines übergeordneten externen Wissenschaftsbeobachters Abschied nimmt, dann sollte dies in viel stärkerem Maße für die Sozialforschung gelten. Immer mehr muß deshalb auch die traditionelle Prognosetechnik auf ihre wirkliche Aussagekraft im Rahmen der jeweils selbst gewählten Prämissen und

Randbedingungen reduziert werden. Für die Abschätzung von Bandbreiten der Entwicklungen und Möglichkeiten sind auch zukünftig Prognosen unerläßlich, ebenso als Frühwarnsysteme im Sinne bewußter Self-Fullfilling- oder Self-Destroying-Prophecy, aber nicht als Planungslasten und Politikersatz.

Die neuen Strukturen entstehen hauptsächlich im Wirkungsbereich von Wissenschaft und Technologie. Hier rücken in den letzten Jahren neben den Chancen und emanzipativen Möglichkeiten immer mehr die Folgen zweiter und höherer Ordnung, die sozialen, ökologischen, kulturellen und generativen Zerstörungen in den Vordergrund. Dabei wird immer deutlicher, daß die Komplexität realer Prozesse mehr globales und vernetztes Denken erfordert, wenn man lokal nicht schon in der nahen Zukunft scheitern will. Soll die Zukunftsforschung aus der Zwangsläufigkeit technologisch-deterministischer Vorstellungswelten herausführen, dann muß Zukunft im Plural erdacht und behandelt werden. Gefragt sind deshalb mögliche und wünschbare Zukünfte, also das bewußte Hereinholen von normativen Elementen in die Wissenschaft der Zukunftsentwürfe und der Zukunftsgestaltung. Dafür werden Phantasie und Kreativität im Sinne der Entfaltung humaner Zukunftsbilder sowie Zukunftsstrategien und Maßnahmen benötigt.

Der Vorzug von Vielfalt gegenüber Einfalt zeigt sich besonders im Stabilitätsverhalten komplexer biologischer, ökologischer und sozialer Systeme. Die Vielfalt organisatorischer und institutioneller Strukturen sollte deshalb auch in der Zukunftsforschung und Zukunftsgestaltung als besondere Chance begriffen werden.

Solche Erkenntnisse und die tastenden Versuche, diese auf Lösungskonzepte und Lösungsstrategien zur Bewältigung der großen ökologischen und sozialen Herausforderung anzuwenden, mußten zwangsläufig zu Auflösungserscheinungen der traditionellen Organisationsformen der Zukunftsforschung und zur Herausbildung einer differenzierten Struktur von zukunftsbezogenen Forschungs- und Gestaltungsaktivitäten führen, von denen nachfolgend einige beispielhaft kurz dargestellt werden.

4.3.2 Das institutionelle Spektrum

Vor dem in 4.3.1 skizzierten Hintergrund setzte teilweise schon in den frühen 70er Jahren eine Differenzierung in der Zukunftsforschung ein, mit der auch die Grenzen zu verschiedenen Einrichtungen der Zukunftsgestaltung fließend wurden. Ein typisches Beispiel sind die von Robert Jungk und Norbert Müllert erfundenen und ins Leben gerufenen Zukunftswerkstätten. Hierbei handelt es sich um das Zusammenwirken von kleinen Gruppen bis zu höchstens 20 Personen, die in einem Kommunikationsprozeß zusammenarbeiten, "um gemeinsam Zukunftsmöglichkeiten zu finden". Wichtig ist, daß im Rahmen der Werkstatt ein Freiraum für Phantasien entsteht, "in den die äußeren und inneren Abhängigkeiten der Teilnehmer vorübergehend abgestreift werden können"[73].

Die Durchführung der Zukunftswerkstatt soll in verschiedenen Phasen realisiert werden: Kritik-Phase (kritische Behandlung des Ist-Zustandes), Phantasie-Phasen, Phase der Verwirklichung.

Robert Jungk hat die räumlich und zeitlich nicht notwendigerweise fest verankerten Zukunftswerkstätten schon in den 60er Jahren propagiert. Wie so viele seiner Vorschläge waren sie damals dem allgemeinen Trend neuer selbstorganisierender Strukturen weit voraus. Die als Lern- und Phantasiespiel konzipierte Zukunftsforschungs- und Zukunftsgestaltungsmethode wurde erst in den 80er Jahren an verschiedenen Stellen erprobt, u. a. von Gruppen in Berlin und Rüdiger Lutz in Tübingen und zahlreichen anderen Orten. Robert Jungk und Norbert Müllert haben vor allem in der zweiten Hälfte der 80er Jahre im Rahmen des Programms "Mensch und Technik - Sozialverträgliche Technikgestaltung (SoTech)" des Landes Nordrhein-Westfalen eine Reihe von Zukunftswerkstätten mit Bürgern durchgeführt. Im Vordergrund standen dabei die Auswirkungen und Zukunftsperspektiven des ökonomischen, ökologischen und sozialen Strukturwandels des Ruhrgebiets[74]. In seinem Buch "Projekt Ermutigung - Streitschrift wider die Resignation" skizziert Jungk das Hauptanliegen der Phantasiephase wie folgt:

"Hier nun wäre es möglich - ja, sogar wünschenswert -, daß die Phantasiesprünge hoch und überraschend sind. Alles wäre jetzt möglich. Kritik und Selbstkritik, die in der folgenden Phase dann wieder zu

Wort kommen werden, dürfen - ja, sollen - vorübergehend außer Kraft gesetzt werden. Aber nur wenigen, und auch denen nur selten genug, gelingt dieses 'Abheben'. Die mächtige Schwerkraft der 'Sozialisierung' durch Erziehung und Erfahrung wirkt dagegen. Auch die Furcht vor dem Verlorengehen in einem Rausch vorübergehender 'Verrücktheit' wirkt hemmend. Allerdings findet in der 'Zukunftswerkstatt' bei fast jedem Teilnehmer ein signifikanter Veränderungsprozeß statt. In dem Maße, wie die einzelnen erkennen, daß bei dieser Gelegenheit die 'anderen' nicht Konkurrenten, sondern Helfer sind, entsteht nicht nur gegenseitiges Vertrauen, sondern auch erhöhtes Selbstvertrauen, wächst der Mut, Wünsche und Ideen, seien sie auch noch so wild, zu äußern. Bei fast jeder solcher Zusammenarbeit entsteht schließlich eine Fülle von Gedankenblitzen, Alternativen, Zukunftsbildern, in denen neue Zielvorstellungen formuliert und dadurch für gesellschaftliches Handeln handhabbar werden".

Zur Phase der Verwirklichung heißt es dann weiter:

"In der anschließenden 'Phase der Verwirklichung' kehren die Teilnehmer von ihrer Phantasiereise in die gegenwärtige Wirklichkeit zurück und überprüfen nun kritisch, ob - und wie - das, was sie bei diesem Ausbruch aus dem Alltag gefunden haben, verwirklicht werden kann. Sie stoßen in diesem Nachdenken unweigerlich auf vorherrschende Haltungen und Machtstrukturen, die solche Veränderungsvorschläge entweder nicht zur Kenntnis nehmen wollen oder unmöglich machen. Sie entdecken aber auch hier und da Ritzen oder Freiräume im System, in die von ihnen vorgeschlagene Vorhaben eindringen könnten: zum Beispiel alternative Energiekonzepte, Arbeitslosen-Kooperativen, Regenerationsversuche in zerstörter Umwelt, Selbsthilfeprojekte und anderes mehr. Menschen, die sich in einer 'Zukunftswerkstatt' kennengelernt haben, können der aktive Kern und Antrieb solcher Ansätze zu selbstverwalteter Zukunftsgestaltung werden"[75].

Es ist ganz deutlich, daß hier der Boden traditioneller Wissenschaftsmethodik verlassen wurde und wesentliche Elemente und Verhaltensmuster sozialer Bewegungen und sozialer Innovationsfindung vorweggenommen bzw. einbezogen wurden. Im Vordergrund steht das kommunikative und das aktiv-partizipative Verhalten demokratischer Bürger, die auf der Grundlage eigener Erfahrungen und von Alltagswissen gemeinsam mit wissenschaftlich Ausgebildeten ihre eigenen wünschenswerten Zukünfte entwickeln sollen. Zum Verhältnis von Zukunftswerkstatt und Fachexperten schreibt Jungk u. a. folgendes:

"Wird nun in der 'Phantasiephase' der Versuch unternommen, andere wünschenswerte Zukünfte zu erfinden, so erfahren gerade Fachleute sehr schnell, daß ihr Spezialwissen an Grenzen stößt. Die Experten werden gezwungen, etwas zu versuchen, das ihnen ihr Berufsethos bisher strikt untersagt: die gedankliche Überschreitung ihrer fachlichen Kompetenzen. Wagen sie diesen Schritt, so gehen sie damit mental gegen die wirklichkeitsferne Zersplitterung des Wissens und Könnens an, die nicht nur für ihre persönliche, sondern ganz wesentlich auch für die 'Megakrise' verantwortlich ist"[76].

Die geringe Akzeptanz einer Zukunftsforschung, die den Elementen Phantasie und Utopie einen besonderen Stellenwert einräumte, durch die etablierten Wissenschaftsinstitutionen führte dazu, daß sich die *Evangelischen Akademien* in ihrem breit gefächerten Tagungsprogramm seit vielen Jahren in unregelmäßiger Folge "Zukunftsveranstaltungen" widmeten. Vor allem die Evangelischen Akademien in Berlin und in Loccum können seit den 70er Jahren auf zahlreiche Initiativen verweisen, die zu einer gewissen kommunikativen Institutionalisierung der Zukunftsforschung beitrugen. So fand etwa im Jahre 1972 auf Initiative des Leiters der Evangelischen Akademie Loccum, Olaf Schwencke, ein internationales Colloquium zur "Kritik der Zukunftsforschung" statt. Dieses Symposium war gleichzeitig zur Vorbereitung der Bukarester "III. World Future Research Conference" im September 1972 gedacht und stand unter dem Thema "Common Future of Man". Das Ziel dieses Colloquiums sollte eine "erste grundlegende kritische Selbstreflexion der Zukunftsforschung, ihrer Methoden und Zielvorstellungen und der an ihrer Aufgabenfixierung hervorragend beteiligten Personen und Institute einleiten. Im Prozeß solcher Kritik sollten zugleich Elemente, Kriterien und Ziele einer zweiten Phase der Futurologie definiert werden"[77]. Die Dokumentation mit dem Titel "Ansichten einer künftigen Futurologie" kommt zu dem Ergebnis:

"Nur eine auf den Menschen mit seinen konkreten Möglichkeiten und Bedürfnissen abzielende politische Futurologie wird in der Lage sein, der Menscheit zu helfen, globale existentielle Bedrohungen abzuwenden und die Ursachen dieser Bedrohungen zu beseitigen"[78].

In der Folgezeit übernehmen die Evangelischen Akademien nicht nur eine gewisse Institutionalisierung der Kommunikationsstruktur für die Zukunftsforschung und Zukunftsgestaltung im Rahmen der Bundesrepublik Deutschland, sondern auch im Hinblick auf Kontakte zur internationalen Zukunftsforschung, insbesondere auch für die osteuropäischen Staaten. In den 80er Jahren bieten sie eine Art

Plattform für das weit gefächerte Spektrum von Einzelpersonen und kleineren Gruppen, die sich mit der wissenschaftlichen Begründung von Zukunftskonzepten und der Zukunftsgestaltung befassen. Im November 1990 führte das Symposium "Menschenbeben - neue Aufgaben der Zukunftsforschung" etwa 80 Personen zusammen, die sich mit Zukunftsforschung oder wissenschaftlicher Zukunftsgestaltung befassen.

Den Themen soziale Innovationen und Erfindungen hat sich der als Subkultur- bzw. Devianzforscher an der Gesamthochschule Kassel lehrende Rolf Schwendter verschrieben. Seit über 15 Jahren erscheint in unregelmäßigen Abständen ein von ihm herausgegebener *Rundbrief des Forschungsprojekts soziale Innovationen*. In den bis heute erschienenen 28 sogenannten "Feed-Backs" hat Schwendter in erster Linie Informationen aus der Alternativszene und aus der "Selbstverwaltungsökonomie" zusammengetragen. Die Palette der Informationen ist breit, sie reicht von Veranstaltungsankündigungen und politischen Unterstützungskampagnen über Auswertungen von Umfragen bei der Leserschaft über "soziale Innovationen" bis zu Literaturhinweisen zur Zukunftsforschung, Zukunftsgestaltung und sozialen Erfindungen. Der Rundbrief stützt sich vor allem auf Hinweise und Reaktionen seiner Adressaten - insofern trifft der Titel "Feed-Back" genau zu. Der Verteiler hat immerhin einen Umfang von 4000 bis 4500 Adressaten. Rolf Schwendter ist auch einer der Initiatoren der in unregelmäßigen Abständen stattfindenden Treffen von "alternativen Zukunftsforschern und Zukunftsgestaltern" in der Evangelischen Akademie Loccum.

Im Fächer der insgesamt unübersichtlichen Struktur befinden sich auch alte und neue Einrichtungen, die sich mit wissenschaftlichen Zukunftsstudien im Rahmen etablierter Strukturen befassen. Zu nennen sind einmal die zukunftsbezogenen Forschungen der international tätigen kommerziellen Forschungs- und Beratungsfirmen, das *Battelle-Institut und die Prognos AG*. Im Battelle-Institut wurden einige aufsehenerregende Forschungsprojekte zur Entwicklung, Folgenabschätzung und Bewertung neuer Technologien und neuer Materialien durchgeführt. Die Prognos AG hat sich ebenfalls mit verschiedenen Studien auf den Gebieten neuer Technologien, der Innovationsentwicklung und mit wirtschaftlichen Prognosen und Berichten sowie umweltpolitischen Gutachten ausgewiesen, die weit über den üblichen Zeithorizont von Wahlperioden hinausreichen und als langfristige Perspektivplanungsgrundlagen angesehen werden können.

Schließlich sind die *Zukunftskongresse der Industriegewerkschaft Metall* in den Jahren 1988 und 1989 als ein wichtiger Impuls für die verstärkte Zukunftsdiskussion in der Bundesrepublik zu nennen. Auf diesen Kongressen hat die IG Metall den Dialog mit der Wissenschaft und Politik zu wichtigen Zukunftsfragen wieder aufgenommen. Denn bereits auf dem Höhepunkt der bundesdeutschen Reformära 1972 hatte die IG Metall einen Kongreß unter dem damals wegweisenden Motto "Die Qualität des Lebens" organisiert. Der Zukunftskongreß "Die andere Zukunft: Solidarität und Freiheit" und die sechs dokumentierten Einzelforen weisen weit über die klassischen gewerkschaftlichen Themen der Arbeitsmarkt-, Wirtschafts- und Tarifpolitik hinaus. Sie reichten vom "Umweltschutz zwischen Reparatur und realer Utopie" über die "Zukunft der sozialstaatlichen Demokratie" bis zu Fragen der internationalen Arbeitsteilung und zur Rolle der alten Menschen in modernen Gesellschaften[79]. Auf dem Abschlußkongreß wurde beispielsweise in einem der vier Arbeitskreise unter der Überschrift "Wie wir morgen leben wollen" über die Rolle der Kultur in der Zukunft diskutiert.

Die IG Metall hat gleichzeitig mit den Diskussionen zukunftsträchtiger Themen eine innere Strukturreform begonnen. Sie erhofft sich nach eigenen Angaben auf diese Weise den strukturellen Veränderungen in der Gesellschaft und in der Mitgliedschaft Rechnung zu tragen. So hat sie sich seit der genannten Kongreßserie das Motto "Jede IGM-Geschäftsstelle soll eine Zukunftswerkstatt werden" auf die Fahne geschrieben.

Hinsichtlich einer verstärkten Zukunftsorientierung von Politik und Verwaltung sind einige institutionelle Neuerungen in den 70er und 80er Jahren in der Bundesrepublik von Bedeutung. Die Einrichtung von *Enquete-Kommissionen des Deutschen Bundestages* zu den Problembereichen "Neue Informations- und Kommunikationstechniken", "Zukünftige Kernenergiepolitik", "Einschätzung und Bewertung von Technikfolgen; Gestaltung von Rahmenbedingungen der technischen Entwicklung", "Chancen und Risiken der Gentechnologie" und "Vorsorge zum Schutz der Erdatmosphäre" hat zu einer öffentlichen Anerkennung von zentralen Zukunftsthemen und Zukunftsstudien sowie der Notwendigkeit von Technikfolgenabschätzung, Technikbewertung und Technikgestaltung geführt. Eine weitere Folge war die Vergabe einer Reihe von Gutachten und Studien. In allen Enquete-Kommissionen standen wissenschaftlich untermauerte Zukunftsoptionen zur Diskussion. Nach fast zwei Jahrzehnten der Diskussion wurden die ersten Institutionalisierungsansätze zur Technikfolgenabschätzung (TA) im Rahmen des Parlamentes auf den Weg gebracht.

Neben der Einrichtung eines *TA-Sekretariats* beim Deutschen Bundestag wurden - wenn auch nur in einem schmalen Umfang - auch in einigen Bundesländern TA-Kapazitäten geschaffen. So hat das Land Nordrhein-Westfalen eine *Kommission Mensch und Technik* beim Landtag eingerichtet. Baden-Württemberg plant ebenfalls eine Einrichtung für TA. In eine ähnliche Richtung geht die Gründung einer Abteilung in der Staatskanzlei des Landes Schleswig-Holstein mit dem Assoziationen hervorrufenden Namen *Denkfabrik Schleswig-Holstein*. Die "Denkfabrik" soll Diskussionen über das Bundesland Schleswig-Holstein betreffende langfristige Entwicklungen anregen und organisieren sowie Handlungskonzepte für die Landesregierung entwickeln.

Besonders hervorgehoben werden muß noch die bereits erwähnte, von der Landesregierung Baden-Württemberg unter Ministerpräsident Lothar Späth im Februar 1983 berufene *Kommission Zukunftsperspektiven gesellschaftlicher Entwicklungen*.[80] Die Kommission hatte den Auftrag, kulturelle, politische, soziale und wirtschaftliche Entwicklungen, die die Zukunft eines Industrielandes im allgemeinen und Baden-Württembergs im besonderen wesentlich beeinflussen können, zu analysieren. Es läßt sich zeigen, daß die im Bericht der Kommission zum Ausdruck kommende Grundphilosophie und eine Reihe von konkreten Anregungen in der von der CDU Baden-Württembergs weitgehend bestimmten Landespolitik ihren Niederschlag fanden.

4.3.3 Neue Einrichtungen der Zukunftsforschung und Zukunftsgestaltung

Konzeptionelle und personelle Differenzen, Finanzierungsprobleme und eine unselige organisatorische Verquickung des Instituts für Zukunftsforschung GmbH (IFZ) mit dem Vorstand der Gesellschaft für Zukunftsfragen e. V. als alleinigem Gesellschafter des Forschungsinstituts, führten 1980 zur Krise des IFZ. In diese werden später auch die Gesellschaft für Zukunftsfragen e. V. Berlin und das Kommunikationszentrum für Zukunfts- und Friedensforschung Hannover hineingezogen. Alle drei Institutionen gaben in den Jahren 1982 und 1983 ihre Existenz auf.

Im Jahre 1981 wird das *Institut für Zukunftsstudien und Technologiebewertung* (IZT) als gemeinnütziges Forschungsinstitut in Berlin gegründet. Das zentrale Satzungsziel ist die Erarbeitung von zukunftsorientierten Projektstudien mit langfristiger gesellschaftlicher Bedeutung auf interdisziplinärer Basis. Schwerpunkt ist die Analyse der Einführung und Entwicklung neuer Technologien sowie die Abschätzung und Bewertung ihrer wirtschaftlichen, politischen, ökologischen und sozialen Folgen. Darüber hinaus geht es um die Entwicklung von Strategien und Instrumenten zur Technikgestaltung und zum ökologischen Strukturwandel in Wirtschaft und Gesellschaft.

Das IZT ist praxis- und anwendungsorientiert und verfolgt das Ziel, konkrete Ergebnisse und Hilfen für Entscheidungsträger zu erarbeiten. Gleichzeitig will es die Grundlagenforschung befruchten. Die wissenschaftlichen Studien beziehen sich auf regionale und internationale Problemstellungen.

Das IZT versteht sich als Teil der an den globalen Herausforderungen orientierten internationalen Zukunftsforschung. Die wissenschaftliche Erfassung und Gestaltung der Dimension Zukunft verlangt die vernetzte Betrachtung globaler Probleme auch für regionale Zukunftskonzepte und lokales Handeln. Konkrete Zukunftsstrategien, wirksame Instrumente und Maßnahmen lassen sich nur entwickeln, wenn sich wissenschaftliche Kreativität und Phantasie an den realen Herausforderungen und Zukunftsaufgaben messen lassen. Soziale, ökologische und generativ verträgliche Problemlösungen können in der komplexen und äußerst dynamischen Welt nicht mehr im Schutzraum der Wissenschaft erarbeitet werden. Deswegen ist das Institut in besonderer Weise um eine institutionelle und personelle Verknüpfung der Zukunftsforschung mit der Zukunftsgestaltung in Politik, Wirtschaft, Kultur und Öffentlichkeit bemüht.

Hauptaufgaben des IZT sind die Bearbeitung von Forschungsprojekten, die Erstellung von Gutachten und die Beratung von Trägern politischer, wirtschaftlicher, kultureller und technischer Entscheidungen und die Herausgabe wissenschaftlicher Veröffentlichungen.

Die Initiative für das IZT ging von einer Reihe von Wissenschaftlern und Vertretern aus den verschiedenen Praxisbereichen aus, die die Förderung der Zukunftsforschung und der wissenschaftlichen Zukunftsgestaltung für eine zentrale gesellschaftspolitische Aufgabe halten. Zu ihnen gehören u. a. Ossip K. Flechtheim, Heinz-Günter Geis, Dietrich Goldschmidt, Hannelore Hegel, Julian Herrey, Martin Jänicke, Rolf Kreibich, Eckehard Lullies, Rainer Mackensen, Helmut Maier, Elko Riehl, Jakob Schulze-Rohr, Jürgen Seetzen, Burkhard Strümpel, Peter Waller.

Das IZT hat bisher etwa 70 Zukunftsstudien und Projekte durchgeführt und Publikationen veröffentlicht. Im Februar 1982 führte das Institut eine internationale Tagung zum Thema "Energiekooperation zwischen Ost und West" unter Beteiligung führender Zukunftsforscher aus der Sowjetunion und aus anderen osteuropäischen Ländern durch. Im Sommer 1984 veranstaltete das IZT zusammen mit der Freien Universität Berlin die internationale Tagung "Langfristige Wachstumsperspektiven der westlichen Industrieländer". 1989 fand in Berlin ein international besetztes Symposium mit dem Titel "Vernetzungen. Netzwerke und Zukunftsgestaltung" statt. In den Jahren 1990 und 1991 wurden die Tagungen "Zukunft der Wirtschaft durch entsorgungsfreundliche Produkte und Produktionsverfahren", "Solarenergieeinsatz in der Stadt" sowie in Kooperation mit der Gesellschaft für Projektmanagement (GPM) und dem Sekretariat für Zukunftsforschung (SFZ) die Tagung "Evolutionäre Wege in die Zukunft. Strategisches Management komplexer Systeme und Projekte", durchgeführt. Das IZT veranstaltet die Reihe "Berliner Zukunftsgespräche" unter Beteiligung von Wissenschaftlern aller Disziplinen und Vertretern aus Politik, Wirtschaft, Kultur und anderen gesellschaftlichen Bereichen als Forum zur Diskussion von Zukunftsfragen und Wegen zur Zukunftsgestaltung.

Die Finanzierung der Institutsarbeit erfolgt fast ausschließlich über die Projektforschung durch Aufträge und Zuwendungen öffentlicher Institutionen und privater Stiftungen. Das IZT ist organisatorisch und wirtschaftlich unabhängig.

Die Forschung am IZT ist fachübergreifend interdisziplinär angelegt. In den Projektgruppen arbeiten Wissenschaftler und Wissenschaftlerinnen aus den Natur-, Technik-, Geistes-, Sozial- und Wirtschaftswissenschaften gemeinsam an komplexen Aufgaben. Problemlösungen und Maßnahmenvorschläge für konkrete Zukunftsbilder und gangbare Wege zur Zukunftsgestaltung werden mit Hilfe neuer Methoden der qualitativen und quantitativen Ursachen-, Folgen-, Bewertungs- und Perspektivforschung erstellt. Zentrale Anliegen sind die Erforschung vernetzter Zusammenhänge zwischen zentralen Variablen der politischen, technisch-ökonomischen, ökologischen, sozialen und kulturellen Subsysteme und der Entwurf möglicher und wünschbarer Zukunftsprojektionen. Zur Realisierung werden praktische Handlungsstrategien, geeignete Instrumente und Maßnahmenbündel entwickelt.

Die nachfolgenden Forschungsschwerpunkte sind die derzeitigen Arbeitsbereiche des Instituts:

I. Wissenschafts-, Technikforschung und Bewertung der IuK-Technikentwicklung

- Technikfolgen, Technikbewertung, Technikgestaltung
- Wirtschaftliche, soziale, ökologische und beschäftigungspolitische Wirkungen und Bewertungen neuer Technologien - insbesondere der Informations- und Kommunikationstechnologien
- Wissenschafts-, Technik- und Innovationsforschung
- Forschungs- und Innovationsmanagement in Unternehmen und Intermediäre Einrichtungen
- Datenschutz, Datensicherung und Verbraucherschutz

II. Grundlagen der Zukunftsforschung und Zukunftsgestaltung

- Globale und europäische Entwicklungen - lokale Strategien und Maßnahmen
- Modelle und Instrumente langfristig orientierter Politikberatung und neuer Unternehmensstrategien
- Methoden der qualitativen und quantitativen Planung, Prognostik und Prospektion - insbesondere Szenario-Technik
- Selbstorganisation und Netzwerke
- Durchführung von Veranstaltungen (Berliner Zukunftsgespräche, Symposien, Tagungen etc.)
- Kontakte zu internationalen Institutionen der Zukunftsforschung
- Fortbildungsveranstaltungen

III. Stadtentwicklung und Infrastruktur

- Stadt der Zukunft: wirtschaftliche, soziale, ökologische und kulturelle Perspektiven der Raum- und Stadtentwicklung
- Technische und ökologische Umgestaltung der Stadt und alter Industrieregionen
- Energie-, Verkehrs- und Entsorgungsplanung; Rationelle Energieverwendung und Einsatz regenerativer Energien
- Folgenabschätzung und Bewertung von Energie-, Verkehrs- und Entsorgungstechnologien und Altlasten

IV. Ökologische Wirtschaftsforschung

- Ökologische Strukturpolitik und wirtschaftspolitische Instrumente
- Forschungsmanagement und strategisches Innovationsmanagement unter neuen Umfeldbedingungen
- Umweltmanagement und ökologische Produkt- und Produktionsgestaltung
- Ökologische und partizipative Technikentwicklung und Technikgestaltung in Unternehmen

Das Institut ist Mitglied in einer Reihe von internationalen Institutionen, so u. a. der World Futures Studies Federation (WFSF), der World Future Society (WFS) sowie des European Futures Forum der Europäischen Kommission.

Wissenschaftlicher Direktor und Geschäftsführer ist Rolf Kreibich. Vorsitzender des Aufsichtsrats des IZT ist Dietrich Goldschmidt, Ehrenvorsitzender des Aufsichtsrats ist Ossip K. Flechtheim.

Dem Wissenschaftlichen Beirat gehören folgende Mitglieder an: Günter Altner, Martin Jänicke, Robert Jungk, Jürgen Kunze, Hermann Scheer, Eva Senghaas, Udo E. Simonis und Christoph Zöpel.

Zu Beginn des Jahres 1990 wurde das *Sekretariat für Zukunftsforschung (SFZ)* auf Initiative des damaligen Ministers für Stadtentwicklung, Wohnen und Verkehr, Christoph Zöpel, in Gelsenkirchen gegründet. Diese Gründung bedeutet die derzeit einzige Förderung einer Zukunftsforschungseinrichtung mit öffentlichen Mitteln in der Bundesrepublik Deutschland. Das Sekretariat für Zukunftsforschung versteht sich als eine praxisorientierte und auf interdisziplinärer Basis arbeitende Forschungs- und Beratungseinrichtung für Politik, Wirtschaft und Bürger. Das SFZ ist dabei vom Namen und vom Konzept her an das Schwedische Secretariat for Futures Studies angelehnt (vgl. Länderbericht Schweden in diesem Band).

Die wissenschaftliche Arbeit des SFZ orientiert sich an sechs miteinander vernetzten Leitprojekten:

- Systematische Beobachtung, Auswertung und Dokumentation der Internationalen Zukunftsforschung,
- Erforschung der Krise des wissenschaftlich - ökonomischen Fortschrittsmusters und Elemente einer neuen Zukunftsethik,
- Analyse und Bewertung neuer Wettbewerbsmuster und -strategien für den industriellen Strukturwandel,
- Erforschung der Bedeutung von Selbstorganisation für den gesellschaftlichen und kulturellen Wandel,
- Entwicklung von Konzepten und Handlungsstrategien der integrativen ökologischen Stadtentwicklung,
- Untersuchung der Folgen der Einführung neuer Informations- und Kommunikationstechnologien auf Arbeits- und Lebensstrukturen.

Aus den Leitprojekten werden anwendungsorientierte Projekte entwickelt. Mit Beginn der Arbeit des SFZ wurden folgende Projekte und Vorhaben begonnen:

- "Geschichte und Zukunft der Zukunftsforschung": In diesem Projekt sollen Studien über Zukunftsforschung in verschiedenen Ländern sowie eine historische und vergleichende Untersuchung zu den "Methoden der Zukunftsforschung" erstellt werden.

- Jahrbuch "Bausteine für die Zukunft": In dem geplanten Jahrbuch werden - erstmals 1992 - 20 bis 25 konkrete Beispiele für hoffnungsvolle neue Wege und Ansätze der nationalen und internationalen Zukunftsgestaltung sowie Zusammenfassungen zentraler Studien der Zukunftsforschung in anschaulicher Weise einem breiteren Publikum vorgestellt.

- "Zukunftsforschung und Organisation von Zukunftswissen in Wirtschaftsunternehmen": In dem empirisch angelegten Projekt geht es in erster Linie darum, eine qualitative Bestandsaufnahme über Zukunftsforschungsaktivitäten in Wirtschaftsunternehmen hinsichtlich der behandelten Themen, der Methoden sowie der Rückkopplung in die Unternehmenspolitik zu erhalten.

- "Entstehungsbedingungen und Bedeutung von Netzwerken für den ökologisch-sozialen Wandel": Sowohl auf der begriffsgeschichtlichen als auch auf der empirischen Ebene sollen in diesem Projekt Aussagen über die Möglichkeiten und Grenzen des Netzwerk-Konzeptes hinsichtlich einer partizipativen und ökologieverträglichen Zukunftsgestaltung erarbeitet werden.

- "Regionales Güterverkehrsmanagement für das Ruhrgebiet": Ziel des Projektes ist die Erstellung von Lösungsvorschlägen für den zukünftigen Güternahverkehr in einer hochverdichteten Region wie dem Ruhrgebiet.

- "Die Rolle von Kunst und Literatur in der Zukunftsforschung": Leitfragen in diesem Projekt sind, welche Einflüsse die Informations- und Kommunikationstechnologien auf die zukünftige Kulturentwicklung haben können und welche Anstöße für die Zukunftsforschung in Kunst und Literatur zu finden sind.

Neben der Forschungsarbeit besteht eine zentrale Aufgabe des SFZ darin, die Ergebnisse zu vermitteln und darüber hinaus die Kommunikation über Zukunftsfragen zu organisieren. Dazu dienen die Publikationen und öffentlichen Veranstaltungen. Geplant sind eine jährlich stattfindende "Internationale Sommerakademie", Fachtagungen sowie ab Herbst 1991 regelmäßige Veranstaltungen mit dem Titel "Gelsenkirchener Zukunftsgespräche" und eine wissenschaftliche Veranstaltungsreihe "Selbstorganisation in Wirtschaft und Gesellschaft".

Seit Anfang 1991 wird vom SFZ in Kooperation mit dem Institut für Zukunftsstudien und Technologiebewertung Berlin die Veröffentlichungsreihe *ZukunftsStudien* herausgegeben. In dieser Reihe, die im Beltz Verlag (Weinheim und Basel) erscheint, werden neben eigenen Forschungsergebnissen auch andere Beiträge der deutschen und internationalen Zukunftsforschung veröffentlicht. Darüber hinaus werden vom SFZ kleinere Arbeiten in loser Folge als WerkstattBerichte publiziert.

Ende 1989 wurde in Berlin die *Gesellschaft für Zukunftsgestaltung - NETZWERK ZUKUNFT e. V.* gegründet. Durch die Gründung sollte u. a. der Versuch unternommen werden, die mit der Auflösung der Gesellschaft für Zukunftsforschung zu Beginn der achtziger Jahre unterbrochene organisatorische Verankerung innerhalb der deutschen Zukunftsforschung wiederherzustellen. Zweck des Vereins ist

"...die Förderung der interdisziplinären Zukunftsforschung durch Einrichtung von Gesprächs- und Arbeitskreisen zu ausgewählten Zukunftsthemen, Durchführung von öffentlichen Vortrags- und Diskussionsveranstaltungen, Publikationen sowie die Einrichtung von Zukunftswerkstätten, Kreativitätszirkeln und Vorbereitungsgruppen für Zukunftsprojekte".

Neben der Anknüpfung an die bestehende Traditionslinie bemüht sich die neue Gesellschaft, bereits in der Namensgebung neue Akzente zu setzen. Stärker als früher zielt sie auf einen fruchtbaren Dialog zwischen Wissenschaft und Praxis, den sie als aktiven Beitrag für eine wünschbare Zukunftsgestaltung nutzen will. Die Betonung einer aktiven Zukunftsgestaltung korrespondiert mit der Förderung des Netzwerk-Gedankens. Die Gesellschaft für Zukunftsgestaltung versteht sich deshalb stärker als Anlaufstelle, Drehscheibe und Vermittler von Ideen, Initiativen und Projekten der Zukunftsforschung und Zukunftsgestaltung. Damit verbunden ist die Hoffnung, traditionelle

Organisationsgrenzen zu überwinden und langfristig angelegt ein informelles Netzwerk von Menschen und Institutionen aus unterschiedlichen Praxisbereichen aufzubauen. Hierzu soll auf bereits vorliegende internationale Erfahrungen zurückgegriffen werden, wie zum Beispiel das ökologisch orientierte Mailbox-Netzwerk "greennet" oder das innerhalb des OECD International Futures Programme realisierte International Futures Network.

Eine anderes Beispiel praktischer Vernetzung wurde beispielsweise zu Beginn des Jahres 1990 realisiert, als initiiert vom Netzwerk Zukunft das Öko-Institut in Freiburg, das Institut für ökologische Wirtschaftsforschung und das Institut für Zukunftsstudien und Technologiebewertung in Berlin eine Spendenaktion für die Umwelt-Initiative aus der damaligen DDR zum Aufbau eines Unabhängigen Institut für Umweltfragen (UfU) durchgeführt wurde.

Das Netzwerk Zukunft hat in der kurzen Zeit seines Bestehens bereits verschiedene Veranstaltungen durchgeführt bzw. mitveranstaltet. Verbunden mit der offiziellen Gründung der Gesellschaft für Zukunftsgestaltung - Netzwerk Zukunft und in Kooperation mit dem IZT wurde am 9. Dezember ein Symposium mit dem Titel "Vernetzungen. Netzwerke und Zukunftsgestaltung"[81] durchgeführt. Zum Jahreswechsel 1989/90 haben sich die ersten Arbeitsgruppen konstituiert, die nach dem Fall der Mauer "Visionen für Berlin" diskutierten, die Aktualität konkreter Utopien thematisierten, wie zum Beispiel ein Leben ohne Geld bzw. Mobilität in einer autofreien Stadt zu realisieren sei, und sich mit Fragen einer ökologischen Produktion beschäftigten. Seit der Vereinsgründung bestreiten IZT und Netzwerk Zukunft gemeinsam die Reihe "Berliner Zukunftsgespräche". Innerhalb dieser Reihe wurde anläßlich der ersten Jahresversammlung des Vereins am 3. November 1990 das Berliner Zukunftsgespräch "Visionen 2010: Leben in der Metropole Berlin" durchgeführt. Für diese Tagung konnte auf Ergebnisse der Arbeitsgruppe zurückgegriffen werden. Das Zukunftsgespräch war als öffentlicher Dialog angelegt, für den Diskutanten aus Politik, Wirtschaft und Kultur gewonnen werden konnten, die denkbare Perspektiven für die Metropole Berlin erörterten.

Im Frühjahr 1991 nach Beendigung des Golf-Krieges wurde vom Netzwerk Zukunft in Zusammenarbeit mit dem Sekretariat für Zukunftsforschung eine Dokumentation zum Krieg und seinen Folgen vorgelegt, die das Bewußtsein für unsere Verantwortung in der "einen Welt" unterstreichen will.

Ab Mitte 1991 werden die Mitglieder regelmäßig in einem Netzwerk-Rundbrief über ausgewählte zukunftsrelevante Themen, Aktivitäten und Veranstaltungen informiert. Dies ist als weiterer Baustein in Richtung einer aktiven Netzwerk-Arbeit zu verstehen. Es wird deshalb versucht, andere Organisationen und Einzelpersonen für eine lose Form der Kooperation zu gewinnen. Bisher haben das IZT in Berlin, das SFZ und die Gesellschaft für Zukunftsmodelle und Systemkritik in Gelsenkirchen ihre Mitarbeit zugesagt.

In Kooperation mit dem SFZ und der Gesellschaft für Zukunftsmodelle und Systemkritik in Gelsenkirchen werden ab Mitte 1991 die "Gelsenkirchener Zukunftsgespräche" ins Leben gerufen.

5. Nachtrag: Ausblick für die zukünftige Zukunftsforschung

Zukunftsforschung ist ein schillernder Begriff. Es widerspricht regelrecht ihrem Sinn, sie etwa eindeutig gegen andere Forschungsrichtungen abzugrenzen. Ihr Hauptcharakteristikum ist die Vielfalt und die Vielschichtigkeit ihrer Inhalte und Methoden. Neben den klassischen Dimensionen der Zukunftsforschung - Prognostik, Planung, Visionen und Früherkennung gesellschaftlicher Problemlagen - erhält eine weitere Funktion große Bedeutung: Erarbeitung wünschbarer Zukünfte. Zukunftsforschung als Querschnittsdisziplin muß sich bemühen, einen Überblick über den Stand der sozialen, ökonomischen, ökologischen, politischen und wissenschaftlich-technischen Entwicklungen zu erhalten und - ohne unmittelbar handlungsanweisend sein zu können - der Politik Optionen für andere Zukünfte zu eröffnen.

Andere Zukünfte erwachsen aber nicht aus einer Fortschreibung bestehender Wissensbestände. Zukunftsforschung hat vielmehr die Aufgabe, das zerfaserte zukunftsrelevante Wissen zu bündeln, zu integrieren und unabhängig von Ressortgrenzen und fachlichen Borniertheiten zu vernetzen und in die öffentliche Diskussion einzubringen.

Zukunftsforschung weist notwendigerweise spekulative Elemente auf. Dabei ist allerdings die Herausarbeitung der normativen Prämissen, der gewünschten Ziele und angenommenen Wahrscheinlichkeiten unabdingbar, um die Voraussetzungen des explizierten zukunftsrelevanten Wissens zu klären und für eine größtmögliche Transparenz in den politischen Debatten zu sorgen. Methodisch und institutionell bedarf eine Zukunftsforschung gerade diesbezüglich eines gesicherten Rahmens. Zukunftsforschung mit Gestaltungsanspruch zielt darauf ab, Politik und Gesellschaft über Legislaturperioden hinaus zu beeinflussen. Als Instrument langfristiger Politikberatung darf sie allerdings nicht am Gängelband tagespolitischer Interessen betrieben werden. Sie darf sich auch nicht zum Zulieferer für Partialinteressen und kurzfristiges Krisenmanagement hergeben oder degradiert werden.

Allgemein lassen sich drei Schwerpunkte für die Zukunftsforschung und wissenschaftliche Zukunftsgestaltung bestimmen:

a. *Die globalen Herausforderungen und globalen Krisen*
b. *Die Herausforderungen der wissenschaftlich-technologischen Entwicklungen und die Krisen des Industrialismus*
c. *Die regionalen Herausforderungen und lokalen Gestaltungsaufgaben.*

Zu a.
Die vier wichtigsten globalen Herausforderungen, gleichzeitig die Hauptfelder globaler Krisen, sind die ökologischen Belastungen unserer Erde, die Gefährdung des Friedens durch die Hochrüstung, die Armut der Dritten Welt infolge der Disparitäten im Weltwirtschaftssystem und das nach wie vor ungehemmte Bevölkerungswachstum auf der gesamten Erde.

Die globalen ökologischen Herausforderungen haben dramatische Formen angenommen:

"Die Wälder der Erde schrumpfen, die Wüsten dehnen sich aus, und die Böden werden abgetragen - und das auch noch in rasender Geschwindigkeit. Jedes Jahr verschwinden Tausende von Tier- und

Pflanzenarten, viele davon bevor sie benannt oder katalogisiert werden. Die Ozonschicht der oberen Atmosphäre, die uns vor der ultravioletten Strahlung schützt, wird dünner. Die Temperatur der Erde steigt und bedroht in einem bisher nicht gekannten Ausmaß alle lebenserhaltenden Systeme, auf deren Funktionieren die Menschheit angewiesen ist" (Worldwatch Institute 1988).

Die *Gefährdung des Friedens* ist keineswegs gebannt. Die bestehenden militärischen Vernichtungspotentiale umfassen trotz erster Abrüstungserfolge im Dialog der beiden großen Militärblöcke weiterhin eine mehrfache Overkill-Kapazität. Insbesondere der Export moderner Waffensysteme in immer mehr Staaten der Welt und auch bzw. gerade in Konfliktregionen erhöht die regionale Kriegsgefahr. Darüber hinaus bindet die Rüstung in allen Ländern finanzielle, materielle und personelle Ressourcen, die für die Lösung der sozialen und wirtschaftlichen Probleme benötigt werden. Der Golf-Krieg hat exemplarisch gezeigt, wie wenig gesichert der Weltfrieden ist und wie schnell scheinstabile Strukturen in globale Turbulenzen militärischer und ökologischer Bedrohungen umschlagen können.

Der *Nord-Süd-Konflikt* wird nicht nur wegen des zunehmenden Gefälles von Arm und Reich immer dramatischer, sondern es schwindet immer mehr jede Aussicht, das Auseinanderklaffen der technologischen und ökonomischen Potenzen zwischen den Industrie- und Entwicklungsländern jemals zu überwinden. Das Hungerproblem, die verbreitete Armut und die gleichzeitige massive Verschuldung eines großen Teils der Länder der Dritten und Vierten Welt sind jedenfalls ohne eine grundlegende Änderung der Weltwirtschaftsordnung nicht zu bewältigen. Der Bericht der "Brandt-Kommission" diagnostizierte das Verhältnis zwischen den Länder des Südens und des Nordens auf eindringliche Weise und unterbreitete Vorschläge für eine zukünftige Weltwirtschaft[82]. Seitdem ist jedoch nichts geschehen, die Situation hat sich vielmehr verschärft.

Das weiterhin steil *ansteigende Weltbevölkerungswachstum* macht derzeit alle Hoffnungen auf eine Verbesserung der Versorgung aller Menschen in den Bereichen Ernährung, Gesundheit und Bildung zunichte. Auch wenn das Hauptproblem die ungleiche Verteilung des Reichtums dieser Erde ist, stellt die Begrenzung des Bevölkerungswachstums mit Unterstützung internationaler Organisationen eine notwendige Bedingung dar, um "Unsere gemeinsame Zukunft"[83] zu ermöglichen. Vor dem Hintergrund der eklatanten Ungleichheiten in den Vier Welten ist mit großen Flüchtlingsbewegungen aus den Armutsgürteln der Welt zu rechnen, die gleichzeitig auch vom Treibhauseffekt besonders betroffen sind, wie sich bereits in verschiedenen Naturkatastrophen wie Dürreperioden und Überflutungen zeigt.

Zu b.

Der *Rüstungswettlauf*, die *Bedrohung der Biosphäre* sowie die ungelösten *Entsorgungsprobleme und Schadstofflasten* in allen Lebensmedien - Luft, Boden, Wasser - sind die zentralen Krisensymptome des auf Wissenschaft und Technologie basierenden Industriesystems. Der steigende Bedarf der Industrie an natürlichen Rohstoffen und Energieträgern hat die Grenzen der ökologischen und sozialen Verträglichkeit überschritten. Der Raubbau an den natürlichen Lebensgrundlagen stößt an die Grenzen der Belastbarkeit der Erde als Lebensraum für den Menschen. Das der Industriegesellschaft zugrunde liegende *Fortschritts-, Wachstums- und Überlegenheitsparadigma* befindet sich in einer grundlegenden Legitimationskrise. Trotzdem führen immer neue Runden des technisch-industriellen Konkurrenzkampfes im Weltmaßstab zu einem globalen High-Tech-Wettlauf, der die internationale Arbeitsteilung zunehmend zugunsten der führenden Industrieländer verändert. Gerade auch deshalb besteht für die Zukunftsforschung die Notwendigkeit, die Risiken weiterer wissenschaftlich-technischer Entwicklungen frühzeitig aufzudecken und Szenarien bzw. Modelle für andere wünschbare Zukünfte zu entwickeln und zu gestalten.

Als Antwort auf die Probleme und Bedrohungen der zukünftigen sozialen, wirtschaftlichen, ökologischen und politischen Zukünfte bedarf es einer *Politikberatung*, die die Aufspaltung in Fachdisziplinen und die Trennung in Natur-, Geistes- und Sozialwissenschaften zu überwinden versucht. Hierbei kann der Zukunftsforschung eine wichtige Brückenfunktion zukommen. Der *interdisziplinäre Diskurs*, der zum Wesen der Zukunftsforschung gehört, muß organisiert werden. Ohne institutionelle Absicherung entstehen solche Zusammenhänge unter den gegenwärtigen Bedingungen der Wissenschaftsorganisation nicht naturwüchsig. Ansätze zu neuen Formen interdisziplinärer Kooperation sind im Umfeld der sozialen und ökologischen Bewegungen in den letzten beiden Jahrzehnten entstanden und wirken in die traditionellen Bereiche von Wissenschaft, Wirtschaft und Gesellschaft hinein.

Ebenso wird die Notwendigkeit eines interdisziplinären Ansatzes in der jüngeren Diskussion um *Technikfolgenabschätzung (TA), Technikbewertung (TB) und Technikgestaltung (TG)* propagiert. Was aber neben den materiellen Voraussetzungen nach wie vor fehlt, sind die theoretische Fundierung, die methodologische Weiterentwicklung und die praktische Erprobung solcher Ansätze für Politikberatung und demokratisch-partizipatorische Zukunftsgestaltung.

Eine andere zentrale Frage für die Zukunft des Industriesystems besteht darin, ob und wie es gelingt, die *Flexibilisierung und Entbürokratisierung von Großorganisationen* zu gewährleisten. Gerade der Bürokratisierung staatlicher Institutionen muß durch Strukturveränderungen entgegengewirkt werden. Aber auch in der Wirtschaft, vornehmlich in Großunternehmen, droht ständig Bürokratisierung und Inflexibilität.

Schließlich setzt sich in den entwickelten Gesellschaften mit ihren inhärenten Kontingenz- und Komplexitätssteigerungen die Tendenz zur totalen Herrschaft der *Expertokratie* fort. Der Machtzuwachs der Experten kann nur mit Partizipationskonzepten und der Demokratisierung aller Lebensbereiche begegnet werden. Zu diesem Problemfeld hat die Zukunftsforschung bisher nur wenige Lösungskonzepte beigesteuert. Im Gegenteil, namentlich jene auf angelsächsische Grundlagen zurückzuführende systemtechnischen Ansätze haben die Expertokratie eher gestärkt. Hier eröffnen sich neue Dimensionen gerade für die europäische bzw. die deutsche Zukunftsforschung.

Zu c.
Neben den extremen Belastungen durch die Zerstörung der natürlichen Lebensmedien und ökologischen Kreisläufe - vom Waldsterben über die Chemisierung der Landwirtschaft bis zum Altlastenproblem - ist eine moderne Industriegesellschaft[84] wie die der Bundesrepublik Deutschland von *neuen sozialen Spannungen* betroffen. Die in den alten Bundesländern vorhandenen bzw. sich abzeichnenden Herausforderungen und Gestaltungsaufgaben werden sich im gesamten Deutschland in der Sache nicht verändern, eher wachsen. Denn hier

geht es um regionale Folgen des Industrialismus, die mittel- und langfristig für die neuen Bundesländer das gleiche Profil haben. Infolge des wirtschaftlichen Strukturwandels, des Auseinanderfallens von neuen produktiven Sektoren der Volkswirtschaft und des Niedergangs alter traditioneller Industrien, sind Wohlstandsdisparitäten entstanden und weiterhin zu erwarten, deren soziale Sprengkraft vor allem in den Ballungsgebieten zu spüren ist: Dauerarbeitslosigkeit, schlechte Umweltqualität, Unterversorgung mit preiswertem Wohnraum und die Destabilisierung der sozialen Sicherungssysteme gehen einher mit einer deutlich verbesserten Ertragssituation in den prosperierenden Bereichen der Wirtschaft, wachsendem Wohlstand speziell qualifizierter Arbeitsplatzbesitzer und der Aufdringlichkeit einer luxurierenden Konsum- und Freizeitindustrie. Der Modernisierungsschub in der Wirtschaft trägt die *Tendenz zur Zweidrittelgesellschaft* in sich. Die Entdifferenzierung der Städte durch Beton-Moderne und Verkehrsflächenbau, die drückenden Belastungen durch den motorisierten PKW- und Güterverkehr sowie die rasant wachsenden Entsorgungsprobleme stellen vor allem die *Kommunen* vor kaum lösbare Aufgaben. Zukunftslösungen werden deshalb mehr und mehr von der Politik in den Kommunen geprägt sein.

Die Qualifizierung der Menschen wird sowohl im Hinblick auf neue technisch-ökonomische Anforderungen als auch ökologische und soziale Lebensformen zur zentralen Aufgabe der wirtschaftlichen Zukunftssicherung. Mit dem Stichwort "lebenslanges Lernen" wird die konzeptionelle Richtung der Fort- und Weiterbildung im Rahmen einer entwickelten Hochtechnologie-Gesellschaft verdeutlicht. Mit den Stichworten "ökologisch Produzieren" und "sozial Innovieren" sind die wichtigsten Richtungen des Lernens angegeben.

Durch die Europäisierung der Politik und der damit verbundenen Zentralisierung von politischen Entscheidungen wird zusätzlich das Verlangen nach Stärkung und Erweiterung kommunaler und regionaler Selbstverwaltungsinstanzen wachsen. Neue *partizipative Verfahren*, neue Formen der Selbstorganisation und Selbstverantwortung sowie plebiszitäre Formen der direkten Demokratie können Antworten auf das verstärkte Bedürfnis nach Dezentralisierung von Entscheidungen und demokratischer Teilhabe sein.

Der Einsatz neuer Technologien erzwingt soziale, ökologische und generative *Technikfolgenabschätzung, Technikbewertung und Technikgestaltung*. Technikfolgen beziehen sich nicht auf die Betroffenen allein, sondern verändern ganz allgemein die Strukturen gesellschaftlicher Produktion und Reproduktion und die natürlichen Lebensbedingungen grundlegend. "Technologiegewinnern" stehen zunehmend mehr "Technologieverlierer" gegenüber. Im Hinblick auf die ökologischen Zerstörungen allerdings gibt es nur noch Verlierer. Die Arbeitsmarktwirkungen neuer Technologien bieten demgegenüber sehr unterschiedliche Perspektiven, deren Chancen und Risiken eingehend zu untersuchen und nach wünschbaren Zukunftsentwürfen zu gestalten sind.

Ebenso sind Veränderungen in der Arbeitsorganisation mit positiven und negativen Effekten verbunden. *Die Zukunft der Arbeit* und der Bedeutungswandel der Tätigkeiten außerhalb der Erwerbsarbeit werden das Gesicht der gesellschaftlichen Wirklichkeit verändern. Technikfolgenabschätzung wird zunehmend durch aktive Technikgestaltung ergänzt werden müssen. Kriterien und Methoden einer aktiven Technikgestaltung bedürfen der Unterstützung und Umsetzung durch die Entwickler, Produzenten und die Betroffenen von Technik. Das gilt vor allem für Technikgestaltung in Unternehmen[85].

Neue Lebensformen mit dem Trend zur Individualisierung der Lebenslagen werden die traditionellen Familien- und Professionsorientierungen weiter ausdifferenzieren und verändern. In der Bundesrepublik Deutschland hat sich, insbesondere in den städtischen Ballungsräumen, beispielsweise die durchschnittliche Haushaltsgröße in den letzten Jahrzehnten drastisch verändert. Einpersonen-Haushalte dominieren gegenüber Mehrpersonen-Haushalten. Wandlungen solcherart haben drastische Auswirkungen auf Infrastrukturplanungen, soziale Interaktionen, Lebensstile, Wertsysteme u. a.

Die *demographische Entwicklung* und die Aufteilung der Gesellschaft in unterschiedliche Kulturen und Milieus bestimmen in hohem Maße die Zukünfte der Städte: Die Ballungsräume sind auf dem Weg zu multikulturellen Siedlungsräumen mit einem zugleich hohen Anteil von alten Menschen. Eine grundlegende Frage stellt sich, ob mit dem Einsatz neuer Technologien zur Dezentralisierung und Flexibilisierung traditioneller Lebens- und Arbeitsformen die Trennung von Wohn- und Arbeitsbereichen in der Zukunft wieder aufgehoben wird.

Angesichts dieser Lagebeschreibung ist es eine besondere Aufgabe der zukünftigen Forschung herauszuarbeiten, warum die Zukunftsforschung in der Bundesrepublik Deutschland nach einigen hoffnungsvollen Ansätzen in den sechziger und siebziger Jahren in eine so katastrophale Situation geraten ist und welche Voraussetzungen für einen erfolgreichen Neuansatz erforderlich sind. Eine erste vorläufige Erklärung läuft darauf hinaus, daß für die heutige Misere exogene und endogene Gründe eine Rolle spielen und nur ein Bündel neuer Ansätze Möglichkeiten schafft, eine dem internationalen Stand vergleichbare leistungsfähige Zukunftsforschung aufzubauen.

Als ein entscheidendes Hemmnis haben die meisten der von uns interviewten Zukunftsforscher die deutsche Wissenschaftstradition und die weitgehend fachorientierte Forschungsförderungslandschaft genannt. Denn untersucht man heute die Definitionen der Lehrstühle bzw. Hochschullehrerstellen an den Universitäten und Hochschulen, dann lassen sich etwa zu 90% fachlich enge disziplinorientierte Stellenbeschreibungen ausmachen. Unter den restlichen 10% findet man zwar eine Reihe neuer, auch modischer Lehr- und Forschungsfelder und sogar einige Kuriositäten, die sich der etablierte Wissenschaftsbetrieb als "bunte Vögel" leistet. Gemeint sind nicht nur die traditionellen Orchideenfächer. Aber nicht einmal unter den "bunten Vögeln" konnte bisher ein Institut oder ein Lehrstuhl für Zukunftsforschung an den Hochschulen etabliert werden. Der Grund ist so einfach wie makaber. Das Thema Zukunft ist für die deutsche Wissenschaft und die deutsche Universität ebenso wenig seriöser Forschungsgegenstand wie es die Themen Frieden oder Ökologie bis vor wenigen Jahren waren. Aber auch die Friedensforschung kämpft seit Anfang der achtziger Jahre erneut ums Überleben. Zuerst wurde im Jahre 1981 vor allem durch das Land Bayern der Deutschen Gesellschaft für Friedens- und Konfliktforschung e. V. (DGFK) im Rahmen der Wendepolitik die Förderung versagt. Dann folgte in Schritten die Beerdigung des "Max-Planck-Instituts zur Erforschung der Lebensbedingungen der wissenschaftlich technischen Welt" in Starnberg, das sich in den letzten Jahren immer stärker mit Themen der Friedenssicherung und Friedenserhaltung beschäftigt hat. Im Jahre 1988 löste Mechtersheimer das "Institut für Friedensforschung e. V." auf.

Die Misere der Zukunftsforschung ist im Grunde eine Misere der deutschen Wissenschaft, in der als wissenschaftlich ausgewiesen nur linear-kausale und bestenfalls stochastische Modelle und nur eine analytisch-zergliedernde und nicht systemisch-vernetzende Methodik gelten. Anerkannt sind nur disziplinenorientierte und auf einzelne Realitätsbereiche bezogene Forschungen, statt interdisziplinäre Arbeiten und multidisziplinäre Verknüpfungen. Die traditionelle Wissenschaft kennt nur rückgekoppelte und nicht vorwärtsgekoppelte Betrachtungen, sie analysiert nur Systeme und Prozesse im Sinne einer Gleichgewichtsthermodynamik und des Entropiesatzes (in der klassischen Wirtschaftwissenschaft noch nicht einmal dieses), nicht jedoch dissipative oder "chaotische" Strukturen einer Nichtgleichgewichtsthermodynamik.

Aber gerade die neuen Erkenntnisse der Evolutionsforschung, der Selbstorganisations- und Chaosforschung - etwa über negentropische Vorgänge und Selbstorganisationsprozesse im kosmologischen Geschehen und im Rahmen organischer, ökologischer und sozialer Systeme - verweisen diese veraltete Wissenschaftsauffasung endgültig in die Wissenschaftsgeschichte.

So ist es kein Zufall, daß es in der Bundesrepublik Deutschland auch kein Institut für Allgemeine Evolutionstheorie gibt, für die in anderen Ländern bedeutende Namen stehen. Die Zukunftsforschung wäre hier in besonderem Maße geeignet, eine verbindende und im Hinblick auf die großen Herausforderungen der Zeit vermittelnde Funktion zwischen den alten und den neuen Disziplinen und verschiedenen Praxisbereichen zu übernehmen.

Ein zweiter exogener Grund für die Misere der Zukunftsforschung resultiert aus der dem Menschen offenbar eigenen "Vogel-Strauß-Haltung". Die Menschen und in besonderer Weise auch die Politik verschließen lieber die Augen vor den Problemen und Risiken der Gegenwart und Zukunft, als daß sie diese wahrnehmen und erkennen und, darauf aufbauend, Zukunftslösungen erdenken und strategisch umsetzen.

Nachdem sich Mitte bis Ende der siebziger Jahre die Aufregungen über die Weltmodelle mit den "Grenzen des Wachstums", der "Menschheit am Wendepunkt" und die erste Ölpreiskrise 1973 wieder gelegt hatten, wurde allgemein Entwarnung gegeben, obwohl sich weder die Umweltprobleme noch die Friedensbedrohungen und der Nord-Süd-Konflikt entschärft hatten. Im Gegenteil, nur wenige Jahre später haben vor allem die Berichte an den Präsidenten der Vereinigten Staaten "Global 2000" und "Global Future" und die Berichte der Brandt-Kommission über den Nord-Süd-Konflikt in dramatischer Weise deutlich gemacht, daß sich die Menschheit nicht mehr am Wendepunkt, sondern vor einem Abgrund befindet. Die zweite Ölpreiskrise 1979, also ein eher äußerliches Krisensymptom, war wieder einmal der Auslöser jener Berichtsaufträge. Über die praktische Folgenlosigkeit der Berichte wurde schon gesprochen. Auch Harrisburg und Tschernobyl haben an der allgemeinen Verdrängungshaltung nichts Grundsätzliches geändert.

Auch für die auf Langfristigkeit angelegte politische Zukunftsgestaltung und die Förderung der Zukunftsforschung bedeuteten die Berichte nicht etwa Aufbruch und Mobilisierung. Im Ergebnis gab es eher einen Rückfall der offiziellen Politik und der etablierten Wissenschaft in die alten Wachstums-, Fortschritts- und Rationalitätsmuster. Global 2000 und die Handlungsempfehlungen Global Future verschwanden in den Schubladen nicht nur der amerikanischen Administrationen, sondern auch der anderen westlichen wie der östlichen Industrieländer. Ein ähnliches Schicksal erlitt der Brandt-Bericht der Nord-Süd-Kommission. Mit dem Reaganismus, dem Thatcherismus und der Politik der Regierungen Schmidt und Kohl in Bonn schien offiziell die Lösung für die Zukunft zumindest in den westlichen Industriestaaten auf der Grundlage des alten Wissenschafts-Technik-Industrialismus-Fortschrittsparadigmas gefunden zu sein. Die militärische Hochrüstung wurde durch die ökonomische Hochrüstung ergänzt.

Wie bedeutsam Zukunftsforschung sein kann, beweist die schon Mitte der siebziger Jahre geführte Zukunftsdiskussion zwischen Herman Kahn vom Hudson-Institute und Willes W. Harman vom Stanford Research Institute. Es wurde bereits darauf hingewiesen, daß diese als "Hermann-Harman-Debatte" in die Geschichte der Zukunftsforschung eingegangene Dialog in den Vereinigten Staaten zeitweise die Form einer nationalen Grundsatzdiskussion über die möglichen und gangbaren Wege in die Zukunft annahm. Die Aufträge von Präsident Carter zu Global 2000 und Global Future bezogen sich nicht zuletzt auf diese Debatte zwischen den Exponenten eines supertechnisch wachstumsorientierten und eines transindustriell organischen Entwicklungspfades.

In den USA wurde mit dem Wechsel von Präsident Carter zu Präsident Reagan der supertechnisch wachstumsorientierte Weg forciert fortgesetzt. Trotz dieser Richtungsbestimmung von Politik und Wirtschaft wurde aber in den USA im Gegensatz zur Bundesrepublik auch weiterhin ein breites Spektrum der Zukunftsforschung gefördert.

In Ländern wie Schweden, Japan oder in den Niederlanden wurden die Kapazitäten für die Zukunftsforschung in den letzten Jahren ausgebaut.

In der Bundesrepublik Deutschland setzten sich mit Helmut Schmidt, Hans Apel und Hans Friedrichs noch in der Zeit der sozialliberalen Koalition die sogenannten Pragmatiker und Macher durch. Gemeint war damit im Prinzip ein auf Kurzfristigkeit und ökonomisches Wachstum ausgerichtetes Krisenmanagement, das den Versuch unternahm, keynesianische Wirtschaftssteuerung von der nationalen auf die internationale Ebene zu übertragen. Langfristige politische Zukunftsorientierung, langfristig arbeitende Zukunftsplanungsstäbe und die Unterstützung durch eine Zukunftsforschung, die neben industriellen und finanzpolitischen Fragestellungen noch Probleme des weltweiten ökologischen Ressourcenraubbaus und der Umweltzerstörungen sowie soziale Innovationen für die Lösung globaler Zukunftsprobleme einbezog, waren nicht gefragt.

Es ist das Dilemma unserer Zeit, daß temporäre technisch-ökonomische Wachstumserfolge die alten Rationalitäts- und Fortschrittsmuster immer wieder gestärkt haben, obwohl sich die ökologischen und sozialen Krisen unterhalb der Wohlstands-Oberfläche ständig zuspitzen.

Die Politik der Wende durch die CDU/CSU/FDP-Koalition hat den Kurs Helmut Schmidts im Prinzip fortgesetzt, nur insofern konsequenter, als auf die Sozialverträglichkeit im Rahmen des Hochtechnologie-Industrialismus-Pfades noch weniger Rücksicht genommen wurde.

Die endogenen Faktoren, die für die negative Entwicklung der Zukunftsforschung in der Bundesrepublik Deutschland maßgebend sind, resultieren einerseits aus ihrem eigenen Anspruch, andererseits aus ihrem komplexen Forschungsfeld. In knapper und damit etwas verkürzender Form lassen sich die Hauptprobleme vor dem Hintergrund der deutschen Wissenschaftstradition und der politischen Entwicklungen wie folgt zusammenfassen: Die *sozialkritische Zukunftsforschung* blieb immer in großen globalen Gesellschafts- und Geschichtsentwürfen verhaftet, die naturgemäß auch für die Zukunftsentwürfe mehr Idealmodelle als gangbare Strategien und Wege lieferten. Ihre ethisch und idealistisch bestimmten Ausgangspunkte und die vielfach phantasievollen utopischen Entwürfe wurden nur selten auf machbare Umsetzungsstrategien ausgerichtet, und wenn dies geschah, sind sie gescheitert. Aus der Konfrontation mit der Realpolitik zogen sich deshalb ihre Vertreter häufig in den Schutzraum akademisch-universitärer Unverbindlichkeit zurück.

Die *kybernetisch-systemtechnische Zukunftsforschung* hat vielfach den Erwartungshorizont in Politik und Wirtschaft zu hochgeschraubt und Beratungsleistungen versprochen, die aufgrund der Komplexität des Gegenstandes und der jeweils begrenzten Leistungsfähigkeit einzelner Methoden nicht zu erfüllen waren. Typische Beispiele waren verschiedene globale und regionale Simulationsmodelle oder Zukunftsszenarien, deren begrenzte Erklärungs- und Handlungsreichweiten nicht deutlich genug hervorgehoben wurden. In Berlin lief so beispielsweise das von Hans Hermann Koelle und Rainer Mackensen Anfang der siebziger Jahre konzipierte "Berliner Simulationsmodell - BESI" für die Stadtentwicklung von Berlin (West) faktisch ins Leere: Auf politischer und administrativer Ebene wurde - obwohl vom Senat von Berlin in Auftrag gegeben - nichts umgesetzt, weil geeignete Maßnahmenbündel und Handlungsanleitungen für eine konkrete Zukunftsgestaltung fehlten und die Einbeziehung von betroffenen Bürgern und potentiellen Umsetzern in den Verwaltungen und Institutionen nicht erfolgte.

Am stärksten trafen allerdings die Zukunftsforschung die horrenden Fehlprognosen etwa zum Wirtschaftswachstum, zum Energie- oder Stahlverbrauch, zu Transportkapazitäten usw., die aber - Ironie der Wissenschaftsgesellschaft - nicht aus dem Bereich der Zukunftsforschung, sondern hauptsächlich aus dem Kreis ihrer Kritiker, den etablierten Wirtschaftsinstituten, stammten. Aber auch bedeutende internationale Einrichtungen wie das IIASA in Laxenburg haben zum Teil gravierende Fehlprognosen in die Welt gesetzt, die letztlich der gesamten Zukunftsforschung negativ angekreidet wurden.

Die *wirtschaftliche Zukunftsforschung* konnte sich im akademischen Bereich nur in Form verschiedener Einrichtungen der Markt-, Meinungs-, Prognose- und Konjunkturforschung behaupten. Als interdisziplinäre Zukunftsforschung spielt sie aber im Rahmen großer Unternehmen wie Siemens, Daimler-Benz, Bayer, Shell-Deutschland eine Rolle, insbesondere im Hinblick auf Aus- und Fortbildungskapazitäten für Unternehmensführung und strategisches Management. Heute hat vor allem die Entwicklung eines strategischen Innovationsmanagements in den Unternehmen eine große Bedeutung. Dieses wird mehr und mehr zu einem der Kernbestandteile der wirtschaftlichen Zukunftsforschung.

Neben diesen traditionellen Linien der Zukunftsforschung und der wissenschaftlich gestützten Zukunftsgestaltung sind heute vor allem jene Entwicklungen prägend, die sich aus den *Bürgerrechts-, Alternativ- und Sozialbewegungen* entfaltet haben. Es gibt keinen Zweifel, daß es hier einer neuen Vernetzung mit den traditionellen Linien bedarf. Dies aus drei Gründen: Einmal verfügt die traditionelle Zukunftsforschung über ein leistungsfähiges Instrumentarium, was nicht zuletzt ihre große Bedeutung in anderen Ländern ausmacht. Zum anderen bietet sie Chancen, einen Brückenschlag zur (perspektivischen) Politikberatung und zu den neuen sozialen Bewegungen herzustellen. Und drittens sollten die methodischen und strategischen Erfahrungen der etablierten Zukunftsforschung mit der Analyse und Prospektion komplexer Tatbestände genutzt werden.

Gerade die *neuen ökologischen und sozialen Bewegungen* sind vielfach auch eine Flucht aus der Komplexität der globalen und vernetzten Zusammenhänge. Diese gilt es aber im politisch-perspektivischen

Zukunftshandeln bei der Entwicklung (über)lebenswerter wünschbarer Zukünfte und praktischer Handlungsstrategien zu beachten. Die Zukunftsforschung muß hier die Brücke bauen zwischen den Möglichkeiten, solche Komplexität zu durchdringen und für Zukunftsperspektiven nutzbar zu machen und den Notwendigkeiten, gangbare innovative soziale Lösungen zu finden und diese durch wissenschaftlich-technische Erkenntnisse der Einzeldisziplinen abzustützen. Hier liegt ihre Chance und ihre gesamtgesellschaftliche Bedeutung.

Die Sichtung der heute in der Bundesrepublik Deutschland im weitesten Sinn vorfindbaren Einrichtungen, die sich mit der Erforschung und Gestaltung von technischen, ökonomischen, sozialen, politischen, ökologischen oder kulturellen Zukünften befassen, zeigt das vielfach in anderem Zusammenhang beschriebene Bild der Differenzierung und "Unordnung". Es überrascht nicht, daß dieses Bild traditionelle Ordnungspolitiker und professionelle Stabilitätshüter in Wirtschaft und Wissenschaft stark beunruhigt. Die Vielzahl selbstorganisierter sozialinnovativer Einheiten entzieht sich mehr und mehr zentraler Steuerung und führt zu einem Schwund ihrer Autorität und ihres Einflusses. Betrachtet man diese Entwicklung aber aus der evolutionären Perspektive, dann kündigt sich hier ein Paradigmenwandel in Staat, Wirtschaft und etablierter Wissenschaft an, der im Rahmen der modernen Physik und in der Theorie selbstorganisierender Systeme längst stattgefunden hat. Instabilitäten sind normale Zustände komplexer Systeme, die in neue stabile Ordnungszustände übergehen können und dann sogar neuen Umfeldbedingungen besser angepaßt sind.

Zukunftsforschung sollte diesen Paradigmenwechsel befördern, indem sie die Chancen und Gefahren jener Entwicklung herausarbeitet und auf dieser Grundlage vorhandene Zukunftsentwürfe, Strategien und Maßnahmebündel den handelnden Akteuren unterbreitet.

Nach derzeitiger Erkenntnislage sieht es so aus, daß die Chancen der vermeintlichen Unordnung in Elementen wie Vielfalt, Kreativität, Phantasie, Autonomie, Selbstorganisierbarkeit, Flexibilität und Eigenverantwortung liegen und daß möglicherweise das "ungeordnete" System als Ganzes intelligenter auf die Herausforderung des Industriesystems reagiert als bei zentraler Steuerung. Die Zukunftsforschung muß aber auch die Gefahren beachten, die etwa in verstärkter Abschottung, Partikularismus, Simplifizierung und Vernachlässigung von Zusammenhängen und Gesamtverantwortung liegen können. Wenn die Zukunftsforschung dazu beitragen will, selbst neue Zukunftsperspektiven zu haben, dann sind weder disziplinäre Kleinkrämerei noch projektiver Größenwahn gefragt, sondern kreative praktische Beiträge zur gesellschaftlichen Zukunftsgestaltung, die den sozialen und ökologischen Wandel exemplarisch vorbereiten. Eine wesentliche Voraussetzung hierfür ist die Verknüpfung von wissenschaftlicher Erkenntnis, sozialer Phantasie und Alltagserfahrung.

Die Hoffnung liegt in den Elementen Vielfalt, Kreativität, Phantasie, Autonomie, Selbstorganisierbarkeit, Flexibilität, Bereitschaft zur Verantwortung.

Die Gefahr besteht in Partikularismus, Eindimensionalität, Abschottung, Simplifizierung, Vernachlässigung von Zusammenhängen und Gesamtverantwortung.

Es wird eine der wichtigsten Aufgaben der zweiten Phase des Forschungsvorhabens sein, das gesammelte Material zu Themen, Methoden und Institutionen der Zukunftsforschung und Zukunftsgestaltung so auszuwerten, daß aus den bisher sichtbaren Einzellinien, zu dem beispielsweise auch die zukunftsbezogene Friedenserreichungs- und Konfliktvermeidungsforschung, die ökologische Zukunftsforschung, die Erforschung neuer Lebensformen und alternativer technisch-nachindustrieller Lebensgrundlagen gehören, in einem neuen Ansatz der Zukunftsforschung zu verknüpfen.

Dieser Ansatz sollte dann in ein operationalisiertes Forschungs- und Organisationskonzept eines Instituts für Zukunftsforschung im europäischen Rahmen einmünden - als Teil eines internationalen Netzwerks der Zukunftsforschung und der wissenschaftlich perspektivischen Politikberatung.

Anmerkungen

1 Vgl. hierzu und zu den folgenden Ausführungen: Rolf Kreibich, Die Wissenschaftsgesellschaft - Von Galilei zur High-Tech-Revolution, Frankfurt am Main 1986, S. 246 ff. (Kap. 5 - 7).
2 John von Neumann und Oskar Morgenstern, Theory of Games and Economic Behavior, New York 1944.
3 So urteilt die Kommission der Europäischen Gemeinschaften in: Europa + 30 Jahre, Abschlußbericht, Köln 1976, I.3, S. 35 f.
4 Hierzu eingehender: Rolf Kreibich, Die Wissenschaftsgesellschaft a. a. O., S. 378 ff.
5 Willis W. Harman, Gangbare Wege in die Zukunft? Zur transindustriellen Gesellschaft, Darmstadt 1978 (Originaltitel: An Incomplete Guide to the Future, New York 1976).
6 Robert Jungk, Hans Josef Mundt (Hg.), Modelle für eine neue Welt - Der Weg ins Jahr 2000. Bericht der "Kommission für das Jahr 2000" - Perspektiven, Prognosen, Modelle, München 1968.
7 Bertrand de Jouvenel, Die Kunst der Vorausschau, Neuwied 1967.
8 Ossip K. Flechtheim, Warum Futurologie, in: Futurum, Beiträge des Instituts für Zukunftsforschung, München 1980, S. 7.
9 Jean Fourastié, Die große Hoffnung des 20. Jahrhunderts, Köln-Deutz 1954, S. 311.
10 Vgl. auch in diesem Band in Kapitel B: Länderbericht: Zukunftsforschung in Frankreich
11 Fred L. Polak, The Image of the Future: Enlightening the Past, Orienting the Present, Forecasting the Future, New York 1961.
12 Fred L. Polak, PROGNOSTICS - A science in the making surveys and creates the future, Amsterdam/London/New York 1971.
13 Im englischen publiziert: To chose a Future, Secretariat for Futures Studies and Ministry of Foreign Affairs, Stockholm 1974.
14 Zusammen mit Robert Jungk (Hg.), Pluralism and the Future of Human Society, Tokio 1970; Modelle zum Frieden, Wuppertal 1972 u. a.
15 Radovan Richta und Kollektiv, Zivilisation am Scheideweg, Politische Ökonomie des 20. Jahrhunderts, Interdisziplinäres Team zur Erforschung der sozialen und menschlichen Zusammenhänge der wissenschaftlich-technischen Revolution beim Philosphischen Institut der Tschechoslowakischen Akademie der Wissenschaft, Prag 1968.
16 Thomas S. Kuhn, Die Struktur wissenschaftlicher Revolutionen, Frankfurt am Main 1967.
17 Ossip K. Flechtheim (Hg.), Warum Futurologie?, Futurum - Beiträge des Instituts für Zukunftsforschung, München 1980, S. 1.

18 Ossip K. Flechtheim, Futurologie. Der Kampf um die Zukunft, Frankfurt am Main 1972, S. 11 f.
19 Karl Mannheim, Ideologie und Utopie, 3. Aufl., Frankfurt am Main, 1952, s. 169.
20 Ebenda, S. 115 f.
21 Ernst Bloch, Das Prinzip Hoffnung, Frankfurt am Main 1959, S. 929.
22 Fritz Baade, Der Wettlauf zum Jahre 2000 - Unsere Zukunft: Ein Paradies oder die Selbstvernichtung der Menschheit, Oldenburg und Hamburg 1968.
23 Ebenda, S. 15 f.
24 Karl W.Deutsch, Politische Kybernetik - Modelle und Perspektiven, Freiburg 1969; Original: The Nerves of Government: Models of Political Communication and Control, New York 1963
25 Ossip K. Flechtheim, Möglichkeiten und Grenzen der Zukunftsforschung, in: Deutsche Rundschau, Heft 12, 1963.
26 Die Originalausgabe der Beiträge erschien im Jahre 1964 in der Zeitschrift "NEW SCIENTIST", London, unter dem Sammeltitel "1984".
27 Franz Josef Strauß, Der Weg in die Zukunft - an der Schwelle einer neuen Zeit, München 1964.
28 Ossip K. Flechtheim, Warum Futurologie? a. a. O., S. 3.
29 Dieter Klein in: Wohin? Fragen, Widersprüche, Wege - Gedanken über eine demokratische Zukunft der Bundesrepublik, Berlin 1966, S. 333ff.
30 Wilhelm Fucks, Formeln zur Macht - Prognosen über Völker, Wirtschaft, Potentiale, Stuttgart 1965.
31 Vgl. hierzu Rolf Kreibich, Die Wissenschaftsgesellschaft, a. a. O., S. 260 ff.
32 Nationale Aeronautics and Space Administration der USA.
33 Karl Steinbuch, Mensch-Technik-Zukunft: Probleme von morgen, Stuttgart 1971 (zit. nach Hamburg 1973, S. 14f.)
34 Ebenda, S. 17.
35 Ebenda, S. 18f.
36 Baden-Württemberg, Zukunftsperspektiven gesellschaftlicher Entwicklungen, Bericht der Kommission, Stuttgart November 1983, S. 7.
37 Diese Bezeichnung stammt von ihm selbst, vgl. Horst Wagenführ, Industrielle Zukunftsforschung, München 1970, S. 5 ff.
38 Ebenda, S. 145.
39 Ebenda, S. 9f.
40 Ebenda, Einführung.
41 Ebenda, S. 96.
42 WSI (Hg.), Tätigkeitsbericht 1982 - 85, Düsseldorf, o. J. S. 143.

43 Das Sekretariat für Zukunftsforschung SFZ wurde 1990 von der Landesregierung Nordrhein-Westfalen gegründet und wird derzeit als erste öffentlich geförderte Einrichtung der Zukunftsforschung in der Bundesrepublik aufgebaut. Im Rahmen des Leitprojektes 3 "Analyse und Bewertung neuer Wettbewerbsmuster und -strategien für den industriellen Strukturwandel" hat das Projekt "Zukunftsforschung und Organisation von Zukunftswissen in Unternehmen" eine zentrale Stellung (vgl. SFZ-Selbstdarstellung).
44 Vgl. auch die Aussagen der befragten Experten in nächsten Kapitel
45 Ernst Schmacke (Hg.), Nordrhein-Westfalen, Hamburg, Baden-Württemberg auf dem Weg in das Jahr 2000 (Düsseldorf 1970 und 1971).
46 E. Schmacke (Hg.), Nordrhein-Westfalen auf dem Weg in das Jahr 2000, Düsseldorf 1970, S. I bis VIII (Auszüge).
47 Landesregierung Baden-Württemberg, Bericht der Kommission "Zukunftsperspektiven gesellschaftlicher Entwicklungen", Stuttgart November 1983, siehe Anhang 3.
48 Ossip K. Flechtheim, Futurologie. Der Kampf um die Zukunft, Frankfurt am Main 1972, S. 8.
49 Vgl. hierzu Rolf Kreibich, Die Wissenschaftsgesellschaft a.a.O., S. 333 ff.
50 Robert Jungk, Zukunftsforschung und Friedensstrategie, in: O. Hersche (Hg.), Was wird morgen anders sein? - Wissenschaftler sehen die Zukunft, München 1972, S. 73 f.
51 Karl Steinbuch, Falsch programmiert, Stuttgart 1968, S. 127.
52 Lothar Schulze, Die Zukunft geht uns alle an. Eine Dokumentation zur Vorgeschichte und Entwicklung der Gesellschaft zur Förderung von Zukunfts- und Friedensforschung 1958 - 1974, Hannover 1976, S. 238.
53 Zentrum Berlin für Zukunftsforschung e. V., Situation und Zielsetzung, in: analysen und prognosen - über die Welt von morgen, Innenseite des Titelblattes von Heft 1, Oktober 1968.
54 Zentrum Berlin für Zukunftsforschung e.V. (Hrsg.), analysen und prognosen, Heft 1, Oktober 1968, S. 3.
55 Vgl. hierzu: analysen und prognosen, H. 43, 1976; Kommission der Europäischen Gemeinschaften, Europa + 30 Jahre, Abschlußbericht des Projektbeirats im Auftrage der EG mit Empfehlungen zur europäischen Zukunftsforschung und einem Anhang: Aktionsprogramm Vorausschau, Bewertung und Methodik, Köln 1976.
56 World Futures Studies Federation, Proceedings and Joint Report of World Futures Studies Conference, Berlin (West) 4th - 10th May 1979, München/New York/London/Paris 1979, 2 Bd.

57 Frederic Vester, Unsere Welt - ein vernetztes System, Ausstellungskatalog, Stuttgart 1978.
58 Haus Rissen - Internationales Institut für Politik und Wirtschaft 1983, Hamburg 1983.
59 Robert Jungk, Der Jahrtausendmensch, Frankfurt am Main 1980, S. 108.
60 ISI Institut für Systemtechnik und Innovationsforschung der FhG, Informationsbroschüre, Karlsruhe 1973.
61 Ebenda, a. a. O., ohne Seitenangabe.
62 Ebenda, o. S. (Hervorhebung im Original).
63 Vgl. dazu ausführlich die Darstellung der verschiedenen Weltmodelle in: Global 2000 Der Bericht an den Präsidenten, (Deutsche Ausgabe) Frankfurt am Main 1980, S.1165 ff.
64 Mihailo Mesarovic und Eduard Pestel, Menschheit am Wendepunkt, Stuttgart 1974 (Zweiter Bericht an den Club of Rome zur Weltlage).
65 Eduard Pestel, Das Deutschland-Modell, Frankfurt Main 1980.
66 Rachel Carson, Der Stumme Frühling (Silent spring), München 1963.
67 Fred Hirsch, Sozial Limits to Growth, Cambridge/Mass. 1976.
68 Egmont R. Koch und Fritz Vahrenholt, Seveso ist überall: Die tödlichen Risiken der Chemie, Köln 1978.
69 Hierzu eine der ersten zusammenfassenden Darstellungen: Rüdiger Lutz, Die sanfte Wende - Aufbruch ins ökologische Zeitalter, mit einem Vorwort von Fritjof Capra, München 1984.
70 Ilya Prigogine, From Being to Becoming - Time and Complexity in Physical Sciences, San Francisco 1977, Ilya Prigogine und Isabelle Stengers, Dialog mit der Natur, München 1981.
71 Hierzu u. a. Erich Jantsch, Die Selbstorganisation des Universums, München/Wien 1987, Ervin Laszlo, Evolution - Die neue Synthese, Wege in die Zukunft, Wien 1987, Henning Balck und Rolf Kreibich (Hg.), Evolutionäre Wege in die Zukunft, erscheint in der Reihe ZukunftsStudien Anfang 1992 im Beltz Verlag.
72 Robert Jungk und Norbert Müllert, Zukunftswerkstätten, Wege zur Wiederbelebung der Demokratie, Hamburg 1981.
73 Robert Jungk, Projekt Ermutigung, Streitschrift wider die Resignation, Berlin 1988 S. 79.
74 Stephan G. Geffers, Robert Jungk, Norbert R. Müllert, Angelika Solle, Zukünfte erfinden und ihre Verwirklichung in die eigene Hand nehmen - Was Bürgerinnen und Bürger in 7 Werkstätten entwickeln und vorschlagen, Werkstattbericht Nr. 78 des SoTech-Programms, Ahaus 1990.
75 Robert Jungk, Projekt Ermutigung a. a. O. S. 80 f.

76 Ebenda S. 83.
77 Dieter Pforte und Olaf Schwencke (Hg.), Ansichten einer künftigen Futurologie, München 1973.
78 Ebenda S. 7.
79 Industriegewerkschaft Metall (Hg.): Aufgabe Zukunft - Qualität des Lebens. Beiträge zur 4. internationalen Arbeitstagung der IG Metall für die Bundesrepublik Deutschland 11. - 14. 4. 1972, Band 1 - 10.
80 Vgl. Anmerkung 35 und die Ausführungen in Kapitel 3.8.
81 Das zusammen mit dem IZT veranstaltete Symposium ist als Band 2 der ZukunftsStudien mit dem Titel "Netzwerke" dokumentiert. Neben den Referaten von Joseph Huber, Christoph Zöpel und Rolf Kreibich stand die Selbstdarstellung einer Reihe von Netzwerken im Mittelpunkt des Kongresses.
82 Brandt-Report, Das Überleben sichern, Erster Bericht der Nord-Süd-Kommission, Köln 1980, Willy Brandt (Hg.), Hilfe in der Weltkrise - Ein Sofortprogramm, Der zweite Bericht der Nord-Süd-Kommission, Reinbek bei Hamburg, 1983.
83 So die deutsche Übersetzung des Berichts der Brundtland-Kommission von 1987.
84 Rolf Kreibich, Die Wissenschaftsgesellschaft, a. a. O., Ulrich Beck, Risikogesellschaft - Auf dem Weg in eine andere Moderne, Frankfurt am Main 1986, Joachim Jens Hesse, Rolf Kreibich, Christoph Zöpel, Zukunftsoptionen: Technikentwicklung in der Wissenschafts- und Risikogesellschaft, Baden-Baden 1989.
85 Vgl. Rolf Kreibich u.a., Zukunft der Telearbeit - Untersuchung zur Dezentralisierung und Flexibilisierung von Angestelltentätigkeiten mit Hilfe neuer Informations- und Kommunikationstechnologien, Studie des IZT im Auftrag des RKW, Eschborn/Berlin 1990.

Anhang

Anhang 1: Methoden, Verfahren, Techniken und Prinzipien, die für die Zukunftsforschung eine Rolle spielen bzw. gespielt haben und zum großen Teil in den USA entwickelt wurden

- + ABC-Analyse
- + Ablaufdiagramm (Komplexe)
- + Abweichungsanalyse
- + Analogietechniken
- + Balkendiagramm
- + Beobachtung, teilnehmende
- + Beobachtung, nicht teilnehmende
- + Bewertungsmatrix
- + Black-Box-Methode
- + Brainstorming
- + Branch and Bound
- + Cerkosmethode
- + Checkliste
- + Codierungstechniken
- + Computational Statistics
- + Contextual-Mapping
- + Delphimethode
- + Diffusionsanalyse
- + Dokumentenanalyse
- + Engpaßmethode
- + Entscheidungsbaumanalyse
- + Entscheidungsmodelle
- + Entscheidungstabelle
- + Expertenbefragung/-diskussion
- + Exponential Smoothing
- + Faktorenanalyse
- + Flußdiagramm
- + Fragebogen (offen/geschlossen)
- + Funktionsanalyse
- + Gestalterkennungsmethoden
- + Gitteranalyse
- + Graphenmodelle
- + Hüllkurven-Verfahren
- + Indikatorenmethode
- + Interdependenzanalyse
- + Interviewtechniken
- + Kartierungsverfahren
- + Kennziffernmethode
- + Koordinationsinstrumentarium
- + Kosten-Nutzen-Analyse
- + Kosten-Wirksamkeits-Analyse
- + Lineare Optimierungsmethoden
- + Liniendiagramme
- + Managementtechniken/Management-Informations-Systeme
- + Methode 635
- + (formalisierte) Modellmethoden
- + Moving averages
- + MPP Mittelfristige Programmplanung
- + Morphologische Methode
- + Multimoment-Aufnahme
- + Netzplantechniken
  - Critical Path Method (CPM)
  - Metra Potential Method (MPM)
  - Program Evaluation and Review Technique (PERT)
- + Netzwerkmethoden
- + Nichtlineare Optimierung
- + Nutzwertanalyse
- + Optimierungstechniken
- + Planspieltechniken
- + Polaritätsprofil
- + PPBS
- + Präferenzanalyse
- + Programmierung (lineare und nichtlineare)
- + Projekt-Strukturplantechnik
- + Querschnittsvergleich
- + Relevanzbaumanalyse
- + Scenario-Writing
- + Science Creation
- + Scoring-Verfahren
- + Semantisches Differential
- + Sensibilitätsanalyse
- + Sequenzverfahren
- + Shift-Analyse
- + Simulationstechnik/-modelle
- + Strategietechniken
- + Strukturanalysen
- + Substitionsanalyse
- + Synchronverfahren
- + Systems Engineering
- + Systemtechniken
  - -analyseverfahren
- + Teamtechnik
- + Technological Forecasting
- + Technology Assessment
- + Topologische Verfahren
- + Trend-Korrelation
- + Utopia-Beschreibungen
- + Verflechtungsanalyse
- + Wertanalyse
- + Zeit-/Kosten-/Progressions-Methode
- + (komplexe) Zeitreihen- und Extrapolationsverfahren
- + Zielfindungsanalysen
- + Zukunftswerkstätten

Anhang 2: Impressum der Zeitschrift FUTURUM

FUTURUM. Internationale Zeitschrift für Zukunftsforschung, herausgegeben von Prof. Dr. Dr. Ossip K. Flechtheim, Berlin

in Zusammenarbeit mit

Prof. Dr. Karl Bechert MdB (Mainz) · Prof. Dr. Richard F. Behrendt (Berlin) · Prof. Pierre Bertaux (Paris) · Dr. Walter Dirks (Wittnau) · Prof. Dr. Walter Fabian (Köln) · Ministerialrat Dr. techn. Wilhelm Frank (Wien) · Prof. Dr. Erich Fromm (Mexiko City) · Prof. Johan Galtung (Oslo) · Dr. Eckart Heimendahl (Bremen) · Dr. Olaf Helmer (Middletown, Conn.) · Prof. Dr. John H. Herz (New York) · François Hetman (Paris) · Prof. Dr. Heinz-Joachim Heydorn (Frankfurt) · Dr. Robert Jungk (Wien) · Prof. Dr. Helmut Klages (Berlin) · Dr. Ota Klein † (Prag) · Priv. Doz. Dr. Arnold Künzli (Basel) · Prof. Lucio Lombardo Radice (Rom) · Dr. med. habil. Bodo Manstein (Detmold) · Prof. Dr. Mihailo Markovic (Belgrad) · Reg. Dir. Peter Menke-Glückkert (Paris) · Prof. Dr. Alexander Mitscherlich (Frankfurt) · Dr. Erich Müller-Gangloff (Berlin) · Prof. Dr. Fred L. Polak (Wassenaar) · Dr. Theodor Prager (Wien) · Rüdiger Proske (Hamburg) · Prof. Dr. Radovan Richta (Prag) · Dr. Lothar Schulze (Hannover) · Prof. Dr. Martin Schwonke (Göttingen) · Dr. Nicolaus Sombart (Strasbourg) · Prof. Dr. Rudi Supek (Zagreb) · Fritz Vilmar (Frankfurt) · Prof. Dr. Horst Wagenführ (Tübingen) · Dr. Arthur J. Waskow (Washington, D.C.) · Dr. John Wilkinson (Santa Barbara, Cal.)

Anhang 3: Themen der Kommission "Zukunftsperspektiven gesellschaftlicher Entwicklungen"

Zukunftsperspektiven gesellschaftlicher Entwicklungen

Bericht

der Kommission

»Zukunftsperspektiven gesellschaftlicher Entwicklungen«

erstellt

im Auftrag
der Landesregierung von Baden-Württemberg

Baden-Württemberg

November 1983

Inhaltsverzeichnis

	Seite
I. Einleitung	7
II. Gesellschaftliche Vielfalt: Neue Lebenschancen, erneuerte Institutionen	26
1. Vorbemerkung	26
2. Der Pragmatismus in der Alltagskultur	27
3. Wertwandel: Chancen der Synthese von Pflicht- und Selbstentfaltungswerten	38
4. Der Innovationsbedarf der Parteienregierung	45
5. Die Pluralisierung der Lebensstile: Neue Muster des Lebens- und Familienzyklus	56
6. Die Pluralisierung der Lebensstile: Alte und neue Linien der sozialen Schichtung	66
7. Regelungsbedürftigkeit ausländischer Zuwanderung	73
8. Auf dem Weg in die Informationsgesellschaft?	74
– Überlegungen zum Übergang zur Informationsgesellschaft – Der Aspekt der Gesellschaftswissenschaft	77
– Herausforderung der Informationstechnik an Bildung und Ausbildung – Der Aspekt der Informatik	84
– Zukunftsorientierte Anforderungen an die Lernfähigkeit im Bildungssystem – Der Aspekt der Erziehungswissenschaft	89
III. Innovative soziale Marktwirtschaft: Beschäftigungsmöglichkeiten in einer wachsenden Wirtschaft	94
1. Vorbemerkung	94
2. Demographische Entwicklungstendenzen	95
3. Nutzungs- und Gestaltungsspielräume bei natürlichen Ressourcen	98
4. Herausforderungen und Chancen weltwirtschaftlicher Verflechtungen	103
5. Perspektiven des sektoralen und regionalen Strukturwandels	109
6. Erschließbares technisches und organisatorisches Innovationspotential	117
7. Erfordernisse einer beschäftigungsorientierten Wachstumspolitik	126
8. Herausforderung durch die Schattenwirtschaft	134
9. Die neue Rolle des öffentlichen Sektors: Weniger Reglementierung, mehr Dezentralisierung; weniger Konsum, mehr Investitionen	138
IV. Humanität, Flexibilität, Produktivität: Neue Chancen in der Arbeitswelt	148
1. Vorbemerkung	148
2. Rahmenbedingungen der heutigen Arbeitswelt	149
3. Überschätzte Gefahren, unausgenutzte Chancen des technischen Fortschritts für die Arbeitswelt	151
4. Berufe, Qualifikationen und neue Technologien	155
5. Arbeit und Einkommen: Neue Gestaltungschancen	159
6. Strukturierung von Arbeitsinhalten, Arbeitsplätzen und Arbeitsorganisation	164
7. Betriebliche Folgen der Arbeitszeitverkürzung	171
8. Flexibilisierung der Arbeitszeit	179
9. Bedingungen für mehr Selbstbestimmung in der Arbeitswelt	182
10. Schritte zu einer individuelleren Arbeitsgestaltung	185
11. Neue Bildungsanforderungen: Solide Grundausbildung, höhere Lernfähigkeit, berufliche Weiterbildung	187
V. Herausforderungen an Bürger und Politiker	192
Anhang	195

Anhang 4: Gründungserklärungen der "Gesellschaft zur Förderung von Zukunfts- und Friedensforschung"

Arbeitsplanung der Gesellschaft

(Anlage zu einem Schreiben an das Finanzamt Hannover-Nord vom 29. 4. 1964 — Auszug)

1. Was ist Zukunftsforschung?

Durch die fortschreitende technische und naturwissenschaftliche Entwicklung bekommt der Mensch immer mehr Möglichkeiten zu einschneidenden Eingriffen in seine Umwelt, wodurch sich immer mehr langfristige Wirkungen ergeben. Es kann dabei der Fall eintreten — und es tritt häufig ein — daß Maßnahmen, die heute von Nutzen sind, sich für die nachfolgenden Generationen zum Schaden auswirken.

So brachte z. B. die Abholzung weiter Landstriche in den USA vielen Farmern neues Ackerland. Es wurden damit aber auch die Voraussetzungen für die Entwicklung schwerer Stürme geschaffen, wodurch schon z. B. in den dreißiger Jahren große Teile dieses Landes wieder vernichtet wurden.

In unserer Zeit treten diese Probleme in verstärktem Umfange auf. Denken wir z. B. an die Fragen der Spätfolgen der Verseuchung der Luft durch Industrieabgase oder die Verseuchung der Gewässer durch Industrieabwässer. Denken wir weiter an die Frage der Lagerung radioaktiver Produkte oder auch an das Problem der Übervölkerung der Erde und die damit zusammenhängenden Ernährungsfragen.

Die Zukunftsforschung will versuchen, möglichst weit vorausschauend, Richtlinien für eine sinnvolle Entwicklung der Zivilisation zu geben und dabei die Rechte der Ungeborenen auf einen gesunden Lebensraum mit zu berücksichtigen.

Die hier angeführten Beispiele sind selbstverständlich nur ein kleiner Teil aus einer Unzahl von Problemen aus allen Wissenschaftsgebieten.

2. Was ist Friedensforschung?

Den meisten Menschen ist klar, wenn auch nicht immer bewußt, daß eine Zukunftssicherung nur sinnvoll ist, wenn der Menschheit der Frieden erhalten werden kann.

Durch die modernen Massenvernichtungsmittel ist ja die Möglichkeit der Auslöschung allen höheren Lebens gegeben. Die Frage der Friedenssicherung ist aber heute zu einem wissenschaftlichen Problem geworden. Es spielen dabei viele Wissenschaftsgebiete hinein. Da sind z. B. die Soziologie, die Psychologie, die Wirtschaftswissenschaft, die politischen Wissenschaften und die Naturwissenschaften. So hängt z. B. ein Abkommen über die Einstellung der unterirdischen Kernwaffenversuche davon ab, ob es gelingt, eine einwandfreie Nachweismethode zu finden. Dies ist aber ein naturwissenschaftliches Problem.

Die Abrüstung wirft viele wirtschaftliche und soziologische Fragen auf, die mit der Umstellung auf eine Friedenswirtschaft verbunden sind.

In den USA ist eine Liste von mehreren hundert Problemen aufgestellt worden, die alle von der Friedensforschung zu bearbeiten wären.

Aus dem Dargestellten geht hervor, daß Zukunfts- und Friedensforschung nur von einem Wissenschaftler-Team der verschiedenen Fachgebiete bearbeitet werden kann.

3. Wie kann eine erfolgreiche Tätigkeit erreicht werden?

Einige grundlegende Gedanken zu dieser Frage stammen von dem kanadischen Physiker Norman A l c o c k, die er in seiner Broschüre „Die Brücke der Vernunft" niedergelegt hat.

Alcock macht klar, daß eine wirksame Arbeit nur erwartet werden kann, wenn eine Mindestzahl von Wissenschaftlern auf diesem Gebiet hauptberuflich tätig sind. Er nennt diese Anzahl die „kritische Menge".

Weiter zeigt er, daß die Forschungsarbeit nur sinnvoll durchgeführt werden kann, wenn in jedem Land solche Forschungsstellen eingerichtet werden. Eine zentrale Forschungsstätte z. B. bei der UNO würde manches Problem zu einseitig sehen.

Forschungsstellen dieser Art bestehen schon in verschiedenen Ländern, z. B. in den USA, in Kanada, in Norwegen, in den Niederlanden (sogar ein Lehrstuhl) und in Japan.

In der Bundesrepublik existiert noch kein Institut.

Ebenso fehlt in weiten Kreisen der Bevölkerung die Vorstellung von diesen Aufgaben und ihrer Notwendigkeit. Das Vertrauen der Bevölkerung zu etwas Neuem ist meist nicht sehr groß. Und auch öffentliche Mittel sind erst zu erwarten, wenn bereits etwas geschaffen ist.

Die Bereitstellung von Mitteln, ganz gleich von welcher Stelle, wird im allgemeinen von bereits vorliegenden Ergebnissen abhängig gemacht. Ergebnisse können aber erst in größerem Umfange erarbeitet werden, wenn die Arbeit finanziert werden kann.

Die Gesellschaft hat also die anscheinend unlösbare Aufgabe, diesen Teufelskreis irgendwie zu durchbrechen und trotz dieser Schwierigkeiten Mittel für den Aufbau eines Forschungsinstituts zu beschaffen. ...

Auszug aus dem Vortrag von Prof. Dr. Linus Pauling am 2. Juli 1964 im Auditorium Maximum der Technischen Universität Hannover

... Wissenschaft steht in engen Beziehungen zu Moral und Frieden. Wissenschaft ist die Suche nach Wahrheit; sie ist nicht ein Spiel, in welchem man versucht, seinen Gegner zu schlagen oder anderes Ungemach zuzufügen. Wir brauchen den Geist der Wissenschaft im Verkehr zwischen Nationen, wir müssen den Verkehr und Umgang zwischen Nationen in das Bestreben umwandeln, die richtige Lösung zu finden, die gerechte Lösung von internationalen Problemen, nicht das Bestreben jeder Nation, ihren eigenen Vorteilen nachzugehen, abgesehen davon, wem dadurch Schaden zugefügt wird.

Die Welt hat sich drastisch geändert, speziell während des letzten Jahrhunderts durch die Entdeckungen der Wissenschaft. Unser Wissen und unsere Kenntnisse bieten uns die Möglichkeit, Armut und Hunger auszurotten, die Leiden, die uns durch Krankheit zugefügt werden, ganz bedeutend zu verringern und die Urquellen und Schätze der Erde in den Dienst der gesamten Menschheit zu stellen ...

Auszug aus dem 1. Prospekt der GFZFF (Oktober 1964)

Was ist Friedensforschung?

Friedensforschung ist die Anwendung fast aller Wissenschaftsgebiete auf das Problem des friedlichen Zusammenlebens der Menschheit.

Ein Fragebogen des Friedensforschungsinstituts Oslo nennt 18 Gebiete, so z. B. die Sozialwissenschaft, die Rechtswissenschaft, die politische Wissenschaft, die Wirtschaftswissenschaft, die Psychologie, die Verhaltensforschung, die Meinungsforschung und die Physik.

Dabei kommt es besonders auf die Zusammenarbeit der Wissenschaftler verschiedener Gebiete an.

Warum auch Zukunftsforschung?

Der Fortbestand der Menschheit ist nicht nur durch den Krieg bedroht. Heute müssen auf sehr vielen Gebieten Einzelentscheidungen getroffen werden, die schwerwiegende Folgen für spätere Generationen haben können. Denken wir z. B. an Übervölkerung, Luftverpestung, Automation usw.

Diese Folgen möglichst richtig einzuschätzen und Schäden durch Voraussicht zu vermeiden, ist die Aufgabe der Zukunftsforschung.

12 Thesen zur Zukunfts- und Friedensforschung

(Diese Arbeit ist im Heft 1/2/68 unserer Zeitschrift vollständig abgedruckt)

1. Die Menschheit befindet sich in einem naturwissenschaftlich-technischen und sozialen Entwicklungsprozeß, der schneller und schneller wird.
2. Unsere technische Welt bringt nicht nur einen höheren Lebensstandard für die Menschen, sondern bringt auch Gefahren, die die Vernichtung der gesamten Menschheit zur Folge haben können.
3. Zur Abwendung der Gefahr ist eine Stabilisierung der Entwicklung nötig.
4. Die technische Welt stabilisiert sich nicht von selbst, sie stabilisiert sich, soweit Menschen sie zu stabilisieren lernen. (C. F. v. Weizsäcker)
5. Die Beseitigung der Kriegsgefahr ist nur ein, allerdings ein wesentliches Stabilisierungsproblem.
6. Ursache der Kriege ist meist nicht der böse Wille. Es sind allgemeine Schwierigkeiten, die im menschlichen Wesen begründet und denen alle ausgesetzt sind.
7. Friede bedeutet heute nicht statische sondern dynamische Stabilität in der Menschheitsentwicklung.
8. Die Zusammenhänge, die heute über Stabilität oder Instabilität entscheiden, sind so kompliziert, daß nur mit wissenschaftlicher Arbeit Erfolge zu erwarten sind.
9. Friedensforschung kann nur in Verbindung mit einer allgemeinen Zukunftsforschung Ergebnisse bringen.
10. Für solche wissenschaftliche Arbeit mit ganz neuen Denkansätzen müssen Forschungsstätten in der Bundesrepublik erst geschaffen werden.
11. Wissenschaftliche Ergebnisse auf diesem Gebiet werden nicht von selbst wirksam, sondern müssen in Form von Ratschlägen an die Politiker und durch Erziehung und Aufklärung der Bevölkerung wirksam gemacht werden.
12. Jeder einzelne kann zur Stabilisierung beitragen, wenn er rational denken und handeln lernt und dabei aber das Wohl der gesamten Schöpfung berücksichtigt.

in: Lothar Schulze, Die Zukunft geht uns alle an, Eine Dokumentation von Äußerungen zum Thema Zukunfts- und Friedenssicherung 1965-1975 mit Dokumentation zur Vorgeschichte und Entwicklung der Gesellschaft zur Förderung von Zukunfts- und Friedensforschung 1958-1974.

Anhang 5: Grundsatzerklärung der Gesellschaft für Zukunftsfragen

Grundsatzerklärung der Gesellschaft für Zukunftsfragen e.V.[1)]

I. Warum Zukunftsforschung?

Heute haben Vorstellungen über die Zukunft eine unmittelbare politische und auch praktisch-wirtschaftliche Auswirkung: Entscheidungen der Parlamente, der Regierungen oder Unternehmen — und nicht zuletzt jedes einzelnen Bürgers — werden immer stärker von der Bewertung möglicher und wünschbarer Zukünfte beeinflußt.

Diese Aktualität der Zukunftsforschung und Zukunftsgestaltung ist im wesentlichen die Folgewirkung von vier Tendenzen:

a) einer starken Erweiterung, Vergrößerung und Verfeinerung der Kapazitäten für Produktion und Kommunikation. Auch in der nächsten Dekade wird das Bruttosozialprodukt der entwickelten Industrieländer um mindestens 50 % zunehmen; dadurch wird der Abstand zu den weniger entwickelten Ländern unvermeidlich größer werden;

b) der zum Teil rascher als früher verlaufende technische Wandel erfolgt nicht auf allen Ebenen und in allen Bereichen der Gesellschaft in gleicher Form oder mit gleicher Beschleunigung. Soziale, wirtschaftliche und politische Folge- und Nebenwirkungen bestimmter technologischer Neuerungen sind daher schwerer abzuschätzen. Entscheidungen müssen unter größerer Unsicherheit und rascher getroffen werden;

c) Fortentwicklung, Nutzung und Verarbeitung wissenschaftlicher Technologien erfordern immer größere, komplizierte und miteinander vernetzte Produktions-, Verteilungs- und Kommunikationssysteme. Dies führt zu einer immer größer werdenden Abhängigkeit und gegenseitigen Durchdringung von Wirtschaft, Wissenschaft und Politik, aber auch nationaler und internationaler Entscheidungsebenen, öffentlicher und privater Rollen. Voraussicht möglicher Entwicklungen von Zukünften oder „Soll-Bildern" ist ohne leistungsfähige Systemplanung nicht mehr möglich;

d) die Tendenzen a) bis c) mit allen ihren Folgeerscheinungen überfordern in vielen Fällen Institutionen und Entscheidungsprozesse in Staat und Gesellschaft. Es fehlt an Bewertungs- und Entscheidungsverfahren, die das Für und Wider bestimmter planerischer oder technologischer Optionen klar erkennen lassen und eine informierte Diskussion in der Öffentlichkeit ermöglichen. Zu oft erhalten Expertengremien oder Interessengruppen in Beratung der Regierung oder Industrie übergroßen Einfluß, der den Meinung vieler die Gestaltung der Zukunft einseitig festlegt oder nach Meinung anderer überholte wirtschaftliche und politische Strukturen technokratisch stabilisiert. Besonders durch die scharfe Kritik der jungen Generation herausgefordert, besteht die Aufgabe der Politik und Wissenschaft darin, den technologischen Fortschritt so zu disziplinieren, daß der Gewinn für Verbesserung des menschlichen Lebens, für Erweiterung von Optionen und Chancen in einer lebenswerten Umwelt optimiert und die vorhersehbaren nachteiligen Konsequenzen technologischer Entwicklungen so gering wie möglich gehalten werden.

Diese Entwicklungslinien

— verändern Form und Qualität vieler politischer und sozialer Institutionen;

— schärfen das Problembewußtsein vieler gesellschaftlicher Gruppen und Bürger mit der Folge, daß die soziale Nachfrage nach Information, Kommunikation und Bildung stürmisch ansteigt und weiter ansteigen wird;

— führen zu einer „Gleichzeitigkeit des Ungleichzeitigen", Altes und Neues prallen unvermittelt aufeinander; viele neue Konflikte entstehen;

— verlangen rasch verfügbare Problemlösungs-Kapazitäten, die jedenfalls die öffentliche Hand heute nicht zu mobilisieren vermag.

II. Aufgaben

Alles dies droht zu neuen politischen und sozialen Konflikten zu führen, die in Verlauf und Folgewirkung schwer abzuschätzen sind. Sollen die festgestellten Veränderungen der sozio-biologischen Umwelt — ausgelöst durch den technischen Fortschritt — nicht zu „ökologischen Katastrophen" (Hungersnöten in Entwicklungsländern, Kriegen, Verschmutzungsprozessen, „Zersiedlung" der Landschaft usw.) führen, müssen die Arbeits- und Entfaltungsfähigkeit der Kommunikations-, Verteilungs- und Produktionssysteme weiter verbessert werden. Ein auf die Zukunft, das heißt auf dynamische Entwicklung gerichteter Bezugsrahmen ist als Grundlage für die jetzt zu treffenden Entscheidungen notwendig.

Mögliche soziale, politische oder pseudo-biologische Folgen bestimmter technischer Entwicklungen müssen in alle Planungsüberlegungen rechtzeitig und systematischer einbezogen werden. D zu erreichen, ist eine der wichtigsten und dringlichsten Aufgaben der Zukunftsforschung.

Horizont und Ausmaß jeder Planung muß klares und allgemeinverständliches Formulieren von alternativen Planungsmodellen oder Politiken mitumfassen, das heißt Überprüfung, Analyse und Kritik der einzelnen Planungskonzepten zugrunde liegenden Wertvorstellungen. Durch die Zukunftsforschung wären soziale Experimente anzuregen und zu fördern, die der reale Möglichkeit neuer Optionen, neuer Wertvorstellungen oder neuer Entscheidungsverfahren konkret erproben. Solche Experimente können unter anderem Freizeit-Städte aus billigen, serienmäßig gefertigten neuen Baumaterialien, praxisbezogene, interdisziplinär arbeitende System-Laboratorien in Universitäten, der Entwurf von Wissenschaftsandschaften oder neue Formen der Mitverwaltung und aktiven Entscheidungsteilnahme in Industrie oder Verwaltung sein. Ein auf die Zukunft hin angelegter Zukunftsrahmen oder Entscheidungsspielraum braucht ferner neue Formen zugleich praxis- und öffentlichkeitsorientierter Planung. Nur so werden die Chancen für eine Lösung ganz unvorhergesehener politischer Konflikte verbessert (erinnert sei in diesem Zusammenhang an die Mai-Ereignisse 1968 in Frankreich oder die wilden Streiks im September 1969 in Deutschland oder Italien brachten).

Zukunft ist uns prinzipiell nur in unseren Vorstellungen und Wünschen gegeben. Sie kann nicht als Objekt von der wissenschaftlichen Prognostik, etwa wie Mond-Gesteinproben oder andere Forschungsobjekte der Naturwissenschaft, erschlossen werden. Durch Extrapolation bestimmter Trends, durch Antizipieren möglicher Entwicklungen und durch vielerart Modellüberlegungen können Materialien für in der Zukunft zu treffende Entscheidungen erarbeitet werden. Modelle ersetzen keine Entscheidungen, wenn auch jedes Modell möglicher oder wünschbarer Zukünfte bereits Entscheidungsparameter enthält, deren Satzung die später zu treffende Entscheidung beeinflußt. Für die Zukunftsforschung muß sich wie jede Wissenschaft dem Wahrheitsanspruch stellen, was aber bedeutet, sie muß politik- und gesellschaftsorientiert arbeiten. Dies kann nur in ständiger Argumentation in der Öffentlichkeit über „Soll-Bilder", die Folgewirkungen bestimmter Entscheidungen oder Maßnahmen erfolgen, das heißt Zukunftsforschung muß so eng wie möglich mit den politischen Willensbildungs- und Entscheidungsprozeß gekoppelt sein.

Danach ist es im einzelnen Aufgabe der Zukunftsforschung:

a) Grunddaten über einzelne technische, wirtschaftliche und gesellschaftliche Tatbestande bereitzuhalten, die ständig auf den letzten Stand zu bringen und in einer Form verfügbar zu halten

---

[1)] Sonderinformation v. 6. 11. 1969, bearbeitet von Peter Menke-Glückert.

sind, die verschiedenartige Auswertung und Anwendung möglich machen. Dazu gehören Daten der Verkehrsdichte, Umwelt- und Lebensbedingungen ebenso wie Vorstellungen und Verhaltensweisen gesellschaftlicher Gruppen. Aus solchen Grunddaten kann das vorhandene technische Entwicklungspotential, aber auch Art und Umfang zu lösender Probleme und Konflikte erschlossen werden:

b) mit Hilfe mathematischer Methoden Grunddaten zu **extrapolieren**, etwa über Energieverbrauch oder Freizeitverhalten in der Zukunft; unter Verwendung von Grunddaten **Modelle möglicher oder wünschbarer Zukünfte** zu entwerfen oder in ihren wahrscheinlichen Folgen zu analysieren oder zu simulieren. Zugleich wird auf diese Weise Wissen über Abhängigkeit und Beziehungen zwischen verschiedenen Systemen oder Systemteilen (aber auch zwischen Basis- und Folgesystemen) an Politik, Wirtschaft und Öffentlichkeit vermittelt. Zukunftsforschung zeigt zum Beispiel mögliche Interaktionen zwischen sozialen, wirtschaftlichen, technischen und psychologischen Faktoren auf, was zugleich zu einer kritischen Analyse (oder auch nur Bewußtmachung) der einzelnen Basis- und Folgesystemen zugrunde liegenden gesellschaftspolitischen, gesamtwirtschaftlichen und technischen Voraussetzungen führt. Zum Beispiel liegt dem Basissystem Automobilindustrie und den darauf beruhenden Folgesystemen Straßenbau, Verkehrspolizei, Unfallschutz-Regelung, Versicherungen, Maßnahmen gegen Luftverschmutzung usw. ein ganzes Geflecht von wirtschaftlichen Interessen (etwa der Ölindustrie), des einzelnen Bürgers (als Autofahrer) oder der öffentlichen Hand (die Regelungen für Vermeidung von Unfällen und Luftverschmutzung treffen muß) zugrunde.

c) Aufgabe der Zukunftsforschung ist es insbesondere, die den Planungskonzepten und -entscheidungen zugrunde liegenden **Wert- und Soll-Vorstellungen zu analysieren.** Zukunftsforschung steckt den Entscheidungsspielraum für die Verwirklichung politischer, wirtschaftlicher und sozialer Ziele in der technischen Entwicklung ab, was zugleich eine kritische Analyse gesellschaftlicher Interessen und institutioneller Widerstände gegen die Verwirklichung bestimmter Ziele oder „Soll-Bilder" ist.

III. Wie arbeitet die Zukunftsforschung?

Zukunftsforschung kann nur **interdisziplinär** arbeiten. Ihre Methoden sind häufig nicht nur denen der experimentellen Naturwissenschaften ähnlich, sondern teilweise auch denen der Philosophie (Systemkritik), der empirischen Sozialwissenschaften (Systembeschreibung), Mathematik (System-Theorie) oder Kybernetik (System-Entwurf). Zukunftsforschung ist immer zugleich angewandte Systemwissenschaft und kritische Reflektion über Wertvorstellungen in der Gesellschaft und in gesellschaftlichen Gruppen. Sie sucht in möglichst umfassender Weise, Gesamtzusammenhänge aufzuzeigen, also möglichst Beziehungen zwischen Systemteilen und Faktoren darzustellen (stets auch in ihren möglichen Veränderungen). Zugleich beobachtet sie **Trends** mit allen ihren sozialen, politischen und wirtschaftlichen Konsequenzen und legt zu diesem Zweck Datenbanken an, die ein ständiges Verfolgen aller Auswirkungen technischer Neuerungen ermöglichen. Zukunftsforschung vermittelt insofern den Änderungshorizont und Entscheidungsspielraum für die Übertragung technischen Wissens, bestimmter Wertvorstellungen oder politischer Ziele in wirtschaftliche, soziale und politische Wirklichkeit. Sie hat unter anderem auch die Aufgabe, bewußt zu machen, was geschehen würde, wenn in bestimmten Fällen keine Entscheidungen getroffen werden, das heißt keine Überlegungen zu den möglichen Folgewirkungen bestimmter Ist-Zustände angestellt werden.

Wichtigstes Ergebnis der methodischen Überlegungen zur Zukunftsforschung ist die Einsicht, daß die bisherigen wissenschaftlichen Arbeitsformen — hauptsächlich zur Beschreibung von Fakten oder Hypothesen über Zusammenhänge zwischen Fakten — nicht ausreichen, um auch nur die Fragestellung der Zukunftsforschung zu formulieren. Verschiedene Disziplinen, große Gruppen von Spezialisten und häufig auch ein großer technischer Aufwand sind erforderlich, um zum Beispiel das System „Stadt der Zukunft" oder „Gesamtschule der Zukunft" mit allen Unter-Systemen und Abhängigkeiten zwischen einzelnen Systemteilen darzustellen. Technologische Grundsysteme und die unterstützenden Folgesysteme in ihren zukünftigen Abhängigkeiten vorauszuschätzen, ist nur unter Zuhilfenahme elektronischer Datenverarbeitung und unter Mitwirkung vieler Experten möglich. Nur ausreichend finanzierte Institute mit einem kontinuierlich arbeitenden Stab von Wissenschaftlern sind hierzu in der Lage.

Planung der Zukunft muß aber auch verstanden werden in all den Beziehungen und Konsequenzen, die jede Planungsentscheidung für den einzelnen Bürger und soziale Gruppen hat oder haben wird. In vielen Fällen wird es notwendig sein, Planungen auf vielen Ebenen vorzubereiten, um eine möglichst große Beteiligung aller Bürger an Planungsprozessen und an der Auswahl wünschbarer Zukünfte möglich zu machen. Für System-Entwürfe und deren öffentliche Kritik (auch der diesen Entwürfen zugrunde liegenden Wertvorstellungen) sind neue Arbeitsformen der Forschung erforderlich. Zukunftsforschung muß die Arbeitsergebnisse vieler Disziplinen integrieren und ein neues „Theorie-Praxis-Verständnis" entwickeln. Unter anderem kann die arbeitsteilige Großforschung hierfür Hinweise geben.

Zukunftsforschung kann im wesentlichen in drei Arbeitsgebiete (oder Teil-Disziplinen) unterteilt werden, die alle Theorie und Praxis in neuer Weise zu verkoppeln versuchen:

a) **Methoden und Techniken der Vorausschau**
(technological assessment and mechanisms)
Hierzu gehören alle methodischen Überlegungen zu verschiedenen Prognose-Techniken wie Delphi- oder Szenario-Methode, Entscheidungsbäume, Sensitivitätsanalyse mit Hilfe von Simulationsverfahren einschließlich der Verfahren der Dokumentation, Datensammlung und -speicherung von Zukunftsentwürfen oder Daten über vollständige soziale, technische, wirtschaftliche, politische und ähnliche Systeme in allen ihren Abhängigkeiten. Methoden- und Ideologie-Kritik, wie in der Unter-Disziplin „Zukunftstheorie" oder „Vorhersage-Methoden" erforderlich sind, gehören zur Grundlagenforschung, teilweise zur Sozialtheorie oder Philosophie.

b) **Gewichtete Zukunftsbeschreibung**
(focal points for future technology transfer)
In dieser Unter-Disziplin wären die Modelle alternativer Zukünfte darzustellen, das heißt die verschiedenen Prognose-Techniken auf konkrete Fälle anzuwenden: etwa in der Schilderung wahrscheinlichen zukünftigen Freizeitverhaltens, alternativer zukünftiger Transportsysteme, zukünftiger Erziehungssysteme oder auch Zukünfte der Verwaltung oder internationaler Organisationen etc.

c) **Zukunfts-Management und -gestaltung**
(patterns of response and action)
In dieser Unter-Disziplin wäre die Entscheidungsverfahren und „-abläufe" zu beschreiben, die erforderlich sind, um wichtige Zukunfts-Entwürfe zu verwirklichen („gewollte Zukünfte") oder auch um durch konkrete Maßnahmen — wie etwa Gesetze, neue Institutionen, neue Formen der Erziehung usw. — Konsequenzen bestimmter prognostischer Zukunftsentwicklungen abzuwenden („vermeidbare Zukünfte") oder die Öffentlichkeit auf Konsequenzen neuer Technologien in Lernprozessen vorzubereiten bzw. Befürchtungen und Wünsche gesellschaftlicher Gruppen dabei stärker einzubeziehen („erprobte Zukünfte").

Die sehr verschiedenartigen Probleme, die in den Unter-Disziplinen der Zukunftsforschung behandelt werden, erfordern jeweils unterschiedliche Arbeitsformen der Forschung, zum Beispiel wird die Art der theoretisch-akademischen Forschung bei der Methoden-Analyse in anderen Formen organisiert werden müssen als etwa die Forschungsaktivitäten unter b) und c). Oft werden neue Institute gebraucht, die sehr eng mit der politischen Öffentlichkeit, besonders den Kirchen, Gewerkschaften, politischen Parteien und anderen gesellschaftlich und politisch relevanten Gruppierungen zusammenarbeiten müssen; ferner muß in enger Kontakt zur staatlichen Administration und Institute bestehen. Alle Zukunftsforschungs-Institute sollten ein Höchstmaß an finanzieller und geistiger Unabhängigkeit garantiert erhalten, um unsachliche Einflußnahmen und Pressionen abwehren zu können.

Wichtig ist die **Verfügbarkeit datenverarbeitender Anlagen** für Anlegung von Informationssystemen und Datenbanken, für die Durchführung von weit gespannten Simulationen, für das Durchrechnen analytischer Modelle, Durchspielen von Alternativen in Entscheidungsspielen oder „operational gaming". Es ist erforderlich, daß die Zukunftsforschung stärker institutionalisiert wird, damit sie ständig und kontinuierlich Forschungsprojekte durchführen kann und daß sie Zugang zu Informationen in allen Stufen und Bereichen der Gesellschaft hat.

Eine notwendige Voraussetzung hierfür ist der Entwurf von miteinander verbundenen **Informationssystemen für den öffentlichen und privaten Sektor.** Erst das wird es möglich machen, die verschiedenen Entwicklungstendenzen in der Industrie-Gesellschaft auf ihre Voraussetzungen oder Konsequenzen hin zu analysieren. Unerwunschte Entwicklungstendenzen können frühzeitig erkannt und, wo erforderlich, korrigiert bzw. vermieden werden. Wünschbare Zukünfte können antizipiert, in der Öffentlichkeit diskutiert oder in Modell- und Planspielen simuliert werden. Nicht nur diejenigen Zukunftsalternativen sollten dabei durchdacht werden, bei denen beim Entscheidungsträger oder bei Gegnern einer ins Auge gefaßten Entscheidung konkrete Zweifel bestehen. Mindestens ebenso wichtig sind solche Forschungsprojekte, die die allgemeine Aufmerksamkeit nicht nur auf die Dinge lenken, welche nicht in der Literatur oder in Parlamenten diskutiert werden, aber denen große Bedeutung für die Zukunft aller Voraussicht nach zukommen wird. Die Probleme sollten nicht immer erst dann in Angriff genommen werden, wenn sie sich nicht länger hinausschieben lassen und die Dinge inzwischen soweit gediehen sind, daß die Entscheidungsfreiheit durch geschaffene Tatsachen bereits weitgehend eingeschränkt ist. Arbeitet Zukunftsforschung in dieser Weise, kann die Änderung von Wertvorstellungen, Zielen und ganzen Systemen geregelt erlernt und geübt werden. Wichtig ist dabei oft nicht die Anpassung, das Vermeiden von Konflikten, sondern das bewußte Erzeugen unterschiedlicher Wert- oder Zielvorstellungen, um einen Bewertungs- und Lernprozeß in Gang zu setzen. Je nach ihrer Problemstellung werden die einzelnen Zukunftsforschungs-Institute ein jeweils verschieden intensives Verhältnis zur Praxis zu entwickeln haben.

IV. Spezielle Aufgaben in der Bundesrepublik

Die bisherige Entwicklung der Zukunftsforschung in der Welt hat trotz der Fülle der in wenigen Jahren geleisteten Arbeit große Lücken gelassen, die von den erst jetzt ihre Tätigkeit aufnehmenden deutschen Instituten der Zukunftsforschung besonders berücksichtigt werden sollten. Unter anderem gilt dies für die Prognose der Zukünfte unserer **Bildungssysteme** sowie für die **gesellschaftliche Vorausschau** („social forecasting"), die sich mit Bedingungen und zukünftigen Wertbildern sozialer Institutionen und menschlicher Gemeinschaften beschäftigt; ferner für das bisher nur wenig erforschte Gebiet der **menschlichen Vorausschau** („human forecasting"), das sowohl künftige Gefährdungen als auch Erweiterungen physischer wie psychischer Fähigkeiten des Menschen zum Gegenstand hat. Ökonomische und technische Vorhersage („economic and technological forecasting") könnten auf diese Weise ergänzt und teilweise korrigiert werden.

Ein gutes Beispiel für die Form, wie Probleme der Zukunftsforschung behandelt werden sollten, ist der für 1972 geplante Kongreß der Vereinten Nationen „Der Mensch und seine Umwelt" („Man and his environment") oder das Arbeitsprogramm des amerikanischen „Institute for the Future"?). In beiden Fällen wird die Methode praxisbezogener Systemanalyse dazu verwandt, einen Lernprozeß bei Entscheidungsträgern in Politik und Wirtschaft auszulösen. ¹ auch nur einigermaßen mit der Entwicklung in anderen Ländern. Schritt halten zu können, sind in der Bundesrepublik Deutschland mindestens fünf Zentren der Zukunftsforschung, und zwar für Methodenfragen, ferner für gesellschaftliche, menschlich-biologische, ökonomische und technische Vorhersage erforderlich. Der Aufbau dieser fünf Institute würde in der Anlaufphase Fördermittel im Umfang von insgesamt mindestens 100 Millionen DM bis 1973 erfordern, die in die mittelfristige Finanzplanung des Bundes einzustellen wären. Dies entspräche weniger als der Hälfte eines Hundertstel Prozents des jetzigen Bruttosozialproduktes.

⁷) → a & p 5, S. 26.

Förderung der Zukunftsforschung
Vorschlag der Gesellschaft für Zukunftsfragen e. V.
an die Regierung der Bundesrepublik Deutschland

Die Regierungserklärung der neuen Bundesregierung erweckt die Hoffnung, daß nunmehr die Chance besteht, auch in der Bundesrepublik Zukunftsforschung im erforderlichen Umfang zu betreiben. Die Gesellschaft für Zukunftsfragen e. V., in der sich Vertreter unterschiedlicher politischer, sozialer und wissenschaftlicher Gruppierungen in dem Bemühen zusammengefunden haben, die Zukunftsforschung in der Bundesrepublik zu fördern, hält deshalb den Zeitpunkt für gekommen, durch ihr Aktionskomitee der Bundesregierung und dem Bundestag folgenden Vorschlag, der trotz der gegebenen Meinungs- und Interessenunterschiede eine Übereinkunft aller darstellt, vorzulegen.

I. Aufgaben der Zukunftsforschung

Zukunftsforschung muß sich auf alle Bereiche der Gesellschaft erstrecken. Ohne jeden Anspruch auf Vollständigkeit werden im folgenden stichwortartig Arbeitsgebiete genannt, in denen Zukunftsforschung neu ansetzen oder aber intensiviert werden müßte. Dabei wird Forschung grundsätzlich als interdisziplinäre Bemühung verstanden. So gut wie jedes Stichwort bezeichnet Probleme, die gegebenenfalls nur durch mehrere Forschungsvorhaben geklärt werden können.

1. Grundlagen

Wichtigste Aufgabe ist der Aufbau einer zentralen und öffentlichen **Datenbank** für wissenschaftliche Dokumentation und Statistik. Daneben müssen weitere Datenbanken für Spezialgebiete, wie z. B. Statistik, Forschungsplanung, Regionalplanung, Bildungsplanung, Recht oder Arbeitsmarktpolitik, geschaffen werden, die ein formalisiertes Informationssystem ermöglichen. Dabei kommt es darauf an, daß die Datenbanken benutzerfreundlich sind, also leichtes Abfragen möglich machen. Desgleichen ist die Errichtung einer mindestens nationalen, noch Möglichkeit besser einer internationalen **Programmbibliothek** erforderlich.

Schließlich muß eine **gesellschaftliche Gesamtrechnung** (als Analogie zur volkswirtschaftlichen Gesamtrechnung) zur Erfolgskontrolle politischen Handelns entwickelt werden, die eine Gegenüberstellung zwischen sozialen Erträgen und Aufwendungen ermöglicht. In diesem Zusammenhang ist die datenmäßige Erfassung von **sozialen Indikatoren** ebenso dringend, wie die Weiterentwicklung von wichtigen Instrumenten der Zukunftsforschung:

Kybernetik, Systemanalyse, Prognosetechnik, Simulationstechnik, wissenschaftliche Programmierung, Entscheidungstheorie, Spiel-

Was Zukunftsforscher denken - Ergebnisse einer Expertenbefragung

Weert Canzler

Einleitung

Im Rahmen der Untersuchung zur Lage der Zukunftsforschung in der Bundesrepublik wurden in den Jahren 1988 und 1989 eine Reihe von Expertengespräche bzw. schriftliche Befragungen durchgeführt. Die Auswahl der Experten stellt eine heterogene und interessante Mischung von Zukunftsforschern dar, sie erhebt nicht den Anspruch, die "Zunft der Zukunftsforscher" hinreichend zu repräsentieren. Die Interviews mit 27 Experten, die im Rahmen der Zukunftsforschung und Zukunftsgestaltung eine besondere Rolle spielen, wurden nach einem Leitfaden mit insgesamt 19 Fragen geführt, der die vier folgenden inhaltlichen Schwerpunkte behandelt:

- Zur Situation der Zukunftsforschung in der Bundesrepublik
- Zentrale Themen und Methoden der Zukunftsforschung
- Zukunftsforschung im internationalen Vergleich
- Perspektiven der Zukunftsforschung

Die einzelnen Fragen zielten in erster Linie auf die Lage der Zukunftsforschung in der Bundesrepublik und auf ihre thematischen und institutionellen Defizite. Die einzelnen Fragestellungen sind entsprechend dem Leitfaden in der folgenden Auswertung als thematische Zwischenüberschriften gekennzeichnet. Es wurden nicht alle Fragen in gleicher Ausführlichkeit und von allen Befragten beantwortet. Insofern spiegelt der Umfang der einzelnen Zwischenkapitel die Bedeutung der einzelnen Themen in den Experteninterviews wider. Die Fragen nach der Zukunftsforschung im internationalen Vergleich sind nur lückenhaft beantwortet. Gerade die jüngsten Entwicklungen im ehemals sozialistischen Lager - die Auflösung des Ostblocks sowie das Ende der DDR in der deutschen Vereinigung einerseits und die

Niederschlagung der Reformbewegung in China andererseits - sind selbstverständlich in den Antworten aus den Jahren 1988 und 1989 nicht berücksichtigt. Die dramatischen weltpolitischen Umwälzungen zu Beginn der 90er Jahre fanden darüber hinaus in den Fragen und Antworten zu den zentralen Themen der Zukunftsforschung keinen Niederschlag, wenngleich der Nord-Süd-Konflikt und die Herausbildung einer neuen Welt-(Un)Ordnung im Themenkatalog der Antworten enthalten sind. Seit Beginn der 90er Jahre hat sich allerdings eine dramatische Verschiebung der globalen Konfliktlinien ergeben. Die Bemühungen um "Unsere gemeinsame Zukunft" - wie der Titel der deutschsprachigen Ausgabe des Berichts der Brundtlandt-Kommission lautet - und die Durchsetzung einer "nachhaltigen Entwicklung" in der von Elend, Hunger und von ökologischen Katastrophen bedrohten Welt sind offensichtlich noch dringlicher geworden.

Die Interviews wurden anhand des Leitfadens teils mündlich und teils schriftlich durchgeführt. Die Namen der Interviewten werden bei jeder zitierten Äußerung im Text hervorgehoben. Die folgende Liste der befragten Experten zeigt die unterschiedlichen biographischen und institutionellen Hintergründe der Befragten und deutet bereits eine breite Palette von Positionen und Sichtweisen an:

- **Dr. Hartmut E. Arras**, Syntropie-Stiftung Basel/Schweiz, ehemaliger Mitarbeiter der Prognos AG
- **Prof. Dr. Arnim Bechmann**, Hochschullehrer am Institut für Landschaftsplanung der Technischen Universität Berlin und geschäftsführender Direktor des Instituts für ökologische Zukunftsperspektiven Barsinghausen
- **Prof. Dr. Peter C. Dienel**, Hochschullehrer am Fachbereich Gesellschaftswissenschaften der Bergischen Universität Gesamthochschule Wuppertal, Forschungsstelle Bürgerbeteiligung und Planungsverfahren
- **Prof. Dr. Meinolf Dierkes**, Leiter der Abteilung "Organisation und Technikgenese" am Wissenschaftszentrum Berlin und Hochschullehrer an der Technischen Universität Berlin, Mitglied der Enquete-Kommission "Einschätzung und Bewertung von Technikfolgen" des Deutschen Bundestages

- **Prof. Dr. Ossip K. Flechtheim**, emer. Hochschullehrer und Ehrendoktor am Fachbereich Politische Wissenschaften der Freien Universität Berlin, Ehrenvorsitzender des Aufsichtsrats des Instituts für Zukunftsstudien und Technologiebewertung (IZT)
- **Dr. Katrin Gillwald**, Wissenschaftliche Mitarbeiterin in der Arbeitsgruppe Sozialberichterstattung beim Präsidenten des Wissenschaftszentrums Berlin (WZB) und einzige Frau in der Gruppe der Befragten
- **Dr. Peter H. Helms**, Sozial- und Wirtschaftshistoriker, lebt und arbeitet als freier Wissenschaftsjournalist in Köln, USA-Experte
- **Dr. Rolf Hohmann**, Sekretär der World Futures Studies Federation für Europa und früherer Mitarbeiter am Gottlieb-Duttweiler-Institut in Rüschlikon (Zürich)
- **Dr. Joseph Huber**, Sozialwissenschaftler und Privatdozent am Fachbereich Politische Wissenschaften an der Freien Universität Berlin, Mitglied der Wiener Akademie für Zukunftsfragen
- **Prof. Dr. Martin Jänicke**, Hochschullehrer am Fachbereich Politische Wissenschaften an der Freien Universität Berlin - Forschungsstelle Umweltpolitik, ehemaliger Mitarbeiter der Planungsabteilung im Bundeskanzleramt
- **Prof. Dr. Robert Jungk**, Hochschullehrer an der Technischen Universität Berlin, Publizist und Begründer der Zukunftsforschung und -gestaltung, Direktor der Salzburger Bibliothek für Zukunftsfragen
- **Claus Koch**, ehemaliger verantwortlicher Redakteur der Zeitschrift "atomzeitalter", lebt und arbeitet als Publizist und Wissenschaftsjournalist in Berlin
- **Dr. Gerhard Kocher**, Unternehmensberater, Herausgeber sowie Redakteur der Zeitschrift "Zukunftsforschung" und Sekretär der Schweizerischen Vereinigung für Zukunftsforschung
- **Prof. Dr. Helmut Krauch**, Hochschullehrer am Fachbereich Produktdesign an der Gesamthochschule Kassel, ehemaliger Leiter der Studiengruppe für Systemforschung e. V. in Heidelberg
- **Dr. Hans-Peter Lorenzen**, Ministerialrat, Leiter des Referats Innovationsförderung/Mikroperipherik im Bundesministerium für Forschung und Technologie
- **Dr. Christian Lutz**, Direktor des Gottlieb-Duttweiler-Instituts in Rüschlikon (Zürich) und Präsident der Schweizerischen Vereinigung für Zukunftsforschung

- **Prof. Dr. Peter Mettler**, Hochschullehrer am Fachbereich Sozialwissenschaften der Fachhochschule Wiesbaden
- **Werner Mittelstaedt**, Vorsitzender der Gesellschaft für Zukunftsmodelle und Systemkritik e. V. und Herausgeber der Zeitschrift "Blickpunkt Zukunft" in Gelsenkirchen
- **Dr. Norbert R. Müllert**, Zukunftswerkstätten für Soziale Kreativität, Erfindungen und soziale Innovationen Ratingen, Mitbegründer der Methode der Zukunftswerkstätten
- **Dr. Lothar Schulze**, langjähriger Vorsitzender der Gesellschaft für Zukunfts- und Friedensforschung e. V. Hannover (GFZFF) und Vorstandsmitglied der Gesellschaft für Zukunftsfragen e. V. (GfZ)
- **Prof. Dr. Rolf Schwendter**, Hochschullehrer an der Gesamthochschule Kassel, Herausgeber des "Rundbriefs Soziale Innovationen" und Leiter des Projekts "Soziale Innovationen"
- **Prof. Dr. Udo Ernst Simonis**, Forschungsprofessor Umweltpolitik am Wissenschaftszentrum Berlin
- **Dr. Otto Ullrich**, Sozial- und Ingenieurwissenschaftler, Mitglied in der Enquete-Kommission "Einschätzung und Bewertung von Technikfolgen" des Deutschen Bundestages, Mitarbeiter des Instituts für ökologische Wirtschaftsforschung in Berlin
- **Prof. Dr. Peter Weingart**, Hochschullehrer im Zentrum für interdisziplinäre Forschung der Universität Bielefeld, Mitglied der Expertenkommission "Früherkennung" beim Bundesministerium für Forschung und Technologie
- **Prof. Dr. Ernst U. v. Weizsäcker**, Direktor des Instituts für Europäische Umweltpolitik Bonn, seit Beginn des Jahres 1991 Direktor des neugegründeten Instituts für Klima, Umwelt und Energie des Wissenschaftszentrums NRW in Wuppertal
- **Christian Wend**, Mitbegründer des Netzwerks Selbsthilfe Berlin und Initiator zahlreicher Zukunftswerkstätten, arbeitet im Bundesministerium für Jugend, Familie, Frauen und Gesundheit
- **Dr. Peter Wiedemann**, Mitglied der Programmgruppe Technik und Gesellschaft im KFA Forschungszentrum Jülich

Am Ende der Auswertung der Gespräche erfolgt eine Zusammenfassung der wichtigsten Ergebnisse. In der Zusammenfassung werden sowohl die übereinstimmenden als auch die kontroversen Positionen der befragten Experten zu den aufgeführten inhaltlichen Schwerpunkten herausgehoben.

Die Gesprächspartner bemühen sich in vielen Fällen zunächst um eine Eingrenzung der Begriffe Zukunftsforschung und langfristige Politikberatung. Die allgemeine Definition, nach der Zukunftsforschung "eine Forschungsrichtung (ist), die sich mit langfristigen Entwicklungen in Gesellschaft und Natur beschäftigt" (**Joseph Huber**), wird in einzelnen Gesprächen erweitert. **Martin Jänicke** führt aus: "Meiner Meinung nach müssen bei der Zukunftsforschung zwei Kriterien vorhanden sein, damit es nicht uferlos wird. Erstens eine umfassende und empirisch abgesicherte Vorstellung von dem, was sich in Zukunft ergeben wird, zweitens die normative Seite, nämlich die Bewertung von abgesicherten empirischen Entwicklungen".

Vielfach wird der interdisziplinäre Charakter der Zukunftsforschung als konstitutiver Bestandteil betont. "Zukunftsforschung arbeitet ausschließlich interdisziplinär" (**Werner Mittelstaedt**). **Lothar Schulze** fügt eine dezidiert normative Definition hinzu und benennt damit sogleich die für ihn wichtigsten Themenfelder: "Früher habe ich Zukunftsforschung so definiert: Zukunftsforschung soll die Frage beantworten: Was müssen wir heute tun, damit morgen noch eine Welt existiert, in der sinnvolles Leben möglich ist? Später habe ich die Frage dann ergänzt und den Akzent auf die Ergänzung verschoben: Was müssen wir heute tun, bzw. was dürfen wir nicht tun...? Diese Fragestellung schließt natürlich sehr vieles ein, das aber immer auf diese Grundfrage hin zu behandeln wäre. Wir brauchen Prognosen über zukünftige Entwicklungen, z. B. auch die Weltmodelle des Club of Rome und anderer. Wir brauchen Utopien, wie eine zukünftige lebenswerte Welt aussehen könnte. Wir brauchen auch Planung über das Vorgehen. Wir brauchen selbstverständlich auch die Technologiebewertung".

Warum ein "Vorauswissen" nötig und deshalb wissenschaftlich-institutionell organisiert werden muß, erklärt **Otto Ullrich**: "Noch zu Beginn der Industrialisierung konnte man sich mit der Ingenieurkunst über Wasser halten. Es galt das trial-and-error-Prinzip. Das geht nicht mehr. Das ist kein akzeptierbares Verfahren mehr, weil der erste Versuch der letzte Irrtum sein könnte. Deshalb ist gerade Zukunftsforschung für die weitausgreifenden Techniken unabdingbar".

1. Zur Situation der Zukunftsforschung in der Bundesrepublik

Die institutionelle Lage der Zukunftsforschung

In allen Antworten der befragten Experten zur Lage der Zukunftsforschung in der Bundesrepublik wird der Widerspruch zwischen einem gewachsenen Bedürfnis nach langfristigen Studien und der Ende der 80er Jahre faktisch nichtexistenten institutionalisierten Zukunftsforschung in der Bundesrepublik hervorgehoben. **Jänicke** nennt einen augenfälligen Aspekt des Widerspruchs: "Das Paradoxe in der Bundesrepublik ist, daß gerade das publizistische Interesse an Zukunftsthemen sehr groß ist. Antworten auf Zukunftsfragen gibt es entweder gar nicht oder sie sind selten und sehr dürftig. In der etablierten Wissenschaft ist die Notwendigkeit von Zukunftsforschung schließlich überhaupt keine Frage". **Ossip K. Flechtheim** antwortet auf die Frage nach der allgemeinen Lagebeschreibung der Zukunftsforschung: "Ich kann nur sagen, da ist im Augenblick nicht viel". **Peter Mettler** faßt die bundesdeutsche Lage der Zukunftsforschung zusammen: "Die Situation in der Bundesrepublik ist außerordentlich desolat und trist. Eine institutionalisierte oder von offiziellen Förderungsinstitutionen betriebene Zukunftsforschung gibt es nicht. Die vielen kleinen Gruppen und Grüppchen sind hingegen schwer zu erfassen". **Norbert Müllerts** kurze und bündige Antwort: "Deutsche Zukunftsforschung spielt keine Rolle". Übereinstimmend wird die Lage der deutschen Zukunftsforschung als höchst defizitär betrachtet. **Jänicke:** "Ich halte den Zustand für katastrophal. Es gibt in der BRD kein institutionelles Zentrum der Zukunftsforschung. Es gibt in der Bundesrepublik auch keine politisch motivierte Nachfrage nach Ergebnissen der Zukunftsforschung. Kurz: Es gibt keine feste Adresse".

Die Ausstattung der Zukunftsforschung im Hinblick auf die politische Nachfrage nach Zukunftsstudien ist nach Ansicht des in der Schweiz arbeitenden Wissenschaftlers **Hartmut E. Arras** völlig unzureichend: "Ich halte die Austattung für zu gering. Zumindest in dem Bereich, in dem ich tätig bin - also eher die Arbeit mit und an Szenarien - gibt es viel zu wenig Möglichkeiten der Tätigkeit und der Anwendung". Aus der Sicht von **Meinolf Dierkes** findet man derzeit einen Silberstreif am Horizont. Ein ökonomischer, sozialer und politischer Horizont des "Europa 1992": "Mein Gefühl ist, daß so in den späten 70er Jahren das Interesse an langfristigem Denken in Optionen für die Zukunft sowohl in der Politik als auch in der Wirtschaft verschwand. Es hielt sich vielleicht in Nischen von sozialen Bewegungen. Mein Eindruck war, daß die Entscheidungsträger relativ kurzfristig orientiert waren. Deshalb sehe ich im Augenblick auch keine professionelle Zukunftsforschung in der Bundesrepublik. Seit dem letzten halben Jahr - also ein relativ neuer Trend - beobachte ich ein stark wachsendes Interesse an Zukunftsfragen in der Wirtschaft. Das Interesse verspricht Neuerungen. Der Staat braucht dann immer ein bißchen mehr Zeit als die Wirtschaft. Ich habe mich gewundert, wieviele Leute nach dem Wachwerden der Diskussion um 1992 und danach den Rattenschwanz an Fragen, die mit 1992 zusammenhängen, z. B. die Entwicklung der Europäischen Sozialpolitik, aufnehmen". Dierkes verweist in diesem Zusammenhang auf die Evangelischen Akademien, in denen bisweilen intensive Diskussionen über die erwähnten Zukunftsthemen in der Bundesrepublik geführt werden.

Auch die Einrichtungen, die für Langfriststudien und Zukunftsforschung prädestiniert sind, beschäftigen sich nur in seltenen Fällen mit zukunftsbezogenen Forschungen. **Jänicke** zählt die bestehenden Einrichtungen auf: "Die großen Institute: Fehlanzeige. Das Wissenschaftszentrum Berlin: Fehlanzeige. Die Planungsämter der Regierung: Fehlanzeige". **Müllert** kommt zum gleichen Schluß: "Die Ausstattung ist gleich Null, wenn nicht die Anhängsel bei verschiedenen Institutionen, Unternehmen und die Privatinitiative von einigen engagierten Personen einbezogen werden". Für den Bereich Technikfolgenabschätzung, der als zentraler Teil von Zukunftsforschung definiert wird, sieht **Helmut Krauch** durchaus Kapazitäten in der Bundesrepublik: "Der von mir ehemals ins Leben gerufene und geleitete Bereich der früheren Studiengruppe für Systemforschung ist als Teil des Kernforschungszentrums Karlsruhe sehr aktiv in der Technologiebewertung tätig und wirksam. Es wird zwar noch die Bezeichnung Technologiefolgenabschätzung benutzt, in Wirklichkeit weiß man aber und versucht man auch, Technologien frühzeitig zu entwerfen und ihre Integrationsmöglichkeiten abzuschätzen und nicht mehr nur die Folgen". **Peter Wiedemann** berichtet von TA-Aktivitäten auch in der Kernforschungsanlage Jülich. Überdies wird in Anfängen in der KfA Jülich in der Programmgruppe Technik und Gesellschaft im Rahmen der Risikokommunikationsforschung sowohl eine Forschung zukünftiger Konfliktfelder in der bundesrepublikanischen Gesellschaft als auch zukünftiger konfliktvermeidender Politikmodelle betrieben. Auf dem Feld der Langzeit-Prognosen, das als wichtiger Teil der Zukunftsforschung zu betrachten ist, ist nur wenig zu finden. **Jänicke**: "Insgesamt ist das Feld der Prognosen dünn besiedelt. Das DIW macht Langzeit-Wirtschaftsprognosen, aber sonst gibt es kaum etwas. Vor allem institutionell ist die Zukunftsforschung in der Bundesrepublik sehr schwach entwickelt. Es gibt kein Forum der Integration von Einzelforschungen".

Universitäre Zukunftsforschung

Jänicke ergänzt die allgemeine Lagebeschreibung der bundesrepublikanischen Zukunftsforschung im Hinblick auf die universitäre Forschung: "Im Universitätsbereich gibt es ganz besonders wenig. Ich kenne überhaupt kein Institut, das sich mit speziellen Zukunftsfragen beschäftigt". Auch **Flechtheim** bestätigt diese Einschätzung des Fehlens einer universitär verankerten Zukunftsforschung: "Auf die Frage nach einer universitären Verankerung fällt mir Österreich ein, in der Bundesrepublik kenne ich nichts. Es gibt den einen oder anderen Vortrag, aber es gibt keine institutionelle Verankerung von Zukunftsforschung in der Bundesrepublik an den Hochschulen". Flechtheim stellt überdies fest: "Die Beschäftigung mit der Zukunft ist mit Vorbehalten behaftet. Es finden keine Diskussionen über Planungen statt. Es gibt keine enthusiastischen Zukunftsentwürfe". **Müllert** sieht nur vereinzelte Aktivitäten an den Universitäten: "Zukunftsforschung an sich gibt es an den Hochschulen nicht; doch gibt es vereinzelte Versuche, hin und wieder Vorlesungen und Seminare in dieser Richtung durchzuführen, besonders an gesellschaftswissenschaftlichen, politikwissenschaftlichen und wirtschaftswissenschaftlichen Fachbereichen, z. B. TU Berlin, Otto-Suhr-Institut an der FU Berlin, Uni Bielefeld, Uni Freiburg, Uni Hamburg". **Ernst U. von Weizsäcker** erweitert die Liste mit dem Hinweis auf das Zentrum für Technikforschung an der Technischen Hochschule Darmstadt und dem Zentrum Mensch-Umwelt-Technik der Gesamthochschule Kassel.

Langfristige Politikberatung

Langfristige Politikberatung wird nur rudimentär betrieben - so ist der durchgängige Eindruck der befragten Experten. Lediglich in Form von vereinzelten Forschungsprojekten und Expertenkommissionen, die auf Zeit zu begrenzten Themen gebildet werden und Empfehlungen formulieren sollen, wird in der Bundesrepublik - im wesentlichen auf Landesebene - in kleinem Umfang langfristige Politikberatung betrieben. Diese Festellung erscheint in einem grellen Licht, weil politisch-administratives Handeln in den meisten Fällen langfristig angelegt ist. **Otto Ullrich** konstatiert, daß staatliches Handeln Planungssicherheit erfordert: "Mit der Planungssicherheit sieht es zur Zeit schlecht aus. Die Hochschulkrise zeigt die Fehleinschätzung; aufgrund einer monokausalen Einschätzung des Bedarfs wurde im Hochschulbereich völlig unzulänglich geplant".

Der Schweizer Zukunftsforscher **Rolf Hohmann** faßt seinen Eindruck von der politikorientierten Zukunftsforschung in der Bundesrepublik zusammen: "Ich glaube, die Zukunftsforschung ist im Augenblick in einer katastrophalen Situation. Es gibt eine Menge Einzelinitiativen ... Aber eine Organisationsstruktur, die auch die Zukunftsforschung braucht, gibt es meines Erachtens in Deutschland nicht mehr. Es sind von den Grünen eine ganze Menge Impulse zu einer sinnvollen Zukunftsgestaltung ausgegangen. Die Impulse sind dadurch kaputtgegangen, daß die Grünen eine normale Partei wurden. Ich hatte mal ein bißchen Hoffnung, als sich in der Sozialdemokratischen Partei um Glotz so etwas bildete wie eine neue Art von Zukunftsimpulsen. Ob das geschieht, kann ich im Augenblick von außen nicht sagen. Meines Erachtens ist es dringend notwendig für die BRD. Es ist das einzige große bzw. mittlere Land, das es sich leistet, keine eigene Zukunftsforschung zu haben".

Einen wichtigen historischen Aspekt hebt **Claus Koch** hervor: "Andererseits hat die schleichende Depolitisierung in den Wohlfahrtsdemokratien dazu geführt, daß Incentives, Anreize, Anforderungen an die Forschung, die zu Synthesen à la Zukunftsforschung führen, kaum noch entstehen. Typisch dafür ist das Verhalten der sozialdemokratischen Parteien. In den 60er Jahren haben sie, um ihre Vorstellungen vom wohlfahrtsstaatlichen Fortschritt zu unterstützen und zu propagieren, gerne von den Angeboten der Zukunftsforschung Gebrauch gemacht. Es liegt weniger am Versagen der Zukunftsforschung oder am Komplexerwerden der Welt als am fehlenden Interesse der organisierten Politik, wenn die Nachfrage heute so gering ist". Kochs Schlußfolgerung aus dieser Einschätzung ist, "daß Zukunftsforschung etwas Wünschenswertes ist, jedoch nicht einfach an die frühere Tradition anknüpfen kann".

Die historische Einschätzung führt auch für **Jänicke** zu einem dilemmatischen Befund: "Das Problem der Zukunftsforschung in der Bundesrepublik liegt im Kern im Auseinandergefallensein von empirischer offiziöser Auftragsforschung und normativer, phantasievoller und an Alternativen orientierter Zukunftsforschung. Die Empiriker hier und die Normativisten dort. Der Erfolg blieb aus, weil es keine Verbindung zwischen beiden gegeben hat und gibt. Wenn es objektive Gründe für das offensichtliche Defizit der Zukunftsforschung in der Bundesrepublik gibt, dann führe ich das auf diese Spaltung zurück". Den historischen Anmerkungen von Koch und Jänicke fügt **Mettler** die Beobachtung einer Zäsur hinzu, die zusammenfiel mit dem politischen Machtwechsel auf Bundesebene zu Beginn der 80er Jahre: "Ich erinnere daran, daß unter dem letzten sozialdemokratischen Wissenschaftsminister v. Bülow noch einmal eine Initiative zur Gründung eines Friedens- und Zukunftsforschungsinstituts unternommen worden ist. Diese Initiative kam jedoch zu spät. Seit Beginn der konservativ-liberalen Koalition sind alle diese Bestrebungen erstickt worden - nach der Devise: Über Zukunft reden wir nicht, sondern wir machen sie".

Für **Peter Weingart** ist die Zukunftsforschung der "großen Ernüchterung in den 70er Jahren über die Vorhersehbarkeit und Planbarkeit von gesellschaftlichen Prozessen" gewichen. Die klassische Zukunftsforschung sei in thematisch eingeengte Forschungsfelder zerfallen, in Felder der Folgenforschung - beispielsweise in Technikfolgenabschätzung und Wissenschaftsfolgenforschung.

Auf der Ebene von Forschungs- und Technologieförderung ist es nach Aussagen von **Hans-Peter Lorenzen** erklärtes Ziel des Bundesministeriums für Forschung und Technologie, Technikfolgenabschätzung in die einzelnen Förderprogramme zu integrieren und den Innovationsprozeß einer kontinuierlichen Prüfung zu unterziehen. Er präsentiert die Intention in einem kurzen Satz: "Innovationen sind learning by doing".

Zukunftsforschung in Wirtschaft und Unternehmen

Der desolaten Lage der institutionalisierten Zukunftsforschung und der langfristigen Politikberatung werden allerdings eine Reihe von Aktivitäten mit Langfristcharakter in Großunternehmen entgegengehalten. **Joseph Huber** diagnostiziert die Lage der Zukunftsforschung in den Unternehmen so: "Im Bereich der Wirtschaft und der Unternehmen ist die Zukunftsforschung eigentlich stärker denn je, aber nicht unter dem Label Zukunftsforschung, sondern unter dem Label 'Strategische Planung'. Das heißt: Praktisch alle großen Unternehmen, oft sogar schon die mittleren Unternehmen, haben eigene Leute für strategische Planung". Die Liste der genannten Großunternehmen, in denen Zukunftsforschung bzw. Langfristuntersuchungen betrieben wird, ist umfangreich. Die langfristigen Untersuchungen in den Planungsabteilungen der Unternehmen sind allerdings im wesentlichen auf Marktchancen und Marktperspektiven für das eigene Produktsortiment beschränkt. Das bestätigt auch **Müllert**: "Zukunftsforschung in Unternehmen fällt zusammen mit Marktforschung und Marktplanung. In Großunternehmen gibt es dafür Gruppen, die solche Analysen erstellen, z. B. Abschätzungen von Perspektiven und Zukunftsaussichten für ein Produktensemble. Eigentlich sind in der Bundesrepublik alle Großunternehmen vertreten, darunter besonders: MBB, Daimler Benz, Henkel, IBM, SEL, Siemens, Volvo". Nur wenige Unternehmen betreiben eine übergreifende Zukunftsforschung. Der Mineralöl-Konzern Shell und der Hochtechnologie-Konzern Daimler Benz beschäftigen "Zukunftsabteilungen", die dem vernetzten und disziplinübergreifenden Charakter von Zukunftsforschung auch in der personellen Zusammensetzung Rechnung tragen. **Jänicke** hebt die Energie- und Verkehrsprognosen von Shell hervor: "Shell macht in Hamburg Verkehrs- und Energieprognosen. Insbesondere auch in der Hinsicht, daß es sich um relativ zuverlässige Prognosen handelt. Shell macht Prognosen, die die Rahmen- und Umfeldbedingungen mit einschließen. Es fließen auch in die Verkehrs- und Energieprognosen z. B. Wertwandel und Veränderungen von normativen Orientierungen ein".

Die genannten Unternehmen, die wirtschaftliche Zukunftsforschung betreiben, finden sich in mehreren Branchen:

- Unternehmen der Mineralölwirtschaft: Shell, ESSO
- Unternehmen der Automobilbranche: Daimler-Benz, Volkswagen
- Unternehmen der Chemiebranche: die IG-Farben-Nachfolger Hoechst, BASF und Bayer
- Unternehmen der Elektronikbranche: IBM, SEL, Siemens

Krauch faßt seinen Eindruck so zusammen: "Auch in der Wirtschaft beobachte ich überall eine starke Zukunftsorientierung". Die Wiederbelebung der Zukunftsorientierung, die **Dierkes** in der jüngsten Vergangenheit bei den Unternehmensführungen beobachtet hat, bezieht sich im wesentlichen auf drei Entwicklungen. Zum einen zwinge die befürchtete "große Knappheit der Arbeitskräfte" zu langfristiger Personal- und Qualifizierungspolitik, zum zweiten erfordert eine erfolgreiche Unternehmenskultur auch entsprechende "Unternehmensleitbilder", und zum dritten verändert die "zunehmende Diskussion globaler und transnationaler Umweltprobleme" die politischen Rahmenbedingungen der Unternehmen. Es handelt sich um Entwicklungen mit z. T. langer Reichweite und einer inhaltlichen Ausrichtung, die weit über klassische Marktabschätzungen hinausgeht.

"Alternative Zukunftsforschung"

Im Themenkomplex zur Situation der Zukunftsforschung in der Bundesrepublik zielt eine Frage auf die Existenz bzw. Ausformung einer "Alternativen Zukunftsforschung" in der Bundesrepublik Deutschland. Mit dem Begriff "Alternative Zukunftsforschung" ist die thematische und politische Nähe zur Alternativbewegung bzw. zu den Neuen Sozialen Bewegungen gemeint. **Müllert** wendet bereits begrifflich ein: "Ich würde es eher eine soziale, sozial-kritische, ökologische Zukunftsforschung nennen, eine Reihe von Individuen, die sich vor allem um menschliche Perspektiven und Zukunftsaussichten kümmern, zusammengehalten von Rolf Schwendter von der Gesamthochschule Kassel".

Christian Wend gilt ebenfalls als Vertreter einer "alternativen Zukunftsforschung". Seine Aktivitäten beschreibt er so: "Ich bin als

Einzelperson in der Politikberatung tätig, nämlich in der Selbsthilfeberatung für das Bundesministerium für Jugend, Familie, Frauen und Gesundheit. Gelegentlich veranstalte ich für befreundete Organisationen wie "Netzwerk Selbsthilfe" oder den "Sozialpolitischen Arbeitskreis" Zukunftsspiele, Rollenspiele und Planspiele. Hierbei ist der persönliche Kontakt und die fachlich-inhaltliche Übereinstimmung mit der jeweiligen Organisation ausschlaggebend; ich versuche, mit innovativen Methoden dieser Organisation zu nutzen".

Der engagierte Promotor der "alternativen Zukunftsforschung" **Rolf Schwendter** - und Inhaber des einzigen Lehrstuhls für Subkultur in der Bundesrepublik - listet seine Aktivitäten auf: "Im Rahmen des Forschungsprojekts 'Soziale Innovationen' gebe ich jährlich einen Rundbrief heraus, der aktuell an 3500 Adressaten verschickt wird. Einige Male im Jahr gibt es zusätzlich einen Rundbrief 'Zukunftsforschung und soziale Innovationen', den jetzt 170 Personen erhalten. Ich gehe davon aus, daß es innerhalb der nicht-etablierten Zukunftsforschung kaum jemanden gibt, mit dem ich nicht in - und sei es nur vermittelten - Kontakt stehe".

Akzeptanz der Zukunftsforschung

Auf die Frage nach der Akzeptanz der Zukunftsforschung antwortet **Peter Dienel** knapp und unmißverständlich: "Schlecht". Er fügt in kritischer Absicht hinzu: "Ergebnisse der Zukunftsforschung werden in der Regel zur Legitimation bereits ausgehandelter Ziele verwendet". Demgegenüber sieht **Huber** keine Akzeptanzschwierigkeiten: "Ich glaube nicht, daß Zukunftsforschung Akzeptanzprobleme hat. Es mag einmal eine Zeit gegeben haben, als man zu sehr an die Chancen der Prognosen geglaubt hatte und dann eine gewisse Ernüchterung eingetreten ist; das hat aber die Forschungsrichtung insgesamt nicht in Akzeptanzprobleme gebracht". Zur Akzeptanz gehört allerdings auch eine spürbare Wirksamkeit. Die stellt **Schwendter** in Frage: "Die Akzeptanz für Zukunftsforschung ist vorhanden, weil niemand die Zukunftsforschung abschaffen will. Aber sie ist folgenlos".

Die Akzeptanz der qualitativ ausgerichteten Zukunftsforschung stehe in einem prekären Verhältnis zu den herkömmlichen Sprach- und

Vermittlungsformen, meint Arras. "Die Methoden, die in Richtung Szenarien gehen, haben eine geringe Anerkennung, vor allem, weil sie auch versuchen, sich an eine Art der Darstellung und Vermittlung von komplexen Themen heranzuarbeiten, die in der Wissenschaft Skepsis hervorruft, nämlich indem eine allgemeinverständliche Sprache gesucht wird".

Eine insgesamt schwache Akzeptanz mit leicht steigender Tendenz sieht v. **Weizsäcker**: "Die Akzeptanz der Zukunftsforschung in der Bundesrepublik ist generell gering. Die etablierte Wissenschaft, die sich mit Fakten - also Vergangenheit - beschäftigt, hat strukturell ein geringes Interesse. In der Politik ist nach der Euphorie der 70er Jahre das Interesse auch gering geworden. Im Zusammenhang mit der neueren Umweltdiskussion, insbesondere der Klima- und Tropenwalddebatte, hat das Interesse wieder sprunghaft zugenommen. In der Wirtschaft ist Zukunftsforschung - in einem allerdings eingeschränkten Sinn - eine Selbstverständlichkeit. In der Öffentlichkeit ist die Akzeptanz gering".

2. Zentrale Themen und Methoden der Zukunftsforschung

Themen der Zukunftsforschung

Die in den Gesprächen als zentrale Themen genannten Felder sind sehr vielfältig. Entsprechend verschieden setzen die Befragten die Akzente. **Huber** definiert die Vielfalt der Themen so: "Ich würde also sagen, daß grundsätzlich jedes Thema ein Thema der Zukunftsforschung sein kann. Das Wesentliche ist ja, daß es sich nicht um eine Disziplin handelt, sondern um jeweilige interdisziplinäre Forschungsprojekte, die sich um die langfristigen und grundlegenden Entwicklungen kümmern. Umwelt- und Ökologieforschung, Technik und Umwelt sind sozusagen Dauerbrenner auf unabsehbare Zeit. Weitere Dauerbrenner sind soziale Fragen, Geschlechterfragen, Generationsfragen, Bevölkerungsfragen, daran wird sich so schnell auch nichts ändern".

Auf einer konkreteren Ebene liegt die Diagnose der Schwerpunktthemen von **Jänicke**. Jänicke sieht die Nähe und die Verbindungslinien von Zukunftsforschung und langfristiger Politikberatung. Deshalb betont er die Steuerungsproblematik angesichts schwieriger sozialer, ökonomischer und ökologischer Problemlagen: "Die Vorstellung, daß der Staat als Hauptsteuerungsinstanz wirksam werden könnte, müssen wir nach all den Erfahrungen auch der 70er Jahre aufgeben. Wir haben z. B. herausgefunden, daß die Wandlungs- und Innovationsfähigkeit sozialer Systeme auf der ökonomischen Ebene abhängig sind von dem Monopolisierungsgrad. Ein anderes Ergebnis unserer Forschung ist, daß die Länder, in denen die Kommunen relativ große Kompetenzen und Eigenständigkeit besitzen, die höchste Innovationsfähigkeit haben. Die Länder, in denen die Kommunen neue Wege gehen können, sind am erfolgreichsten. Kurz: Politische Dezentralisierung erhöht die Effektivität politischer Systeme".

Unterstützung erhält Jänicke von **Dienel**: "Die sogenannte Zukunftsforschung nimmt sich im allgemeinen mit relativ begrenztem, aber doch erkennbarem Erfolg einer Reihe von Problemen an, die heute etwa in den Bereichen Güterproduktion, Verteidigung, Verwaltung und Recht und generell im Wissenschaftsbereich sichtbar werden. 'Zukunftsforschung' als isoliertes Vorhaben in einem dieser Bereiche hat aber neben allem Positivem, was sie bewirken kann, dysfunktionale Effekte; sie fördert trotz ihres schönen Namens die weitere Verfestigung der entsprechenden Teilsysteme und damit die durch diese induzierten Fehlsteuerungen im Sinne Luhmanns. Organisiertes Nachdenken über die Sicherungsmöglichkeiten und einer weiteren Humanisierung unserer Gesellschaft - also wirkliche Zukunftsforschung - müßte weit stärker als bisher auf den Zustand und die Erträge der politischen Steuerungsverfahren unserer Gesellschaft ausgerichtet sein. Sie müßte sich dort vor allem auch an den Möglichkeiten einer Einbeziehung des bürgerschaftlichen Informations-, Kontroll- und Legitimationspotentials in die formalisierten Steuerungsprozesse des politisch-administrativen Systems orientieren. Hier liegen, wenn ich recht sehe, die für eine Zukunftsforschung interessanten, langfristig folgenreichsten Defizitbereiche unserer Gesellschaft".

Mettler stellt die globalen Themenbereiche in den Vordergrund: "Mir scheinen die Fragen der Technik und Wissenschaftsentwicklung, die der multinationalen Konglomerate, die der Verschiebung der Weltzentren vom Atlantik in den Pazifik, die der Entwicklung der Dritten Welt sowie die der Rüstung und Militärstrategie die wichtigsten Fragen der Zukunftsforschung zu sein".

Robert Jungk nennt die drei Themenkomplexe Ökologie, Dritte Welt und Technologie und führt zu dem Komplex Technologie aus: "Allgemein stehen die Technologiefolgenabschätzung, Technologiebewertung und Technologiegestaltung im Zentrum der Zukunftsforschung. Innerhalb des Themenfeldes Technologie spielen die Informatik und der Einsatz der Computer eine besondere Rolle".

Der Zusammenhang von Produktion und Verkehr ist **Arras** thematisch besonders wichtig. "Ich meine, daß wir zu Überlegungen und Ansätzen kommen müssen, die eher zu einer regionalen Produktion führen, um das Volumen der Mobilität senken zu können. Neben diesen Problemen sind es vor allem die neueren Entwicklungen in den Wissenschaften - ich möchte hier ausdrücklich die Gentechnik nennen - , die meiner Ansicht nach in der Öffentlichkeit zu wenig diskutiert werden".

Mit der Auflösung traditioneller Sozialstrukturen, dem rapiden Rückgang und dem Bedeutungsverlust der Familie in den fortgeschrittenen Industrieländern und der gleichzeitigen Entstehung "Neuer Lebensformen" ist der Kern normativer und sozialisatorischer Orientierungen der Individuen betroffen. Für **Jungk** werden die "Neuen Lebensformen" zunehmend wichtiger: "Es handelt sich um einen kommenden Bereich. Bisher wurde der Themenbereich nicht ernstgenommen, da er nur von marginalen Gruppen vertreten worden ist". Auch **Müllert** hält die Themen "Vereinsamung und Isolation", "Qualität eines leibhaftigen Lebens mit allen Sinnen" und "Regeneration für natürliche, ökologische Umwelt" für bedeutend, für die er spezifische Methoden vorschlägt: "Soziale Kreativität fördern und entwickeln. Soziale Erfindungen entwerfen und verbreiten. Soziale Experimente anstoßen und begleiten". **Homann** knüpft die Verbindung der Krise der sozialen Lebensformen mit der technologischen Entwicklung und fürchtet einen Verlust der persönlichen Verantwortung: "Die Frage ist, womit wir die neue technische Revolution bezahlen, die wir mit den neuen Computern und den neuen Massenmedien haben. Wir zahlen wahrscheinlich mit einem networking from networking. D. h. wir stecken die gesamte Substanz in Netzwerke und haben weder einen materiellen noch immateriellen Transfer. Die Menschen gehen ein

Leben lang in Netzwerke, ohne jemals wieder selbständig zu werden. Das könnte der kulturelle und soziale Verlust sein, mit dem wir diese Art technologischer Entwicklung bezahlen".

Typische "alternative Themen", die um die Begriffe Arbeit und Selbstorganisation kreisen, zählt **Wend** auf: "Technischer Wandel, Arbeitszeitverkürzung, Eigenarbeit, Dualwirtschaft, dritter Sektor: informelle Aktivitäten zwischen Staat, Markt und Haushalt, Wohnungsselbstverwaltung und Genossenschaften, Neustrukturierung der Sozialen Dienste und Einbeziehung der Selbsthilfemöglichkeiten der Betroffenen". Hinzu kommt ein weiteres Thema, das nach seiner Erfahrung große Bedeutung hat: "Verwaltungsforschung im Sinne einer stärkeren Motivierung der Beamten durch neue Arbeitsmethoden, Arbeitsplatzrotation, verändertes Dienstrecht usw. Denn ich stelle im Bundesministerium für Jugend, Familie, Frauen und Gesundheit mit Erstaunen fest, daß die gesamte Verwaltungsreformdiskussion der frühen 70er Jahre hier spurlos verschwunden ist. Das ist angesichts der großen Finanzmittel, die durch Personalkosten gebunden sind, sehr bedauerlich und bedenklich, da durch verändertes Verwaltungsmanagement ein Vielfaches der Leistung erzielt werden könnte".

Die gesellschaftliche Umbruchsituation und die Krise der Arbeitsgesellschaft sind weitreichende Themen von besonderer Wirkung auch in der Zukunft. **Homann** stellt fest, wie viel an diesen Themen hängt: "Die Utopien, die auf Arbeit beruhen, sind zusammengebrochen. Vor dem Hintergrund weiterer wirtschaftlicher Monopolisierung haben wir keine Gegenutopie. Das ist für mich eine der zentralen Aufgaben, die die Zukunftsforschung heute hat, sich damit zu beschäftigen, ob wir eine Kulturvision hinkriegen über die kulturelle Partizipation des Arbeitnehmers der Zukunft und des Nichtarbeitnehmers der Zukunft. Es geht auch um die Spaltung von Arbeitnehmern und Arbeitslosen".

Hintergrund der Themenstellung von **Christian Lutz** ist die Diagnose epochaler Veränderungen von Weltsichten: "Gemeint ist der ganze Bereich des wissenschaftlichen Paradigmenwechsels, die Herausbildung eines übergreifenden neuen Weltbildes, das ich als systemisch-evolutionär identifiziere. Wir leben in einer Gesellschaft, in der immer mehr die Informationstätigkeiten im Zentrum stehen. Die Frage, wie man mit Informationsverarbeitungsprozessen umgeht, ist sehr wichtig. In dem Zusammenhang alles, was die Entwicklung des Humankapitals in der Wirtschaft aber auch die persönlichen Entfaltungs- und Mitgestaltungskapazität dieser Gesellschaft überhaupt umfaßt. Das hat zu tun mit der noch nicht ausgeloteten Möglichkeit der Demokratisierung in unserer Gesellschaft und gleichzeitig mit dem, was wir am Institut 'Kulturelle Modernisierung' nennen".

Die zentrale Rolle der Umweltthemen wird mit dem Hinweis auf die wachsenden Bedrohungen für die natürlichen Lebensverhältnisse auf der Erde von allen Befragten bestätigt. **Lothar Schulze** setzt am Beispiel der Bedrohung der natürlichen Umwelt an und problematisiert zugleich den Zusammenhang von Themen und Methoden der Zukunftsforschung. Er zeigt das grundsätzliche Dilemma der praxisorientierten Zukunftsforschung: "Wir wollen, daß die Zerstörung der natürlichen Umwelt nicht eintritt. Wir hoffen auch, daß Gegenmaßnahmen - z. B. gegen das Waldsterben oder das Ozonloch oder die CO_2-Anreicherung der Atmosphäre - ergriffen werden, die dann zu anderen und weniger gefährlichen Entwicklungen führen. Schildern wir also die wahrscheinliche Entwicklung so, wie sie kommen dürfte, wenn nichts dagegen geschieht, so erreichen wir vielleicht, daß die notwendigen Änderungen noch rechtzeitig vollzogen werden. Dann war also unsere Prognose falsch, und unsere Methode taugt in den Augen der Welt nichts. Wir werden als falsche Unheilspropheten angesehen, weil niemand nachweisen kann, daß sich diese Änderungen in der Politik nur aufgrund unserer Warnungen ergeben haben. Es kann aber auch sein, daß die schonungslose Darlegung der fatalen Folgen einer Fehlentwicklung dazu führt, daß nichts geschieht, weil man diese schlimmen Folgen nicht wahrhaben will oder weil die zur Abwendung der Gefahr notwendigen politischen Entscheidungen so einschneidend sind, daß die Verantwortlichen ihr politisches Weltbild über Bord werfen müßten. Es dürfte aber auch dann nichts geschehen, wenn wir die notwendigen Änderungen der Politik schon in unsere Prognose einbeziehen, weil dann der Anreiz für ein Engagement fehlt".

Udo Ernst Simonis nennt als Hauptthema der Zukunftsforschung: "Sozialwissenschaftliche Forschung zu globalen ökologischen Belastungen, wie insbesondere

- Smog in urbanen Zentren und Schädigung der Ozonschicht
- Knappheit an und Verschmutzung von Wasser
- Menge und Toxizität industrieller Abfallstoffe.

Sozialwissenschaftliche Forschung zu globalen ökologischen Entlastungen, wie insbesondere

- Produkt- und Stoffkonversion
- 'saubere Technologie'
- internationale Konventionen zum Schutz der natürlichen Umwelt".

Simonis wird darin von **v. Weizsäcker** bestätigt: "Zunehmend kommen Fragen der Steuerungsproblematik - z. B. Umweltsteuern - und der internationalen Klima- und Umweltdiplomatie in den Blickwinkel".

Auch die Zukunft der Demokratie und der Organisation menschlichen Zusammenlebens auf der Erde wird als ein wichtiges Thema genannt. Die Verantwortung aktuellen Handelns für die künftigen Generationen im Sinne der ethischen Begründung von Hans Jonas verlangt neben der individuellen Verantwortungsethik auch Konsequenzen für politisch-institutionelles Handeln. So fragt **Schulze** nach Formen der nichtideologischen Entscheidungsfindung: "Es handelt sich um die Frage, ob wir mit den derzeitigen Regeln unserer Demokratie überhaupt in der Lage sind, richtige Entscheidungen in bezug auf die Sicherung der Zukunft für die nach uns Kommenden zu treffen. Solche Fragen können aber nicht in einem Richtungsstreit - wie zwischen 'Realos' und 'Fundis' bei den Grünen - gelöst werden. Wir müssen versuchen, ein einleuchtendes neues System zu finden, das nicht ideologisch belastet ist. Dies wäre ein ganz wesentliches Thema der Zukunftsforschung, wie ich sie sehe".

Die Verbindung der Themenbereiche Umwelt und "Globalmanagement" hält **Dierkes** für absolut vorrangig. Ein Großteil der Umweltprobleme wie beispielsweise die CO_2-Emissionen sind nur weltweit lösbar. Zugleich kann eine neue Entwicklung zum ökologischen Nord-Süd-Konflikt führen. Gefragt ist, die "Effizienz der Arenen und Institutionen, die wir für ein Globalmanagement geschaffen haben, zu untersuchen. Wir werden sehr viel Sorgen auf die Steuerbarkeit konzentrieren, weil es für einen Teil der Welt einfach die Überlebenssituation determiniert". Ein anderes von Dierkes erwartetes schwerwiegendes Problem der Zukunft ist die sogenannte Armutsmobilität, d. h. die massenhafte Wanderung von Menschen aus den Armutszonen in die Wohlstandsgebiete der Welt. Gemeinsam ist den Problemen - so Dierkes - , daß sie "ungeheuer miteinander vernetzt sind".

Mit resignativem Unterton stellt **Weingart** fest, daß die vernetzten globalen Probleme von der drohenden Klimakatastrophe über die sich weiter öffnende Schere zwischen den entwickelten und unterentwickelten Ländern der Erde kaum lösbar seien: "Es gibt keine Lösungsmodelle mit realistischen Chancen. Im Grunde kann nur die öffentliche Thematisierung und die öffentliche Diskussion Verhaltensänderungen nach sich ziehen. Andererseits lassen sich öffentliche Diskussionen nicht bewußt steuern oder gezielt einsetzen. Da kann man nur hoffen, daß der Aufmerksamkeitswert von realen Problemen zustande kommt".

Methoden der Zukunftsforschung

Die Liste der Methoden der Zukunftsforschung ist lang. Sie werden im wesentlichen in qualitative und quantitative Methoden unterschieden. Die Prognosetechnik, die Szenariotechnik und diverse Simulationstechniken werden neben einer Fülle weiterer Methoden von den meisten Antwortenden als die spezifischen qualitativ ausgerichteten Forschungsmethoden für eine vertiefte handlungsorientierte Beschäftigung mit zukünftigen Entwicklungen hervorgehoben. **Flechtheim** macht auf die Grenzen enger wissenschaftlicher Methoden aufmerksam: "Da sind die Prognostik, die Planung und auch die Extrapolation. Aber ich habe immer betont, daß es nicht nur um enge wissenschaftliche Rechnungsführung gehen kann. Es bedarf der Spekulation, der Phantasie, d. h.: der qualitativen Dimension". Die Linie von der Methodenkritik traditioneller Methoden der Zukunftsforschung zur besonderen Eignung der Szenariomethode zeichnet **Lutz** folgendermaßen: "Ich halte es für wichtig, auch in der Zukunftsforschung vom mechanistischen Modell Abschied zu nehmen, das nur Planung im Sinne des voraussehbar und kontrollierbar Machbaren und Prognose im Sinne des simpel Voraussehbaren meint. Hin zu einem dynamischdialogischen Modell. Im französischen Sprachgebrauch ist das einfacher: Man ist von der Prevision zur Prospektive gekommen. Die Prospektive zeichnet sich dadurch aus, daß sie das Verhalten der Akteure bewußt mit einbezieht, also das Dialogische mit einschließt. Das führt dann natürlich zur Szenariomethode, wobei es auch innerhalb dieser Methode sehr unterschiedliche Modelle gibt". Die herausragende Bedeutung der Szenariotechnik für die Zukunftsforschung wird sowohl von **Dierkes** als auch von Arras herausgestellt. Dierkes: "Ich glaube, das ist einer der wirklichen Wege, mit der Zukunft umzugehen, nämlich auf Expertenwissen beruhende Szenarien zu bauen und Plausibilitätsdiskussionen anzureizen". Da nach seiner Ansicht im wesentlichen die Perzeptionsfähigkeit der Entscheidungsträger das Entscheiden determiniert, fordert er den internationalen Vergleich als konstitutiven Bestandteil von Zukunftsstudien. Er stützt sich dabei auf die These, daß durch die Differenz im Vergleich die Wahrnehmungsfähigkeit von Realität und Gefahren geschärft werden kann. Neben der Perzeptionsfähigkeit der Individuen interessiert ihn vor allem die Perzeptionsfähigkeit von Institutionen. In dieser Fragestellung sieht er einen wichtigen Teil der Grundlagenforschung für die Zukunftsforschung: "Ich glaube - und das ist eine Hypothese - es wäre als Grundlagenforschung für eine neue Zukunftsforschung sehr wichtig, in welchem Umfang soziale Institutionen handlungsbereit sind, Frühwarn-, Kassandrawissen aufzunehmen". Den Hintergrund seiner Überlegungen formuliert Dierkes mit der folgenden Formel: "Also Krisen als Chancenmanagement auf Basis von Zukunftsforschung". Denn - so argumentiert er weiter - entwickeltes Krisenbewußtsein nütze gar nichts, wenn man keine Alternativvisionen habe. Der Verfechter der Szenario-Technik **Arras** bezeichnet es als zentrales methodisches Problem, "die großen zukunftsrelevanten Themen für die Öffentlichkeit diskussionsfähig zu machen. Es müssen Wege gefunden werden, wie Politik, Verwaltung und Öffentlichkeit gemeinsam die wichtigen Themen miteinander diskutieren können".

Eine dezidert methodenkritische Position zu den spezifischen Methoden der Zukunftsforschung nimmt **Mettler** ein: "Die spezifische Bedeutung der Zukunftsforschung liegt meiner Ansicht nicht in den Methoden der Langfristplanung, Hochrechnung und Trendextrapolation oder deren Unterproblematiken wie z. B. Technological Forecasting. Vielmehr bin ich der Meinung, daß Zukunftsforschung immer die langfristige - im Sinne von 20 und mehr Jahren - normative Anstrengung des Denkens über Möglichkeiten und Denkbarkeiten ist, und erst an zweiter Stelle darf die Frage der persönlichen Wünschbarkeit kommen. Daraus leitet sich ab, daß es bislang noch kaum eigentliche Methoden der Zukunftsforschung gibt".

Daß der Einsatz von Methoden der Zukunftsforschung, insbesondere von qualitativen und sog. "weichen Methoden", in der scientific community und vor allem in der deutschen Wissenschaftslandschaft auf Skepsis und Ablehnung stößt, wird mehrfach erwähnt. **Hohmann** bemerkt zur Akzeptanz der Zukunftsforschung generell: "Mit der Akzeptanz der Zukunftsforschung gibt es noch eine ganze Menge Schwierigkeiten. Je näher die Zukunftsforschung an die Gegenwart herankommt - gemeint ist kurzfristige Zukunftsforschung - , desto stärker wird sie akzeptiert, soweit sie mit naturwissenschaftlichen Methoden betrieben werden, d. h. Computerhochrechnungen, Computersimulation oder ähnliches. Qualitative Zukunftsforschung hingegen hat es relativ schwer, vor allem, wenn sie im mittelfristigen oder langfristigen Bereich arbeitet".

Die Gegenüberstellung von naturwissenschaftlichen und sozialwissenschaftlichen Methoden überzeugt nicht unbedingt. Der Schweizer Zukunftsforscher **Gerhard Kocher** steht nicht allein, wenn er den Methoden-Mix in der Zukunftsforschung propagiert: "Ich bin grundsätzlich für den Methodenmix. Die Auswahl der Methode sollte immer von einem Problem abhängig sein". Mehrfach wird in den Gesprächen der Methodenmix als besonders erfolgversprechend bezeichnet. So auch **Wend**: "Die beste Methode ist der Methodenmix, wobei Prognosen und Szenarien von besonderer Bedeutung sind".

Wie kontrovers aber die Diskussion über die Methoden ist, zeigt die Einschätzung von **Weingart**. Er hält das Welt-Computermodell GLOBUS für ein nutzbringendes Modell, Annäherungswerte an künftige Entwicklungen zu erhalten. Von qualitativen Methoden hingegen hält Weingart nicht viel. Deshalb ist seiner Ansicht nach auch Früherkennung nur sehr eingeschränkt möglich: "Früherkennung im Sinne des Erkennens einer höheren Rationalität ist weder mit quantitativen noch mit qualitativen Methoden möglich". Statt dessen gehe es um Lernfähigkeit im politischen Prozeß, und das sei zunächst kein wissenschaftliches Problem.

Jänicke betont die Abhängigkeit der Methodenauswahl vom Gegenstand anhand von Beispielen: "Wenn man sich vorstellen will, wie die Kulturszene und die Kulturpolitik im Jahre 2010 aussehen wird, dann wird man andere Methoden anwenden müssen, assoziativere Methoden, als wenn man sich darüber vergewissern will, welchen Energiebedarf wir im Jahre 2010 zu befriedigen haben. Wie fließend die Methoden der Zukunftsforschung sind, zeigt die Delphi-Methode. Die Delphi-Methode ist vorwiegend eine Organisationsleistung. Es gilt, die richtigen Leute am richtigen Ort zusammenzubringen und sie in einen kommunikativen Prozeß zu bringen".

Die Methoden der Zukunftsforschung stehen in einem engen Verhältnis zu ihren Themen. **Schulze** weist auf das Postulat der öffentlichen Wirksamkeit hin: "Ich sehe unter anderem zwei Möglichkeiten, die bisher noch nicht hinreichend eingesetzt worden sind: geeignete Spiele im Fernsehen (um Millionen zu erreichen) und Science Fiction, um einmal andere Kreise zu erreichen, (denn die, welche die vielen Veröffentlichungen zu Zukunftsfragen lesen, sind ja meist schon 'bekehrt`) zum anderen, um neue Denkweisen in eine breite Schicht zu bringen, ohne gleich 'mit der Tür ins politische Haus zu fallen'. Zu allem gehört die Fähigkeit zu 'vernetztem Denken', wie es Frederic Vester in seiner Ausstellung 'Unsere Welt - ein vernetztes System' zu vermitteln versucht hat. Dazu gehört die wesentliche Erkenntnis, daß man zwar steuernd eingreifen muß, - weil wir das System ja schon längst nicht mehr innerhalb des Bereichs der natürlichen Regelung haben - daß aber leicht die Gefahr der Übersteuerung besteht".

Müllert listet zunächst die spezifischen Methoden der Zukunftsforschung auf:

- Trendanalysen, Statistik, Extrapolation
- Matrizentechnik, Cross Impact
- Delphi-Technik
- Scenarios
- Computermodelle/Computersimulation - Soziale Indikatoren
- Technology Assessment
- Kosten-Nutzen-Analysen

Allerdings hält er die "weichen" Methoden der Zukunftsforschung für am besten geeignet, die von ihm diagnostizierten Zukunftsprobleme zu lösen, nämlich "intuitive, qualitative Methoden wie Scenario-Techniken, die Zukunftswerkstattmethode und Rundwünsche".

Auch **Dienel** kritisiert die mangelnde partizipative Ausrichtung der Methoden der Zukunftsforschung: "Der Notstand: Die mögliche Versachlichung von Problembearbeitung durch radikal befristete Mitwirkung Nicht-Professioneller wird zur Zeit nur selten gesehen und daher von den relevanten Wissenschaften weder genutzt noch weiterentwickelt. Die Wuppertaler Forschungsstelle (Forschungsstelle Bürgerbeteiligung und Planungsverfahren) ist dabei, die Chance, die sich aus der genannten Merkmalkombination ergibt - Planungszelle, Bürgergutachten - , systematisch zu analysieren und auszubauen." Dienel sieht die Zukunftsforschung als gestaltende und handlungsanleitende Forschung und zieht seine eigenen Erfahrungen zur Illustration heran: "Die von Wuppertal aus betriebene Zukunftsforschung trifft selbstredend immer wieder auf Beharrungswiderstände, die sich aus den Interessen, Ängsten und Selbstverständnissen der im angesprochenen Bereich bestehenden Einrichtungen ergeben. Dem Vorhaben, Zukunftsforschung als 'Zukunftsgestaltung' durchzuführen, sind daher relativ enge Grenzen gesetzt". Demgegenüber vertritt **Jänicke** einen anderen Standpunkt: "Die partizipative Seite von Zukunftsforschung würde ich nicht so hoch bewerten. Die Ergebnisse sind meiner Ansicht wichtiger als das Verfahren. Partizipation ist sicherlich ein politisches Ziel. Aber es ist sicherlich auch ein Trugschluß zu glauben, daß Partizipation die Effektivität in der Entscheidungsfindung erhöhen könnte. Meiner Ansicht nach muß sich Zukunftsforschung in einer institutionellen Form Kompetenz verschaffen, Professionalität entwickeln und dadurch letztlich auch die Wirkung erzeugen".

Den wissenschaftstheoretischen Hintergrund beleuchtet **Huber**, wenn er auf den Positivismus-Streit in den Sozialwissenschaften verweist: "Es gibt in der Wissenschaft diese Spaltung zwischen Positivisten und nachvollziehenden Wissenschaftlern. Das zieht sich auch durch die Zukunftsforschung durch. Wenn man sich beispielsweise in Frankreich, das ja einen sehr rationalistischen Hintergrund hat, den Kreis um Futuribles anguckt, gibt es dort immer einen Anteil von Leuten, die noch der Prognosefiktion nachhängen. Diese Leute verstehen sich eher als positivistische Wissenschaftler, die versuchen, Trends objektiv zu bestimmen und an die Öffentlichkeit zu bringen. Die Öffentlichkeit soll damit machen, was sie will. Es gibt aber auch die andere Strömung der mitvollziehenden und praxisorientierten Soziologie, wie sie in Deutschland von der Frankfurter Schule propagiert wurde, die sich als Teil der sozialen Entwicklung begriffen hat".

Der Zukunftsforscher **Homann** ist ein Vertreter dieses mitvollziehenden Wissenschaftsverständnisses: "Wir müssen unsere Kräfte ganz stark in visionäres Denken investieren, visionäres Denken, das ausgeht von den Blochschen Grundsätzen, nämlich verhaftet zu sein in der Realität und an die Zukunft zu denken. Wir sollten vermehrt den Einzug von philosophischen, anthropologischen und humanwissenschaftlichen Disziplinen suchen, damit das Übergewicht des technisch-wirtschaftlichen Denkens ausgeglichen wird. Das heißt im Grunde, die Forderung zu stellen, daß man Formen einer kulturellen und sozialen Wünschbarkeit entwickelt, die die Technologie bestimmen, und nicht den Weg weiterzugehen, daß wir die Technologie sich entwickeln lassen und dann die Gesellschaft nur noch das adaptieren muß, was sich entwickelt hat. Sagen wir es radikaler: Ich bin davon überzeugt, daß wir in der bisherigen Menschheitsgeschichte jeden technischen Fortschritt sozial oder kulturell bezahlt haben". Homann ist es auch, der allerdings einen starken Bedarf an methodischer Grundlagenforschung anmahnt. Das Ziel, nämlich in den Methoden "ganzheitlichen Ansprüchen gerecht zu werden", ist seiner Ansicht nach in weiter Ferne: "Denn wir wissen, daß keine der Methodiken, die wir zur Verfügung haben, seien es naturwissenschaftliche, geisteswissenschaftliche, humanwissenschaftliche, medizinische, biologische, systemtheoretische, ausreicht, sondern daß jede dieser Methoden, die wir bisher zur Verfügung haben, nur Teilantworten geben kann. Wir sind noch nicht so weit, daß wir eine umfassende Methodik haben, um ganzheitlich zu operieren".

Quellen in der Zukunftsforschung

Im Kontext der Erörterungen über die Methoden war den Experten die Frage nach den bedeutendsten Quellen für die Zukunftsforschung gestellt worden. Auffallend häufig werden in den Antworten Zeitschriften genannt. Unter den Zeitschriften ragt der amerikanische Literaturdienst Future Survey hervor. **Mettler** nennt außerdem die

Periodika: Futures, Long Range Planning und Futuribles. Die Bedeutung von Druckwerken verschiedener Art hebt auch v. **Weizsäcker** hervor: "Zeitschriften, Graue Literatur, Broschüren - beispielsweise vom Worldwatch Institute - Bücher und Tagungen sind für mich die wichtigsten Quellen". Aber auch Dokumentationen und Nachschlagewerke werden durchweg als Quellen geschätzt. Detaillierter äußert sich **Mettler** zu diesen Quellen: "Nachschlagewerke sind nur vereinzelt vorhanden, Dokumentationen nur im Besitz von Privatforschern. Im deutschsprachigen Raum dürfte die beste die der Schweizerischen Vereinigung für Zukunftsfragen sein. Datenbanken gibt es meines Wissens noch keine, die sich spezifisch mit Zukunftsforschung beschäftigen".

Huber führt zusätzlich eine andere wichtige Quelle an: "Ich benutze Zeitschriften, Nachschlagewerke, Datenbanken, Dokumentationen. Trotzdem muß ich sagen, daß das alles nur Hilfsmittel sind. Man muß als Rechercheur oder Forscher mit einer futurologischen Orientierung die Nase in den Wind halten. Ich glaube, daß die meisten Anregungen und die wichtigsten Informationen nicht über diese konventionellen Quellen kommen, sondern über Veranstaltungen, die ich selbst durchführe: in Form von Seminaren und Vorträgen, Beratungsgesprächen, Gesprächen mit Leuten in der Wirtschaft oder in der Politik, denen man nicht nur etwas vorträgt, sondern von denen man ja oft beiläufig etwas erfährt. So erhalte ich über strategisch wichtige Fragen die wichtigsten Informationen so nebenbei und nicht über Bücher. Meine Devise heißt: Augen und Ohren auf; nicht nur hinterm Schreibtisch sitzen, sondern auch rausgehen und unter die Leute gehen. Zu Leuten, die von ihrem Beruf her bei bestimmten Fragen Bescheid wissen. Das sind in erster Linie Politiker und Wirtschaftsmanager bzw. auch Wissenschaftler im Sinne von Fachspezialisten. Aber last not least sind das auch die guten Journalisten der großen Tages- und Wochenzeitungen, die m. E. oft wesentlich besser informiert und qualifizierter sind als viele Akademiker. Komplexes und vernetztes Denken findet man unter den Leuten, die ich gerade erwähnt habe, am ehesten".

Schwendter bringt diese Einschätzung auf eine prägnante Formel: "Lieber mit den Leuten reden als Datenbanken!" Wegen der enormen Fülle an Informationsquellen und der überwältigenden Datensätze in Fachinformationsdiensten zieht auch **Ullrich** den thematischen Einstieg im persönlichen Gespräch vor: "Wesentlich effizienter ist es, Leute, die man kennt und die sich in den jeweiligen Fachgebieten auskennen, zu fragen".

"Gemischtwarenladen" Zukunftsforschung

Angesichts der thematischen und methodischen Vielfalt und der immanenten Tendenz zur Generalisierung wird gerade im akademischen Bereich der Methodik oder einzelnen Methoden der Zukunftsforschung oft Skepsis oder gar Ablehnung entgegengebracht. Die Gesprächspartner wurden deshalb befragt, wie sie den verbreiteten Vorwurf einschätzen, die Zukunftsforschung als Forschungsrichtung tauge nicht zu konkreter Unternehmens- und Politikberatung und sei eher mit einem "Gemischtwarenladen" zu vergleichen.

Müllert antwortet: "Der Vorwurf trifft für in Unternehmen betriebene Zukunftsforschung nicht zu. Klare thematische Vorgaben verlangen klare thematische Aussagen. Da jedoch Zukunft bei 'allem' dabei ist, kann letztlich natürlich Zukunftsforschung nur 'Gemischtes' anbieten". Auch **Dienel** stimmt dieser Beschreibung uneingeschränkt zu. **Schwendter** bleibt mit seiner Antwort im vorgegebenen Bild: "Gemischtwarenladen: ja bitte; Supermarkt und Expertengeschäft: nein, danke". Oder **v. Weizsäcker** lapidar: "Mit dem Vorwurf muß man leben". **Huber** wendet den Vorwurf positiv: "Ich glaube, daß die Bezeichnung Gemischtwarenladen stimmt. Aber daß es ein Vorwurf sein soll, enthält eine Bewertung, die ich nicht ganz teile. Wenn so etwas als Vorwurf formuliert wird, steht dahinter eine fachdisziplinäre Orientierung, die damit nichts anfangen kann. Das ist insofern betrüblich, als daß die Forschungsprojektrichtung der Zukunftsforschung auf der Tatsache beruht, daß es Fachdisziplinen gibt. Zukunftsforschung ist ohne die Grundlagen bestimmter anderer Forschungsdisziplinen überhaupt nicht denkbar. Zukunftsforschung setzt sie voraus und deshalb finde ich es betrüblich, daß eben aus dem Grund Zukunftsforscher die Notwendigkeit von Spezialistentum selbstverständlich anerkennen - und in Einzelfragen sind Zukunftsforscher meistens in bestimmten Bereichen Spezialisten - , während eben die typischen Fachidioten, die es heute mehr denn je gibt, das umgekehrte Verständnis leider seltener aufbringen". Huber bescheinigt dem fachübergreifenden und generalistischen Ansatz der Zukunftsforschung die Fähigkeit "Orientierungswissen" zu erarbeiten und zu vermitteln. Drastischer formuliert es noch **Homann**: "Der Vorwurf zu generalistisch zu sein, ist ein absurder Vorwurf. Wenn ich weiß, daß heute die Komplexität zunimmt, dann kann ich wohl nicht von der Zukunftsforschung erwarten, daß bei ihr die Komplexität abnimmmt. Sie muß notwendigerweise generalistisch sein, wenn sie Bereiche wie Wirtschaft, Kultur, Wissenschaft in ihre Denkprozesse mit einbezieht. Sie muß notwendigerweise generalistisch sein, je weiter sie in die Zukunft reicht. Denn nur mit einem solchen Überblick kann ich verhindern, daß ich Entscheidungen heute treffe, die bestimmte Zukünfte unmöglich machen. Daß die Zukunftsforschung manchmal den Ansprüchen nicht genügt, liegt daran, daß viele Leute Prognostik im engeren Sinne als Wahrscheinlichkeit des Zutreffens auffassen. Das ist nicht die Aufgabe von Zukunftsforschung; sondern die Zukunftsforschung hat die Aufgabe, die Möglichkeit von Entwicklungen aufzuzeigen. Es geht nicht darum zu sagen, was morgen ist. Es geht vielmehr darum, das breite Spektrum der Möglichkeiten zu öffnen, um die Leute dazu zu bringen, Handlungen voranzutreiben, die erträglich sind. Daher kommt die Divergenz immer wieder, daß man von der Zukunftsforschung etwas erwartet, was man sinnvollerweise nicht erwarten sollte".

Auch **Mettler** kann der abwertenden Wendung des Begriffs "Gemischtwarenladen" nichts abgewinnen: "Die Analyse stimmt, aber es ist kein Vorwurf, sondern eine Chance. Gerade weil die Zukunftsforschung generalistisch ist, erlaubt sie überhaupt, dem Problem gesellschaftlicher Normen resp. Qualitäten näherzukommen. Es ist mit Sicherheit kein Nachteil, wenn man spezifische Themen, wie z. B. Mikroelektronik und Arbeitsmarkt oder Gentechnologie und Gesundheit und ähnliche Problematiken in zukünftige - insbesondere nicht als wünschenswert gedachte - Szenarien gesellschaftlicher Entwicklungen hineinmalt bzw. soziale Phantasie entwickelt, wie sich solche Verhältnisse in zukünftigen Gesellschaften entwickeln und gestalten lassen".

Die Generalisierungstendenz der Zukunftsforschung ist ein auffallend kontroverser Punkt zwischen den Befragten. **Ullrich** mahnt die Generalisierung an: "Zukunftsforschung wird in der gegenwärtigen Lage der Welt - stärker als früher - grundlegende Weichen stellen müssen. Zukunftsforschung wird deshalb notwendigerweise allgemeiner werden müssen, was nicht heißt, daß mit der Forschung auch dann durchaus konkrete Handlungsanweisungen gegeben werden können". **Wend** hingegen ist ganz anderer Auffassung. Er nimmt die Frage nach dem Vorwurf des "Gemischtwarenladens" zum Anlaß, ein Plädoyer für die Neudefinition des Verhältnisses von Auftraggeber und Auftragnehmer von Politikberatungsprojekten zu halten: "Ich stimme dem Vorwurf zu. Wenn die Zukunftsforschung ernst genommen werden soll und will, muß sie sich auf einige Fachgebiete spezialisieren, um wirklich mitreden zu können. Denn der Auftraggeber behält sich die Verwertung der Ergebnisse vor. Ein Institut, das nicht loyal zum jeweiligen Auftraggeber steht, dürfte bald aus dem Geschäft sein. Privatpolitik eines Auftragsforschungsinstituts dürfte sich als tödlich erweisen; deshalb meine ich, daß von vornherein eine gewisse fachlich-politische Übereinstimmung mit dem Auftraggeber vorhanden sein sollte, da man als Auftragnehmer immer am kürzeren Hebel sitzt".

In der Tradition der abendländischen Aufklärung formuliert **Flechtheim**: "Futurologie im engeren Sinne ist vor allen Dingen Prognostik. Es handelt sich vor allen Dingen um die Vermehrung von Wissen. Bereits aus diesem vermehrten Wissen entsteht Veränderung, denn vermehrtes Wissen und Umsetzung heißt schon Veränderung als solche".

3. Zukunftsforschung im internationalen Vergleich

Die Einschätzung der defizitären Lage der Zukunftsforschung in der Bundesrepublik wird in den meisten Gesprächen mit dem Hinweis auf Institutionen und Aktivitäten im Rahmen der Zukunftsforschung in anderen Ländern verbunden.

Allgemein weist **Huber** auf den Zusammenhang von industrieller Modernisierung und Zukunftsforschung hin: "Soweit ich das beurteilen kann, wird Zukunftsforschung in allen entwickelten Industrieländern betrieben, bzw. sie wird in dem Maße betrieben, in dem Länder sich modernisieren und industrialisieren und eine entsprechende

Systemkomplexität aufbauen. In dem Moment wird Zukunftsforschung erforderlich und auch betrieben".

Im internationalen Vergleich wird deutlich, daß in Ländern wie den USA, Frankreich, Schweiz, Österreich und den skandinavischen Ländern in weit größerem Maße Zukunftsforschung und langfristige Politikberatung Fuß gefaßt haben. Genannt werden mehrfach das "Gottlieb-Duttweiler-Institut" in Rüschlikon (Zürich), die "Hochschule in St. Gallen", die Gesellschaft "Futuribles" in Paris, die "Akademie für Zukunftsfragen" in Wien, das "Sekretariat für Zukunftsstudien" in Schweden und eine Reihe internationaler Institutionen wie IIASA in Wien, die OECD in Paris und die UNESCO. Die Association Internationale Futuribles genießt großes Renommee bei den befragten Experten. Weiterhin wird mehrfach das Office of Technology Assessment (OTA) in den USA als Institution der Politikberatung hervorgehoben. Das OTA ist die weltweit größte Einrichtung der Technikfolgen-Abschätzung, sie ist seit 1972 als Stabsstelle beim Kongreß angesiedelt und erstellt bzw. vergibt wissenschaftliche Gutachten auf Antrag des Kongresses und bereitet kontinuierlich technikbezogene Informationen auf. **Ullrich** nennt den Charakter der OTA-Aktivitäten: "Begründete Vermutungen, Plausibilitäten, Szenarien". In den USA wurzelt die Zukunftsforschung allerdings stark in der militärischen Auftragsforschung. Diese Beurteilung wird sowohl von **Arras** als auch von dem Wissenschaftsjournalisten **Hans G. Helms** gestützt. Helms betont das durch militärische Denkstile bestimmte Organisationsmuster in der amerikanischen Auftragsforschung: "An der Spitze steht das Pentagon; darunter gliedert sich ein Netz von Forschungsabteilungen der drei Waffengattungen und nebengeordnet die NASA. Auch die vom Gesundheitsministerium finanzierte National Library of Health kooperiert eng mit dem Pentagon. Schließlich als dritte Nebeninstanz das Energieministerium, das als für die Nukleartechnologie zuständige Behörde durch ein Arbeitsabkommen mit dem Verteidigungsministerium verbunden ist. Darunter kann man mehrere Gruppen von Instituten anordnen: zum einen die fast ausschließlich für das Pentagon tätigen Think Tanks - wie die RAND Corporation und das Stanford Research Institute - , zum zweiten die staatlichen Forschungslaboratorien, von denen die wichtigsten Los Alamos und Lawrence Livermoore Lab sind. Diese Einrichtungen sind zu 90 bis 95 Prozent militärisch orientiert".

Von den europäischen Ländern hebt **Flechtheim** die Niederlande hervor, dort ist besonders die 1976 vom niederländischen Parlament eingesetzte Beratungsinstitution "Netherlands Scientific Council for Government Policy" zu nennen. Flechtheim: "Gerade die holländische Praxis müßte stärker untersucht werden". Vor allem die skandinavischen Länder und die südostasiatischen Industrieländer werden in den Gesprächen hervorgehoben. **Jänicke:** "Alle skandinavischen Länder betreiben Langzeitplanung. Die Planungen sind entweder beim Ministerpräsidenten oder in strategisch wichtigen Ministerien angesiedelt. Auffällig ist, daß Langzeitplanung in den Ländern betrieben wird, in denen derzeit die größten Erfolge gefeiert werden, und zwar nicht nur Wachstumserfolge, sondern auch Beschäftigungserfolge". Jänicke stützt sich auf eigene Untersuchungen über Umweltpolitik im internationalen Vergleich. Seine Ergebnisse sind eindeutig: "Wir erforschen, welche Steuerungsmechanismen und welche Wandlungsprozesse unter Umweltaspekten wirksam sind. Uns interessiert, welche Entwicklungen in der Zukunft empirisch zu ermitteln und zu erwarten sind. Eine zentrale Fragestellung ist: Welche Bedingungen für eine erfolgreiche politische Steuerung müssen entwickelt sein? Ein Hauptergebnis ist, daß diejenigen Länder, die Planung und Zukunftsforschung institutionalisiert haben, im internationalen Vergleich die erfolgreichen Länder sind. Damit meine ich in erster Linie Schweden und Japan. Wir haben mehrere Politikfelder im internationalen Vergleich untersucht. Ergebnis war, daß diejenigen Länder, die einen policy-planning-Stil institutionell entwickelt haben, die erfolgreichen sind. Unser Kriterienkatalog umfaßt an erster Stelle die Strategiefähigkeit, d. h. die Fähigkeit, langfristige Entwicklungen vorauszusehen und umzusetzen. Sie umfaßt Konsens- und Innovationsfähigkeit. Es geht darum, permanent Probleme lösen zu können. Dazu bedarf es eines planerischen Politikstils. Das Beispiel der Planungsabteilungen in den sozialistischen Ländern zeigt, daß es dort zwar die Institution für politische Planung und Umsetzung von politischen Plänen gibt, aber es gibt keine Strategiefähigkeit. Es gibt keine langfristige, auch von mehreren Variablen abhängige und letztlich erst zu entscheidende Zukunftsperspektive. Maßstab ist dort nur die bürokratische Vorgabe, und das ist das Gegenteil von Strategiefähigkeit". Für **Dierkes** ist Japan das Land mit der klarsten Langfristorientierung: "Das Land, in dem ich eine klare staatliche Nachfrage sehe, ist Japan. Die Ausrichtung der Forschungs- und Technologiepolitik basiert auf Langfristforschungsprioritäten und zeugt von Perspektivdenken und der Bereitschaft, Langfristwissen anzunehmen". Aus **Homanns** Sicht sind die kleinen Länder und die Drittweltländer interessant: "Heute kommen m. E. die interessantesten Arbeiten der Zukunftsforschung von kleinen Ländern wie Schweden, Holland, Finnland. Teile der Dritten Welt fangen langsam an. Es gibt eine sehr große Zukunftsforschung in China, die mengenmäßig natürlich alles schlägt, aber aufgrund der herrschenden Ideologie das Element der Vision nicht mit einbringen kann, weil das durch die marxistische Ideologie nicht möglich ist. Es gibt Gruppierungen in Indonesien und Sri Lanka, die Gott sei Dank sehr bald einen größeren Einfluß gewinnen werden. In unserer Gesellschaft (SGZ) sind Vertreter der Drittweltländer immer willkommen; wir fördern den Austausch sehr. Nicht zu vergessen sind Einzelpersonen, die eine ganze Menge getan haben. Es gibt schließlich in den USA noch immer eine relativ gut ausgebaute Zukunftsforschung, auch mit akademischen Abschlüssen z. B. in Hawaii und Massachusetts. Die Schweiz ist nicht weit hinterher. Was ich immer nicht verstehe ist, wo die 60 Millionen Deutschen bleiben". Das Beispiel Japan steht für Homann unter einer eingeschränkt technologischen Prämisse: "In Japan bedeutet Zukunftsforschung eigentlich den Versuch, die Spitzenposition in der technologischen Entwicklung zu bekommen. Darum sind die Japaner auch sofort in alle Formen von Szenarien eingestiegen und haben diese Art von Zukunftsstädten gebaut. Es ist eine sehr stark technisch orientierte Zukunftsforschung in Japan".

Auf die Frage nach der Bedeutung und dem Charakter der Zukunftsforschung in den sozialistischen Staaten bzw. in den in Auflösung begriffenen Staaten wird auch von anderen Interviewpartnern eingewandt, daß die Zukunftsforschung in den sozialistischen Ländern trotz erheblicher institutioneller und personeller Kapazitäten dem Planungsrigorismus unterlegen war bzw. unterliegt. Allerdings gerät mit der Reformbewegung in den wichtigsten ehemals sozialistischen Ländern auch der Planungsrigorismus in einigen Ländern in Bewegung, wie **Flechtheim** feststellt: "Bislang schienen die sozialistischen Länder gleichgeschaltet. Jetzt entsteht eine Auffächerung: es gibt rigidere Länder mit rigiden Planungen, etwa die DDR. Es gibt offenere Länder, an ihrer Spitze Jugoslawien, Ungarn, jetzt China, Polen und die Sowjetunion". Die "Akademien der Wissenschaften" spielen für die Zukunftsforschung in den sozialistischen Ländern eine bedeutende Rolle. In der Sowjetunion ist die Kontinuität der Zukunftsforschung - wie übereinstimmend von mehreren Gesprächspartnern hervorgehoben wurde - in der Person von Bestuchev Lada verkörpert. Aber auch im europäischen Maßstab tauchen einige Defizite auf. So identifiziert **Müllert** die Defizite auf drei Ebenen: "Wissenschaftliche Barrieren - Scharlatanerieverdacht, politische Ängste - Utopismus und begrenzte finanzielle Ressourcen - Förderung von 'Handfestem'". Die Vorbehalte auf seiten der Wissenschaft sind für **Arras** neben den finanziellen, organisatorischen und personellen Barrieren das größte Problem: "Die größten Defizite in der europäischen Zukunftsforschung liegen meiner Ansicht nach in den wissenschaftlichen Barrieren, die aufgebaut wurden".

Daß die Defizite auf europäischer Ebene mit den spezifischen Defiziten in der Bundesrepublik partiell zusammenfallen, wird in der Antwort von **Schwendter** deutlich. Er listet sechs Defizitpunkte auf:

"1. Zersplitterung und Anonymisierung der Themenstellungen und ihrer Betreiber bei gleichzeitiger Nichtakzeptanz von Interdisziplinarität.
2. Mißbrauch der Zukunftsforschung als Auftragsforschung. Dadurch wird nur erforscht, was erwünscht wird, und wo mehr oder weniger feststeht, was herauskommt.
3. Folgenlosigkeit ihrer Ergebnisse.
4. Nicht-Finanzierung oppositioneller Studien.
5. Systematische Entmutigung aller jungen Leute, die sich für Zukunftsforschung interessieren. Wer nicht zum Fachidioten werden will, kann sich gleich arbeitslos melden, da einige Hochschulen die Stellen streichen und andere erst gar keine einrichten.
6. Keine Ermöglichung der Kontinuität der Arbeit. Die jungen Wissenschaftler unterliegen der Modellhopserei oder ABM-Fragmentation, während die Hochschullehrer de facto auf Forschungssemester beschränkt und ansonsten durch administrative Anforderungen beschränkt werden".

Mittelstaedt weist auf Defizite für eine "gemeinsame europäische Zukunftsforschung" hin. Ein Umstand, der angesichts der beschleunigten wirtschaftlichen und politischen Einigung Europas besondere

Beachtung verdient: "In Europa gibt es keine Dachorganisation für Institutionen, die der Zukunftsforschung zuzuordnen sind, wie etwa in den USA die World Future Society. Deshalb kann keine gemeinsame europäische Zukunftsforschung koordiniert und betrieben werden. Viele Organisationen der Zukunftsforschung in Europa kennen sich untereinander zu wenig oder überhaupt nicht. Zudem ist Zukunftsforschung insgesamt kaum an europäischen Universitäten etabliert".

4. Perspektiven der Zukunftsforschung

Auswege aus den Defiziten

Die Perspektiven der Zukunftsforschung in der Bundesrepublik werden im Kontext der defizitären aktuellen Lage gesehen. Oft werden, ausgehend von einer Defizitanalyse, die Rahmenbedingungen und das Profil einer zukünftigen Zukunftsforschung skizziert. **Jänicke** knüpft die Verbindungslinie zwischen der fruchtbaren Methodendiskussion und der Existenz einer unabhängigen institutionellen Zukunftsforschung: "Die Krux der Zukunftsforschung scheint mir, daß es keine Vernetzung gibt. Das heißt auch: Fehler können immer wieder gemacht werden, es gibt keine Lernfähigkeit innerhalb der Zukunftsforschung selbst. Ein sehr wichtiger Punkt in der Zukunftsforschung scheint mir die Methodenproblematik zu sein. Beispielsweise können meiner Ansicht nach Prognosen erheblich besser, erheblich treffsicherer sein. Voraussetzung dafür ist, daß die Auftragslage eine eindeutige ist. Das heißt, daß die Auftraggeber keinerlei Einfluß auf die Ergebnisse haben dürfen, und es bedeutet eine relative Unabhängigkeit der die Prognose anstellenden Institutionen. Wir kommen wieder auf einen zentralen Punkt: Diese Methodendiskussion - diese Diskussion von Annahmen in Prognosen und dergleichen - kann nur angestellt werden, wenn es so etwas wie eine institutionelle Zukunftsforschung und eine institutionelle Unabhängigkeit gibt". Das Stichwort "Vernetzung" bestimmte mehrere Gespräche. So auch **Ullrich**: "Man sollte mehr von der Vernetzungsidee ausgehen!" **Dierkes** sieht in der Förderung der Vernetzung einen ersten Schritt, der eingetretenen leichten Erhöhung der politischen und wirtschaftlichen Nachfrage nach zukunftsrelevantem Wissen Rechnung zu tragen: "Diskussionsforen, Foren des Austausches von Wissen und Förderung von Netzwerken hielte ich im Augenblick für angemessen".

Einen Katalog von Maßnahmen zur Verstärkung und Förderung der Zukunftsforschung, insbesondere der "alternativen Zukunftsforschung", legt **Schwendter** vor:

"1. Schaffung eines umfassenden Basisnetzes aller an Zukunftsfragen interessierten Personen. Namensvorschläge: 'Gruppe 2000' oder 'Projekt Jedermann'.
2. Umstrukturierung der Deutschen Forschungsgemeinschaft und vergleichbarer Geldgeber auf interdisziplinäre Prioritäten.
3. Abschaffung der Geheimhaltungspflicht für futurologische Studien.
4. Schaffung von Innovationsfonds auf Bundes-, Länder- und Gemeindeebene mit dezentrierter wissenschaftlicher Begleitforschung, damit nicht immer nur die Prognos AG bedient wird.
5. Informationsnetzwerk gegenseitiger Hilfe aller dezentrierten Stellen, die mit Zukunftsfragen befaßt sind. Die Arbeitsgemeinschaft ökologischer Forschungsinstitute (AGÖF) könnte ein Anfang sein.
6. Futurologische Wettbewerbe für Outsider".

Dierkes nennt zwei Projekte, die seiner Ansicht nach zur Verbesserung der Lage der Zukunftsforschung beitragen könnten: "Netze könnten entstehen und wachsen, wenn man ein bißchen Geld für Methodenuntersuchungen einsetzt und den Rahmen einer Zeitschrift schafft".

Gründung einer Akademie für Zukunftsfragen

Nach Notwendigkeit, Chancen und Bedenken gegenüber einer Institutionalisierung, z. B. in Form der Gründung einer Akademie für Zukunftsforschung, befragt, gab es unterschiedliche Antworten. Der Tenor lag in der Befürwortung einer Gründung einer Einrichtung für Zukunftsforschung, allerdings sollten die Erfahrungen der jüngeren Vergangenheit und die Erfahrungen im Ausland berücksichtigt werden. **Dienel** antwortet mit einem uneingeschränkten "Ja!" auf die Frage, ob er eine Akademiegründung in Nordrhein-Westfalen oder Berlin begrüßen würde. Ebenso uneingeschränkt unterstützt **Arras** eine Akademiegründung: "Ich würde die Gründung einer Akademie für Zukunftsfragen für sehr sinnvoll halten. Nordrhein-Westfalen wäre m. E. besser geeignet als Berlin, aber nur aus Gründen der Erreichbarkeit. Man muß sich einfach in größerem Maße als bisher zusammensetzen und sich über Methoden, Erfahrungen und Möglichkeiten austauschen, um in den Fragen besser gewappnet zu sein, die in der nächsten Zeit auf uns zukommen". Geteilter Ansicht zum möglichen Standort ist **Mettler**: "Eine weitere Institutsgründung in Berlin würde ich für nicht sinnvoll erachten, dagegen die Gründung einer Akademie für Zukunftsfragen in Nordrhein-Westfalen außerordentlich begrüßen. Zu denken wäre hier insbesondere an eine engere Verflechtung mit dem in Entstehung begriffenen Institut für Arbeit und Technik sowie dem geplanten kulturwissenschaftlichen Institut". **Jänicke** unterstützt den Vorschlag einer Gründung einer Akademie für Zukunftsfragen mit Nachdruck. Er sieht darin "die Chance der Verstetigung zukunftsrelevanter Forschung und die Schaffung einer festen Adresse der Zukunftsforschung". Eine Akademie für Zukunftsfragen sollte nach Jänickes Ansicht die wichtigen thematischen Felder abdecken: Energie, Umwelt, Technik, Gesellschaft und Verkehr. **Ullrich** pflichtet Jänicke in seiner Befürwortung einer Akademiegründung bei. Ihm geht es um "Folge-Wirkungs-Wissen", also Wissen um die "Wirkungen, die wir durch unser Wirtschaften auslösen". Die Akademie könnte auch die Funktion eines "Frühwarnsystems" spielen. Eine Funktion, die - so Ullrich - als ein wichtiges Postulat aus der Technology-Assessment-Debatte der letzten Jahre entstanden ist. Um Folge-Wirkungs-Wissen erarbeiten zu können und die Funktion des "Frühwarnsystems" tatsächlich ausfüllen zu können, dürfe die Akademie "auf keinen Fall ohne Grundfinanzierung von einem Auftrag zum nächsten hecheln". Ullrich weiter: "Es bedarf der fürstlichen Großzügigkeit in der Ausstattung, die man sich auch spielend leisten kann, wenn man sich anschaut, wieviel Geld beispielsweise im Weltraum ausgegeben wird".

Jungk macht eigene Erfahrungen geltend: "Ich halte es für ganz wichtig, daß in einer solchen Institution nicht nur akademische Kräfte beheimatet sind, sondern daß Leute mit Praxis und Leute mit Phantasie ebenfalls dort hineinkommen und daß die Atmosphäre dort sehr tolerant und unabhängig ist. Wenn ich eine solche Einrichtung zu organisieren hätte, würde ich sagen: nicht in einer Universität ansiedeln! Dort würde es sofort wieder in die alten Fächeraufgliederungen zerfallen. Statt dessen sollten problemorientierte Projektgruppen das Organisationsprinzip bilden". Ausreichende Ausstattung und fachliche Qualität fordert **v. Weizsäcker**: "Eine Akademie für Zukunftsfragen ist eine verlockende Idee, aber wenn sie nicht zu einer wesentlich verbesserten Mittelausstattung existierender Zukunftsforschung führt und wenn sie nicht erstklassig gemacht wird, sollte man sie nicht gründen". Und **Krauch** weist auf den engen Zusammenhang zur Technologieentwicklung hin und formuliert einige Bedingungen für eine erfolgversprechende Institutionalisierung: "Was auch immer getan wird, es muß dafür gesorgt werden, daß Zukunftsforschung problemorientiert und interdisziplinär aufgezogen wird, daß sie genügend groß ist und enge Verbindungen zur Technologieentwicklung hat".

Flechtheim macht sich Gedanken über mögliche Protagonisten und Ansprechpartner einer Akademiegründung: "Ich könnte mir vorstellen, daß die Landesregierungen in Nordrhein-Westfalen oder in Schleswig-Holstein aufgeschlossen sind und Interesse an einem Institut oder einer Gesellschaftsgründung haben. Aber auch solche Gruppierungen wie die Grünen oder hier in Berlin die Alternative Liste sind Ansprechpartner. Denn ihnen kann man sagen, 'ihr müßt besonders interessiert sein an der Zukunft und an Neuem'".

Zwei Empfehlungen verbindet **Wend** mit seiner Befürwortung einer Akademiegründung: "Erstens sollte es um die Sammlung der versprengten Zukunftsforschungsgemeinde, um eine Akademie oder ähnliches, die sich durch große Pluralität in Methodik, Themenbereichen und politischen Grundhaltungen auszeichnen sollte, gehen. Eine Einrichtung, die eine Zeitschrift herausgeben und als Forum und Ort für Zukunftsgespräche von sich reden machen sollte. Sie sollte als Ermutigungs- und PR-Veranstaltung nach innen wirken. Zweitens sollten Einzelprojekte im Rahmen der Politikberatung für SPD-regierte Länder - wie NRW oder Schleswig-Holstein - oder auch Kommunen durchgeführt werden, um beweisen zu können, daß Zukunftsforschung zu konkreten Leistungen mit fachlichem Niveau in der Lage ist. Diese fachlich-konkreten Leistungen der zukunftsbezogenen Politikberatung sollten dann als Mosaiksteine für eine Leistungsbilanz von Zukunftsforschung in der Akademie zurückgespiegelt werden. Die Ergebnisse könnten etwa in workshops reflektiert werden. So könnte möglicherweise eine unsinnige Fraktionierung der Zukunftsforschung in Langfristdenker bzw. Theoretiker und anwendungsbezogene Politikberater vermieden werden". Für seinen Vorschlag bedürfe es allerdings einer Voraussetzung: "Zukunftsforschung als Politikberatung darf nicht vom Einzelauftrag abhängig und damit erpreßbar sein, sondern muß durch die Gesamtinstitution Akademie so viel Unabhängigkeit erreichen, daß es quasi immer eine Gnade ist, wenn irgend eine Landesregierung einmal eine Zeitlang beraten wird".

Zweifel an einer Akademiegründung und seine Ablehnung der beiden vorgeschlagenen Standorte formuliert **Schwendter**: "Die Gründung einer Akademie für Zukunftsfragen kann zumindest nichts schaden; weiterbringen wird sie uns unter den gegebenen Bedingungen nicht viel. Ich sehe schon wieder einen Beirat vor mir mit 5 CDU-, 5 SPD- und 2 FDP-Mitgliedern, außerdem einen Bevollmächtigten von Siemens, RWE, Mannesmann, SEL, ITT und Shell, dazu noch etwas Rationalisierungskuratorium der Deutschen Wirtschaft und Deutscher Gewerkschaftsbund. Und dann zukunftet mal schön... . Und wenn schon eine Akademiegründung: warum schon wieder in NRW oder in Berlin?" Ebenfalls zweifelnd äußert sich **Dierkes** zu einer eventuellen Akademiegründung: "Wenn ich den Begriff Akademie höre, denke ich an die Akademie der Wissenschaften zu Berlin. Und dann denke ich, daß wieder viele Räume gefüllt und Gremien geschaffen werden müssen, ich wüßte gar nicht, wer da sitzen sollte". Eine Institution müsse demgegenüber organisch wachsen. Außerdem bestünde die Gefahr des "zu frühen Timings". Deshalb schlägt Dierkes vor: "Ich würde erst einmal einige Leute finanzieren, die durch die Republik fahren und eine Bestandsaufnahme über die noch vorhandenen Reste der alten Zukunftsforschung erstellen. Dann könnte man darauf aufbauen und weitermachen".

Für eine erfolgreiche Institutionalisierung der Zukunftsforschung und der langfristigen Politikberatung ist wie für **Jänicke** auch für **Koch** die institutionelle Unabhängigkeit unerläßlich: "Auf eine These zugespitzt: Eine Zukunftsforschung, die an Politikberatung orientiert sein soll, wird sich nur in dem Maße erfolgreich organisieren lassen, in dem die interessierten oder zu interessierenden Institutionen ihre Partikularismen überwinden können. Das ist heute selbst innerhalb der politischen Parteien schwierig, so sehr haben sich die Parteibürokratien zu Spiegelbildern von Regierungsapparaten entwickelt und repräsentieren sie selber die korporatistische Interessensorganisation des Staates". Vor den Gefahren des 'wissenschaftlichen Elfenbeinturmes' warnt auch **Müllert** und postuliert zugleich den partizipativen Charakter einer institutionalisierten Zukunftsforschung: "Ein klares 'Ja' zur 'Akademie für Zukunftsfragen oder Zukunftsgestaltung', doch nur, wenn sie nicht in Wissenschaftlern 'erstickt', sondern permanent Bürger aktiv einbezieht, d. h. einen kontinuierlicher Bürgerdialog - so schwierig das ist - um Zukunftsideen, - vorstellungen und -wünsche aus der Bevölkerung mit einzubeziehen". Das Scenariomodell ist für Müllert deshalb am ehesten geeignet, "wünschbare soziale Zukünfte" zu entwickeln.

Für den Wahl-Schweizer **Homann** ist die jüngste Entwicklung in der schwedischen Zukunftsforschung, die in dem Länderbericht "Schweden" ausführlich dargestellt wird, auch für die Bundesrepublik sehr interessant: "Zentral für die Verbesserung der bundesrepublikanischen Situation ist es, staatliche Institutionen davon zu überzeugen, daß man ein Zukunftsinstitut im Sinne der Organisationsformen der Max-Planck-Gesellschaft ausbaut. Denn im Grunde müßten die Kräfte mal konzentriert werden, die in der Bundesrepublik für die Zukunftsforschung vorhanden sind. Der nächste Schritt wäre, daß man planmäßig versucht, in die Technologiezentren und in die Neugründungszentren hineinzugehen, die in der Gefahr sind, sich nur dem technologischen Fortschritt zu verschreiben und die kulturellen und sozialen Aspekte zu vernachlässigen. Dann müßte man überlegen, ob man eine von Aktivisten getragene, nicht-staatliche Organisation aufbaut, die als Basis eine Meinungsvielfalt in der Zukunftsforschung hat. Eine Ideologisierung in der Frühphase - egal in welche Richtung - wäre ein Schaden. Aber wenn die Zukunftsforschung gemeinsam in ihrer Vielfalt auftreten kann, dann wäre das ein Beitrag, den wir auch von internationalen Organisationen erwarten und erhoffen. Ein interessantes Beispiel ist in Schweden passiert: Die schwedische Regierung hat sich entschlossen, jetzt ein größeres Zukunftsinstitut zu gründen, dessen Unabhängigkeit größer geworden ist gegenüber früher. Das gleichzeitig noch Politikberatung macht, über neue Entwicklungen berichtet, aber nicht unter der direkten Abhängigkeit des Ministerpräsidenten steht. Erforderlich ist also diese nicht-bürokratische Form von Vereinigung, gekoppelt mit der Errichtung eines Zukunftsinstituts - sei es auf Länderebene, sei es eine gemischte Struktur mit Beteiligung des Bundes, der Länder oder Hochschulen. Allerdings muß man aufpassen, daß es nicht in ein klassisches Universitätsinstitut abrutscht".

Stärkung universitärer Zukunftsforschung ?

Auf die Frage nach den Möglichkeiten und nach der Notwendigkeit einer universitären Zukunftsforschung ist auch **Jungk** durchaus skeptisch: "Die universitäre Zukunftsforschung wäre notwendig, wenn sie in der Lage wäre, über ihre Schatten zu springen. Ich habe sonst Angst, daß sie sich nicht trauen, white birds (gemeint sind: offene, variable Arbeitsfelder) in ihren Apparat aufzunehmen. Und das wäre wichtig". Jungk attestiert der akademischen Wissenschaft eine bislang abwehrende Haltung gegenüber der Zukunftsforschung: "Die akademische Wissenschaft lehnt die Zukunftsforschung zum einen ab, weil sie disziplinübergreifend ist. Zum zweiten, weil es keine gesicherten wissenschaftlichen Standards gibt. Es entspricht einer konservativen Wissenschaftsauffassung, daß die Zukunftsforschung abgelehnt wird".

Ein besonderer Bedarf für Zukunftsforschung heute ?

Unzweifelhaft ist für alle Gesprächspartner die Notwendigkeit der Zukunftsforschung und der gesellschaftliche Bedarf an Langfristuntersuchungen. **Mettler** faßt es so zusammen: "Heute gibt es einen Bedarf zur Zukunftsforschung wie wahrscheinlich noch nie zuvor in der Geschichte seit der Wissenschafts- und Technikentwicklung vor 200 Jahren. Die Gefahren, denen sich die Welt - und das heißt nicht nur die industrialisierte Welt - ausgesetzt sieht bzw. die sie selbst hervorgerufen hat, sind so groß wie nie zuvor. Ich zitiere hier nur die Selbstzerstörungsmöglichkeit durch den atomar geführten Krieg bzw. den dadurch entstehenden atomaren Winter, der der Welt die Ernährungsbasis nehmen würde. Ich erinnere weiter an das Problem der Genmanipulation, an die Gefahren einer neuen Finanzkrise à la 1929, an Gefahren des verflachenden Denkens durch die Übergabe des Denkens an Computer und Informatik. In dieser Hinsicht ist auch die Instrumentalisierung unseres Denkens oder die Übertragung unseres Wissens auf Computer und damit auch der Verlust unseres Wissens zu nennen und nicht zuletzt die Gefahren der immer weiter ansteigenden Gesundheitskosten, die ja nur Indiz für eine weiter zunehmende Verkrankung, d. h. ein immer weiteres Absinken des Gesundheitszustandes unserer Bevölkerung, ist. Wenn heute nicht langfristig gedacht wird, wenn heute nicht langfristig Ziele vorgenommen und in Politik umgesetzt werden, - d. h., wenn nicht langfristorientierte, zielorientierte Politik betrieben wird - ist der Selbstmord der Menschheit vorprogrammiert, bzw. dann werden wir keine Mittel haben, um diese und andere Krisen, die mit größter Sicherheit auf uns zukommen werden, erfolgreich zu bewältigen. Aber es sollte nicht nur die Notwendigkeit für Zukunftsforschung aus den Krisen abgeleitet werden, sondern umgekehrt sollten wir uns das Problem der Gestaltbarkeit der Zukunft vor Augen führen. Wir sollten uns darüber unterhalten, was eine menschliche Zukunft für möglichst viele Menschen auf dieser Welt sein könnte und aus diesen Vorstellungen sozusagen rückrechnend, retrognostisch, Empfehlungen an die heutige Politik weitergeben".

Aufgrund der in der wissenschaftlich-industriellen Zivilisation gewachsenen Risikopotentiale fällt der Zukunftsforschung nach Ansicht von **Ullrich** eine besondere Rolle zu: "Die besondere Situation, die es dringlich macht, Zukunftsforschung zu betreiben, hat vor allem den Grund: Die Techniken oder das Vermögen, in Natur einzugreifen, erzeugen so gewaltige Wirkungsketten, wie das bisher in der Menschheitsgeschichte nicht der Fall war, bis hin zur Tatsache, daß wir in der Lage sind, die Lebensbedingungen auf der ganzen Erde durch unser Eingreifen zu zerstören. Es ist also das Vermögen vorhanden, mehr herstellen als verantworten zu können, wie das Günter Anders bereits kurz nach dem zweiten Weltkrieg geäußert hat".

Arras sieht besonderen Bedarf für Zukunftsforschung und für - wie er es nennt - 'wirklich prozeßhafte Politikberatung': "Es gibt gerade heute einen besonderen Bedarf, weil die Zusammenhänge und damit die Zukunftsstudien in eine Komplexität hineinreichen, die uns bisher nicht bekannt war oder die wir bisher meinten vernachlässigen zu können, weil wir noch nicht mit der Nase darauf gestoßen wurden. Ich glaube, daß wir über Veränderungen der Gesellschaft und der Technik beziehungsweise über die Einflüsse von Technik und Wissenschaft auf die Gesellschaft in einem wesentlich intensiveren Umfang nachdenken müssen. Dieses Nachdenken darf nicht mehr nur auf Experten beschränkt bleiben, sondern muß viel stärker als bisher die gesamte interessierte Öffentlichkeit einbeziehen".

Müllert bringt den Bedarf nach Zukunftsforschung auf die Formel: "Bedarf für Zukunftsforschung gibt es. Besser gesagt: Es gibt einen Bedarf nach Visionen: Wie und wohin soll es weitergehen? Wie soll die Zukunft aussehen? Warum lohnt es sich, sich für sie einzusetzen?" **Jänicke** legt den Hauptakzent auf Langfristfolgeuntersuchungen, die aufgrund der "äußeren Bedrohungen, die wir zur Genüge kennen" einen besonderen Stellenwert haben. Positiv gewendet klingt die Begründung für den besonderen Bedarf für Zukunftsforschung bei v. **Weizsäcker:** "Den besonderen Bedarf sehe ich darin, daß sich nach meiner Ansicht ein Übergang von einem 'Jahrhundert der Ökonomie' zu einem 'Jahrhundert der Umwelt' abzeichnet. Je besser durchdacht und je vernünftiger gesteuert dieser Übergang vollzogen wird, desto größer sind die Chancen, daß die positiven Aspekte des gegenwärtigen Jahrhunderts erhalten werden".

Ein verstärktes gesellschaftliches Bedürfnis nach Zukunftsorientierung greift Platz - so lautet der Tenor einer Anzahl von Antworten auf die Frage nach dem besonderen Bedarf an Zukunftsforschung. Angesichts existenzieller Bedrohungen und beschleunigter Modernisierungsschübe - von der Diffusion der neuen Technologien in alle lebensweltlichen Bereiche bis zur Auflösung nationalstaatlicher Rahmensetzung der Politik in der europäischen Integration - wird von möglichem Zukunftswissen die Entlastung von Unsicherheit erhofft und erwartet. Der gesellschaftliche Ort künftiger Zukunftsforschung ist jedoch umstritten. **Huber** sieht im Gegensatz zu **Jungk** und **Müllert** nicht so sehr die sozialen Bewegungen als Träger und Adressat von Zukunftsforschung: " Es handelt sich um sehr langfristige Zyklen, und deswegen denke ich - um es auf die Zukunftsforschung zu beziehen - , daß in den nächsten 10 bis 20 Jahren die Zukunftsforschung weniger mit sozialen Bewegungen verbunden sein wird und wieder mehr mit professionellen Einrichtungen wie zum Beispiel unternehmerischer, akademischer oder verbandspolitischer Art".

5. Zusammenfassung der Ergebnisse

Konsens herrscht bei allen 27 befragten Experten in der Diagnose der defizitären Lage der Zukunftsforschung und langfristig orientierten Politikberatung in der Bundesrepublik Deutschland.

Einige Befragte verweisen auf die Notwendigkeit und die Schwierigkeit der Definition von Zukunftsforschung. Dabei werden folgende Elemente als wesentlich für eine Definition hervorgehoben: Die Langfristorientierung, die Vernetzung und Kooperation einzelner Forscher und die Verknüpfung verschiedener Disziplinen sowie die Notwendigkeit und Offenlegung verpflichtender normativer Dimensionen in der Zukunftsforschung. Ebenso unstrittig wie die Beurteilung der aktuellen Situation der Zukunftsforschung ist bei den Befragten die Einschätzung, daß in Politik, Wirtschaft und Gesellschaft ein starkes Bedürfnis nach zukunftsrelevantem Wissen existiert. Vor dem Hintergrund globaler Krisen und unkalkulierbarer Risiken für die Lebensbedingungen auf der Erde bei gleichzeitiger Steigerung des politischen und gesellschaftlichen Handlungsbedarfs hat das Wissen um und für die Zukunft nach Ansicht der Experten eine herausragende Bedeutung. Aber auch angesichts der bevorstehenden europäischen Einigung und der damit verbundenen wirtschaftlichen und sozialen Dynamik steigt der Bedarf nach Informationen über mögliche Optionen in der mittleren und weiteren Zukunft.

Übereinstimmend teilen alle Befragten den Eindruck, daß die Zukunftsforschung in der Bundesrepublik keine institutionelle Verankerung hat. Nur vereinzelt oder in sehr bescheidenem Umfang wird Zukunftsforschung in der Bundesrepublik bisher betrieben. Genannt werden von einigen Gesprächspartnern Institute wie das Institut für

Zukunftsstudien und Technologiebewertung (IZT), das Institut für ökologische Wirtschaftsforschung (IÖW) und die Zukunftswerkstätten als Orte, an denen Forschung bzw. Praxis mit starker Zukunftsorientierung betrieben wird. Darüber hinaus werden einzelne Veranstaltungen genannt, auf denen man sich mit Zukunftsthemen befaßt: Tagungen der Evangelischen Akademien, das "Forum Zukunft" in Nordrhein-Westfalen, die "Zukunfts-Konferenzen" der IG Metall.

Aber weder universitär noch außeruniversitär könne man eine verankerte Zukunftsforschung finden. Eine Vernetzung von Zukunftsforschern sei ebensowenig vorhanden. Seit der Auflösung der Zentren für Zukunftsforschung in Berlin und Hannover zu Beginn der 80er Jahre bestehe hinsichtlich der Vernetzung der Zukunftsforschung in der Bundesrepublik eine schmerzhafte Lücke. Auch auf dem Feld einer zukunftsorientierten Politikberatung würde man - so die einhellige Meinung - bisher in der Bundesrepublik nur selten fündig.

Die meisten Befragten kennen oder vermuten zukunftsorientierte Aktivitäten in einer Reihe von Unternehmen. Langfristuntersuchungen wurden und werden in Großunternehmen insbesondere unter dem Gesichtspunkt künftiger Marktentwicklungen betrieben. Einige Befragte wenden daher ein, daß es sich nicht um Zukunftsforschung, sondern lediglich um thematisch und methodisch eingeschränkte Marktforschung handelt. In der Beurteilung der zukunftsorientierten Aktivitäten in den Unternehmen unterscheiden sich die Gesprächspartner erheblich. Es wird auch die Meinung vertreten, daß einige Unternehmen sehr wohl eine multidisziplinär und qualitativ angelegte Zukunftsforschung betreiben und die Einschränkung auf Marktentwicklungen bzw. Branchenborniertheiten vermeiden wollen. Konsens besteht bei den Befragten hingegen darin, daß in vielen Unternehmen ein verstärktes Interesse an Zukunftsfragen zu spüren ist.

Die Themen in der Zukunftsforschung sind vielfältig. Mehrere Befragte nennen die übergreifenden globalen Themen im Sinne der großen Herausforderungen der Menschheit als die zentralen Themen der Zukunftsforschung. Von der Bevölkerungsentwicklung über die Frage der Sicherung des Friedens, der Lösung des Nord-Süd-Konflikts bis zur Auflösung verhaltenssichernder Traditionen und der ihr folgenden vielschichtigen Kulturkrise reicht der thematische Kanon der globalen Herausforderungen. Die Umweltthemen sind die von den meisten der Befragten am stärksten hervorgehobenen Themen der Zukunftsforschung. Insbesondere die drohende Klimakatastrophe, die Umweltschäden in großen Teilen der Erde, die Abfall- und Entsorgungsfrage und die Zukunft des Wassers rücken wegen ihrer gattungsbedrohenden Dimension in den Vordergrund. Die Erarbeitung und Implementierung einer weltweit angelegten Strategie zur Lösung der menschheitsbedrohenden ökologischen Probleme ist für einige Interviewpartner die wichtigste Aufgabe der Zukunftsforschung. Sie ist die Voraussetzung für die Entwicklung einer erfolgreichen Zukunftsgestaltung. Ziel müsse es deshalb sein, Wege zu einem effektiven "Globalmanagement" zu eröffnen.

Als Zukunftsthemen werden zudem von den meisten der Gesprächspartner die spezifischen Probleme der entwickelten Industriegesellschaften betrachtet. Insbesondere die Problematik der politischen Steuerungs- und Innovationsfähigkeit in komplexen Gesellschaften wird von einigen Interviewpartnern an die Spitze der Prioritätenliste der Zukunftsthemen gesetzt. Außerdem - so mehrere Gesprächspartner fast gleichlautend - müsse mit dramatischen sozialen und kulturellen Entwicklungen im Gefolge der Veränderungen der Sozialstruktur gerechnet werden. Aber auch "klassische" Themen wie die Zukunft des Verkehrs, die Sicherheit der sozialen Sicherungssysteme oder die Abschätzung des Energieverbrauchs werden in den Aufgabenbereich der Zukunftsforschung verwiesen. Nicht zuletzt gehört die Abschätzung und die Gestaltung von Technik zum Kernbestand der spezifischen Probleme der entwickelten Industriegesellschaften. Technikfolgenabschätzung und Technikgestaltung sind - so wird in mehreren Interviews ausdrücklich betont - konstitutive Bestandteile einer praxisorientierten Zukunftsforschung.

Die Lebensformen der Zukunft und mögliche Konsequenzen aus der Krise der Arbeitsgesellschaft sind für mehrere Befragte höchst relevante Arbeitsfelder. Soziale Innovationen und Experimente für neue Formen des Lebens und Arbeitens sollten ihrer Ansicht nach die erklärten Ziele der Zukunftsforschung sein. Soziale Innovationen werden für die Zukunft der Arbeit ebenso bedeutsam sein wie für die Organisation menschlichen Zusammenlebens angesichts der fortschreitenden Auflösung von Ehe und Familie.

Allen Themen ist gemeinsam, daß sie nur mit der Beteiligung verschiedener Disziplinen und der Diskussion der normativen Implikationen befriedigend behandelt werden können. Auf diese Besonderheiten weisen einige Gesprächspartner mit Nachdruck hin.

Die Interdisziplinarität der Zukunftsforschung schlägt sich auch besonders in den Methoden nieder. Die besondere Schwierigkeit liegt in dem Nebeneinander von quantitativen und qualitativen Methoden. Die Meinungen zur Bedeutung der Methoden gehen in den Gesprächen weit auseinander. Unter den qualitativen Methoden hat die Szenariotechnik die meisten und engagiertesten Fürsprecher. Diese Technik wird von mehreren Befragten ihrer kreativitätsfördernden und innovativen Effekte wegen als wichtigste Methode der Zukunftsforschung und Zukunftsgestaltung hervorgehoben. Aber auch der Methodenmix - insbesondere in der gelungenen Verbindung von quantitativen und qualitativen Methoden - erhält bei mehreren Gesprächspartnern gute Noten.

Wie kontrovers und wie wenig ausgetragen der Methoden-Streit unter den befragten Experten ist, ist am Beispiel des Weltmodells GLOBUS zu erkennen. Auf der einen Seite wird das Modell, in dem für eine große Zahl von Themen in ausgewählten Regionen der Welt sehr viele Informationen kontinuierlich gesammelt und ausgewertet werden, als gelungener Versuch angesehen, auf einer ausreichenden Datenbasis Wahrscheinlichkeiten zukünftiger Entwicklungen beschreiben zu können. Mit Hilfe des GLOBUS-Modells sollen sowohl zukünftige Entwicklungen in der jeweiligen regionalen bzw. nationalen Ökonomie als auch die Früherkennung innenpolitischer Unruhen oder militärischer Krisentendenzen ermöglicht werden. Auf der anderen Seite wird das Modell als gigantischer Datenpool ohne Verarbeitungskapazität für diskontinuierliche Entwicklungen und das subjektive Moment von Geschichte betrachtet. An der Kontroverse um Möglichkeiten und Sinn von quantitativen Weltmodellen zeigt sich die teilweise vorhandene Skepsis einiger Experten gegenüber den spekulativen Methoden in der Zukunftsforschung. Umgekehrt wird in dieser Kontroverse die Abneigung anderer, an qualitativen Methoden orientierter Wissenschaftler gegenüber den metrischen Verfahren deutlich. Es fehlt ein Ort, an dem kontinuierlich an den offenkundigen Problemen einer adäquaten Methodik gearbeitet wird bzw. an dem angepaßte Methoden entwickelt werden.

Ein anderer strittiger Punkt in der Methodendiskussion handelt von der Bedeutung und Form einer partizipativen Orientierung von Zukunftsforschung und Zukunftsgestaltung. Einige Befragte halten die politische und soziale Partizipation für ein unabdingbares Element der Zukunftsforschung, andere verstehen das Partizipationspostulat als politisches und normatives Ziel, das der Zukunftsforschung nicht aufgepfropft werden solle. Hintergrund der Auseinandersetzungen um die Angemessenheit der Methoden für die Zukunftsforschung und Zukunftsgestaltung ist der Methodenstreit in den Sozialwissenschaften zwischen Normativisten und Positivisten - wie mehrere der Befragten zur Erklärung hinzufügen.

Einigkeit unter den Interviewpartnern wird in der Einschätzung erzielt, daß die Methoden zur Zukunftsforschung und Zukunftsgestaltung der weiteren Klärung bedürfen. Gerade im Bereich der Entwicklung und Verstetigung der Methoden existiert ein beträchtlicher Bedarf, denn über die besondere Relevanz der Methoden für eine fruchtbare Zukunftsforschung sind sich alle Experten einig.

Der Vorwurf, die Zukunftsforschung sei zu generalistisch und tauge weder für eine erfolgreiche Unternehmensberatung noch für eine fundierte Politikberatung, wird von den befragten Experten fast einhellig zurückgewiesen. Vielmehr müsse gerade in dem generalistischen und fachübergreifenden Ansatz in der Zukunftsforschung das Charakteristikum der Interdisziplinarität und damit wiederum eine Chance für eine ganzheitliche Gestaltungskonzeption gesehen werden.

Fachzeitschriften und das Gespräch mit Fachleuten sind die wichtigsten Quellen für die Zukunftsforschung - so die Mehrheitsmeinung der befragten Experten. Ergänzend führen einige Gesprächspartner die Bedeutung von internationalen Kontakten, insbesondere von Kongressen und Tagungen an.

Im internationalen Vergleich wird die defizitäre Lage der Zukunftsforschung in der Bundesrepublik besonders deutlich. Mehrfach werden auf die Frage nach Ländern mit einer ausgeprägten Zukunftsforschung die USA, Frankreich, Japan, Schweiz, Österreich und die skandinavischen Länder genannt. Einzelne Institutionen wie die "Akademie für

Zukunftsfragen" in Wien, das "Sekretariat für Zukunftsstudien" in Stockholm, die "Association Internationale Futuribles" in Paris und das "Office of Technology Assessment" in Washington haben bei den Befragten eine hohe Reputation in bezug auf Zukunftsforschung und Zukunftsgestaltung. Die Etablierung bzw. Reorganisation der Zukunftsforschung in den genannten Ländern wird in der Regel positiv beurteilt. Einige Experten stellen den Zusammenhang zwischen der institutionell verankerten Zukunftsforschung und politischen sowie wirtschaftlichen Erfolgen in einigen Ländern her. Die skandinavischen Länder, insbesondere Schweden, aber auch Japan und die Schweiz gehören bekanntermaßen zu den wirtschaftlich erfolgreichsten und politisch innovativsten Ländern. Insbesondere auf den Feldern der Umwelt- und Bildungspolitik - so wird von mehreren Gesprächspartnern betont - sind die genannten Länder führend. Nichtsdestotrotz werden auch auf internationaler Ebene von einigen Gesprächspartnern erhebliche Defizite in der Zukunftsforschung und Zukunftsgestaltung beklagt. Es gebe weiterhin erhebliche wissenschaftliche Barrieren gegenüber einer praxisbezogenen Zukunftsforschung - auch in anderen Ländern.

Die Perspektiven für die Zukunftsforschung werden von der Mehrzahl der Befragten ex negativo aus den aktuellen Defiziten entwickelt: Neben dem Mangel an Vernetzung zwischen den verschiedenen Disziplinen, Wissenschaftlern und Praktikern liege das größte Problem im Fehlen einer unabhängigen Institution, in der die überfällige Methodendiskussion und die Verknüpfung verschiedener zukunftsrelevanter Wissensbereiche stattfinden könne. Von dieser übereinstimmenden Einschätzung ausgehend, befürworten die Befragten in ihrer Mehrheit die Gründung einer Einrichtung für Zukunftsforschung in der Bundesrepublik. Die Institutionalisierung der Zukunftsforschung wird als Chance bezeichnet. Allerdings müßten - so der Tenor der Befragten - die Erfahrungen der jüngeren Vergangenheit, insbesondere auch die ausländischen Erfahrungen, berücksichtigt werden. Diesen Erfahrungen nach muß die Unabhängigkeit der Zukunftsforschungseinrichtung ebenso gewährleistet sein wie die Praxisorientierung und pluralistische Besetzung des wissenschaftlichen Stabes.

Die eher seltenen Einwände gegen eine Institutionalisierung der Zukunftsforschung in der Bundesrepublik beziehen sich entweder auf den vielleicht falschen Zeitpunkt einer Gründung oder auf die Befürchtungen, eine Akademiegründung könnte eine "Zukunftsforschung im Elfenbeinturm" bedeuten oder andererseits die notwendige wissenschaftliche Unabhängigkeit vom Gremienproporz der gesellschaftlich relevanten Gruppen nicht erreichen.

Die kritische Unterstützung des Institutionalisierungsvorschlages durch die Experten ist in vielen Fällen mit der Mahnung verbunden, die Etablierung einer weiteren "abgeschotteten" und ausschließlich akademisch-wissenschaftlichen Einrichtung zu vermeiden. Denn - so die Plädoyers - für praxisorientierte Zukunftsforschung und Zukunftsgestaltung gebe es unzweifelhaft einen besonderen Bedarf. Sie sei als Forum der interdisziplinären Auseinandersetzung und zur Gestaltung "wünschbarer Zukünfte" einzurichten und müsse deshalb die Nähe zur politischen und sozialen Praxis suchen.

B. Länderberichte

Länderbericht: Zukunftsforschung in der Schweiz

Weert Canzler

1.	Zur Lage der Schweizer Zukunftsforschung	207
1.1	Institutionen der Zukunftsforschung	215
1.2	Zukunftsforschung in Unternehmen	222
2.	Relevante Zukunftsstudien	225
3.	Perspektiven der Schweizer Zukunftsforschung	227
4.	Zusammenfassung und Bewertung	230
	Anmerkungen	232
5.	Literatur	232
6.	Adressen	235

1. Zur Lage der Schweizer Zukunftsforschung

Im Jahre 1970 hat der Zukunftsforscher Gerhard Kocher an das Ende einer Bestandsaufnahme der Schweizer Zukunftsforschung einen Aufruf gestellt, der offensichtlich nicht auf verschlossene Ohren gestoßen ist: "Die Schweiz hat in der europäischen Zukunftsforschung heute noch die Chance, praktisch von Anfang an dabeizusein. Zukunftsforschung wird bald zu einer internationalen Disziplin heranwachsen. Wenn wir uns jetzt aktiv einschalten, wird es uns möglich sein, unsere Ideen und den spezifisch schweizerischen Standpunkt auf internationaler Ebene zu vertreten. Hier ist unsere Neutralität - die Neutralität des Staates - weder Grund noch Vorwand, abseits zu stehen. Nachdem wir verschiedene neuere wissenschaftliche Disziplinen allzu spät anerkannt oder eingeführt haben, können wir hier beweisen, dass wir so konservativ, unbeweglich und ängstlich nicht sind, sondern dass wir uns dazu aufraffen können, bei der Verwirklichung neuer Ideen an der Spitze mitzumarschieren". Und am Schluß des Aufrufes heißt es: "Wir wollen nichts Gigantisches. Wir wollen nichts Unmögliches. Wir möchten bloss (unter grössten Anstrengungen) erreichen, dass mindestens 1 Promille des geistigen, personellen und finanziellen Aufwandes, der in der Schweiz für die Erforschung der Vergangenheit aufgewendet wird, für die Erforschung der Zukunft eingesetzt wird. Wir könnten später froh sein, rechtzeitig an die Zukunft gedacht zu haben" (*Kocher/Fritsch 1970*:45).

Die Zukunftsforschung und das prospektive Denken in der Schweiz sind pragmatisch und praxisorientiert. Die ausgeprägte Praxisorientierung ist im Zusammenhang mit der ökonomischen Lage des Landes zu sehen. Das kleine industrielle Exportland, das keine nennenswerten eigenen Rohstoffvorkommen besitzt, war und ist auf die Analyse globaler Trends und zukünftiger Problemstellungen existentiell angewiesen. So gehen die Ausweitung des Welthandels und die Expansion der Weltmärkte in der Schweiz mit der Ausweitung zukunftsrelevanter Forschungen innerhalb und außerhalb der Unternehmen einher. In vielen Fällen sind die Forschungsaktivitäten eng mit klassischen Marktabschätzungen verbunden. Das Interesse der Schweizer Unternehmen an der Zukunftsforschung ist zunächst einmal eindeutig ökonomisch-prospektiv. Mit dem wirtschaftlich motivierten Interesse ist jedoch das Interesse an möglichen und wahrscheinlichen weltpolitischen Entwicklungen und Krisen verbunden. Insbesondere der Zusammenhang von weltpolitischen Friktionen einerseits und Reaktionen des Weltwährungssystems andererseits erfordert für den bekanntermaßen bedeutenden Schweizer Finanzsektor einen besonderen Forschungsaufwand und ein differenziertes analytisches Instrumentarium. Die weltpolitische Analyse, wie sie von den beiden Politikwissenschaftlern Daniel Frei und Dieter Ruloff (1988) in einem "Handbuch der weltpolitischen Analyse" zusammengestellt worden ist, hat vor allem sicherheitspolitische, außenwirtschaftliche und währungspolitische Relevanz. Die erkenntnisleitende Frage der Wissenschaftler Frei und Ruloff, die das Handbuch als Ergebnis eines Forschungsauftrages des Schweizerischen Nationalfonds zur Förderung der wissenschaftlichen Forschung im Rahmen des nationalen Forschungsprogramms "Sicherheitspolitik" veröffentlicht haben, lautet: "Wie lassen sich durch wissenschaftliche (besonders sozialwissenschaftliche) Beratung die Informationen über die internationale Umwelt vergrössern, die in ihr herrschende Ungewissheit abbauen und damit die Entscheidungsgrundlagen für erfolgreiches Handeln verbessern?" *(Frei/Ruloff 1988*: 16/17)

Eine wichtige Pionierarbeit für die Beschäftigung mit der Zukunft in der Schweiz war sicherlich die Prospektivstudie der Neuen Helvetischen Gesellschaft mit dem Titel "Anno 709 p. R." (post Rütli). Dieser Bericht wurde von 200 Personen aus dem Land über ein Jahr lang diskutiert. Nach den Erschütterungen der Weltwirtschaft zu Beginn der 70er Jahre sind auch in der Schweizer Zukunftsforschung die möglichen Stabilitätsgefährdungen sowohl im engeren ökonomischen und politischen Sinn als auch im weiteren globalen Zusammenhang mit den ökologischen Gefährdungen in den Vordergrund gerückt. So nimmt es nicht Wunder, daß z. B. die Verschiebung der ökonomischen Zentren vom Atlantik zum Pazifik zu den bevorzugten Themen gehört, ebenso die globalen Umweltstörungen wie das Waldsterben, die drohende Klimakatastrophe usw. Ein weiterer Grund für die Bedeutung der Zukunftsforschung in der Schweiz kann in der Ehrenamtlichkeit der politischen Mandatsträgerschaft gesehen werden. Gerhard Kocher macht darauf aufmerksam: "Es existiert bei den politischen Parteien keine wissenschaftlich angelegte Konzeptarbeit. Wir haben ja auch keine eigentlichen Berufsparlamentarier, unsere Parlamentarier haben fast nie einen Stab; die sind praktisch allein. Das ist ein großer Unterschied zur Bundesrepublik oder zu den USA: es existieren kaum eigene personelle Kapazitäten, um Studien zu zukünftigen Entwicklungen in Auftrag geben zu können"[1.]

Aus den einschlägigen Publikationen und auch in den Gesprächen mit Vertretern und Kennern der Zukunftsforschung in der Schweiz wird immer wieder deutlich, daß die philosophisch-theoretische Dimension in der Erforschung zukünftiger Entwicklungen im Hintergrund steht. Bei aller Differenzierung zwischen den verschiedenen Trägern und Institutionen - sei es in den Hochschulen, in privaten Forschungseinrichtungen oder in den Gremien der Regierungsberatung - dominiert generell die Anwendungsorientierung der Zukunftsstudien. Als zweites fällt auf, daß kaum ein ideologischer Streit um Methoden und Forschungsansätze geführt wird. Der methodische Pluralismus scheint in der Schweizer Zukunftsforschung unangefochten zu sein. Allerdings werden qualitative Methoden und ein Methodenmix von vielen präferiert. Die Szenario-Methode beispielsweise erfreut sich nicht erst in den letzten Jahren einer großen Beliebtheit, sondern ist bereits seit Jahrzehnten ein anerkanntes Instrument in zukunftsbezogenen Studien in der Schweiz. Schließlich wurde die morphologische Methode von einem Schweizer erfunden, nämlich von Fritz Zwicky. Heute noch pflegen die Fritz-Zwicky-Gesellschaft und die Allgemeine Morphologische Gesellschaft diese Methode.

Und drittens ist zu konstatieren, daß Technikfolgenabschätzung und Technikbewertung in der Schweiz zwar betrieben werden, jedoch nicht den programmatischen Charakter haben, der in der Institutionalisierung von Technology Assessment (TA) in den USA oder in Schweden seinen Ausdruck findet. TA als Teilbereich wissenschaftlicher Zukunftsforschung scheint schwerpunktmäßig im Sinne einer Frühwarnfunktion für zu erwartende Akzeptanzprobleme zu fungieren. Darüber hinaus ist mit dem Volkswirtschaftlichen Institut in St. Gallen bereits traditionell der Forschungsansatz einer Wachstumskritik verbunden[2.]

Vernetzung der Zukunftsforscher

Im Gegensatz zur bundesdeutschen Situation ist die Zukunftsforschung in der Schweiz sowohl universitär als auch außeruniversitär institutionalisiert. Ihre Repräsentanten aus Hochschulen, Verwaltung und Privatwirtschaft sind zum allergrößten Teil in der "Schweizerischen Vereinigung für Zukunftsforschung" (SZF) organisiert. Damit sind ein großer Teil der an Zukunftsfragen Interessierten über Fachgrenzen und Community-Zugehörigkeit hinaus vernetzt. Derzeit umfaßt die Vereinigung über 720 Einzel- und Kollektivmitglieder. Seit ihrer Gründung 1970 wächst die Mitgliederzahl kontinuierlich. Ihre Mitglieder stammen aus der Wissenschaft, der Wirtschaft und den politisch-administrativen Apparaten. Überdies gehören viele Selbständige - Ärzte, Ingenieure, Juristen etc. - der Gesellschaft an. Die SZF veranstaltet eigene Tagungen und Seminare - häufig in Kooperation mit anderen Schweizer und internationalen Einrichtungen der Zukunftsforschung, wie z. B. dem Gottlieb-Duttweiler-Institut (GDI). Auf den Jahrestagungen werden Grundsatzfragen der Zukunftsforschung behandelt - hinsichtlich der Themen und der Methoden, von 1970 bis 1990 immerhin 28 Tagungen. Im Jahre 1982 beispielsweise hatte die Frühjahrstagung das Thema: "Methoden der praktischen Zukunftsgestaltung". Weitere Themen der folgenden Jahre waren: "Wohnen im Jahr 2000" (1983), "Konkrete Erfahrungen mit neuen Bau- und Wohnformen" (1984), "Umweltgerechtes Verkehrsleitbild für die Schweiz" (1985), "Landesverteidigung im Jahre 2005" (1986), "Altsein im Jahre 2010" (1986), "Perspektiven unserer Landwirtschaft" (1987), "Zukunftsforschung mit Szenarien: Möglichkeiten und Grenzen einer interessanten Methode" (1988), "Weiterbildung für die Neunzigerjahre"(1989) sowie zum zwanzigjährigen Jubiläum 1990 die Tagung "Wie wird die Zukunft weiblich?". Die Ergebnisse der Jahrestagungen werden als SZF-Veröffentlichung regelmäßig der interessierten Öffentlichkeit zugänglich gemacht.

Vier- bis fünfmal pro Jahr erscheint ein materialreiches Bulletin, das offizielle Organ der SZF: "Zukunftsforschung". Unter der redaktionellen Verantwortung von Gerhard Kocher enthält die Zeitschrift aktuelle Informationen über Veranstaltungen, Veröffentlichungen - insbesondere auch in zukunftsrelevanten internationalen Zeitschriften - , Untersuchungen und Forschungsprojekte sowohl im deutschen Sprachraum als auch international in den Themenbereichen - laut Untertitel: "Zukunftsforschung, Planung und Zukunftsgestaltung". Die gegenwärtige Auflage beträgt 1000 Exemplare - damit ist die "Zukunftsforschung" zur am meisten verbreiteten deutschsprachigen Fachzeitschrift avanciert. Sie bietet eine Fülle von Kurzinformationen und einen Überblick über die Lage von Zukunftsaktivitäten über die Schweiz hinaus. Bis zum Frühjahr 1991 wurden über 6400 Artikel veröffentlicht.

Staatliche Nachfrage nach Zukunftsforschung

Wie einflußreich die Zukunftsforschung in der Schweiz ist, kann man in der jüngeren Vergangenheit an diversen regierungsamtlichen Aktivitäten auf Bundesebene erkennen. Der Direktor des Gottlieb-Duttweiler-Instituts (GDI) und seit 1987 Präsident der Schweizerischen Vereinigung für Zukunftsforschung (SZF), Christian Lutz, schätzt die zukunftsbezogenen Aktivitäten so ein: "Es wird von Regierungsseite eigentlich mehr als früher und ich glaube auch mehr als in anderen Ländern gemacht - vor allem was die nicht technokratisch-prognostische, sondern mehr qualitativ-prospektive Zukunftsgestaltung anbelangt". Der frühere GDI-Mitarbeiter Rolf Homann teilt die Einschätzung: "In der Politik gibt es in der Schweiz ein außergewöhnliches Instrumentarium: die sogenannten Expertengruppen, die interdisziplinär besetzt werden und sich mit politisch langfristigen Zukunftsfragen beschäftigen, wie z.B. Energiepolitik und wirtschaftliches Wachstum. Bei diesen Expertengruppen versucht man immer wieder - auch wenn es nicht in allen Fällen gelingt - , Zukunftsforscher hinzuzuziehen. Das heißt, daß in der Politik zumindest ein Bewußtsein vorhanden ist, daß man über langfristige Zukunft reflektieren muß, auch wenn man ständig an die Realitäten stößt. Die notwendigen Konsequenzen zu ziehen, ist wesentlich schwieriger. Nichtsdestotrotz glaube ich, daß die Entwicklung, in den Expertengruppen Zukunftsforscher einzubeziehen, ein Lichtblick am Horizont ist - zumindest ist es schon etwas mehr als in anderen Ländern passiert". Zu nennen sind mehrere umfangreiche Projekte:

1. Projekt "Forschungspolitische Früherkennung" (FER), das beim "Schweizerischen Wissenschaftsrat" angesiedelt ist und die schweizerische Regierung forschungspolitisch berät. Rolf Homann hebt die Bedeutung dieses Politikberatungsprojekts hervor: "Interessant ist, daß der Schweizerische Wissenschaftsrat eine Initiative gestartet hat: ein großes Projekt über 'Forschungspolitische Früherkennung'. Das ist für mich im Augenblick in Europa das am weitesten entwickelte Instrument über wissenschaftliche, kulturelle und soziale Voraussagen oder Voraussagemöglichkeiten über Forschungsziele". In diesem Projekt ist unter anderem auch die SZF engagiert. Die Aufgabe und der Anspruch der FER ist so zusammenzufassen:

"Forschungspolitische Früherkennung (FER) beobachtet, wie sich Wissenschaft, Wirtschaft und Gesellschaft allgemein wandeln. Sie richtet ihr Augenmerk nicht nur auf bekannte Hauptlinien, die sich ohnehin durchsetzen werden, sondern auch auf zukunftsträchtige Bewegungen am Rande. FER will Chancen und Risiken bestimmter Entwicklungen möglichst frühzeitig ermitteln, um sie durch bewußtes forschungspolitisches Handeln ausschöpfen bzw. verringern zu können. Für eine aktive, vorausschauende Forschungspolitik stellt FER ein wichtiges Instrument dar. Sie basiert auf der Überzeugung, daß Wissenschaft für die Gestaltung der Zukunft unverzichtbar ist" (*Schweizerischer Wissenschaftsrat 1988*: Einleitung).

Und zum Forschungsansatz wird explizit festgestellt: "FER basiert auf einem doppelten Ansatz. Beim wissenschaftsbezogenen Ansatz werden die sich in einzelnen Disziplinen oder Disziplingruppen abzeichnenden Entwicklungen in Theoriebildung und Methodologie analysiert. Es wird nach neuen Forschungsbedürfnissen einer Disziplin wie auch nach der Möglichkeit gefragt, neues Wissen für praktische Zwecke zu nutzen.

Beim problembezogenen Ansatz, der grundsätzlich disziplinübergreifend ist, wird dagegen versucht, voraussichtliche Chancen und Risiken in Technik, Kultur, Politik, Wirtschaft usw. zu erkennen. Es wird gefragt, ob und in welcher Weise Forschung zur Nutzung der Chancen wie auch zur Verringerung der Risiken beitragen kann. In beiden Ansätzen beträgt der Zeithorizont ungefähr 15 Jahre" (ebda.). Von 1985 bis 1990 wurden über 100 Studien in Auftrag gegeben. Dazu gehören neben Studien zu Entwicklungstendenzen in den einzelnen wissenschaftlichen Disziplinen auch scheinbar randständige Themen wie z. B. "Zur Kultur des Essens; Trends und offene Fragen", "Entstehung, Wahrnehmung und Umgang mit Risiken" oder "Fundamentalismus". Die Ergebnisse werden als Expertisen und in Kurzform in einer vierteljährlich erscheinenden Zeitschrift mit dem Titel FUTURA FER veröffentlicht. Ende 1990 hat die FUTURA FER bereits über 2800 Abonnenten.

2. 1987 ist vom Bundesrat eine "Expertengruppe Energieszenarien" (EGES) eingerichtet worden, die Energieszenarien im Zusammenhang mit einem möglichen Ausstieg aus der Kernenergie entwickelt hat. Neben Vertretern der Energiewirtschaft und von Firmen, die mit traditionellen Energieprognosen vertraut sind, wurden gezielt auch Vertreter der sog. "alternativen Zukunftsforschung" - d. h. bekannte "energiepolitische Dissidenten" - zu den Anhörungen der EGES eingeladen. Themen von der rationellen Energienutzung über die Einsparung von Energie bis hin zu einem "Neuen Lebensstil" sollten auf diese Weise in die Erörterungen einbezogen werden. Doch wurden nicht nur qualitative Techniken der Zukunftsforschung - wie die Delphi- und die Szenariomethode - eingesetzt. Grundsätzlich sollte die Ausschließlichkeit einer Methode vermieden werden. Die Methodenkombination wird ausdrücklich gewürdigt: "Die Erfahrungen im Rahmen der Expertengruppe Energieszenarien z. B.

zeigen im Gegenteil, daß eine Kombination von normalen ökonometrischen Modellen mit Szenarien oder einer Delphi-Befragung mit stringenten 'bottom-up-Modellen' besonders geeignet sein kann, unterschiedliche längerfristige Entwicklungspfade aufzuzeigen und zugleich deren Voraussetzungen zu kennzeichnen" (*Graf 1988*).

3. Bereits einige Jahre vorher wurde eine Kommission "Qualitatives Wachstum" vom Bundesrat eingesetzt, die ebenfalls mit Methoden der Zukunftsforschung gearbeitet hat. Insbesondere wurde der Versuch gemacht, das gesamtwirtschaftliche und gesamtgesellschaftliche Umfeld in die Überlegungen miteinzubeziehen. 1986 wurde der Expertenbericht der Kommission der Öffentlichkeit vorgestellt. Klassische Wachstumsvorstellungen wurden darin generell in Frage gestellt. Der Auftraggeber des Berichts, der Alt-Bundesrat Kurt Furgler, faßte das Ergebnis wie folgt zusammen: "Das traditionelle Wachstumskonzept ist vor allem um drei Dimensionen zu erweitern; nämlich um die individuelle und gesellschaftliche Lebensqualität, die Umweltqualität und die wirtschaftliche Effizienz. Drei Aspekte, die dazu beitragen, den Begriff des qualitativen Wachstums zu konkretisieren; eine Konkretisierung, die letztlich nur über ein interdisziplinäres Vorgehen gelingen kann"(*Furgler 1987*:8).

4. Auf Initiative des Nationalrates richtete der Bundesrat 1988 die Kommission "Schweiz morgen" ein. Sechzehn Persönlichkeiten aus Kultur, Wissenschaft und Wirtschaft unter Leitung von Christian Lutz sollen Szenarien für die möglichen Entwicklungen der Schweiz in kultureller, politischer, sozialer und wirtschaftlicher Hinsicht entwerfen und dabei an die Ergebnisse der früheren Kommission "Qualitatives Wachstum" anknüpfen. Die Ergebnisse der Szenarien sollen in die Aktivitäten der Schweizer Regierung zum 700jährigen Jubiläum der eidgenossenschaftlichen Schweiz 1991 eingehen und überdies zur Klärung des zukünftigen Verhältnisses des Landes zur EG - insbesondere nach der Schaffung des Gemeinsamen Marktes 1993 - beitragen.

Von großer Wichtigkeit ist zudem der in der Bundeskanzlei angesiedelte "Perspektivstab der Bundesverwaltung", der vor allem Koodinierungsaufgaben hat. Neben anderen Expertenkommissionen ist außerdem die Expertengruppe "Verkehrskonzepte" hervorzuheben, die über mehrere Jahre an Vorschlägen für die zukünftige Verkehrspolitik der Regierung gearbeitet hat.

Akzeptanz der Zukunftsforschung

Generell genießt die Zukunftsforschung in der Schweiz eine hohe Wertschätzung. Auch in der veröffentlichten Meinung spielt die Zukunftsforschung eine für bundesdeutsche Verhältnisse vergleichsweise große Rolle. Homann erklärt das so: "Aber es ist klar, daß ein Land wie die Schweiz, das sehr stark von der Entwicklung des Know-hows abhängt, weil sie keine eigenen materiellen Ressourcen hat, sehr stark an der Zukunft interessiert ist, aber eher im traditionellen Sinne der Prognostik und Planung". In den auflagenstarken Zeitungen "Weltwoche"/Zürich und "Neue Zürcher Zeitung" werden zukunftsrelevante Themen oft an prominenter Stelle behandelt. Allerdings ist die Skepsis in den 80er Jahren gegenüber klassischer Prognostik und Planung gewachsen. Die gewachsene Planungsskepsis könnte auch mit der gewachsenen Politikverdrossenheit zusammenhängen. Die Zukunftsforschung hat in der Frage der demographischen Entwicklung in der Schweiz einen selbst verschuldeten Verlust an Ansehen hinnehmen müssen: Eine in der Schweizer Zukunftsforschung anerkannte Prognose der Bevölkerungsentwicklung bis zum Jahr 2000 mußte bereits mehrfach erheblich korrigiert werden. Nach Aussagen mehrerer befragter Experten hat die Zukunftsforschung aufgrund der eklatanten Fehlprognosen zur Bevölkerungsentwicklung Legitimationseinbußen erlitten.

1.1 Institutionen der Zukunftsforschung

Hochschuleinrichtungen

Auch auf universitärer Ebene hat die Zukunftsforschung einen Platz, wenn auch verstreut; so beispielsweise an der Eidgenössischen Technischen Hochschule Zürich (ETH). Als ordentliches Lehrfach existiert sie allerdings nicht. Die Interviewpartner weisen übereinstimmend daraufhin, daß das persönliche Engagement von Hochschullehrern besonders wichtig ist. So auch Homann: "An den Universitäten findet man die Zukunftsforschung eben noch sehr vereinzelt. Es hängt eigentlich von den herrschenden Professoren ab. Die Universitäten sind nicht gerade die progressivsten Universitäten im deutschsprachigen Raum". Vor allem am Institut für Orts-, Regional- und Landesplanung (ORL-Institut) wird die Zukunftsforschung gefördert. Das Institut gibt beispielsweise eine eigene vierteljährliche Zeitschrift heraus, in der ab und zu Methoden der Planung und der Prognostik behandelt werden: Dokumente und Informationen zur Schweizerischen Orts-, Regional- und Landesplanung (DISP).

An der ETH Zürich befaßt sich weiter das Institut für Wirtschaftsforschung unter Leitung des langjährigen SZF-Präsidenten Bruno Fritsch intensiv mit ökonomischen Langfristperspektiven.

Nach Aussagen von Kennern der Schweizer Zukunftsforschung wird in allen betriebswirtschaftlichen Instituten des Landes mehr oder weniger umfänglich Zukunftsforschung betrieben. Das Volkswirtschaftliche Institut in St. Gallen ist bereits seit Anfang der 70er Jahre mit zukunftsrelevanten Studien zur Nationalökonomie hervorgetreten. Der Leiter der Forschungsgemeinschaft für Nationalökonomie an der Hochschule St. Gallen, Hans-Christoph Binswanger, gilt als international bekannter Wachstumskritiker.

Weiterhin wird das St. Galler Institut für Zukunftsforschung genannt (SGZZ), das in der Universität St. Gallen aufgebaut worden ist und "kürzlich privatisiert wurde" (Kocher). Mit dem Institut in St. Gallen sind die Namen Francesco Kneschaurek und Hans Georg Graf verbunden.

Private Einrichtungen

Eine Reihe von verschiedenen Institutionen, die in der Schweiz Zukunftsforschung betreiben, arbeiten auf privatwirtschaftlicher Grundlage. Prognosen und Zukunftsstudien werden von privatwirtschaftlich organisierten Anbietern - oftmals Ingenieurbüros - als Dienstleistungen verkauft. Unternehmensberatungen wie die bekannten Firmen McKinsey oder Hayek in Zürich oder ingenieurtechnisch ausgerichtete Beratungsunternehmen wie Basler & Hofmann oder Infras betreiben in großem Stil Zukunftsforschung, Prognostik und Planung für einzelne Auftraggeber. Nach Ansicht von Kocher ist ihre Bedeutung auch kaum zu überschätzen. Häufig arbeiten Ingenieurbüros im ökologischen Bereich - etwa mit Energiesparkonzepten, Umweltverträglichkeitsprüfungen und ähnlichem. Der Bereich der Umweltverträglichkeitsprüfungen (UVP) ist mit dem Verein "Ökoscience" auffallend gut besetzt. 35 Mitarbeiter des Vereins unter Leitung von Leo Keller beschäftigen sich zum einen mit einzelnen Prüfungen zur Umweltverträglichkeit und zum anderen mit ökologischen Fragen in einem weiteren konzeptionellen Sinne.

Aber auch in anderen Unternehmen der "Sonstigen Dienstleistungen" werden zukunftsorientierte Aktionen gemacht: Zu Beginn des Jahres 1991 hat z. B. die Werberatungsfirma Wirz in Zürich eine Umfrage veröffentlicht, in der unter dem Titel "Die Schweiz im neuen Europa" die Ergebnisse einer Befragung unter 203 Wirtschaftsführern in der Schweiz zusammengefaßt wurden.

Die bedeutendsten privaten Einrichtungen sind zweifelsohne die Firmen Prognos AG/Basel und Battelle/Genf. Das Schweizer Institut von Battelle hat über 400 Mitarbeiter und besitzt drei technische Zentren: das Zentrum für angewandte Wirtschaftswissenschaften, das Zentrum für Toxikologie und Biologie und das Zentrum für industrielle Technologie. "Das Zentrum für angewandte Wirtschaftswissenschaften beschäftigt sich hauptsächlich mit Wirtschaftsanalysen und Prognosen, Unternehmensplanung, den Problemen der Landwirtschafts- und Nahrungsmittelindustrie sowie mit Fragen im Zusammenhang mit Rohstoffen (Energie), gesellschaftsbezogenen Analysen und Planungen. In diesem Bereich fallen auch die meisten Langfristprognoseaufträge an" (*Gruppe Corso 1984*).

Die Prognos AG - 1959 in Basel von einem internationalen Kreis von Wirtschaftswissenschaftlern und Managern gegründet - besteht aus den beiden Geschäftbereichen Unternehmensberatung und Politikberatung. "Im Geschäftsbereich Unternehmensberatung stehen beispielsweise Marktanalysen und -prognosen, technological forecasting, Prognosen von Beschäftigung und Bevölkerung sowie Konjunktur- und Wachstumsaussichten auf der Referenzliste von Prognos. Im Bereich der Politikberatung finden sich Konzeptionen für Fachpolitiken (Wirtschaft, Energie, Verkehr etc.), Querschnittaufgaben im Bereich Umwelt, Humanisierung, Landschaft sowie strukturpolitische Konzeptionen und Strategien. Die Prognos legt großen Wert auf Arbeit in sogenannten Projektteams"(ebda.). Die Prognos AG führt einmal jährlich ein in der Öffentlichkeit vielbeachtetes "Prognos-Forum Zukunftsfragen" durch. 1986 z. B. stand das Forum unter dem Thema: "Der Staat als Pionier?". 1987 lautete das Thema: "Erfolge mit Dienstleistungen?". Mit der Jahrbuch-Reihe "Prognos Euro-Report: Future Trends in Western Europe (Basel)" veröffentlicht die Prognos seit 1971 ökonomische, demographische und soziale Trendaussagen für den europäischen Raum.

Außerdem bestehen eine Reihe von privaten Stiftungen und Vereinen, die sich mit Zukunftsfragen beschäftigen - sei es im Ökologiebereich, in der Konjunkturprognose oder im Bereich regionaler Entwicklungen, sei es in der empirischen Sozialforschung. Hier ist auch die Syntropie-Stiftung für Zukunftsgestaltung zu nennen, die als Brücke zwischen der etablierten und der alternativen Zukunftsforschung in der Schweiz anzusehen ist. Die Syntropie-Stiftung, die personell entscheidend von Hartmut E. Arras und Willy Bierter getragen wird, beschäftigt sich mit langfristigen Optionen der Industriegesellschaft.

Aber es gibt auch Einrichtungen und bekannte Personen im Umfeld der grün-alternativen Bewegung. Insbesondere der ehemalige Migros-Manager und abtrünnige Direktor des Gottlieb-Duttweiler-Instituts (GDI), Hans A. Pestalozzi, hat eine Vielzahl von kultur- und industriekritischen Themen aufgegriffen und popularisiert[3.]

Das Gottlieb-Duttweiler-Institut

Auf der Basis eines Stiftungsmodells nimmt das Gottlieb-Duttweiler-Institut (GDI) einen wichtigen Platz in der schweizerischen Zukunftsforschung ein: Der Mischkonzern Migros - mit über 13 Milliarden Franken Umsatz 1990 eine der größten Schweizer Firmen - unterhält das GDI als Hauptfinanzier der vom Unternehmensgründer und seiner Frau 1946 eingerichteten Stiftung "Im Grüene". Das Gottlieb-Duttweiler-Institut bearbeitet und entwirft "Bilder einer langfristigen Zukunft und ihrer Auswirkungen" (Selbstdarstellung der Stiftung "Im Grüene"). Das Institut veranstaltet Qualifizierungsmaßnahmen und

Veranstaltungen zu globalen Problemen für das mittlere und vor allem für das höhere Management - im Jahr 1990 mehr als 60 Veranstaltungen. Seminare, Tagungen, Workshops und Kongresse für Manager zielen auf wichtige wirtschaftliche und gesellschaftliche Zukunftsfragen. Ein Seminar im Herbst 1987 hatte beispielsweise den Titel: "Führung und Zukunft". Die Haupt-Referate des 5 tägigen Seminars beschäftigten sich mit dem Wertewandel, dem "Denken in vernetzten Systemen", "Der Zukunft der Arbeit" und der Vorstellung zweier Szenarien als mögliche alternative "Zukünfte". Für 1991 ist eine Neuauflage dieses Seminars geplant. Ebenfalls für den Herbst 1991 ist beispielsweise eine andere, eher unkonventionelle Veranstaltung geplant, die unter dem Titel "Utopie-Werkstatt" darauf zielt, mit "Phantasie, Intuition und Imagination zu arbeiten".

Ein weiteres Beispiel für die Veranstaltungstätigkeiten des GDI ist der GDI-Dialog. Im Rahmen des GDI-Dialogs steht eine Veranstaltungsreihe unter dem Motto "Neue Konturen der Moderne. Kulturelle Evolution der Arbeit". Ziel dieser Reihe ist es, "... das notwendige Hintergrundwissen für all diejenigen bereitzustellen, die nach Wegen einer kulturellen Neuorientierung des Führungs- und Entscheidungsverhaltens sowie des ökonomischen Handelns schlechthin suchen, um ihr Rollenverständnis auf eine neue Basis zu stellen." (zit. nach der Veranstaltungsankündigung) Im Herbst 1987 fand eine Veranstaltung mit dem Thema "Von der Arbeits- zur Kulturgesellschaft" statt, in der es vor allem um die wirtschaftlichen, sozialen und kulturellen Folgen der Verkürzung und Flexibilisierung der Arbeitszeit ging. Ein Jahr später wurde in Zusammenarbeit mit dem Rationalisierungskuratorium der Deutschen Wirtschaft - RKW e. V./Eschborn eine Tagung zur "Kulturellen Modernisierung in Unternehmung und Gesellschaft" durchgeführt. Die aktuelle Diskussion über Unternehmenskultur fand in der Veranstaltung zur "Kulturellen Modernisierung in Unternehmung und Gesellschaft" ihren Niederschlag. Im Jahre 1990 wurde z. B. eine Veranstaltung mit dem Titel "Individualisierung: Letzte Konsequenz des Wertewandels? Führung zwischen Kommunikationsbedarf und Motivationskrise" durchgeführt. Die Veranstaltungsreihe spiegelt das Bemühen des GDI wider, die internationalen Debatten in den Sozialwissenschaften aufzunehmen und für die ökonomische und die Verwaltungs-Praxis fruchtbar zu machen.

Insgesamt 37 wissenschaftliche Mitarbeiter sind im Gottlieb-Duttweiler-Institut beschäftigt. Das GDI ist in sog. "Stellen" aufgeteilt:

- neben der Zentralen Forschungsstelle bestehen die
- Stelle für den Handel
- Stelle für Unternehmenspolitik und - entwicklung
- Stelle für Kultur und Gesellschaft
- Stelle für Technologie und Gesellschaft und die
- Stelle für Wirtschaft und Politik

Das Institut unterhält vielfältige Beziehungen zu internationalen Organisationen der Zukunftsforschung und Institutionen, die sich mit neuen Technologien und mit Fragen der sozialen und betrieblichen Organisation beschäftigen. Namentlich: WFSF, OECD, EG-Institutionen, EUREKA. Außerdem arbeitet man im Bereich neuer Qualifikationsprofile eng mit Projekten des International Labour Office (ILO) zusammen. Beispielsweise führt das Institut schon im vierten Jahr eine Konferenzreihe mit dem Thema "Visions of High Education" durch. Grundannahme der Reihe ist, daß die Fachmethodik mit der ihr eigenen Begrenztheit überwunden werden müsse. In den Management-Schulungen stützt sich das GDI stark auf den Ansatz der St. Galler Schule der Betriebswirtschaft.

Nach Ansicht des Leiters des GDI, Christian Lutz, spielt das Gestaltungsmotiv beim GDI eine große Rolle: "Das GDI befindet sich auf der Spannungslinie zwischen Forschung und Umsetzung in die Praxis. Wir versuchen, eine Brücke zu schlagen und deshalb haben wir den Anspruch, eine mitgestaltende Rolle zu spielen. Wir wollen Katalysator sein. Wir wollen bewußt keine Rezepte anbieten - das ist ein Prinzip -, sondern wir wollen unserem Zielpublikum helfen, die Ideen selbst zu entwickeln, die ihm helfen. Um das konkreter zu zeigen, nehme ich ein paar Beispiele: Einerseits sind wir in der Expertengruppe 'Forschungspolitische Früherkennung' und tragen dort zur Meinungsbildung bei, andererseits haben wir als Hauptprodukt unser Seminarangebot, das sich vor allem an das Management richtet. In diesem Seminarangebot entwickeln wir im Moment ein Konzept, das wir das systemisch-evolutionäre Management nennen, also ein Stil, der bewußt das Unternehmen als dynamisches Handlungssystem ansieht, das auch mit seinem inneren und äußeren Umfeld in einem ständigen Dialog steht. Das ist im Moment noch in den Anfängen, aber greift deshalb um sich, weil die St. Galler Schule der Betriebswirtschaft in den letzten Jahren immer mehr in diese Richtung ging. Das dritte Beispiel: unser Arbeitsgebiet Technology Assessment. U. a. versuchen wir die Möglichkeiten der flexiblen Automatisierung, die Auswirkungen der Informationstechnologie auf die Qualität der Arbeitswelt, die Möglichkeiten der Informationstechnologie für die Entwicklungspolitik usw. abzuklopfen und konkret mit den Anwendern zu diskutieren. Dann haben wir das Gebiet der Gesundheitspolitik. Außerdem behandeln wir neue Dimensionen der Bildungspolitik, ein Feld, in dem wir im konkreten Brükkenschlag zur Praxis derzeit am weitesten entfernt sind. Schließlich bestehen selbstverständlich Querverbindungen zum Gebiet Technologien und Arbeitswelt. Ich glaube, daß wir recht viel dazu beigetragen haben, die Diskussion über die Flexibilisierung und Autonomisierung der Arbeitszeit voranzubringen. Da sind wir - glaube ich - weiter als irgendwo auf der Welt".

Das Gottlieb-Duttweiler-Institut gibt eine Zeitschrift heraus, den GDI-Impuls, mit der "Entscheidungsträger in Wirtschaft und Gesellschaft" erreicht werden sollen. Die 1982 gegründete Zeitschrift erscheint viermal im Jahr und ist nach Aussagen von Ch. Lutz ein Management-Magazin, "...in dem auch die Überlegungen dem Publikum nahegebracht werden, die im täglichen Geschäft leicht untergehen, aber für langfristige Unternehmenspolitik wichtig sind". Eine große Anzahl international bekannter Autoren schreiben u. a. zu folgen Themenbereichen: "Gesellschaftlicher Wandel", "Medien und Kommunikation", "Informationsmanagement", "Elektronisches Marketing", "Unternehmenskultur und Unternehmensstrategie", "Der wirtschaftliche Strukturwandel", "Management komplexer Systeme", "Szenarien der Informationsgesellschaft", "Einfluß und Auswirkungen der Informationstechnologie", "Voraussetzungen und Beispiele betrieblicher Innovation", "Issues Management und neue Konzepte der Öffentlichkeitsarbeit", "Möglichkeiten und Grenzen der Künstlichen Intelligenz".

Verbreitetes Zukunftsdenken

Die für deutsche Verhältnisse erstaunliche Verbreitung von Zukunftsdenken manifestiert sich z. B. in einem Sammelband zum 100jährigen

Bestehen der Sozialdemokratischen Partei der Schweiz mit dem Titel: Sozialdemokratie 2088 - Perspektiven der SPS im 21. Jahrhundert (*Werder/Meier/Müller 1988*). In dem Band wird eine Perspektiv-Diskussion der Sozialdemokratischen Partei resümiert, die politisch-programmatisch die "Schlüsselfragen des 21. Jahrhunderts" im Visier hat.

Schließlich existiert in der Schweiz ein informeller Arbeitskreis von Zukunftsforschern, der sog. "Dienstagsclub". Dieser Kreis trifft sich unregelmäßig zu open-end-Diskussionen über Zukunftsthemen. Aus diesem Arbeitszusammenhang heraus sind einige spektakuläre Fernsehsendungen entstanden. Unter Beteiligung von Robert Jungk und Ervin Laszlo wurde eine Sendung mit dem Titel "Die Zukunft findet doch statt" produziert. Weitere Sendungen hatten den Titel "Arbeitswelt 2000" und "Die Zukunft des Wasserstoffs". Für Homann bedeuten die Sendungen einen Anfang, ein Massenpublikum mit Zukunftsthemen zu erreichen: "Die Reaktion auf die Fernsehsendungen von Leuten, die nie etwas mit der Zukunft zu tun gehabt haben, waren für mich sehr interessant. Diese Leute kamen nach den Sendungen auf uns zu und sagten: 'Es war doch endlich einmal Zeit, die No-Bock-Future-Haltung zu verlassen und zu zeigen, daß etwas geschieht und daß wir etwas machen können.` Wir sind ganz sicherlich noch im Vorfeld der Bewußtseinsöffnung. Für mich liegt die einzige Chance darin, die modernen Massenmedien einzusetzen, um etwas zu bewirken".

1.2 Zukunftsforschung in Unternehmen

Über die konventionelle Prognostik hinaus gibt es eine Reihe von Unternehmen, in denen mit den qualitativen Methoden der Zukunftsforschung in den Unternehmen gearbeitet wird. In den Expertengesprächen werden Aktivitäten in folgenden Unternehmen genannt:

- Ciba-Geigy
- Hoffmann LaRoche
- Sandoz
- Nestlè
- Swissair
- Schmidheiny-Gruppe

In diesen Unternehmen bestehen Stabsstellen, die sich systematisch mit zukünftigen Problemlagen und zu ermittelnden langfristigen Entwicklungen auf sozialer, wirtschaftlicher, internationaler und kultureller Ebene auseinandersetzen. Sie bemühen sich um Trendaussagen zu folgenden Themen: Langfristige Markttrends, Wertewandel und Konsumverhalten, globale Entwicklungen der Rohstoffvorräte, der Energieversorgung und der demographischen Entwicklung.

Die großen Banken betreiben ebenfalls weitreichende Vorausschauen. Die Großbanken mit weltweiter Kundschaft haben selbstverständlich ein primäres Interesse an den Entwicklungen der internationalen Lage und insbesondere der Weltwirtschaft. Demographische Prognosen und langfristige Marktentwicklungen sind ebenso nicht unwichtig für eine vorausschauende Unternehmenspolitik. Neben den Banken hat die Versicherungswirtschaft ein traditionelles Interesse an Langfristuntersuchungen. Am Institut für Versicherungswirtschaft an der Hochschule St. Gallen wird ein sehr umfangreiches Forschungsprojekt mit dem Titel "Assekuranz 2000" durchgeführt. Gemeinsam mit circa 65 Projektpartnern in vier Ländern werden qualitative Szenarien mit dem Ziel durchgeführt, Änderungen der Basis der Versicherungstätigkeit bis zum Jahr 2000 und Konsequenzen für eine notwendige Marktanpassung zu ermitteln. Das Projektziel erfordert die Einbeziehung einer Reihe von Zukunftsfeldern:

"1. Die Veränderungen des Kundenverhaltens im Industrie- und Gewerbebereich sowie im privaten Haushalt unter besonderer Berücksichtigung des Preisbewußtseins sowie der gesellschaftlichen Wertedynamik.

2. Die technologische Entwicklung, gegliedert einerseits in die rasante Entwicklung der Technik generell (Gentechnologie u. a.) und ihren markant steigenden Risikopotentialen, andererseits in die Entwicklung der Informatik, die einschneidende Konsequenzen für die Versicherungsunternehmungen erwarten läßt.

3. Die Veränderung der staatlichen, gesetzlichen Rahmendingungen durch die Tätigkeit der Aufsicht und die Einflußnahme der Kartellämter im nationalen und europäischen Bereich.

4. Die Entwicklungstendenzen der Systeme der sozialen Sicherung, unter Berücksichtigung veränderter ökonomischer, demografischer und sozialer Rahmenbedingungen mit ihren Auswirkungen auf die Marktchance der Privatversicherung.

5. Perspektiven der Volkswirtschaft (Wachstum, Konjunkturzyklen) und deren Auswirkungen auf die Branchenstruktur.

6. Die Entwicklung der Risikostrukturen als Rahmenbedingung für den Markt der Finanzdienstleistungen. Anhand der feststellbaren internationalen Tendenzen und insbesondere ihrer Vernetzungen werden im Rahmen von Assekuranz 2000 Konsequenzen für die Produktgestaltung (3-Ebenen-Konzept), für die Marktsegmentierung, für marktorientierte Organisationskonzepte, für den Informatikeinsatz und die Fähigkeitsentwicklung der Mitarbeiter gezogen" (zit. nach: Zukunftsforschung 2/1988:33).

Auch andere Aktivitäten im Bankenbereich belegen die Zukunftsorientierung Schweizer Unternehmen. Der Schweizerische Bankverein beispielsweise hat 1990 einen Jugendwettbewerb unter dem Titel "Die Schweiz in 50 Jahren, aus der Sicht des Jahres 1991" ins Leben gerufen. Mit dem Wettbewerb sollen Schweizer Jugendliche angeregt werden, ein Zukunftsbild für die Schweiz zu entwerfen oder spezielle inhaltliche Felder, z. B. Verkehr, Ökologie, Ernährung oder Freizeit zu bearbeiten.

Aber auch in dem Schweizer Postunternehmen, der PTT, werden sog. "Leitbilder" entworfen. Über die Schweiz hinaus bekannt geworden ist das "Kommunikationsleitbild" der PTT. Von 1978 bis 1982 arbeitete eine 12-köpfige Arbeitsgruppe im Rahmen der strategischen Planung der PTT an Definitionen und Szenarien zukünftiger Kommunikation. Die Bandbreite der Aspekte ist aus den Titeln der Szenarien ersichtlich: 1. Das Szenario 2000: Massenkommunikation in der Schweiz, 2. Das Szenario: Schweizerische kommerzielle Kommunikation im Jahr 2000, 3. Das Szenario: Gesellschaftspolitische Aspekte des Telefonbildschirmtextes und 4. Das Szenario: Gesellschaftspolitische Aspekte der neuen Medien.

Oft wird in Unternehmen unter anderen Namen Langzeitdenken gefördert. Kocher zählt einige Unternehmensaktivitäten auf und kritisiert zugleich die Unternehmensverbände wegen ihrer Untätigkeit: "In der Wirtschaft wird sehr viel gemacht, meistens unter anderem Namen. Das heißt dann strategisches Management, Langfristplanung, prospektives Konzeptdenken, ganzheitliches Management, systemorientiertes Management oder vernetztes Denken. Unter allen möglichen Titeln wird etwas gemacht, was Ähnlichkeiten zur Zukunftsforschung hat, vor allem in mittleren und größeren Betrieben, in kleineren natürlich nicht. Auch in Schulungs- und Weiterbildungsveranstaltungen vielfältiger Art wird das zukunftsorientierte Denken gefördert. Es gibt beispielsweise ein Zentrum für Unternehmensführung, das laufend Tagungen in Zürich und Umgebung, z. T. auch direkt zu Zukunftsthemen, veranstaltet. Was eher enttäuschend ist, sind die Verbandsaktivitäten. Die Wirtschaftsverbände, die Branchen- und die Fachverbände - übrigens auch die Gewerkschaften - machen sehr wenig. Da sehen Sie die Nachteile eines Kleinstaates, in dem die Mitgliedschaft der Verbände sehr klein ist und kaum Verbandsstäbe existieren. Aber ich bin persönlich von den Verbänden sehr enttäuscht, denn sie hätten es in der Hand, mehr für ihre Mitglieder zu tun".

2. Relevante Zukunftsstudien

Zukunftsstudien haben Tradition in der Schweiz. In den meisten Fällen tragen die Untersuchungen den Namen "Prospektivstudien". Kocher hat 1970 eine Reihe von Studien aufgelistet.[4] Unter den frühen Studien sind unter anderem zu nennen:

- Eine Untersuchung der Schweiz. Vereinigung der Uhrenfabrikantenverbände aus den Jahren 1963 - 1965, die 1967 als Broschüre mit dem Titel "Die Uhrenindustrie von morgen. Prospektionsstudie über die schweizerische Uhrenindustrie" erschienen ist.
- Kommissionen der Christlichsozialen Volkspartei und der Freisinnig-demokratischen Partei, die durch prospektive Studien die Probleme der Schweizer Gesellschaft bis zum Jahre 2000 ergründen wollen.
- 1966/67 haben Arbeitsgruppen des Schweizerischen Aufklärungsdienstes sich mit den Themen "Die Schweiz der 70er Jahre" und "Futurologie und langfristige Planung" beschäftigt.

- Im Jahr 1968 erschien das dreibändige Werk "Prospective 1990, Projektive 1975, Objective 1968" - herausgegeben vom Genfer "Institut de Recherches et d'Etudes Sociologiques et Economiques" (IRESE).

Von den jüngeren Zukunftsstudien ist das sog. "Manto-Projekt" besonders zu erwähnen - offizieller Projekttitel: Szenarien der Informations- und Kommunikationstechnik. In dem interdisziplinären Projekt von der ETH Zürich unter Leitung von M. Rotach wurden verschiedene Szenarien der Informationstechnologieanwendung durchgespielt und sogar Pilotanwendungen in mehreren Vorortgemeinden abgewickelt. Die Möglichkeiten von Telearbeit und Teleshopping wurden dort ausprobiert. Das Projekt verfolgte drei Ziele:

"Früherkennung und Darstellung von Chancen und Risiken einer Anwendung von Telekommunikationstechniken im Hinblick auf die Entwicklungen in den Bereichen Siedlung und Verkehr und deren Auswirkungen.
Empfehlungen an wichtige Akteure im Überlappungsbereich von Siedlung, Verkehr und Telekommunikation zur Wahl zweckmäßiger Handlungsstrategien.
Beiträge zu Lehre und Forschung an den beiden ETH durch Bereitstellen von sachlichen Erkenntnissen und methodischen Erfahrungen" (zit. nach: Zukunftsforschung 1/1986:7).

Ein weiteres aufsehenerregendes Projekt begann 1972: "Neue Analysen für Wachstum und Umwelt" (NAWU). Das auf mehrere Jahre angelegte interdisziplinäre Projekt wurde vom Schweizer Nationalfonds und durch Spenden einzelner Schweizer Unternehmen gefördert. Unter der Leitung von Hans Christoph Binswanger (Hochschule St.Gallen) und Theo Ginsburg (ETH Zürich) arbeiteten über 20 Wissenschaftler verschiedener Fachrichtungen an der Aufgabe, Wege zu einer umweltverträglichen Ökonomie aufzuzeigen. Es sollte im besonderen darum gehen, politisch-rechtliche Steuerungsstrukturen für einen relativ störungsfreien Übergang der auf exponentielles Wachstum gerichteten Wirtschaft in eine Phase "ökonomisch-ökologischen Gleichgewichts" zu entwickeln. "Diese Fragestellung wurde später durch den Einbezug gesellschaftlicher Aspekte erweitert, denn es zeigte sich im Verlauf der Forschungsarbeit, daß die Lebensform in einer Wirtschaft mit ökonomisch-ökologischem Gleichgewicht nicht die gleiche sein kann wie in einer Wirtschaft des exponentiellen Wachstums" (*Binswanger et al. 1979*: Vorwort).

Der NAWU-Report empfiehlt Strategien des qualitativen Wachstums, fordert allerdings auch die Veränderung der gesetzlichen und individuellen Strukturen bis hin zu einem partiellen Konsumverzicht und die Dezentralisierung politischer und wirtschaftlicher Entscheidungsinstanzen[5].

Eine jüngere Studie, die sich explizit auf Methoden der Zukunftsforschung stützt, ist im Bereich der Katastrophenabschätzung angesiedelt: Willy Bierter hat 1988 auf Basis von Szenarien einen Bericht über die Erholungsfähigkeit der Schweiz nach einem Atomkrieg veröffentlicht. Der genaue Titel: Human- und sozialwissenschaftliche Aspekte der Erholungsfähigkeit der Schweiz im Falle atomarer Kriegsereignisse (*Bierter 1988*).

3. Perspektiven der Schweizer Zukunftsforschung

Zu den perspektivreichen und jüngeren Aktivitäten der Schweizer Zukunftsforschung gehört das Projekt "Ökostadt Basel"[6]. Nach der Umweltkatastrophe in der Schweizerhalle des Chemieunternehmens Sandoz vom 1. November 1986 war das Bedürfnis nach einer mittel- und langfristigen ökologischen und ökonomischen Perspektive für die vom Imageverlust betroffene Stadt Basel sowohl in der Verwaltung als auch bei den Bürgern sehr groß. Das Ziel des Projekts ist die Erarbeitung eines Rahmenplans für eine ökologische Stadtentwicklung in Basel. Ausgehend von einer tiefgreifenden "Identitätskrise" des von Umweltskandalen geschüttelten Industriestandortes Basel, stellt das Modell der "Ökostadt Basel" den Versuch dar, "die Krisensymptome als Chance zu nutzen: Die räumliche Enge Basels, die gleichbedeutend ist mit einer extremen Beschränkung der natürlichen Ressourcen wie Boden, Luft, Wasser und Energie, nimmt eine absehbare Entwicklung der europäischen Zivilisation vorweg, die andere Städte mit mehr Reserven in diesem Ausmass erst in Zukunft durchmachen werden" (*Zentrum für Angepasste Technologie und Sozialökologie 1987*).

Anspruchsvolle inhaltliche Ziele sind nach dem Konzept von 1987 mit dem Baseler Modell verbunden:

- die Bewahrung der natürlichen Lebensgrundlagen
- "saubere Luft, einwandfreies Trinkwasser, gute Badequalität im Rhein und seinen Nebenflüssen, gesunde Böden"
- bessere Wohnverhältnisse
- "positive Ausstrahlung der Stadt"
- "volkswirtschaftlich effiziente Wirtschaft auf modernstem Stand von Technik und Wissenschaft (nicht primär wachstumsorientierte Oekonomie, sondern ökologische Kreislaufwirtschaft)" (ebenda)

Das vorgeschlagene Politikmodell basiert auf Partizipation und Transparenz. Das Wohnquartier bildet somit auch die wichtigste Planungseinheit. Nach Ansicht der "Architekten des Baseler Modells" kann nur eine dezentrale Entscheidungs- und Realisierungsstruktur die Überschaubarkeit gewährleisten, die für ein partizipatives Politikmodell lebensnotwendig ist. Die Ziele und Methoden sollen in zehn Bereichen veranschaulicht werden: Verkehr, Siedlungsstruktur, Energie, Versorgung, Abfall, Wassernutzung, Industrie und Gewerbe, Kultur, Bildung und Wissenschaft, Gesundheitswesen.

Basel war auch der Ort, an dem nach der Umweltkatastrophe von Sandoz vom Bürgerrat der Stadt Basel das sogenannte "Basler Regio Forum" ins Leben gerufen worden ist. Das auf die breite Beteiligung interessierter Basler Bürger zielende Projekt, das unter der Federführung der Christoph Merian Stiftung mit der Universität Basel und dem Verein Regio Basiliensis realisiert worden ist, sollte die Möglichkeit bieten, das vertiefte Gespräch über die Zukunft der Industriegesellschaft mit Vertretern aus der Administration, der Wissenschaft und der Wirtschaft zu führen. Von Anfang an verstanden die Projektleiter, Hartmut E. Arras und Willy Bierter von der Syntropie-Stiftung für Zukunftsgestaltung (Liestal), das Projekt als einen gesellschaftlichen und kulturellen Prozeß. Methodisch wurde der Zukunftsdialog mit Hilfe von Szenarien und einer Reihe von Veranstaltungen organisiert. Nach ersten Workshops bzw. Seminaren wurden Werkstattberichte zu folgenden Themen erstellt:

- Neue Technologien in der Landwirtschaft
- Gentechnik
- Industrielle Biotechnologie
- Wirtschaftsstile
- Risikogesellschaft
- Ökologie
- Denkbare und mögliche Entwicklungspfade für unsere Region

Die Werkstattberichte dienten Arras und Bierter als "Steinbrüche für die Entwicklung der Scenarien" (*Arras et al. 1989*:10). Die Szenarien wiederum waren die Grundlage für die breiten Diskussionen in zwei großen Zukunfts-Foren im Juni und September 1989, den zentralen Veranstaltungen des seit 1987 laufenden Projekts. Über 350 Personen haben in jeweils 15 Workshops unter der Leitung von 2 Moderatoren bzw. Moderatorinnen an den beiden Foren aktiv teilgenommen. Zur Verhandlung standen die drei Szenarien "Die grosse Ruhe", "Der kleine Aufbruch" und "Ein anderer Einstieg"[7.]

Das Instrument der Szenarien stand im Mittelpunkt des Projekts Basler Regio Forum; der Stellenwert wird von den Organisatoren hoch eingeschätzt. In dem Projektüberblick der Syntropie-Stiftung heißt es dazu: "Sinn und Zweck von Szenarien sind nicht Voraussagen über die Welt von morgen, die - wie die Erfahrung gelehrt hat - ohnehin nicht möglich sind. Es geht vielmehr darum, wissenschaftlich fundiert verschiedene Möglichkeiten der Entwicklung einander gegenüberzustellen, bildhaft, erzählend, anschaulich, und damit neben dem Verstand auch die Anschauung, das Gemüt und die Phantasie zu aktivieren".

Inwieweit die Ergebnisse des Basler Regio Forums in Basel oder gar landesweit aufgenommen werden und zu einer breiten Beschäftigung mit mittel- und langfristigen Entwicklungsoptionen für andere Regionen der Schweiz führen können, muß offenbleiben. Eine Bewertung des Projekts nach konventionellen Kriterien der Zielerreichung ist schwierig, weil es sich um ein "gesellschaftliches Experiment" und um einen "Beitrag zur Bewusstseinsbildung" handelt. Im Abschlußbericht zum Basler Regio Forum Ende 1989 heißt es dazu: "Bewusstseinsbildung ist kaum greifbar und gibt sich unspektakulär. Es ist ein Ereignis, über das in Medien nur mittelbar berichtet werden kann, eher im Verständnis der Bedeutung des Weges zu diesem Ziel" (*Arras et al.:33*).

4. Zusammenfassung und Bewertung

Die Perspektiven der Schweizer Zukunftsforschung müssen vor dem historischen und ökonomischen Hintergrund der Schweiz gesehen werden. Neben dem ausgeprägten Interesse an Prospektivstudien sowohl in der Wirtschaft als auch in der Politik bzw. Administration, die in den 70er und 80er Jahren in beachtlicher Zahl und mit beträchtlicher finanzieller und personeller Ausstattung durchgeführt wurden, wird in der Schweiz in jüngerer Zeit verstärkt versucht, der Krise des Wachstumsparadigmas Rechnung zu tragen. Zukunftsstudien waren und sind in der Schweiz zugleich zuallererst Maßnahmen der Politikberatung. Schon mit dem NAWU-Projekt wurde eine Wachstumskritik formuliert, die weit über die Schweizer Grenzen Wirkung gezeigt hat. Auch die Expertengruppen zur "Forschungspolitischen Früherkennung", zur "Lebensqualität" und zu den "Energieszenarien" haben in ihrer pluralistischen Zusammensetzung und unter Zuhilfenahme qualitativer Methoden der Zukunftsforschung zu großer öffentlicher Aufmerksamkeit im In- und Ausland geführt. Auch das jüngste Projekt der politikorientierten Schweizer Zukunftsforschung, das "Modell Basel", kann wichtige Impulse für die Diskussion um zukünftige soziale Entwicklungen und politische Entscheidungsprozesse in industriellen Ballungsräumen hervorbringen.

Die Zukunftsforschung und die langfristig angelegte Unternehmens- sowie Politikberatung wird in der Schweiz nicht zuletzt durch die Qualifizierungs- und Öffentlichkeitsarbeit des Gottlieb-Duttweiler-Instituts gestützt. Als Forum zur Diskussion aktueller Probleme und als Multiplikator für soziale Innovationen in Führungsetagen der Wirtschaft und Politik stellt das Gottlieb-Duttweiler-Institut einen institutionellen Kern für einen breiten zukunftsbezogenen Diskurs - auch über die Schweiz hinaus - dar.

Zukunftsforschung in der Schweiz hat verschiedene Erscheinungsformen. Von der "Schweizerischen Vereinigung für Zukunftsforschung" über private Forschungs- und Beratungseinrichtungen bis zu regionalen Initiativen à la "Basler Regio Forum". Hinzu kommt, daß Methoden der Zukunftsforschung in vielen wirtschaftswissenschaftlichen Instituten der Schweizer Hochschulen konstitutiver Bestandteil von Forschung und Lehre sind. Insgesamt befinden sich die Zukunftsforschung und die langfristig orientierte Politikberatung in der Schweiz in einer konsolidierten Verfassung und können - insbesondere im internationalen Vergleich mit anderen hochentwickelten Industrieländern - eine Reihe innovativer und wirksamer Aktivitäten vorweisen.

Zwanzig Jahre nach dem programmatischen Aufruf von Kocher aus dem Jahr 1970 erhält der Appell und das Bedürfnis, sich verstärkt mit der Zukunft zu beschäftigen, neuen Schwung. Angesichts der globalen Krisen und neuen Risiken fordert deshalb Homann auch in der Schweiz einen generellen Umbruch in der Zukunftsforschung: "Zukunftsforschung in der Schweiz benutzt das Instrumentarium der Industriegesellschaft. Wenn wir zurückgehen zu Herman Kahn oder anderen, sehen wir, daß damals der Wille bestand, Rezepturen für die Zukunft zu entwickeln. Ich bin der Meinung, daß wir in einem Umbruch in der Zukunftsforschung stehen und daß wir Zeit und Raum für die Menschen öffnen müssen, ihre Zukunft selbst in die Hand zu nehmen. Wir können nicht weitergehen in dieser Art von Rezepturangeboten von Vordenkern, die wissen, was die anderen machen sollen. Insofern halte ich im Augenblick die relativ geringe Einflußnahme der Zukunftsforschung für eine Chance, daß wir hier in der Schweiz auch neue Formen und neue Themen der Zukunftsforschung entwickeln können, die der postindustriellen Entwicklung angemessen sind. Da sieht es international noch sehr traurig aus, weil natürlich fast alle Leute, die in der Zukunftsforschung tätig sind, in der Industriegesellschaft aufgewachsen sind und auf das Neue, was jetzt kommt, im Grunde genommen gar nicht reagieren können".

Im internationalen Vergleich und vor dem Hintergrund der anstehenden Probleme scheint die Zukunftsforschung in der Schweiz durchaus in der Lage, mit schnellen Anpassungen und innovativen Lösungen auf Krisenlagen zu reagieren.

Anmerkungen

1 Dem Länderbericht "Zukunftsforschung in der Schweiz" liegen neben den unter 5. Literatur aufgeführten Veröffentlichungen mehrere Experteninterviews mit Vertretern der Schweizer Zukunftsforschung zugrunde: Die Interviewpartner waren: Dr. Gerhard Kocher, Dr. Rolf Homann und Dr. Christian Lutz.
2 Vgl. Binswanger 1981 und Binswanger 1988
3 Hans A. Pestalozzi ist mit seinem Buch "Nach uns die Zukunft" (1. Auflage 1980) über die Grenzen der Schweiz bekannt geworden, in dem er das Wachstums-Dogma angreift und eine schonungslose Konsum-Kritik verfaßt.
4 Vgl. Kocher/Fritsch 1970
5 Zentrale Motive der Neuen Sozialen Bewegungen werden in dem NAWU-Report bereits ausführlich entwickelt. Konsumkritik, Dezentralisierungsforderungen und Formen direkter Demokratie sind wichtige Motive der Anti-AKW- und Ökologiebewegung in der Bundesrepublik seit Mitte/Ende der 70er Jahre.
6 Eine Kurzbeschreibung findet sich unter dem Titel "Bürger entwerfen ihre Zukunft: Oekostadt Basel" in dem Buch "Katalog der Hoffnungen. 51 Modelle für die Zukunft", herausgegeben von Robert Jungk und der Internationalen Bibliothek für Zukunftsfragen in Salzburg, Frankfurt/Main 1990.
7 Die Scenarien liegen auch als Buch vor: *Arras/Bierter 1989*

5. Literatur

Arras/Bierter 1989: Hartmut E. Arras/Willy Bierter: Welche Zukunft wollen wir? Drei Scenarien im Gespräch. Ein Beitrag des Basler Regio Forums, (Christoph Merian Verlag) Basel 1989

Arras et. al. 89: Hartmut E. Arras/Angelika Arras/Willy Bierter: Abschlußbericht zum Basler Regio Forum. Ein gesellschaftliches Experiment, Basel, November 1989

Bierter 1988: Willy Bierter: Human- und sozialwissenschaftliche Aspekte der Erholungsfähigkeit der Schweiz im Falle atomarer Kriegsereignisse, (Zentralstelle für Gesamtverteidigung) Bern 1988

Binswanger et al. 1979: Hans-Christoph Binswanger/Werner Geissberger/Theo Ginsburg: Wege aus der Wohlstandsfalle. Der NAWU-Report: Strategien gegen Arbeitslosigkeit und Umweltkrise, (Fischer Taschenbuchverlag) Frankfurt a. M. 1979

Binswanger 1981: Hans-Christoph Binswanger: Die Rechnung ohne den Wirt Natur, in: natur 7/1981

Binswanger 1988: Hans-Christoph Binswanger: Umweltpolitik - Chancen für Strategen, in: Wirtschaftswoche 40/1988

Binswanger et al. 1988: Hans Christoph Binswanger/Heinz Frisch/ Hans G. Nutzinger/Bertram Schefold/Gerhard Scherhorn/Udo Ernst Simonis/Burhard Strümpel: Arbeit ohne Umweltzerstörung. Strategien für eine neue Wirtschaftspolitik, (Fischer Taschenbuchverlag) Frankfurt a. M. 1988

Dubach/Fritsch 1971: Paul Dubach/Bruno Fritsch: Zukunft Schweiz, (Benziger Verlag) Zürich 1971

Frei/Ruloff 1988: Daniel Frei/Dieter Ruloff: Handbuch der weltpolitischen Analyse. Methoden für Praxis, Beratung und Forschung, (Verlag Rüegger) Grüsch 1988

Furgler 1987: Kurt Furgler: Eine neue Dimension der Wirtschaftspolitik - Qualitatives Wachstum, in: Technische Rundschau 14/1987

Gloor 1971: Arthur Gloor (Hrsg.): Die Zukunft im Angriff. Die Schweiz auf dem Weg ins 21. Jahrhundert, (Verlag Huber) Stuttgart 1971

Graf 1988: Hans Georg Graf: Zukunftsforschung und Prognose, in: Praxisorientierte Volkswirtschaftslehre, Festschrift für Franscesco Kneschaurek, (Stämpfli Verlag) Bern 1988

Gruppe Corso, Oeffentlichkeitsarbeit und Zukunftsgestaltung 1984:
Prognostik in der Schweiz (Dokumentation) Zürich 1984

Klöti/Haldemann/Gasser 1986: Ulrich Klöti/Theo Haldemann/Berhard Gasser: Zukunftsperspektiven. Schweizerische Vereinigung für Zukunftsforschung, Horgen 1986

Kocher/Fritsch 1970: Gerhard Kocher/Bruno Fritsch: Zukunftsforschung in der Schweiz, (Band 10 der Reihe "Staat und Politik" im Verlag Paul Haupt) Bern 1970

Pestalozzi 1980: Hans A. Pestalozzi: Nach uns die Zukunft, (Kösel Verlag) 1980

Rieder 1988: Peter Rieder (Hrsg.): Perspektiven unserer Landwirtschaft, (Landwirtschaftiche Lebensmittelzentrale) Zollikofen 1988

Schweizerischer Wissenschaftsrat 1988: Forschungspolitische Früherkennung, Kurzfassung der Expertisen, Bd. 2, Schweiz. Wissenschaftsrat, Bern 1988

Werder/Meier/Müller 1988: Hans Werder/Ruedi Meier/Peter Müller: Sozialdemokratie 2088, (Z-Verlag) Basel 1988

Wiener 1987: Daniel Wiener: Modell Basel: Geschichte Basels von 1987 bis 1999, (Oekomedia) Basel 1987

Wittmann 1986: Walter Wittmann: Innovative Schweiz - zwischen Risiko und Sicherheit, (Verlag Neue Züricher Zeitung) Zürich 1988

Zentrum für Angepasste Technologie und Sozialökologie 1987: Konzept "Ökostadt Basel" vom 30.März 1987

Zeitschriften

- Schweizerische Zeitschrift für Volkswirtschaft und Statistik
- Zukunftsforschung. Informationen über Zukunftsforschung, Planung und Zukunftsgestaltung. Offizielles Organ der Schweizerischen Vereinigung für Zukunftsforschung (SZF).

- Dokumente und Informationen zur schweizerischen Orts-, Regional- und Landesplanung. Vierteljährliche Zeitschrift des Instituts für Orts-, Regional- und Landesplanung an der Eidgenössischen Hochschule Zürich.
- Technische Rundschau.
- Die Neue Wirtschaft. Monatliche Zeitschrift mit dem Untertitel "Werte im Wandel".
- Bulletin "SEPP": Bulletin der "Société d'êtude de la prêvision et de la planification", Lausanne

6. Adressen

Economic Analyses and Forecasting Research
Batelle, Geneva Research Center
7, Route de Drize, CH-1227 Carouge-Genf

Forschungsstelle für politische Wissenschaft
Herrn Prof. Ulrich Klöti
Weinbergstr. 59, CH-8006 Zürich

Gottlieb Duttweiler Institut
Stiftung "Im Grüene", CH-8803 Rüschlikon

IBFG-Interdisziplinäre Berater- und Forschungsgruppe Basel
Steinenring 10, CH-4051 Basel

Institut für Volkswirtschaft
Hochschule St. Gallen
Hirtenweg 7, CH-9010 St. Gallen

Institut für Wirtschaftsforschung
ETH-Zentrum, CH-8092 Zürich

Ökoscience
Institut für praxisorientierte Ökologie
Quellenstr. 25
CH-8005 Zürich

Oekozentrum Langenbruck
Herrn Pierre Fornallaz
Schwengistr. 12, CH-4438 Langenbruck

Perspektivstab der Bundesverwaltung
Schweizerische Bundeskanzlei
CH-3003 Bern

Prognos AG
European Centre for Applied Economic Research
Steinengraben 42, CH-4011 Basel

Sekretariat und Redaktion der Schweizerischen Vereinigung für Zukunftsforschung (SZF)
Herrn Dr. Gerhard Kocher, Brunnenwiesli 7
CH-8810 Horgen

Societe d'etude de la prevision et de la planification (SEPP)
Centre Universitaire
BFSH
CH-1015 Lausanne-Dorigny

Syntropie-Stiftung für Zukunftsgestaltung
Herrn Dr. Hartmut E. Arras
St. Johanns-Vorstadt 17, CH-4056 Basel

Transnational Perspectives
CP 161
CH-1211 Genf

Verein Ökostadt Basel
Aescherstr. 20, CH-4054 Basel

Zentrum für Unternehmensführung
Schulstr. 7, CH-8802 Kilchberg

Zentrum für Zukunftsforschung St. Gallen
Falkensteinstr. 27, CH-9006 St. Gallen

Länderbericht: Zukunftsforschung in Frankreich

*Peter H. Moll**

Einleitung 237
1. Zu den Entstehungsbedingungen der französischen Zukunftsforschung 240
2. Die Zukunftsforschung auf staatlicher Ebene 246
3. Die Zukunftsforschung auf universitärer Ebene 256
4. Die Zukunftsforschung auf privater Ebene 258
4.1 Die Gesellschaft Futuribles International 259
4.2 Andere private Forschungsbüros 267
5. Angewandte Methoden der Zukunftsforschung 271
6. Perspektiven der französischen Zukunftsforschung 273
7. Zusammenfassung und Bewertung 275
8. Bibliographie 279
9. Anhang: Adressen 281
   Anmerkungen 282

Einleitung **

Für die französische Zukunftsforschung ist der Begriff "prospective" von besonderer Bedeutung. Das "prospective-Konzept" hat eine lange Tradition und muß u. a. klar vom angelsächsischen "forecasting" oder dem US-amerikanischen "future research" unterschieden werden. Man kann es in einer ersten Annäherung wie folgt beschreiben: Die Zukunftsforschung (oder "prospective") stellt ein Panorama möglicher Zukünfte ("futuribles") dar, d. h. ein Panorama von wahrscheinlichen Szenarios und Überlegungen, das sowohl Entwicklungen in der Vergangenheit und mögliche zukünftige Tendenzen als auch die Vorstellungen der jeweils Handelnden berücksichtigt. Jedes dieser Szenarien, als Zusammenstellung von Hypothesen, kann (muß aber nicht) quantitative Einschätzungen, also auch Prognosen enthalten.

Es gibt in Frankreich eine große Anzahl privater und öffentlicher Institutionen, die auf die eine oder andere Weise Zukunftsforschung (ZF) betreiben. Jedoch ist das Verständnis von ZF oder "prospective" häufig sehr unterschiedlich. Godet (1986, 1988) beispielsweise versteht unter Zukunftsforschung anwendungs- und projektbezogene Studien mit konkreten handlungsorientierten sowie programmatischen Aufgabenstellungen, während eine andere, "traditionellere" Auffassung Zukunftsforschung mehr in Richtung empirische Sozialforschung definiert, in der Prognosen für wirtschaftliche und gesellschaftliche Einzelfaktoren ohne handlungsorientierten oder programmatischen Zusammenhang erstellt werden.

Bei allen Unterschieden lassen sich aber (zumindest) zwei grundsätzliche Strömungen in der französischen Zukunftsforschung identifizieren. Die eine Tradition ist entstanden durch den Einsatz einzelner Persönlichkeiten wie Gaston Berger und Bertrand de Jouvenel, die in den 50er und 60er Jahren anfingen, eine normativ und handlungsorientierte Zukunftsforschung in Frankreich zu etablieren. Die andere Tradition geht auf die nationalen Wirtschaftspläne Frankreichs zurück, die in der Nachkriegszeit initiiert wurden und seitdem vom Commissariat General du Plan durchgeführt und verwaltet werden. Mit diesen Wirtschaftsplänen wird seither der Versuch einer Koordination und Beratung der nationalen Wirtschaft unternommen, ohne daß in die freie Entscheidungsgewalt der Wirtschaft direkt eingegriffen wird. Eine Vielzahl von der öffentlichen Hand finanzierter wie privater Institutionen beschäftigen sich seitdem mit Prognosen zu einzelnen wirtschaftlichen und gesellschaftlichen Faktoren der nationalen und internationalen Entwicklung. Letztere Strömung in der französischen Zukunftsforschung steht in engem Zusammenhang mit dem zentralstaatlichen Aufbau der französischen Administration insgesamt.

Der Zentralismus der französischen Wirtschaft und Politik ist bis heute unverändert stark. Innerhalb Europas hat Frankreich eine der längsten und stärksten Traditionen einer zentralstaatlichen Organisation mit unverändert großem Einfluß einiger, allesamt in Paris angesiedelter Ministerien und Ämter wie z. B. dem Wirtschaftsministerium, dem Ministerium für Wissenschaft, Forschung und Entwicklung oder dem Apparat des Präsidenten der Republik. In diesem Punkte, obwohl im übrigen sehr unterschiedlich, gibt es Vergleichsmöglichkeiten mit der

Situation für Zukunftsforschung in Schweden (s. Länderbericht: Zukunftsforschung und Technologiebewertung in Schweden). Die französische Tradition stellt ansonsten innerhalb Europas eine recht eigenständige Entwicklung dar.

In der Tradition von Futuribles beispielsweise, eine ihrer wichtigsten Institutionen (s. unter 4.1), hat Zukunftsforschung ganz eindeutig die Intention, normativ zu arbeiten und auf die Politik einzuwirken. Mit dem Ölschock Anfang der siebziger Jahre ist zusammen mit der quantitativen, mit mathematischen, computergestützten Modellen operierenden Zukunftsforschung und ihren mit den Auswirkungen der Ölkrise vielfach schon überholten Weltmodellen, auch die qualitativ (normativ) arbeitende Zukunftsforschung vielfach in Mißkredit geraten. Besonders die quantitative Zukunftsforschung, die damals den Hauptstrang der internationalen Zukunftsforschung ausgemacht hatte, hat sich von diesem Schock eigentlich nie wieder richtig erholt (s. Moll 1989:191 - 195). Von daher schien die Entwicklung hin zu mehr pragmatisch und handlungsbezogenen Ansätzen mit klar umrissenen Aufgabenstellungen, die u. a. von Futuribles schon in den 60er Jahren befürwortet wurden, vielen damals als der einzig gangbare Weg, um Zukunftsforschung sinnvoll weiterzuentwickeln (Godet, de Jouvenel, Interviews). Diese Entwicklung ist in Frankreich früher und intensiver als in vielen anderen europäischen Ländern erfolgt.

Zusammenfassend kann man sagen, daß sich die heutige französische Zukunftsforschung von der administrativen und technokratischen Planung der 50er und 60er Jahre durch längerfristige Prognosen und vor allem durch zunehmend starke qualitative und pragmatische Ansätze und Methoden unterscheidet. Mit der Entwicklung qualitativer und handlungsbezogener Erkenntnisinteressen etablierte sich in Frankreich schon recht früh ein Gegenmoment zu der damaligen internationalen, weitgehend durch Institutionen aus den USA beeinflußten Zukunftsforschung, deren Hauptvertreter, wie z. B. die RAND Corporation oder das Standford Research Institute, mit quantitativen Methoden arbeiteten. Beide Richtungen sind aber auch in Frankreich bis heute vertreten. Zunehmend deutlich wird dabei eine Betonung der qualitiven und praxisbezogenen Ansätze durch den privat finanzierten Sektor, während quantitative Untersuchungen im großen Stil noch immer von staatlichen Institutionen wie dem Plankommissariat durchgeführt werden. Im folgenden werden die einzelnen Sektoren der französischen Wirtschaft und Administration genauer untersucht und die jeweils einflußreichsten und wichtigsten Zukunftsforschungs-Institutionen beschrieben.

1. Zu den Entstehungsbedingungen der französischen Zukunftsforschung

Die Wirtschaftsplanung (Planification)

Den Anstoß und ihre frühzeitige Institutionalisierung verdankt die französische Zukunftsforschung vor allem dem in Frankreich stark ausgeprägten zentralstaatlichen Bemühen, die ökonomische Entwicklung zum Gegenstand staatlicher Planung zu machen. Signifikanter Ausdruck dieser Bemühungen ist die Etablierung der "Planification" nach dem zweiten Weltkrieg, die Anstöße für Wiederaufbau und Modernisierung des Landes geben sollte.

Es werden "indikative Pläne" in der Regel für jeweils 5 Jahre verabschiedet, die die Orientierungspunkte der staatlichen Wirtschaftspolitik angeben, dabei aber den privatwirtschaftlichen Unternehmen ihren Handlungsspielraum belassen. Allerdings hat der Staat Möglichkeiten, auf die Verwirklichung der Planziele einzuwirken, u. a. mittels öffentlicher Unternehmen oder über die staatlich kontrollierte Kreditvergabe (Jansen u.a. 1986, Menyesch und Uterwedde 1981).

An der "Planification" sind u. a. das Plankommissariat "Commissariat général du Plan" und zahlreiche Plankommissionen "Commissions de modernisation" beteiligt.

Mit den Planungsprozessen begann auch die Institutionalisierung der Zukunftsforschung. Das erklärte Ziel des Plankommissariats war es, die großen Linien der wirtschaftlichen Entwicklung zu prognostizieren und staatliche Leitungs- und Zielsetzungsfunktionen zu übernehmen, ohne die Rolle der "freien Marktwirtschaft", des Privateigentums und der freien Unternehmerinitiative einzuschränken. Daraufhin bildete sich in Frankreich ein differenziertes Netzwerk von Institutionen sowohl im staatlichen als auch im privaten Sektor. Die Idee der Planification entstand unmittelbar nach dem Krieg in einer Situation, in der die Wiederbelebung der Wirtschaft als vorrangiges Ziel galt. In diesem Stadium Ende der 40er/ Anfang der 50er Jahre sprach man sogar allgemein von Zukunftsforschung als "planification". Der heute weiter verbreitete Begriff "prospective" kam erst in den späten 50er Jahren auf. Er wurde von Gaston Berger im Jahre 1957 eingeführt (s. Abschnitt 4.1).

Ende 1945 leitete General de Gaulle die erste auf 4 bis 5 Jahre angelegte Planung ein. Es lassen sich drei Phasen staatlicher Planung unterscheiden:

- eine erste Phase mit dem "Plan Monnet" (1947 - 1950 und verlängert bis 1953), der nach dem Zweiten Weltkrieg den Wiederaufbau der französischen Wirtschaft vorantreiben sollte,
- eine zweite Phase beginnend 1958 mit der Beteiligung der SEEF (s. u.) an der Erarbeitung von mittel- bis langfristigen Wirtschaftsplänen und
- eine dritte Phase seit Ende der 60er Jahre mit den damals eintretenden tiefgreifenden Veränderungen durch soziale Bewegungen wie die Studentenbewegung, Umwelt-, Friedens- und Frauenbewegung.

Die Planer stellten nach den Erfahrungen mit den ersten beiden "Plänen" fest (der dem "Plan Monnet" folgende zweite Plan bezog sich auf die Jahre 1954 - 58), daß ein Zeitraum von vier oder fünf Jahren zu kurz ist, um nationale Aktionsprogramme und wichtige internationale Entwicklungen, deren Auswirkungen sich kurzfristig nicht bewerten lassen, in vollem Umfang mit einzubeziehen. Das Plankommissariat beschloß deshalb noch vor Einsetzen des dritten Plans (1959 - 1963) - der im wesentlichen der Modernisierung und Ausrüstung der französischen Nachkriegswirtschaft galt - die Zusammenarbeit mit der Abteilung für Wirtschafts- und Finanzstudien des Finanzministeriums "SEEF - Service des études économiques et financières du ministère des finances" zu intensivieren. SEEF sollte die Arbeit des Plankommissariats durch mittel- bis langfristige Studien ergänzen. Die erste dieser Untersuchungen war den wirtschaftlichen Perspektiven Frankreichs bis zum Jahre 1965 und darüber hinaus gewidmet. Damit war eine Wende in der Politik des Plans markiert. In den folgenden Jahren nahmen die mittel- bis langfristigen Studien von SEEF und anderen Institutionen einen gewichtigeren Platz ein, während die Arbeit des Plankommissariats zunehmend in den Hintergrund rückte (s. Abschnitt 2 und Cazes 1987:10).

Mit der Beauftragung von SEEF wurde 1958 eine zweite Phase der staatlichen Planung eingeleitet, für die das starke Wirtschaftswachstum der 60er Jahre charakteristisch wurde. In dieser Phase wurden im Auftrag des "Plans" eine ganze Reihe mittel- bis langfristiger Studien vergeben. Dies trug entscheidend zur Entstehung einer Vielzahl privater Institute bei, die sich der Methoden der Zukunftsforschung bedienten. Mit Hilfe von SEEF und einiger anderer privater Institute wurden die folgenden Pläne mit darüber hinausgehenden langfristigen Studien kombiniert. So wurde in Vorbereitung des vierten Plans (1962 - 1965) eine Studie der französischen Entwicklung bis zum Jahre 1975 erstellt. Für die folgenden Pläne wurde in ähnlicher Weise verfahren.

Ein weiterer Einschnitt in der Geschichte des Plans war das Jahr 1961 mit der Diskussion über einen möglichen Rhein-Rhône-Kanal. Pierre Massé, zu der Zeit Hauptkommissar des Plans, wurde vom Premierminister Michel Debré um ein Gutachten gebeten. Massé lehnte das Rhein-Rhône-Projekt mit der Begründung ab, daß es "mehr ans 19. Jahrhundert erinnere als an ein wirklich zukunftsträchtiges Projekt". Er forderte statt dessen die Einsetzung einer Forschungsgruppe zur Untersuchung wirklich langfristiger Ziele der französischen Wirtschaft und Gesellschaft. Dieser Forderung wurde im Zuge der Überarbeitung und des letztlichen Abbruches des Rhein-Rhône-Projektes nachgegeben und ein "Komitee 1985" unter Leitung von Massé ins Leben gerufen. Dem Komitee gehörten 12 Experten an. Zu ihnen zählten Jean Fourastié und Bertrand de Jouvenel, die zu der Zeit bereits im Mittelpunkt einer sich auf allgemeine gesellschaftliche Themen konzentrierenden Zukunftsdebatte standen.

Die Themen dieser Diskussion trugen wesentlich zur Anerkennung der Langfristforschung in den 60er Jahren bei. Der Einfluß der genannten Persönlichkeiten vor allem auf die französischen Intellektuellen und Teile der Öffentlichkeit war beträchtlich. Wissenschaftler wie Jean Fourastié, Gaston Berger und Bertrand de Jouvenel prägten in dieser Diskussion die Entwicklung der französischen Zukunftsforschung ganz entscheidend (s. z. B. Cazes 1977, 1987, Massé 1984).

1964 veröffentlichte die Gruppe ihren Bericht mit dem Titel "Reflexion pour 1985" (Massé u. a. 1964). Er hatte einen beachtlichen Erfolg in der französischen Verwaltung und trug entscheidend zu der weiteren Institutionalisierung der ZF in Frankreich bei. Eine der Empfehlungen des Berichts von Massé und seinen Mitarbeitern betraf die Einrichtung von Zukunftsforschungs-Arbeitsgruppen, die bei wichtigen wirtschaftlichen und politischen Fragen innerhalb jeder größeren Verwaltungseinheit mitarbeiten sollten. Auch diesem Vorschlag wurde entsprochen. In den Jahren 1964 bis 1973 beschafften sich die meisten der französischen Ministerien die Mittel, um Langfrist-Studien durchführen zu können.

Als beispielhaft für die Entwicklung, die viele private Institute in dieser Zeit durchmachten, steht die Arbeit des Forschungszentrums für die Untersuchung und Beobachtung der Lebensbedingungen "CREDOC - Centre de Recherche et de Documentation sur la Consommation" - das seit den frühen 50er Jahren auch Arbeiten für das Plankommissariat durchgeführt. Ausgehend von rein quantitativen statistischen Untersuchungen, die von diesem Institut in den 50er Jahren gemacht wurden, paßte das CREDOC seinen planerischen Schwerpunkt den veränderten Bedingungen der sich erholenden französischen Wirtschaft an und konzentrierte sich auf qualitative sozioökonomische Untersuchungen über Rahmenbedingungen der allgemeinen wirtschaftlichen Entwicklung.

Die darauf folgende dritte Phase staatlicher Planung (seit Ende der 60er Jahre) ist durch tiefgreifende ökonomisch-soziale Veränderungen gekennzeichnet. Die Mai-Juni-Ereignisse 1968, der Ölpreisschock 1973 und die Rückkehr der französischen Liberalen unter Valery Giscard d'Estaing (1974) haben auch das Gesicht der "Planification" verändert. Während sie noch unmittelbar nach dem Krieg einen großen Einfluß auf die wirtschaftliche und soziale Entwicklung hatte, wurde nun ihr Bedeutungsverlust immer spürbarer. In einem etwas eingeschränkterem Sinn und Umfang aber ist die Planification bis heute durch die Vergabe von Forschungsvorhaben zur langfristigen Politikberatung ein wichtiger Baustein der staatlich geprägten Zukunftsgestaltung geblieben.

Auf die Frage nach der heutigen Rolle der Planification meinte beispielsweise de la Saussay (Interview) vom Zentrum für Zukunftsstudien "CPE - Centre de Prospective et d'Etudes", daß das Plankommissariat zwar noch als Sammelbecken von Ideen und als Förderer von Begegnungen fungiere, aber die Rolle eines wirtschaftlichen Rahmensetzers eingebüßt habe.

Mit dem Wiederaufblühen des Wirtschafts-Liberalismus in einer eher konservativen politischen Landschaft und ganz besonders durch die Wirtschaftskrise Anfang der 70er Jahre, wurde der "Plan" zunehmend in Frage gestellt. Wirtschaftliche "Ungleichgewichte" - angeblich verursacht durch staatlichen "Interventionismus" - waren willkommene Zielscheiben der konservativ-liberalen Kritik. Der Plan wurde aber auch Opfer seines eigenen Bürokratismus. Dies zeigte sich symptomatisch in dem Verfahren, daß den formalen Abschlußberichten des Plans oft größere Bedeutung beigemessen wurde als einem Prozeß von gegenseitiger Verständigung, Beratung und Empfehlungen (de Jouvenel, Interview mit dem Autor).

Zusammenfassend läßt sich festhalten, daß der Plan heute nicht mehr die bestimmende Rolle für die nationale Wirtschaftsplanung spielt wie noch in den 60er Jahren. Er erfüllt aber noch eine wichtige Funktion für die regionale Planung und Zukunftsgestaltung. Das Plankommissariat fungiert bis heute recht erfolgreich als Auftraggeber von Langfriststudien im Interesse der französischen Öffentlichkeit[2].

Zukunftsforschung in der Raumordnungsbehörde DATAR

Neben dem Plankommissariat hat die Raumordnungsbehörde "DATAR - Délégation à l'Aménagement du Territoire et à l'Action Regionale" (vgl. Landrieu 1987) eine besondere Rolle in der Entwicklung der Zukunftsforschung gespielt. Diese Behörde wurde 1963 unter Mitwirkung von Jerôme Monod mit dem Ziel gegründet, die wirtschaftliche Entwicklung mehr im Zusammenhang mit ihren räumlichen Auswirkungen zu steuern und zur Stärkung der Regionen in Frankreich einen Beitrag zu leisten. In der Nachkriegszeit wurde für viele Beobachter die allzu starke Konzentration der Wirtschaft auf den Pariser Raum schmerzhaft deutlich (s. z. B. Gravier 1947). Die DATAR sollte dazu beitragen, diese Polarisierung auf lange Sicht abzubauen. Außerdem sollte sie soziale Stabilität durch Neugestaltung des Wohnbereichs sichern helfen. Soziale Veränderungen erschienen in den 60er Jahren immer schwerer beherrschbar. Der Zweite Weltkrieg hatte für viele nur allzu deutlich gemacht, welcher Hemmschuh für eine gleichmäßige wirtschaftliche und demographische Entwicklung einer Region räumliche Ungleichheit sein kann.

Die französische Raumordnungsbehörde entwickelte daraufhin ein eigenständiges Interesse an der Bearbeitung langfristiger Fragestellungen. Dies wurde 1969 durch die Gründung der Abteilung "SÉSAME - Système d'Etudes et Schéma d'Aménagement" als Einrichtung der Zukunftsforschung dokumentiert. Die französische Raumordnungspolitik wurde in den Folgejahren durch diese wissenschaftliche Politikberatungs-Kapazität nachhaltig beeinflußt. Besonders Anfang der 70er Jahre liefen in der Forschungsgruppe SÉSAME wichtige Studien, so beispielsweise das "Scenario des Inakzeptablen", in dem insbesondere der Rolle der Regionen gegenüber der sich immer weiter verstärkenden wirtschaftlichen Konzentration auf den Pariser Raum das Wort gesprochen wurde (s. Landrieu ebd.:12).

Aus den späteren Arbeiten der DATAR sind außerdem Studien zur Organisation der französischen Landwirtschaft und zur Stadtentwicklung im europäischen Vergleich (DATAR 1988, 1989) zu erwähnen.

Der anfänglich große Einfluß der DATAR für die Institutionalisierung der Zukunftsforschung in Frankreich hat in den 80er Jahren, ähnlich wie beim "Plan", stark abgenommen. Ihre Tätigkeit wird heute mehr und mehr in Frage gestellt. Hauptkritikpunkte in der öffentlichen Diskussion sind ihr großer bürokratischer Apparat sowie eine unter veränderten wirtschaftlichen Rahmenbedingungen oft inadäquate Problemperzeption. DATAR wie auch der "Plan" sind in ihren Strukturen, die noch aus den 50er und 60er Jahren stammen, wegen der Unübersichtlichkeit der neueren wirtschaftlichen Entwicklungen - mit neuen Technologien und einer weitgehenden Veränderung in der gesellschaftlichen Sozialstruktur - den Anforderungen an staatliche Planung oft nicht mehr gewachsen (Godet, Interview).

2. Die Zukunftsforschung auf staatlicher Ebene

Die Zukunftsforschung auf staatlicher Ebene zeichnet sich durch eine ressortorientierte Institutionalisierung aus. Die meisten wichtigen Ministerien verfügen über eigene Kapazitäten für langfristige Planung. Diese sind oft mit Grundsatz- und Planungsabteilungen in den Ministerien anderer Länder vergleichbar. Die entsprechenden Einheiten weisen in der Regel eine starke Spezialisierung auf, die sich aus ihrem jeweiligen Ressortzuschnitt ergibt. Die daraus resultierende inhaltliche Begrenzung auf die jeweiligen Themenkomplexe - wie z. B. Technikentwicklung, Energie, Telekommunikation und Bevölkerung - führt zu einer verengten Indienstnahme der Zukunftsforschung und steht in scharfem Kontrast zu einem ganzheitlichen Ansatz, wie ihn besonders einige der privaten Institutionen - z. B. Futuribles - vertreten.

Ressortorientierte Institutionen

Angesiedelt im Forschungs- und Technologieministerium arbeitet das Zentrum für Zukunftsforschung und Studien "CPE - Centre de Prospective et d'Etudes". Es handelt sich um ein Zentrum für Zukunftsstudien und Technologiebewertung, das 1982 eingerichtet und mit ca. 20 Mitarbeitern ausgestattet wurde. Hauptbetätigungsfeld von CPE ist die Bewertung neuer Technologien. CPE spielt auf dem Politikfeld der Forschungs- und Technologie-Politik in Frankreich eine wichtige Rolle. Durch die Kopplung von Zukunftsforschung und Technologiebewertung - so die Grundidee - sollen Industrie und Gesellschaft analog der neuen technologischen Herausforderungen umgestaltet werden. De la Saussay (Interview) - verantwortlich für den Bereich Zukunftsforschung im CPE - beschreibt die wichtigsten Aufgaben von CPE so:

"1. Zunächst geht es um die Überblick internationaler technologischer Innovationen. CPE sammelt alle verfügbaren Daten und erstellt zu den einzelnen Technologiefeldern detaillierte Berichte. Seit 1982 wurden bereits 100 entsprechende Studien herausgegeben.

2. Die Bewertung der dokumentierten technologischen Veränderungen erfolgt im Auftrag der Ministerien, aber auch außenstehender Institutionen wie der OECD.

3. Die qualitative Zukunftsforschung wurde bisher eher vernachlässigt. Nun sollen aber verstärkt qualitative Langzeitstudien durchgeführt werden, um die Entwicklung technischer Systeme und die absehbaren Industriestrategien besser abschätzen zu können".

Das CPE greift selbständig Probleme auf und sorgt für die Finanzierung entsprechender Projekte. Oder aber es vergibt Untersuchungen, Langzeitstudien und interdisziplinäre Vorhaben an große Marktforschungs-Institute wie z. B. an das Büro für Informationen und wirtschaftliche Prognosen ("BIPE - Bureau d'Informations et des Prévisions Economiques", s. unter 4.2). Bezüglich der eigenen Zukunftsforschung verwies de la Saussay auf ein seit März 1989 laufendes Projekt zur "Entwicklung der Welt bis zum Jahr 2100". Themenschwerpunkte des umfassenden Forschungsvorhabens sind: Kunststoffe, Energieressourcen, Biotechnologie und Ernährung, Ozean und Antarktis, Urbanisation, kognitive Wissenschaft, Zukunftsforschung, Komplexität und Autonomie, Unternehmensstrategien und die Ungleichgewichte in der Welt.

Darüber hinaus wurden in den letzten Jahren innerhalb des CPE Untersuchungen mit folgenden Titeln angestellt:

- Japan und die neuen Technologien
- Die neuen Unternehmensstrategien
- Technologische Tendenzen in den USA auf dem Gebiet transparenter Kunststoffe sowie Unternehmenskultur und Identität
- Biotechnologie in Europa
- Dienstleistungen in Europa

Neueste Veröffentlichungen von CPE befassen sich u. a. mit wirtschaftlichen Beziehungen zur UdSSR, europäischen Entwicklungen im Bereich der Agrarpolitik, Problemen der Entwicklungshilfe, einer gemeinsamen europäischen Währung und der (europäischen) Sozialgesetzgebung. Ende 1989 wurde eine Studie über "moderne Unternehmenskultur" und eine andere über den Stand der Forschung und Entwicklung in Japan herausgegeben. Im Januar 1990 brachte CPE eine Arbeit über die neuen wirtschaftlichen Offensiven seit dem Aufbrechen der weltweiten Blockstrukturen heraus.

Außerdem organisiert CPE Seminare und Kolloquien, z. B. in Zusammenarbeit mit dem FAST-Programm der EG (FAST = Forecasting and Assessment in Science and Technology), dem Commissariat Général du Plan, dem Centre National de la Recherche Scientifique (CNRS, s. u.) und unterhält Kontakte zu in- und ausländischen Organisationen der Zukunftsforschung (wie z. B. dem US-amerikanischen Office of Technology Assessment, Futuribles, World Futures Studies Federation, World Future Society etc.).

CPE hat auch eine wichtige Rolle bei der Organisation der Europäischen Konferenz "Europrospective" gespielt, die im April 1987 stattfand. Die Konferenz hatte zum Ziel, europäische langfristige Studien über zukünftige Entwicklungen den Unternehmen und auch den Regierungen bekannt zu machen. Im Anschluß an die Europrospective-Konferenz wurden sechs Publikationen veröffentlicht. Die letzte erschien unter dem Titel "Paradis Informationels". Es handelt sich dabei um eine grundlegende Abhandlung über den zukünftigen Dienstleistungsbereich Kommunikation. In der gleichen Weise gestaltet CPE das Kolloqium "Europrospective II" im April 1991 in Namur (Belgien) mit. Die Tagung setzt folgende Schwerpunkte für eine Auseinandersetzung mit europäischen Themen:

- Zu einer neuen Organisation für Europa
- Veränderung der Werte und der sozio-ökonomischen Strukturen
- Europa, eine Region der Welt

Seit den Veränderungen in Osteuropa haben sich nun auch die Studienschwerpunkte von CPE auf "ganz Europa" erweitert. Geblieben ist aber die besondere Berücksichtigung von Strategien für eine gesamteuropäische industrielle und technologische Kooperation. CPE ist ein typisches Beispiel für die Funktionalisierung einer strategisch verstandenen Zukunftsforschung durch die französische Administration.

Im folgenden sollen knapp die wichtigsten weiteren ministeriellen Einrichtungen auf dem Gebiet der Zukunftsforschung charakterisiert werden.

Zukunftsforschung in Ministerien

Das Zentrum für Beobachtung und Vorrausschau im Außenhandelsministerium "Centre d' Observation et de Prévision du Ministère du Commerce Extérieur" ist ein Dokumentations- und Prognosezentrum, das 1981 gegründet worden ist. Zwischen fünf und zehn Mitarbeiter erfüllen dort eine beratende Funktion für Unternehmen und Berufsvereinigungen, insbesondere aber für das Außenhandelsministerium und einige andere Ministerien. Die Arbeit umfaßt neben der Dokumentation der Außenhandelsbeziehungen Studien zu Veränderung der wirtschaftlichen Rahmenbedingungen sowie Untersuchungen über die veränderte internationale Konkurrenzsituation. Das Zentrum betreibt dabei in erster Linie mittel- und langfristige Wirtschaftsstudien, und zwar auf mikro- wie auf makroökonomischem Gebiet. Hauptthemen der letzten Jahre waren neben dem europäischen Binnenmarkt u. a. die Zukunft der um den Pazifik angesiedelten Länder und die Herausforderungen durch die amerikanischen und japanischen Märkte. Es werden außerdem regelmäßig Kolloquien und Seminare im Ausland über die Stellung Frankreichs auf den ausländischen Märkten durchgeführt. Seit Ende 1989 findet mit dem langfristigen Ziel stärkerer wirtschaftlicher Kooperation auch hier eine Orientierung auf Osteuropa statt.

Das Beobachtungszentrum der industriellen Handlungsstrategien "OSI - Observatoire des stratégies industrielles", 1989 gegründet, ist als Unterabteilung im Ministerium für Industrie angesiedelt und zählt 10 Wissenschaftler, hauptsächlich Wirtschaftsingenieure. Das OSI bewertet Handlungsstrategien und Maßnahmen der Industrie sowie Stellungnahmen über Probleme in verschiedenen Industriebereichen - u. a. in der Automobil-, Chemie- und Bauindustrie. Ziel ist dabei in erster Linie der Erhalt und die Verbesserung der französischen Industriekapazitäten. Die Projekte der Industrie sollen hinsichtlich ihrer Risiken analysiert, beobachtet und ausgewertet werden.

Beim Umweltministerium existiert eine Arbeitsgruppe für Zukunftsforschung "Groupe de Prospective", die seit 1979 mit nur 2 Personen und einem recht bescheidenen Budget von 1 Millionen Francs pro Jahr ausschließlich für den internen Bedarf des Ministeriums arbeitet. Da die Forschungsergebnisse in der Regel öffentlich nicht zugänglich sind, ist im wesentlichen nur das Arbeitsprogramm bekannt. Es beinhaltete bislang folgende Themen:

- Handelnde Personen in der Wirtschaft und Konsequenzen für die Umwelt
- Folgen und Auswirkungen neuer Technologien auf die Umwelt
- Innovationen in den Umwelttechnologien
- Langfristige Planung in Europa über einen Zeitraum von 50 Jahren
- Die Bewertung der Öffentlichkeitsarbeit für den Umweltschutz

Das im Außenministerium angesiedelte Analyse- und Prognosezentrum "CAP - Centre d'Analyse et de Prévision" beschäftigt acht Festangestellte und kann auf einen Kreis freier Mitarbeiter, der sich aus Diplomaten, Ingenieuren, Historikern und Wirtschaftswissenschaftlern zusammensetzt, zurückgreifen. CAP befaßt sich vor allem mit folgenden Themen:

Ost-West-Beziehungen, Wirtschafts- und Finanz-Fragen, Krisenherd Mittlerer Osten, Terrorismus, wirtschaftliche Entwicklung Japans, internationale Entwicklungshilfe, Abrüstung, Europäische Gemeinschaften, Industrie und Ökologie.

Der Juni 1988 markierte für die Arbeit der CAP den Beginn einer neuen Orientierung. Während bis dahin der Warschauer Pakt als ein einheitlicher Komplex aufgefaßt wurde, werden seitdem die osteuropäischen Länder und die UdSSR getrennt behandelt. Die Untersuchungsergebnisse dienen zur Entscheidungshilfe des Kabinetts. Sie sind ausschließlich für den regierungsamtlichen Gebrauch bestimmt und somit der Öffentlichkeit nicht zugänglich.

Die Abteilung für Zukunftsforschung und Wirtschaftsstudien "SPES - Service de Prospective et d'Etudes économiques" ist der Generaldirektion der Telekommunikation unterstellt. Rund 40 Mitarbeiter unterschiedlicher Fachgebiete, unterteilt in 5 Arbeitsgruppen, erfüllen folgende Aufgaben:

- Produktplanungsstrategien (Netzwerke, Kosten)
- Industrielle und internationale Zukunftsforschung zu europäischen Entwicklungen der Telekommunikation
- Zukunftsstudien über neue Dienstleistungen (z. B. Bildtelefon, Breitbandkommunikation)
- Finanz- und Wirtschaftsstudien für die allgemeine Entwicklung der Telekommunikation
- Zukunftsstudien über den "Produktionsfaktor Mensch" und seine Stellung im Betrieb

Die einzelnen Gruppen haben eine beratende Funktion für die Generaldirektion der Telekommunikation, erstellen makroökonomische Studien und identifizieren neue oder latente Probleme der generellen Entwicklung der Telekommunikation. SPES führt entweder selbst Untersuchungen durch oder vergibt Aufträge an diverse Forschungseinrichtungen. Die Ergebnisse dieser Arbeiten bleiben zwar in erster Linie für den internen Gebrauch reserviert, dreimal jährlich jedoch werden für ein Fachpublikum allgemein zugängliche Studienergebnisse in den "Lettres du SPES" veröffentlicht. 1989 war ein Schwerpunktheft den osteuropäischen Ländern gewidmet. Auch SPES vermutet offenbar in Osteuropa künftige Wachstumsmärkte für die Telekommunikationsindustrie.

Die Delegation für allgemeine Studien "DEG - Délégation aux études générales" ist eine Planungsgruppe für strategische Untersuchungen und dem Verteidigungsministerium unterstellt. Als Nachfolgeinstitution der Gruppe für Planung und strategische Studien "GROUPES - Groupe de Planification et d'Etudes Stratégiques" ist diese 1988 gegründete Einrichtung eines der wichtigsten Instrumente zur Entscheidungsfindung des Verteidigungsministeriums. Die Hauptaufgabe besteht in der Durchführung von Untersuchungen zur Bestimmung langfristiger Verteidigungsperspektiven. Des weiteren beschäftigt sich die DEG mit der Entwicklung von Verteidigungskonzepten in Frankreich, im Ausland und bei den großen militärischen Bündnissen und gibt Empfehlungen zum Zusammenwirken von konventionellen Waffensystemen und Nuklearwaffen. Seit den neuerlichen Veränderungen innerhalb des Warschauer Pakts und den Abrüstungsverhandlungen der späten 80er Jahre ist aber auch die DEG gezwungen, sich mit der veränderten Situation und vor allem der Abrüstungsproblematik zu befassen.

Die DEG verschafft sich laufend Informationen über wissenschaftliche Innovationen, die Entwicklung von Waffensystemen und deren Einsatz, über Unruheherde und destabilisierende Faktoren sowie über Veränderungen der allgemeinen politischen Lage, Waffenarsenale und Verteidigungsstrategien anderer Länder. Ihre Untersuchungen basieren auf "Zukunftsstudien", die politische Ziele, geostrategische und geopolitische Einbettungen etc. mit berücksichtigen. Abhängig vom Gegenstand der Untersuchung sind einzelne Forschungsergebnisse auch für außenstehende Organisationen erhältlich. Dies ist aber eher der Ausnahmefall. Die meisten der in der DEG erarbeiteten Themen und Einzelinformationen sind für die Öffentlichkeit nicht zugänglich.

Beim Wirtschafts- und Finanzministerium gibt es die "Direction de la Prévision". Sie definiert sich nicht als eigenständiges Institut für Zukunftsforschung, versucht jedoch eine Zuarbeiterfunktion für langfristige Studien und Planungen anderer Organisationen zu übernehmen. Die "Direction" erstellt u. a. makroökonomische Statistiken und Prognosen für einzelne wirtschaftliche Fragestellungen. Dabei handelt es sich in der Regel um auf 2 Jahre ausgelegte Kurzzeitplanungen. Meist sind es wirtschaftliche Entwicklungstrends und Budgetrechnungen für große Firmen oder staatliche Einrichtungen, die hier ausgearbeitet werden. Seit einiger Zeit geschieht dies unter verstärkter Berücksichtigung der internationalen Lage. Die Studien zielen darauf, die Beziehung zu Entscheidungsträgern in der Wirtschaft zu verbessern und eine stärkere Öffnung für Zukunftsforschung seitens der Unternehmen zu erreichen. Außerdem will man zu einer größeren Genauigkeit von Langzeitplanungen beitragen.

Beim Studien- und Forschungszentrum über Qualifikationen "CEREQ - Centre d'Etudes et de Recherches sur les Qualifications" handelt es sich um eine Forschungseinrichtung, die die berufliche Qualifikation der französischen Bevölkerung zum Ziel hat. Das Zentrum wurde als eigenständige Abteilung 1970 im Erziehungs-,

Sozial- und Arbeitsministerium gegründet und arbeitet mit einem Budget von 40 Millionen Francs. Das CEREQ beschäftigt 120 Mitarbeiter, darunter 60 Wissenschaftler. Auch wenn es sich hier nicht ausdrücklich um ein Zentrum für Zukunftsforschung handelt, so werden doch Methoden der Zukunftsforschung wie Szenariotechniken oder Delphi-Methoden für Untersuchungen eingesetzt.

Das Zentrum untersucht bildungsbezogene und berufliche Qualifikationen der Bevölkerung und die Bedingungen, unter denen sie erworben wurden. Im Mittelpunkt stehen Untersuchungen über Aus- und Weiterbildung, die Anwendung der erworbenen Fertigkeiten im Berufsleben, allgemeine Arbeits- und Beschäftigungsorganisation sowie Bedingungen der beruflichen und sozialen Mobilität, die mit der erhaltenen Ausbildung verbunden sind. Aus den gewonnenen Erkenntnissen formuliert das Zentrum Gutachten und Vorschläge hinsichtlich denkbarer Konsequenzen, die aus den genannten Untersuchungen für den Bereich der Schul- und Bildungspolitik zu ziehen sind. Die neueste Veröffentlichung behandelt beispielsweise neue Qualifikationsprofile im Versicherungs- und Bankensektor (CEREQ 1989).

Die Zukunftsforschungs-Abteilungen der Ministerien wie auch die privatwirtschaftlichen Forschungsbüros greifen bei ihren Recherchen oft auf die Arbeiten des Nationalen Instituts für Statistik und Wirtschaftsstudien "INSEE - Institut National de la statistique et des Etudes économiques" zurück. Das Institut ist dem Wirtschafts- und Finanzministerium unterstellt, bekommt aber Aufträge sowohl von anderen öffentlichen Verwaltungen als auch von privaten Firmen und Personen. Das INSEE, 1946 gegründet, ist mit einem vom Parlament bewilligten Budget von 1,2 Milliarden Francs ausgestattet. Es führt Untersuchungen durch, die von staatlichen wie privaten Forschungsbüros als Grundlage eigener weiterer Forschungen benutzt werden. INSEE zählt, verteilt auf das ganze französische Gebiet, 7000 Angestellte, wobei allein 800 bis 900 in Paris in der Generaldirektion beschäftigt sind. Es entwickelt kurz- bis mittelfristige Prognosen, neuerdings unter Verwendung der Anfang 1990 entwickelten Methode AMADEUS (Analyse Macroéconomique à deux secteurs). Dabei handelt es sich um ein ökonometrisches Modell, das auf den zwei Sektoren Industrie und Vertrieb aufbaut. Zu den kurzfristigen Prognosestudien, die vom INSEE 1988/89 durchgeführt wurden, gehörten

Arbeiten für den Zehnten Wirtschaftsplan 1989 - 1992. Außerdem wurden im INSEE empirische Untersuchungen im Rahmen der Studie "Horizont 2000" des Plankommissariats durchgeführt. Diese Studie setzt sich auf der Grundlage empirischer Untersuchungen und weitreichender Bevölkerungsbefragungen mit Fragen eines möglichen nationalen Identitätsverlustes und, damit zusammenhängend, mit Problemen wirtschaftlicher, gesellschaftlicher, ethnischer und kultureller Veränderungen Frankreichs bis zum Jahre 2000 auseinander (s. Cazes 1991).

Mittelfristige Prognosen werden u. a. im Auftrag des Plankommissariats erstellt. Arbeitsschwerpunkte von INSEE sind die Erstellung von Statistiken über die demographische Entwicklung in Frankreich, die erwerbstätige Bevölkerung und über die Zahl der Haushalte und Produktionsstätten. Die Abteilung "Division des modèles et projection de croissance" ist für langfristige Planung zuständig. Zukunftsforschung wird dort sehr instrumentell aufgefaßt. Es geht auch in dieser Abteilung in erster Linie um prognostische Studien, weniger um qualitativ-normative Zukunftsforschung. Eine Zusammenfassung der gewonnenen Daten erscheint monatlich in der Zeitschrift "Economie et Statistique". In den ersten beiden Nummern des Jahres 1989 wurde z. B. als Schwerpunkt die Rolle Frankreichs innerhalb des kommenden europäischen Binnenmarktes behandelt. Vorhergehende Ausgaben beschäftigen sich mit Arbeitslosigkeit in Frankreich im internationalen Vergleich, neuen und traditionellen Arbeitsformen (Teilzeitbeschäftigungen, flexible Arbeitszeiten), Fragen der Qualifikation und der Vergütung in den verschiedenen Branchen sowie Veränderungen von Lebensweisen. Alle diese Studien sind mit statistischen Auswertungen belegt und allgemein zugänglich.

Außer der Zeitschrift "Economie et Statistique" berichten noch andere Publikationen von der INSEE über Studien, Ergebnisse sowie Art und Weise der Informationsaufbereitung. Hier sind zu nennen:

- "INSEE Première", die die aktuellsten Daten und Schlußfolgerungen der INSEE wiedergibt,
- "INSEE Cadrage", die auf ungefähr 100 Seiten einen Überblick über Ergebnisse, Kommentare und Methoden zu INSEE-Studien bringt, und

- "INSEE Résultats", die detaillierte Daten zu Themenbereichen wie Allgemeinwirtschaft, Demographie, Gesellschaft, Konsumverhalten und Lebensweise, Produktivität, Arbeit und Einkommen aufführt.

Seit den Ereignissen in Osteuropa des Jahres 1989 verstärkt das INSEE seine Kontakte mit osteuropäischen Ländern, insbesondere den Kontakt zu Rumänien. Hier scheint das Institut über gute personelle Kontakte zu verfügen.

Zusammenfassend ist vor allem der schwindende Einfluß der "Planification" für die Entwicklung der französischen Zukunftsforschung auf staatlicher Ebene festzuhalten. Das prognostische und quantitative Element innerhalb der ministeriellen Zukunftsforschung ist dadurch jedoch gegenüber der qualitativen Zukunftsforschung nicht wesentlich geschwächt worden. Unter Anwendung neuer Methoden und eher kurzfristig ausgerichteter ökonometrischer Studien wird der quantitativen Zukunftsforschung auf staatlicher Ebene nach wie vor der Vorrang eingeräumt. Computergestützte Modelle werden inzwischen vor allem für klar umrissene und eher kurzfristig angelegte Themen verwandt. Der Planungs- und Computer-Enthusiasmus der 60er und 70er Jahre, der besonders langfristige und komplexe Modelle hervorgebracht hatte (z.B. Meadows u.a. 1972, Mesarovič und Pestel 1977), hat allerdings auch bei den staatlichen Institutionen der Zukunftsforschung in Frankreich stark nachgelassen.

Durch den "Rückzug" der staatlichen Institutionen auf kurzfristige, quantitative Analysen ist insgesamt gesehen das heutige Bild der Zukunftsforschung in Frankreich inzwischen weit mehr durch ein dichtes Netzwerk privater Institutionen geprägt. Außer den kleinen privaten Forschungsbüros hat darüber hinaus vor allem die Industrie ihr Interesse an der Zukunftsforschung entdeckt. Das heißt nicht, daß die staatlich initiierten Zukunftstudien und die organisierte Zukunftsgestaltung obsolet geworden sind; nach wie vor existiert eine recht ausgeprägte und etablierte Forschungs-Infrastruktur auf Seiten der Administration.

3. Die Zukunftsforschung auf universitärer Ebene

Insgesamt ist die universitäre Zukunftsforschung in Frankreich wesentlich geringer ausgeprägt als die staatliche Zukunftsforschung.

Auf Universitätsebene ist die Zukunftsforschung u. a. mit einem Lehrstuhl für Zukunftsforschung im Conservatoire National des Arts et Metiers (CNAM) vertreten. Das CNAM, das heute dem Erziehungsministerium untersteht, wurde bereits 1794 gegründet. Es ist das älteste wirtschafts- und sozialwissenschaftliche Institut in Frankreich. Im Jahre 1804 wurde am CNAM der auf universitärer Ebene erste französische Lehrstuhl für Wirtschaftswissenschaften und Politik geschaffen. Die in der Zeit der industriellen Revolution entstandenen Fächer wie Arbeitsrecht, Betriebsorganisation, Versicherungswesen, Management, industrielle Beziehungen wurden dort zum ersten Mal gelehrt. Außerdem war das CNAM schon damals ein Zentrum für Weiterbildung. Als eines der traditionsreichsten französischen Institute zählen zu den CNAM-Abschlußabgängern prominente Persönlichkeiten des öffentlichen Lebens wie z. B. Francois Simiand (1923), Jean Fourastie (1959) oder Jacques Lesourne (1974).

Das CNAM dient der beruflichen Weiterbildung im Bereich Wirtschaft, Technik, Verwaltung und den angewandten Geisteswissenschaften. Es versucht sein Lehrangebote mit den neuen gesellschaftlichen Anforderungen ständig weiterzuentwickeln. Technischer Wandel und neue wirtschaftliche und soziale Aspekte veranlaßten die Koordinatoren vom CNAM zur Schaffung eines Lehrstuhls für Technikgeschichte (1969), eines Lehrstuhls für Technologie und Gesellschaft (1974), eines Lehrstuhls für sozio-ökonomische Aspekte der Raumfahrttechnologie und des genannten Lehrstuhls für Zukunftsforschung. Dieser Lehrstuhl ist auf Zukunftsforschung in Wirtschaft und Industrie ausgerichtet und wird von Michel Godet bekleidet. Damit ist das CNAM das einzige Institut in Frankreich, an dem Zukunftsforschung als normales Fach studiert werden kann. Allerdings ist die enge Verbundenheit von Zukunftsforschung mit den traditionelleren Wirtschaftswissenschaften am CNAM recht deutlich.

Godet ist Professor für Wirtschaftswissenschaften und Doktor der Mathematik und Statistik. 1980 - 86 war er Geschäftsführer des FAST-Programms der EG. Er hat über wirtschaftliche Zukunftsforschung im Auftrag von großen Unternehmen und Behörden geschrieben und ist Autor zahlreicher Publikationen zu Methoden der Zukunftsforschung, internationalen Beziehungen und dem Verhältnis von Technologie und Gesellschaft (z. B. Godet 1977, 1985, 1986, 1987). Godet unterstehen innerhalb des CNAM etwa 25 Institute (departéments). Unter diesen ist das Institut technique de prévision économique et sociale (ITPES), das eine Ausbildung zum "Zukunftsforscher" mit Diplomabschluß in Abendkursen anbietet, die sich über 2 Jahre erstrecken, besonders hervorzuheben.

Daneben sei aus der Vielzahl der Institute des CNAM noch das Centre de recherche science, technologie et société (CSTS) erwähnt, das Untersuchungen zur Beziehung von Wissenschaft, Technologie und Gesellschaft durchführt und in diesem thematischen Kontext Seminare und Kongresse abhält. Im April 1989 wurde vom CSTS ein Kongreß zum Thema "Französisches Management angesichts der 'Verweltlichung und Angleichung' der Kulturen" durchgeführt.

Godet sieht Zukunftsforschung in einer engen Beziehung zu pragmatischen Handlungskontexten. Er möchte nicht nur eine Verbreitung der Zukunftsforschung in den Betrieben und Behörden in Frankreich vorantreiben, sondern sieht Zukunftsforschung auch als Teil eines globalen, systematischen und langfristigen Denkprozesses. "So nimmt die Zukunftsforschung immer mehr die Form einer kollektiven und geistigen Mobilisierung an angesichts veränderter Handlungsstrategien, die für das Gelingen der Handlung unentbehrlich sind" (Godet 1987:6). Während Godet 1977 noch die "reine Methodenlehre" vertrat (z. B. Methoden wie einfache Szenariotechniken, Trend-Extrapolationen und Cross-Impact-Analysen) und auf dieser Grundlage die Notwendigkeit von Prognostik und Vorhersage vertrat, hat er seither eine grundlegende Wandlung durchgemacht. Von der reinen Methodenlehre wandte er sich anwendungsorientierten Fragestellungen zu, die die Krisen und Veränderungen Europas zum Gegenstand haben.

Diese Wandlung vollzog sich mit und durch seine Tätigkeit als Unternehmensberater und Strategie-Experte bei Konzernen wie Elf-

Aquitaine und Renault. Von dort aus trug Godet zu einer recht einflußreichen Debatte zugunsten der Ausnutzung potentieller synergetischer Kräfte bei. Hauptsächlich geht es ihm um die Verbindung von Methoden der Zukunftsforschung und ihrer strategischen Umsetzung in der Unternehmensplanung. In dieser Debatte gelang es, so Godet (Interview), der originären französischen "planification" und "prospective"-Richtung gegenüber den amerikanischen, eher auf rein quantitative Methoden und strategische Planung abzielenden Vorgehensweisen in der Zukunftsforschung zu einer neuen Akzeptanz zu verhelfen[5].

Eine mögliche strategische Vorgehensweise in der Unternehmensführung, die die Kraft der Betriebe zu stärken vermag, sollte nach Godet aus drei Dimensionen bestehen:

- Anticipation: Zukunftsstudien (veille prospective),
- Action: strategischer Wille (volonté stratégique) und
- Incarnation: kollektive Mobilisierung (mobillisation collective).

Der Zukunftsforschung wird in diesem Modell eine wichtige Rolle in der Unternehmensplanung in der anfänglichen Phase und zur Erkundung des Terrains für mögliche Investitionen zugesprochen (Godet 1985).

Zusammenfassend ist festzuhalten, daß die universitäre Zukunftsforschung auch in Frankreich nicht sehr stark ausgeprägt ist. Die Zukunftsforschung insgesamt hat in Frankreich gegenüber der Bundesrepublik sicher Vorsprünge. Ihre Stärken liegen aber nicht auf dem universitären Bereich, sondern auf der privaten Ebene, der wir uns im folgenden zuwenden wollen.

4. Die Zukunftsforschung auf privater Ebene

Das Bild der Zukunftsforschung wird in Frankreich in den letzten Jahren vor allem durch private Initiativen der Wirtschaftsunternehmen geprägt. Dies hat mehrere Gründe: Die Budgets für langfristige Untersuchungen wurden in den 70er Jahren von Regierungsseite in vielen Fällen herabgesetzt, oft sogar gestrichen. In der Folge gab es einen starken Rückgang an langfristigen Forschungen und Projekten auf ministerieller Ebene. Während das Vertrauen in vom Staat angeregte Großprojekte erheblich gesunken ist, hat die Zukunftsforschung in den Unternehmen seit der Wirtschaftskrise der siebziger Jahre, vor allem seit der Energiepreiskrise von 1973, einen großen Aufschwung genommen.

Durch horrende Fehlprognosen der staatlichen Prognoseinstitutionen verunsichert - deren Wirkungen insbesondere durch die weitreichenden wirtschaftlichen Folgen der Ölkrise sichtbar wurden - ,richteten vor allem große Unternehmen eigene Abteilungen für wirtschaftliche Zukunftsforschung ein, z. B. Renault, Elf-Aquitaine, EDF (Elektrizitätswerke).

Häufig nehmen Mitarbeiter von Unternehmen an Seminaren zur Unternehmensstrategie und zu Methoden der Zukunftsforschung teil. In manchen dieser Kurse sollen Teilnehmer in die Lage versetzt werden, in ihren Unternehmen eine eigene Arbeitsgruppe für Zukunftsforschung aufzubauen, so daß anstehende Projekte teilweise im eigenen Haus abgewickelt werden können und nicht mehr ausschließlich von spezialisierten und meist sehr teuren Forschungsbüros durchgeführt werden müssen.

Der Hauptanstoß für Zukunftsforschungs-Projekte geht in Frankreich in den letzten Jahren von privatwirtschaftlicher Seite aus. Es existiert ein Netz von privaten Kapazitäten, deren wichtigste Einrichtung die Gesellschaft *Futuribles International* ist.

4.1 Die Gesellschaft Futuribles International

Die über die Grenzen hinaus bekannteste Institution der Zukunftsforschung in Frankreich ist die *Association Futuribles International* (im folgenden: Futuribles). Die Gesellschaft ist 1960 von Bertrand de Jouvenel gegründet worden.

De Jouvenel kam zur Zukunftsforschung über Gaston Berger, der 1957 aus einer Gruppe von Planungsexperten in der französischen

Verwaltung heraus das internationale Zukunftsforschungszentrum "Centre International de Prospective" in Paris gegründet hatte. Berger war Philosophie-Professor der Universität Aix-en-Provence und später zuständig für höhere Bildung im Erziehungsministerium. Das Centre de Prospective begann noch im selben Jahr mit der Herausgabe einer Zeitschrift mit dem Namen *Prospective*. Der hier verfolgte Ansatz unterschied sich wesentlich von dem der US-Zukunftsforschung. Nicht nur rein ökonometrische Modelle sollten entwickelt werden. Es ging den Autoren von *Prospective* auch und vor allem um im weiteren Sinne soziale, kulturelle und gesellschaftliche Aspekte zukünftiger Entwicklungen.

Die Erfahrungen aus der Zeit des Zweiten Weltkrieges und der Nachkriegszeit warfen für die Urheber dieser ZF-Richtung wichtige politische und soziale Fragen auf, deren Lösung für das Wohl der französischen Bevölkerung von großer Bedeutung war. Dazu gehörten z. B. die Frage einer demokratischen Entwicklung eines "Neuen Frankreich" nach de Gaulle, die dringend notwendige Aufbereitung der Zeit der Kollaboration während der deutschen Besatzungszeit, eine bessere soziale Absicherung und stärkere Beteiligung der französischen Arbeitnehmer am Bruttosozialprodukt und eine wirkungsvollere Bildungspolitik mit demokratischem Zuschnitt. De Jouvenel betonte dabei mehr noch als der eher planerisch engagierte Berger das soziale und politische Element. Ein Teil des sozialengagierten Antriebs de Jouvenels ergab sich sicher auch aus seiner eigenen Vergangenheit. Zur Zeit der französisch-deutschen Kollaboration des Vichy-Regimes hatte de Jouvenel eine etwas unglückliche Rolle gespielt, die er Zeit seines Lebens bereute und in späteren Jahren durch verstärktes politisches Engagement wiedergutzumachen bestrebt war[6].

Die öffentliche Reaktion und die Reaktion in der französischen Planungselite auf die Anregungen von Prospective waren stark und überwiegend positiv.

1960 starb Berger bei einem Autounfall. Die Zeitschrift *Prospective* konnte nicht mehr fortgesetzt werden. Aber die Bewegung, die er initiiert hatte, wurde von einigen Mitgliedern in der französischen Planung weitergetragen, so unter anderem von Pierre Massé, dem damaligen "Hohen Kommissar des Plans", der die oben erwähnte

Gruppe mit dem Namen "Komitee 1985" ins Leben rief. Diese Gruppe verstand ihre Arbeit auch als Fortsetzung und Weiterentwicklung der Ansätze des Centre de Prospective. In enger Zusammenarbeit mit der Planungskommission beeinflußte sie die weitere Entwicklung der Institutionalisierung der französischen Zukunftsforschung ganz entscheidend (s. Moll 1989:165 - 167).

Ungefähr zu dieser Zeit schrieb Bertrand de Jouvenel sein Buch "Die Kunst der Vorausschau" (1964). Dieses Buch ist zu einem der Klassiker der Zukunftsforschung geworden. In ihm entwickelt de Jouvenel das Konzept einer Zukunftsforschung, die in der europäischen humanistischen Tradition steht und die neben den nur in Teilaspekten quantifizierbaren ökonomischen Tendenzen ein starkes Gewicht auf kulturelle Entwicklung und die klassischen Sozialwissenschaften legt. Dabei geht es de Jouvenel nicht um die Erarbeitung möglichst exakter Daten und eindeutiger Trends, sondern um die Entwicklung politisch und kulturell möglicher Zukünfte und Alternativen. Die größere Offenheit des Ansatzes und die Absicht von de Jouvenel, nicht in die Fallen von Determinismus-Problemen zu geraten, wird auch in dem Begriff "futuribles" selbst deutlich, der für "future - possible", d. h. "mögliche Zukünfte" steht.

Schon im Jahr 1960 erreichte es de Jouvenel, finanzielle Zuwendungen von der Ford Foundation zu bekommen, mit deren Hilfe er die Foundation Futuribles ins Leben rief. Die hauptsächlichen Aufgaben der Stiftung bestanden aus der Dokumentation der bestehenden französischen und internationalen Zukunftsforschung und im Verfassen eigener Aufsätze zu dem weiteren Themenbereich der internationalen Zukunftsforschung. Unter der Leitung von de Jouvenel schrieben ca. 100 Experten aus diversen Fachgebieten in der Pariser Zeitschrift *Bulletin de Societé d'Etude et documentation économique, industrielles et sociales* (S.E.D.E.I.S). Bis 1966, als die Gelder der Ford Foundation ausliefen, wurden etwa 130 Aufsätze von de Jouvenel in dieser Zeitschrift herausgegeben.

Danach springt de Jouvenels Frau Helene ein und stiftet aus eigenen Mitteln den Grundstock für das Journal *Analyse et Prévision* und zur Gründung der Association International Futuribles. In den darauffolgenden Jahren wird de Jouvenel zu einer leitenden Figur in der internationalen Zukunftsforschung. Er versucht Futuribles zu einer internationalen Bewegung zu machen und Möglichkeiten für Zukunftsforscher zu bieten, sich zu treffen und in einem internationalen Netzwerk miteinander zu kommunizieren. Er selbst sah seine Aufgabe auch teilweise darin, Futuribles als ein integratives Element aufzubauen und sie für Mitglieder sehr unterschiedlicher Richtungen und politischer Überzeugungen innerhalb der Zukunftsforschung in Frankreich und in Europa offenzuhalten.

Futuribles ist eine unabhängige private Gesellschaft. Sie hat ungefähr 600 Mitglieder und seit ihrem Bestehen ein Netzwerk aufgebaut, dem etwa 2000 Experten aus 70 Ländern angehören. Grundsätzlich ist die Mitgliedschaft für jede(n) Interessierte(n) offen. Die Forschungsarbeit erfolgt gemäß den anstehenden Projektthemen in wechselnden Konstellationen und in interdisziplinären Arbeitsteams. Neben diesem losem Netzwerk verfügt Futuribles über zehn Mitarbeiter in ihrem Pariser Büro, welches im monatlichen Turnus die Zeitschrift Futuribles herausgibt.

Futuribles finanziert sich heute über Mitgliedsbeiträge, durch den Erlös aus eigenen Publikationen (Zeitschriften-Abonnements), Gebühren für Diskussionsrunden, Seminaren (von Futuribles veranstaltet) und Auftragsforschung. Dabei werden 30% der regelmäßigen Einkünfte über Abonnements für Publikationen und über Mitgliedsbeiträge bestritten. 70% der Einkünfte ergeben sich aus Auftragsforschungen und Beratungsverträgen. Von den Beratungsverträgen werden 60% mit internationalen Auftraggebern (z. B. der EG) und 40% mit nationalen bzw. regionalen Auftraggebern abgeschlossen. Etwa zwei Drittel der Verträge bestehen mit nationalen und internationalen öffentlichen Institutionen, während ein Drittel private Auftraggeber sind.

Der größte öffentliche Auftraggeber ist zur Zeit die EG. Es folgen in der Reihenfolge des Auftragsumfangs: das französische Forschungsministerium, der nationale Kulturfonds in Den Haag, private Unternehmen (u. a. die Autofirmen Renault und Mercedes-Benz), Versicherungen, Banken, berufsständische Vereinigungen und die regionalen Regierungen der französischen Provinzen.

Futuribles organisiert auch internationale Konferenzen und war z. B. als Koordinator an der "1st World Conference on Large Cities", der "6th International Conference on Cultural Economy" und dem "6th International Forecasting Symposium" beteiligt.

Futuribles bemüht sich um die Untersuchung der möglichen mittel- und langfristigen Zukunftsperspektiven, und zwar sowohl für politische und wirtschaftliche als auch für soziale und kulturelle Trends. Dies geschieht in der Absicht, ein besseres Verständnis der zeitgenössischen Welt und ihrer möglichen Entwicklungen zu erhalten sowie einen Beitrag zu den politischen und strategischen Herausforderungen der Zukunft zu liefern. In der Tradition von Bertrand de Jouvenel beruht die Arbeit von Futuribles auf folgendem Selbstverständnis:

- Die Zukunft ist zu keinem Zeitpunkt vorherbestimmt oder festgelegt; sie kennt immer viele Möglichkeiten, die sich im Laufe der Zeit entwickeln.
- Die Zukunft hängt von den Wahl- und Handlungsfähigkeiten der Menschen ab. Zu jeder Zeit können verschiedene Möglichkeiten durch menschliches Handeln alternativ entwickelt werden.
- Die Zukunft ist nirgendwo festgeschrieben, sie muß aber vorstrukturiert werden. Futuribles gibt denjenigen Ansätzen Priorität, die in zukunftsgestalterischer Weise Freiheit und Unabhängigkeit anstreben. In diesem Sinne besteht eine der Hauptaufgaben von Futuribles in der Erkenntnis von zukünftigen Problemfeldern - noch bevor sie virulent werden - , um Strategien zu ihrer Bewältigung zu entwikkeln (de Jouvenel Interview, Futuribles 1989).

Folgende 4 Aufgabenbereiche charakterisieren Futuribles. Sie waren auch entscheidend für die Entstehung und den Fortstand der Gesellschaft:

1. Information/Bewertung/Synthese (strategische Orientierung)
2. Durchführung von Untersuchungen und Projekten
3. Beratungs-, Ausbildungsfunktion und technische Assistenz
4. Internationaler Erfahrungs- und Gedankenaustausch

Diese vier Aufgabenfeldern für von Futuribles sollen im folgenden etwas genauer beleuchtet werden.

1. Strategische Orientierung: Es werden Forschungen angestellt oder in Auftrag gegeben, mit Hilfe derer kurz-, mittel- und langfristige wirtschaftliche, soziale und kulturelle Entwicklungen beobachtet werden. Diese Tätigkeit wird z. T. mit Hilfe der genannten internationalen Netzwerke durchgeführt. Innovationen, Ideen und zukunftsträchtige Entwicklungen werden dokumentiert und kritisch analysiert. Es wird in der Form eines Vorwarnsystems - "actualité prospective" - gearbeitet, welches sich nach Aussage von de Jouvenel (Interview) einer regen Nachfrage aus der Öffentlichkeit erfreut. Außerdem erscheint regelmäßig ein Bulletin über die aktuelle französische Zukunftsforschung. Bis 1987 gab Futuribles eine Bibliographie heraus, in der die wichtigsten Neuerscheinungen zur Zukunftsforschung weltweit in zweimonatlichem Turnus mit Kurzkommentaren versehen wurden (Bibliographie Prospective 1976 - 1987). Unter den Titeln einer der jüngeren Ausgaben (Futuribles 1990) war z. B. folgende zu finden: "Kreativität", "Argrarproduktüberschuß", "Treibhauseffekt in Asien", "Die Westeuropäer", "Ost-West: die deutsche Frage".

2. Untersuchungen und Projekte: Folgende Schwerpunkte wurden im Forschungsprogramm von Futuribles für die Jahre 1988 - 1990 festgelegt:

- Die Überalterung der Bevölkerung in den Industrieländern und die Zukunft der Sozialversicherungssysteme
- Die mögliche wirtschaftliche und soziale Entwicklung Europas in den Zeiträumen 1992 - 2000 - 2100
- Der Einfluß der Informationsgesellschaft und die "Tertiarisierung" der modernen Wirtschaft
- Die sozio-kulturelle Entwicklung und die Zukunft der Lebensweisen
- Die Gefahren für das weltpolitische Gleichgewicht, das Nord-Süd-Gefälle und die Bedrohung des Weltwirtschaftssystems
- Die staatlichen Regulierungssysteme und die Zukunft der öffentlichen Institutionen (Futuribles 1988)

Diese Programmpunkte wurden bisher in Einzelprojekten auf Initiative von Futuribles selbst oder über Aufträge von privaten Unternehmen und staatlichen Einrichtungen (Ministerien, EG) aufgegriffen. Etwa 15 Untersuchungen dieser Art werden pro Jahr von Futuribles veröffentlicht.

3. Weiterbildung, Beratung und technische Assistenz: Diese Funktion übt Futuribles hauptsächlich im Rahmen von jährlichen Seminaren und durch direktes Mitwirken in öffentlichen oder privaten Institutionen aus.

Futuribles führt Seminare zu Methoden der Zukunftsforschung vor allem mit Bezug auf Handlungsstrategien und wirtschaftliche Planung durch. Aspekte und einzelne Gebiete der Zukunftsforschungs-Methodik werden in einem ausführlichen jährlichen Seminar angeboten. Futuribles organisiert auch Kurse innerhalb von Unternehmen, von Ministerien oder anderen Institutionen. Dabei wird versucht Perspektiven, die ein bestimmtes begrenztes Thema betreffen, offenzulegen und u. U. Entscheidungshilfen zu geben. Die Gesellschaft übt also auch eine wichtige Funktion als Beratungs- und Ausbildungsorgan aus. Im Jahr 1990 sind u. a. folgende Seminarthemen behandelt worden (Futuribles 1989b):

- Ist eine Zukunftsforschung in den Ostblock-Ländern möglich?
- Die Einwanderung: eine wichtige Dimension des XXI. Jahrhunderts
- Welche ökonomische und soziale Zukunft für Deutschland?
- Die Zukunft des Mittelmeerraumes
- Strukturanalyse, die Fragen der Macht
- Geopolitische Zukunftsforschung und Energieträger im XXI. Jahrhundert

Neben der Ausbildungsfunktion erfüllt Futuribles eine Beratungsfunktion bei Unternehmen, berufsständischen Vereinigungen, Regionalverwaltungen und Ministerien. Es gibt die Möglichkeit, sich von Futuribles mittel- und langfristige Handlungsstrategien, bezogen auf den eigenen Bedarf, entwickeln zu lassen. Einige der Mitarbeiter von Futuribles waren in der Zeit von 1989 - 90 beispielsweise an einem Zukunftsforschungsprojekt auf regionaler Ebene in der Region Katalonien beteiligt (de Jouvenel, Interview).

4. Internationaler Erfahrungsaustausch: Futuribles wurde auch konstituiert als ein internationales Forum für eine möglichst vielfältige und pluralistische Auseinandersetzung um Zukunftsgestaltung. Es versucht daher auch die wichtige Aufgabe eines Diskussionsforums und Vermittlers für die Rolle von Zukunftsforschung vor allem in Frankreich zu erfüllen. Zu diesem Zweck veranstaltet Futuribles regelmäßig öffentliche Diskussionsrunden, die nicht selten auch von bekannten Persönlichkeiten des öffentlichen französischen Lebens besucht werden.

Veröffentlichungen

Eigene Arbeiten und wichtige Ergebnisse der internationalen Zukunftsforschung werden in der Zeitschrift *Futuribles* veröffentlicht. *Futuribles* erscheint seit 1960 mit kurzen Unterbrechungen als Monatszeitschrift. Publiziert werden vielfältige Analysen der großen Entwicklungstendenzen in Wirtschaft, Gesellschaft, Technologie und Kultur. Zu den thematischen Schwerpunkten gehören seit 1988: demographische Überalterung, Verstädterung, Beschäftigungsmodelle, neue Technologien, erweiterter Sozialschutz, Nord-Süd-Gefälle und die sich in starker Veränderung befindlichen Wertvorstellungen in den Industrieländern.

Daneben wird in jeder Ausgabe eine mittel- oder langfristige empirische Untersuchung zu einem bestimmten Themenschwerpunkt dargestellt, und dies zu so unterschiedlichen Themen wie: wirtschaftliche Konkurrenz, Verschuldung oder religiöser Fundamentalismus. Des weiteren hat die Zeitschrift eine Rubrik, in der regelmäßig politische Bewertungen und Fragen politischer und wirtschaftlicher Handlungsstrategien diskutiert werden. Schließlich hat *Futuribles* eine wichtige Funktion als Rezensionsorgan für Neuerscheinungen auf dem Gebiet der internationalen Zukunftsforschung.

Die erarbeiteten Untersuchungen und die Abschlußberichte zu den einzelnen Studien sind der interessierten Öffentlichkeit in der gut ausgestatteten Futuribles-eigenen Bibliothek in Paris zugänglich. Es gibt zusammenfassende Dossiers z. B. zu folgenden Themen:

- Die Zukunft des Tourismus: Analysen und Perspektiven
- Die französische Gesellschaft: ausschlaggebende Tendenzen bis zum Jahr 2000
- Die Zukunft der Telearbeit
- Die Zukunftsforschung und die Staatsgewalten in Europa

Die Studien und Berichte liegen überwiegend in französischer Sprache vor und sind zu erschwinglichen Preisen zu kaufen.

Die Rolle von Futuribles insgesamt ist vielleicht auch wegen der so vielfältigen Aktivitäten der Gesellschaft von zentraler Bedeutung für die Zukunftsforschung in Frankreich. Futuribles ist mit Abstand bis heute die wichtigste Einzelorganisation auf diesem Gebiet.

4.2 Andere private Forschungsbüros

Unter den kommerziell ausgerichteten Forschungsinstituten und für den Bereich der wirtschaftlichen Zukunftsforschung ist auf jeden Fall das Büro für Informationen und wirtschaftliche Prognosen "BIPE - Bureau d'Informations et de Prévisions Economiques" zu nennen. Es handelt sich um eines der größten europäischen Marktforschungsinstitute. Das 1958 gegründete BIPE ist eine der ersten europäischen unabhängigen Institutionen, die sich mit wirtschaftlichen Studien und Beratungen befaßt haben. Regelmäßige Mitgliedsbeiträge sichern das Budget für Wirtschaftsstudien und kurz- bis mittelfristige Prognosen. Im Januar 1990 wurde die Beteiligungsgesellschaft BIPE-Conseil SA gegründet.

BIPE beschäftigt heute 70 Wirtschaftswissenschaftler und Ingenieure, die in intensivem Kontakt zu anderen europäischen, amerikanischen und japanischen Wirtschafts- und Marktforschungsbüros stehen. Wegen der zunehmenden Internationalisierung der Wirtschaftskontakte pflegt BIPE insbesondere intensive Beziehungen zu seinen europäischen Partnern wie den Cambridge econometrics in Großbritannien, dem IFO-Institut für Wirtschaftsforschung in der Bundesrepublik Deutschland oder Prometeia in Italien. Veröffentlichungen von Studien dieser Institute werden nur mit Genehmigung der Kunden durchgeführt.

Vor einigen Monaten haben diese vier Gruppen eine Studie mit Wirtschaftsanalysen und Synthesen der wirtschaftlichen Zukunftsforschung für Europa für das Jahr 1994 veröffentlicht (BIPE u. a. 1990). Im Gegensatz zu Futuribles, das dem Anspruch nach eine multidisziplinäre Vorgehensweise vertritt, konzentriert sich das BIPE vor allem auf wirtschaftliche Aspekte internationaler Veränderungen.

Etwa 180 institutionelle Mitglieder aus Industrie, Finanzwelt und Verwaltung zahlen Mitgliedsbeiträge, die sich nach Art der unternehmerischen Tätigkeit bei Unternehmen, Banken und Ministerien unterschiedlich bemessen. Sie finanzieren regelmäßig die Studien und den Informationsdienst von BIPE und können an Studientagen teilnehmen. Jährlich erscheinen in einer Zusammenfassung die erstellten Untersuchungen, in aktualisierter Form die "Prévisions Glissantes détaillées" in 7 Bänden und mit ca. 1500 Seiten Gesamtumfang. Es handelt sich um detaillierte Informationen über globale Wirtschaftsperspektiven und einzelne Wirtschaftssektoren. Diese sind branchenbezogen nach einer bestimmten Nomenklatur (unter 250 Stichworten) und jeweils mit Bezug auf Frankreich oder ganz Europa geordnet.

Es werden aber auch größere Auftragsforschungen für private Unternehmen oder staatliche Institutionen (Ministerien etc.) durchgeführt, deren Ergebnisse z. T. auch der Öffentlichkeit vorgestellt werden. Bei Marktforschung im Ausland wird versucht, in direktem Kontakt mit den Verantwortlichen an die verfügbaren Informationen zu kommen. Die Reihe "études en souscription ou multiclients" sind Studien, die auf Subskriptionsbasis für mehrere Kunden erstellt werden. Für ein von BIPE ausgewähltes Vorhaben werden in diesen Fällen mehrere Kunden gewonnen, die sich dann die Kosten für die Durchführung des Projekts teilen. Von 1958 - 1989 wurden etwa 2000 Untersuchungen durchgeführt. Von diesen Studien sind etwa ein Viertel der Öffentlichkeit zugänglich.

Kleine Forschungsbüros

Neben den großen traditionellen und renommierten Büros der wirtschaftlichen Zukunftsforschung existieren viele kleine, meist unabhängige, private Gruppen und Institute, die Auftragsforschungen betreiben.

Die Gruppe für Ressourcen-, Zukunfts- und Raumordnungsstudien "GERPA - Groupe d'Etudes Ressources Prospective Aménagement" - 1977 gegründet - ist eine dieser unabhängigen kleineren Beratungs-, Studien- und Forschungsgesellschaften. Ihre ständigen Mitarbeiter sind ausgebildet in Unternehmensstrategie und beschäftigen sich mit Methoden für langfristige Studien. Es sind vorwiegend Wirtschafts- und Umweltwissenschaftler, Betriebswirte, Architekten und Stadtplaner. Arbeitsgruppen werden je nach Problemstellung zusammen mit außenstehenden Beratern gebildet. GERPA stützt sich dabei auf ein internationales Netzwerk von Partnern (Universitätsangehörige, Forschungsunternehmen, Experten, Mitglieder von Futuribles). Studien wurden z. B. für folgende Unternehmen erstellt: E.D.F., Pechiney, El-Aquitaine, Lafargue, A.P.E.C., Renault; und auf staatlicher Ebene: für das Forschungsministerium, Post- und Telekommunikationsministerium, das Umweltministerium, die Präfektur der Region Lothringen, das Plankommissariat, die OECD und die EG.

Für den Plan wurde 1988 z. B. eine Untersuchung mit dem Titel "Bewertung der Praktiken der Zukunftsforschung, der Planung und Handlungsstrategie in den französischen Unternehmen" (Commissariat General du Plan 1988) durchgeführt. In dieser Publikation wurde festgestellt: Langfristige Handlungsstrategien und die Rolle der herkömmlichen "Planification", die in Frankreich auf Verwaltungsebene in den 50er und 60er Jahren zu großer Popularität gelangt war, wurden seitdem zunehmend in die tägliche Arbeit der Unternehmen integriert - z. B. im Rahmen der Managerausbildung. In diesem Sinne kann man sogar von einer "Institutionalisierung langfristiger Handlungsstrategien" sprechen. Allerdings kann man nicht davon ausgehen, daß Zukunftsforschung in ihrem Gesamtanspruch und in allen ihren Aspekten (d. h. soziale, ökologische, wirtschaftliche, kulturelle Aspekte und der Bereich der globalen Gefahren) in den Unternehmen Fuß gefaßt hat. Bisher hat nur eine begrenzte Anzahl von größeren Unternehmen eigene Zukunftsforschungsabteilungen, die meisten beschränken sich auf rein wirtschaftliche Studien.

Für komplexe makroökonomische Studien erhalten in der Regel nur große private Forschungsbüros wie das BIPE den Zuschlag. GERPA hingegen beschäftigt sich auch mit Untersuchungen auf den Grenzgebieten der Umweltökonomie und dort u. a. mit umweltverträglichen

Technologien. Es scheint demnach eine gewisse Relation zwischen der Größe eines Instituts/Forschungsbüros und der Offenheit für Fragestellungen einer qualitativ orientierten Zukunftsforschung zu geben.

Auffällig ist die Zunahme der Zahl kleinerer Zukunftsforschungs-Büros bzw. Beratungsfirmen. Dies geschieht parallel zu einer zunehmenden Aufsplitterung nach Interessen- und Themenbereichen in der französischen Zukunftsforschung der letzten Jahre.

Ein weiteres Beispiel dafür ist die Gruppe *EUROCONSULT*. *"EURO-CONSULT - Economic Research and Consulting Group in High-Tech Industries"*, 1983 von Marc Giget gegründet, ist ein unabhängiges privates Unternehmen, das sich auf dem Gebiet der Luft- und Raumfahrt spezialisiert hat. Mit seinen 10 ständigen Mitarbeitern führt EUROCONSULT Untersuchungen über die wirtschaftliche und technische Situation der internationalen Raumfahrt durch. Auftraggeber sind u. a. die NASA, die EG, das japanische Außenhandelsministerium, die ESA (European Space Agency) und die OECD. Das zweite Standbein der Firma ist die Unternehmensberatung. Giget hat zusammen mit Godet vom CNAM auf diesem Bereich gearbeitet und ist Autor eines Standardwerkes zur Unternehmensstrategie (Giget 1986). Zu den Publikationen von Euroconsult gehört u. a. die jährliche Herausgabe eines "World Space Industry Surveys", der Daten für die wissenschaftliche und wirtschaftliche Entwicklung der Raumfahrttechnologie zusammenträgt und analysiert.

In den Expertengesprächen, die zur französischen Zukunftsforschung geführt worden sind, wurde von vielerlei Seite betont, daß es in Frankreich eine ausgeprägte Kooperation zwischen universitärer Zukunftsforschung, privaten Forschungsinstitutionen unterschiedlicher Größenordnung, dem staatlichem Bereich und den Unternehmen gibt. Eine der wichtigsten Tendenzen ist zur Zeit, so Godet (Interview), daß in Frankreich eine gewisse "Integration" von Zukunftsforschung, Unternehmensstrategie und Unternehmensmanagement stattfindet. Die Beziehung zu den privaten Forschungsbüros werde fürs CNAM immer wichtiger, da private Unternehmen und damit auch die privaten Zukunftsforschungsgruppen mehr und mehr der Ort für eine "strategische wirtschaftliche Zukunftsforschung" würden.

Diese Wandlung der französischen Zukunftsforschung ist andererseits aber auch vor dem Hintergrund des Fehlens einer relevanten ökologisch orientierten Zukunftsforschung zu bewerten. Der Vorrang der Ökonomie in der französischen Zukunftsforschung ist nach wie vor deutlich und wird durch die Verlagerung vom staatlichen auf den privat-wirtschaftlichen Bereich eher noch verstärkt.

5. Angewandte Methoden der Zukunftsforschung in Frankreich

In den 80er Jahren ist nicht nur in Frankreich das Bewußtsein dafür gewachsen, daß viele der spezifischen Methoden der Zukunftsforschung, wie z. B. langfristige Strukturanalysen, morphologische Analyse-Methoden, die Delphi-Methode und die Szenariotechniken ohne Beachtung der jeweiligen Umfeldbedingungen nicht zu zufriedenstellenden Ergebnissen geführt haben. Auf rein extrapolative oder rein normative Untersuchungen legt man inzwischen geringeren Wert, während man pragmatischen Vorgehensweisen, die auch den jeweiligen politischen und wirtschaftlichen Handlungskontext der betreffenden Untersuchung mit einbeziehen, den Vorrang gibt. Mit diesem neuen Selbstverständnis können "alte" Methoden mit einigen Modifikationen und in Mischformen wieder neu eingesetzt werden.

Nach Lesourne (1986) sollte Zukunftsforschung - ganz im Sinne der pragmatischen Zukunftsforschung - nur im Rahmen eines gegebenen "Referenzsystems" praktiziert werden. Mit Hilfe von verschiedenen Szenarien werden Lösungswege für mögliche zukünftige Entwicklungen diskutiert. Um weitere Handlungsstrategien für bestimmte Lösungswege vorbereiten zu können, stehen dem Zukunftsforscher grundsätzlich zwei Verfahrensweisen zur Verfügung: Strukturanalysen und Analysen von menschlichen Einflußfaktoren. Die Strukturanalyse ermöglicht eine Berücksichtigung von Elementen, die sonst ohne sie vernachlässigt bzw. unberücksichtigt bleiben würden. Dazu gehören u. a. gesellschaftliche Faktoren, politische Faktoren und Analysen wirtschaftlicher Strukturen. Analysen von menschlichen Einflußfaktoren berücksichtigen demgegenüber beispielsweise, daß zukünftige Entwicklungen ganz wesentlich durch die friedliche oder kriegerische Lösung von Konflikten, die zwischen den verschiedenen menschlichen Gruppen ihre Fortdauer haben, beeinflußt werden.

Szenariotechniken bieten geeignete Möglichkeiten, unterschiedliche Lösungswege zu erproben, zu erweitern oder zu vereinfachen. Ein verbreiteter Fehler liegt nach Lesourne (1987) allerdings auch heute noch in der Form mancher Szenarien, die zu skizzenhaft formuliert werden (kein konkretes "Referenzsystem") und nicht ausgereift genug sind (nicht genügend überprüfte Daten und Erfahrungen mit dem gestellten Problemzusammenhang). Obgleich Lesourne sich dieser oft auftretenden Unzulänglichkeiten bewußt ist, bleibt er optimistisch, daß auch heute noch wichtige methodische Fortschritte gemacht werden können (Interview).

Der Ansatz für und das Denken über Zukunftsforschung, wie sie z. B. von Futuribles praktiziert wird, - so wurde in den Expertengesprächen betont - nimmt in Frankreich in zunehmendem Maße die Form einer kollektiven Reflexion an. Ziel ist eine Mobilisierung möglichst vieler intellektueller Kräfte, um Aktionen vorzubereiten, sie mit Erfolg durchzuführen und so dazu beizutragen, die Zukunft aktiv zu gestalten.

Das große Schlüsselwort der Zukunftsforschung in Frankreich ist heute mit Bezug auf die pragmatischen Ansätze, die Gaston Berger und vor allem Bertrand de Jouvenel in den 60er und 70er Jahren entwickelt hatten, "Prospective". Dieser Begriff betont nach dem Verständnis der meisten seiner heutigen Benutzer auch und vor allem den Handlungskontext und die Handlungsdimension eines Problems und die Notwendigkeit der Integration verschiedener methodischer Vorgehensweisen (Godet 1989a).

Zu diesem neuen Verständnis von Zukunftsforschung gehört aber auch ein realitätsbezogener pragmatischerer Umgang hinsichtlich der zu wählenden Methoden. Leitend für diesen Ansatz ist dabei die Überzeugung, daß die Zukunft niemals vorhersehbar ist, sondern nur in Ansätzen vorbereitet und mitgestaltet werden kann.

Unter der Überschrift "Zukunftsforschung und Handlungsstrategie" beschreibt beispielsweise Godet (1989b, 79 - 84) Methoden und (ansatzweise) mögliche Vorgehensweisen für die französische Zukunftsforschung:

"Man sollte einfache, leicht erlernbare Methoden benutzen, um das Nachdenken zu stimulieren und die Kommunikation zu erleichtern. Es gibt kein Universalwerkzeug. Werkzeuge sind nie perfekt und außerdem ist ein Modell nicht die Realität, sondern ein Mittel um sie betrachten zu können. Das wichtigste Interesse einer Methode ist nicht nur, daß damit Ergebnisse geliefert werden, vor allem soll damit eine strukturierte Reflexion und eine ausgeklügelte Kommunikation über ein bestimmtes Thema gewährleistet werden".

An diesem Zitat wird auch Godets Bestreben deutlich, die grundsätzliche theoretische und methodische Auseinandersetzung in der französischen Zukunftsforschung auf eine pragmatische Ebene zu holen.

6. Perspektiven der französischen Zukunftsforschung

Zu den wichtigsten Tendenzen der Zukunftsforschung in Frankreich führt ein anderer zentraler Gesprächspartner für die vorliegende Untersuchung, Hugues de Jouvenel von Futuribles, folgendes aus:

"Von globalen, umfassenden Projekten hat eine Entwicklung zu eher sektoriellen, spezielleren, themenbezogenen Untersuchungen stattgefunden. Es gibt inzwischen eine Aufsplitterung der Zukunftsforschung nach Interessens- und Schwerpunktbereichen, wie z. B. die Spezialisierung auf das Gebiet der Raumfahrt, die die Gruppe EUROCONSULT für ihre Arbeit vorgenommen hat. Außerdem werden weniger Projekte auf staatlicher, d. h. ministerieller Ebene vergeben oder durchgeführt, viele staatliche Mittel für Projekte wurden reduziert oder gestrichen".

Ein Beispiel für eine Gruppe, die von der Kürzung ihrer Mittel stark betroffen war, ist das Zentrum für Systemstudien und neue Technologien "CESTA - Centre d'Études des Systèmes et des Technologies Avancées", das 1983 gegründet wurde und im Wissenschaftsministerium angesiedelt war. Dieser politisch eher linksorientierten Zukunftsforschungs-Gruppe mit einem Stab von mehr als 60 Mitarbeitern wurden gleich nach dem Regierungswechsel von Chirac 1987 alle Mittel gestrichen. Das CESTA war daraufhin gezwungen, seine Aktivitäten völlig einzustellen. Eine Nachfolgeorganisation in dem Sinne ist bis heute nicht an ihren Platz getreten.

Die Erfahrungen von CESTA weisen darüber hinaus auf die Grenzen für eine rein staatlich finanzierte Zukunftsforschung hin. Die Abhängigkeiten von dem Wohlwollen der jeweilig regierenden Parteien ist hier oftmals zu groß. Auch das hat sicher in den letzten Jahren zu einer stärkeren Gewichtung der privat organisierten und finanzierten Zukunftsforschung beigetragen.

Themen

Die wichtigsten Themen der heutigen französischen Zukunftsforschung beschreibt de Jouvenel so:

"In den 60er Jahren waren die Zukunftsforscher vor allem mit sozialen und wirtschaftlichen Untersuchungen beschäftigt, während in den 70er Jahren die Energie und Rohstoffprobleme sowie die Probleme der Industrie thematisiert wurden. In den 80er Jahren ist in Frankreich ein lebhaftes Interesse für die neuen Technologien entstanden. Folgende Themen werden im einzelnen diskutiert:
Umweltprobleme, saubere Technologien, wirtschaftliche und sozioökologische Folgenabschätzung von Technologien, Beschäftigungsprobleme, das Problem der demographischen Überalterung und ihre Auswirkungen, das internationale Währungssystem, das Rohstoffproblem und der europäische Binnenmarkt. Außerdem wurden die Probleme der französischen Regionen in letzter Zeit verstärkt thematisiert. Es gibt weniger Großprojekte mit immensen Investitionen an Zeit und Geld, wie z. B. das Projekt zum Problem der demographischen Überalterung mit einer Beteiligung von 40 Experten und einem finanziellen Aufwand von 3 Millionen frs.

Es ist vielmehr seit 1983 eine Tendenz zur Dezentralisierung der Forschungsaktivitäten zu beobachten. Immer mehr Untersuchungen werden unter der Federführung von Regionen durchgeführt. Qualitative und pragmatisch definierte Zukunftsstudien werden seit der ab 1983 angestrebten Dezentralisierung Frankreichs verstärkt von den Regionen (Elsaß, Lothringen, Katalonien, Lyon, Marseilles) und den betreffenden Großstädten durchgeführt. Die neuen Entscheidungsträger in den Regionen vertreten häufig ein recht fortschrittliches Verwaltungskonzept. Auch die anstehende Öffnung des europäischen Binnenmarktes hat eine kleine Flutwelle von langfristigen Projekten hervorgerufen".

7. Zusammenfassung und Bewertung

Schwierigkeiten mit der wirtschaftlichen Zukunftsforschung

De la Saussay (vom CPE) bremst den Optimismus seiner Mitstreiter etwas: Seiner Meinung nach (Interview) gibt es nach wie vor eine Kluft zwischen Theoretikern der Zukunftsforschung und der praktischen Anwendung in den Unternehmen. Die Unternehmen seien zum größten Teil noch immer auf kurz- bis mittelfristige Planungen (bis zu 5 Jahren) fixiert und nicht sehr offen für eine globalisierende, multidisziplinäre, langfristige und "ganzheitlich" verfahrende Zukunftsforschung. Dies sei ein Problem, mit dem insbesondere die wirtschaftliche Zukunftsforschung zu kämpfen habe und das aller Voraussicht nach nicht von heute auf morgen zu lösen sei.

Zu den Schwierigkeiten der französischen Zukunftsforschung merkt auch Godet an:

"Man muß noch einige Anstrengungen unternehmen, um den Leuten den Unterschied zur 'Futurologie' der 50er und 60er Jahre klar zu machen. Letztere setzte ein 'deterministisches' Weltbild voraus, während unsere Auffassung von Geschichte eine andere ist. Wir plädieren für eine ehrliche Auseinandersetzung, um dann entsprechend aktiv mitwirken zu können bei der Gestaltung der Zukunft.
Hinzu kommt, daß sich Langfriststudien in den Augen der Politiker im allgemeinen nicht bezahlt machen im Hinblick auf die kurze Zeitspanne bis zur nächsten Wahlentscheidung. Für die Politiker ist - etwas provokativ formuliert - die Zukunftsforschung vor allem ein Mittel, rechtzeitig auf Probleme aufmerksam gemacht zu werden, die ihnen und ihrer Karriere dienen oder schaden könnten. Die Zukunftsforschung dient in diesem Fall also zunächst einmal einem opportunistischem Zweck und nicht eigentlich der Erhellung der Zukunft.
Nach den politischen Wirren des Jahres 1958 (Putsch der Armee in Algier) und der Ernennung de Gaulles zum Präsidenten der Republik hatte beispielsweise die Rechte, die um den Erhalt ihrer Macht fürchtete, Arbeitsgruppen für Zukunftsforschung an der DATAR

eingerichtet, die sich bemerkenswerterweise aus (politisch) Linken zusammensetzten. Mit deren Hilfe wollte die Regierung eine soziale Explosion vorhersehen und, wenn möglich, vermeiden.
Zugegebenermaßen generalisierend kann man sagen, daß Zukunftsforschung sich nicht mit Konservativismus vereinbaren läßt; sich die Zukunft einer sich schnell verändernden Welt vorzustellen, steht dem Festhalten am Bestehenden in Gegenwart und Vergangenheit entgegen".

Zur Frage der Unabhängigkeit der Zukunftsforschung

Die Zukunftsforschung ist nach Auffassung von Godet und de Jouvenel (Interviews) notwendigerweise non-konformistisch. Eine zu einseitige Abhängigkeit von Aufträgen der Ministerien oder anderer staatlicher Einrichtungen beispielsweise kann für ein Zukunftsforschungs-Institut zu politischer Abhängigkeit führen. De Jouvenel kennt das Problem, das darin besteht, einen Teil seines Budgets durch Untersuchungen finanzieren lassen zu müssen, die im Auftrag der Verwaltung, der Ministerien etc. durchgeführt werden:

"Nur mit einer stabilen Auftragslage, die die Einkünfte eines Zukunftsforschungsinstituts sichern, ist es möglich, ein finanzielles Polster zu entwickeln, das dann die Finanzierung von Projekten mit eigenen Themen und Interessenschwerpunkten erlaubt. Es ist dabei sehr schwierig, zwischen Abhängigkeit einerseits und den eigenen Interessen andererseits ein gesundes Gleichgewicht zu finden".

In Frankreich ist es in den letzten Jahren für viele Forschungsbüros immer schwieriger geworden, Forschungsmittel der Verwaltung zur Verfügung gestellt zu bekommen, was auch Futuribles vor ernste finanzielle Probleme stellt. Ungefähr seit 1973, der Zeit der "Union de la Gauche" und einer erneuten, wenn auch knappen Mehrheit der Gaullisten und ihrer bürgerlichen Koalitionspartner bei der Wahl zur Nationalversammlung im gleichen Jahr, wurde eine zunehmende Links/Rechts-Polarisierung und damit Politisierung des öffentlichen Sektors in Frankreich spürbar. Seither können Forschungsvorhaben, die nicht unbedingt mit den Vorstellungen der jeweilig verantwortlichen Politiker in den Ministerien konform gehen, nur noch auf Eigeninitiative der Forschungsbüros durchgeführt werden, die sich dafür entsprechende Freiräume schaffen müssen. Projekte der angewandten und pragmatischen Zukunftsforschung mit starkem kritischen Gehalt werden daher auch bei Futuribles (wenn überhaupt) eher auf Eigeninitiative und seltener im Auftrag von privaten oder staatlichen Institutionen durchgeführt.

Die Arbeiten und Aktivitäten von Futuribles fußen insgesamt auf einer liberalen und kritischen Tradition, die bis auf die ersten Arbeiten von Bertrand de Jouvenel (z. B. de Jouvenel 1964) zurückreicht. Man ist daher bestrebt, eine möglichst von Regierungs- und Verwaltungsseite unabhängige Zukunftsforschung zu betreiben. Diesem Anspruch, der sich aus einer solchen Tradition ergibt, ist aber auch bei Futuribles in manchen Fällen nur dann gerecht zu werden, wenn es die eigene finanzielle Situation zuläßt.

Dies gilt ohne Ausnahme auch für die anderen französischen Zukunftsforschungseinrichtungen, von denen hier berichtet wurde.

Schlußbemerkung

Die französische Zukunftsforschung steht in einer langen Tradition. Sie ist sowohl auf staatlicher als auch auf privater Ebene, im Vergleich zur Bundesrepublik beispielsweise, fest verankert. Dennoch ist Vorsicht bei der Verwendung des Begriffs Zukunftsforschung geboten. Wenn Institutionen sich als Zukunftsforschungseinrichtungen bezeichnen, handelt es sich nicht selten um Beratungsfirmen, die eher kurz- bis mittelfristige wirtschaftliche Analysen erstellen. Die globale, interdisziplinäre, langfristige und auf "Ganzheitlichkeit" abzielende Forschung bleibt insgesamt eher die Ausnahme. Den Ministerien zugeordnete Abteilungen, die mit langfristigen Planungen und Studien beschäftigt sind, lassen sich vielfach mit innerministeriellen Grundsatz- bzw. Planungsreferaten, wie es sie auch in anderen europäischen Ländern gibt, vergleichen. Dort werden hauptsächlich auf das Ministerium bezogene spezifische Planungen durchgeführt, die nur selten über den Tellerrand der eigenen Zuständigkeiten hinausgehen.

In den letzten 30 Jahren hat sich die Zukunftsforschung in Frankreich erheblich verändert. Während die Diskussion der 70er Jahre von dem Gegeneinander der Tradition der extrapolativen und quantitativen Zukunftsforschung, die wesentlich ihren Niederschlag in der Planification der 50er und 60er Jahre erhalten hatte, und der normativen und qualitativen Zukunftsforschung, wie sie damals z. B. de Jouvenel vorschwebte, beeinflußt war, wird heute die französische Zukunftsforschung primär mit pragmatischen, wirtschaftlichen und politischen Handlungsstrategien verknüpft.

Die meisten Zukunftsforschungseinrichtungen sind heute eher auf dem privaten Sektor zu finden. Die Zukunftsforschung insgesamt findet aber auch in Frankreich noch nicht die von vielen erhoffte Resonanz als ein Forum für unterschiedliche wissenschaftliche Fachdisziplinen und für Politiker, Wirtschaftler und Intellektuelle verschiedener politischer Coleur zum vielseitigen Austausch über mögliche und wünschbare Zukünfte und mögliche Wege, die dorthin führen könnten.

Annie Batlle (Interview), die eine Bestandsaufnahme der Zukunftsforschungseinrichtungen in mehreren Ländern durchführte (Batlle 1986), wirft heute einen eher pessimistischen Blick auf die französische Zukunftsforschung. Sie ist der Meinung, daß sowohl die traditionelle extrapolativ als auch die normativ orientierte Zukunftsforschung heute noch von einigen "alten Idealisten" gepflegt wird, aber faktisch immer mehr in Richtung wirtschaftlicher und oft betrieblicher Handlungsstrategien instrumentalisiert wird. Das Wort Zukunftsforschung wurde nach ihrer Auffassung im Laufe der Jahre abgewertet und kann heute in vielen Fällen durch den Begriff der betrieblichen strategischen Planung ersetzt werden.

Obgleich in dieser Auffassung eine wichtige Warnung vor einem möglichen Abgleiten der Intention der Zukunftsforschung enthalten ist, kann ihr aber nicht ganz gefolgt werden. Auch im Rahmen einer pragmatisch orientierten und in politischen und wirtschaftlichen Zusammenhängen "verwertbaren" Zukunftsforschung ist vorstellbar, daß sich kritische und eigenständige zukunftsgestalterische Elemente bewahren lassen. Dies ist auch in Frankreich an einigen neueren Studien ersichtlich, und es gibt Grund zur Hoffnung, daß dies auch so bleibt.

8. Bibliographie

Batlle, A. 1986: Les travailleurs du futur. Paris: Seghers

BIPE u. a. (Hrsg.) 1990: Europe in 1994 - Economic outlook by sector, Paris: Bureau d'information et de prevision economiques (BIPE)

Commissariat du Plan (Hrsg.) 1988: Bewertung der Praktiken der Zukunftsforschung, der Planung und Handlungsstrategie in den französischen Unternehmen, Paris: Commissariat du Plan

Cazes, B. 1977: Les études à long terme et la planification, in: *Les Cahiers Français*, Nr. 181, Mai/Juni '77

Cazes, B. 1987: En France: le rôle du Plan, in: *Les Cahiers Français*, Nr. 232, Juli/September '87, S.10-11

Cazes 1991: Should the French fear the Year 2000?, in: *Futures* vol. 22, Nr. 7, September 1990, S. 674-686

DATAR 1988: Nouvelle images de la France rurale, Paris: DATAR

DATAR 1989: Les Villes Européennes, Paris: La Documentation Française

Futuribles 1989: Interview mit Hugues de Jouvenel

Giget, M. 1986: La conduite de la réflexion et de l'action stratégique dans l'enterprise

Godet, M. 1977: Crise de la prévision, essor de la prospective: Paris

Godet, M. 1985: La fin des habitudes. Avec Jean Jacques Lesourne,Paris: Seghers

Godet, M. 1986: Introduction to "la prospective": seven key ideas and one scenario method, in: *Futures*, April 1986

Godet, M. 1987: Scenarios and strategic management, London: Butterworth

Gravier, J-F. 1947: Paris et le désert français, Paris

Jansen u.a. 1986: Gewerkschaften in Frankreich - Geschichte, Organisation, Programmatik

de Jouvenel, B. 1964: Die Kunst der Vorrausschau, Neuwied, Berlin: Luchterhand

Landrieu, J. 1987: La DATAR: un motor de la prospective, in: *Les Cahiers Français*, Nr. 232, Juli/September '87, S.11-12

Lesourne, J. 1986: L'entreprise et ses futurs. Paris: Institut de l'entreprise/ Masson

Massé, P. u.a. 1964: Reflexion pour 1985, Paris: La Documentation Française

Massé, P. 1984: Aléa et progrès, Paris: Economica

Meadows u.a. 1972: Die Grenzen des Wachstums, Ein Bericht an den Club of Rome, Stuttgart: DVA

Menyesch und Uterwedde 1981: Frankreich - Wirtschaft, Gesellschaft, Politik, Bonn

Mesaroviç, M. und Pestel, E. 1977: Menschheit am Wendepunkt, 2. Bericht an den Club of Rome zur Weltlage, Reinbek bei Hamburg: Rowohlt

Moll, P. 1989: From Scarcity to Sustainability - The Changing Debate about Futures Studies and the Environment: the Role of the Club of Rome, PhD-thesis, Norwich: University of East Anglia

9. Anhang: Adressen der Interviewpartner und einiger der wichtigsten Institutionen

Annie Batlle
Ecole Nationale Supérieure des P&T
37-39 Rue Dareau, 75675 Paris Cedex 14
Tel.: (1) 42794408

Michel Godet
Professor für industrielle Zukunftsforschung im Conservatoire National des Arts et Metiers (CNAM)
2, rue Conté, 75003 Paris
Tel.: (33) 1- 40 27 25 30

Hugues de Jouvenel
(Sohn des 1987 verstorbenen Bertrand de Jouvenel)
Generalsekretär der Association Futuribles Internationales
55, rue de Varenne, 75341 Paris Cedex 07
Tel.: (33) 1- 42 22 63 10

Mme Rachel
Stellvertreterin von Marc Giget, Leiter von Euroconsult
Euroconsult (Economic Research and Consulting Group on High-Tech Industries)
71, Boulevard Richard Lenoir, 75011 Paris
Tel.: (33) 1- 43 38 06 00

Philippe de la Saussay
Verantwortlicher für die Zukunftsforschung im Centre de Prospective et d'Etudes (CPE - Zentrum für Zukunftsforschung und Technologiebewertung, beim Forschungs- und Technologieministerium)
1, rue Descartes, 75231 Paris Cedex 05
Tel.: (33) 1- 46 34 34 10

Bertrand Schneider
Generalsekretär des Club of Rome
34, avenue d'Eylau, 75116 Paris
Tel.: (33) 1- 47 04 45 25, Fax: (33) 1- 47 04 45 23

GERPA (Groupe d'Etudes Ressources Prospective Aménagement)
26, rue Montmartre, 75001 Paris
Tel.: (1) 42 33 33 52, Fax: (1) 42 33 56 45

BIPE (Bureau d'Informations et de Prévisions Economiques)
122, Avenue Charles de Gaulle, 92522 Neuilly-sur-Seine Cedex
Tel.: (1) 46 40 47 00

Anmerkungen

* An der Recherche für diesen Bericht haben außerdem mitgearbeitet: Cathrin Hervé, Beate Münchinger und Klaus Burmeister.

**Der vorliegende Länderbericht zur Zukunftsforschung in Frankreich konnte nur auf sehr wenige deutschsprachige Vorarbeiten zurückgreifen und ist deshalb als erste empirische Arbeit und Baustein für weitere Untersuchungen anzusehen. Der Bericht basiert auf eigenen Erhebungen und Experten-Interviews mit Repräsentanten der Zukunftsforschung in Frankreich (s. 9. Anhang). Die Hauptgruppe der Interviews wurden zwischen März 1989 und Februar 1990 durchgeführt. Darüber hinaus konnte dieser Bericht auf eine Reihe von Interviews zurückgreifen, die zwischen Januar und April 1987 vor Ort im Rahmen einer Dissertation über die Entwicklung der internationalen Zukunftsforschung am Beispiel des Einflusses des Club of Rome (s. Moll 1989) durchgeführt wurden. Im einzelnen wurden interviewt: Michel Godet, Phillipe de la Saussay, Mme Rachel (Stellvertreterin von Marc Giget), Annie Batlle, Hugues de Jouvenel und Bertrand Schneider. Neben den Experteninterviews wurden einschlägige Publikationen, Studien und Diskussionsforen zur Bewertung herangezogen.

1 Vgl. hierzu ASSOCIATION INTERNATIONALE FUTURIBLES, La prospective et les pouvoirs publics en Europe, Rapport au programme FAST - Volume II, Bruxelles: Dec. 1987,112; und ausführlicher zur Rolle des Plans: Cahiers Français, N° 232, Paris, Jul.-Sep. 1987,10-11
2 1986 geriet der Plan selbst zum Forschungsgegenstand. In dem "Rapport Ruault" wurde der Versuch unternommen, die Rolle der Planification

2   1986 geriet der Plan selbst zum Forschungsgegenstand. In dem "Rapport Ruault" wurde der Versuch unternommen, die Rolle der Planification innerhalb der französischen Wirtschaft zu untersuchen. Der Rapport lief auf Empfehlungen zu mehr Praxisnähe hinaus.
3   Die genannten Studien sind vom CPE in der institutseigenen Reihe veröffentlicht:
    "Les Trading Joint Ventures: un moyen de réduire les risques de coopération avec l'URSS", Okt.1989, Paris, Collection CPE/ADITECH Nr. 126
    "Jalons pour l'Europe de 93", Nov.1989, Paris, Collection CPE/ADITECH Nr. 127
    "Panorama de la R&D au Japon", 1989, Paris, Collection CPE/ADITECH Nr. 129
    "Regards sur l'homme et l'entreprise", 1990, Paris, Collection CPE/ADITECH Nr. 130
    "Techniques offensives et guerre économique", Jan. 1990, Paris, Collection CPE/ADITECH Nr. 131
    Alle diese Veröffentlichungen und eine Liste mit allen CPE Veröffentlichungen sind erhältlich bei CPE/ADITECH: 96 Boulevard Auguste Blanqui, 75013 Paris
4   Europrospective II, A New Europe - Visions and Actions, Programme of the Europrospective II Conference 10 - 12 April 1991 at Namur (B), Brussels, February 1991
5   Daß bei der Einschätzung von Godet so viel Wert auf die Funktion der Zukunftsforschung für die (großen) privaten Unternehmen gelegt wird, ist sicher kein Zufall. Godet hat neben seiner Lehrtätigkeit eine Reihe von Beraterverträgen, u. a. bei oben genannten Firmen. Darüber hinaus wird hierdurch auch am CNAM der wachsende Einfluß der privaten Wirtschaft für die weitere Entwicklung der Zukunftsforschung deutlich.
6   So Robert Jungk, der über lange Zeit mit de Jouvenel persönlich bekannt war, in einem Gespräch mit dem Autor im Januar 1987.

Länderbericht: Zukunftsforschung und Technologiebewertung in Schweden

Peter H. Moll und Henning Dunckelmann*

	Einleitung	284
1.	Das Sekretariat für Zukunftsstudien (1973 - 1988)	288
1.1	Zur historischen Entwicklung von Zukunftsstudien in Schweden	288
1.2	Das Sekretariat im Spannungsfeld unterschiedlicher Erkenntnisinteressen	295
1.2.1	Die schwedische Tradition	298
1.2.2	Die Veränderung der ursprünglichen Basis für Zukunftsstudien	299
2.	Das Institut für Zukunftsstudien (ab 1988)	303
2.1	Ein neuer Anfang für Zukunftsforschung in Schweden ..	304
2.2	Das Forschungsprogramm des Instituts für Zukunftsstudien	308
2.2.1	Die erste Projektphase des neuen Instituts (1988 - 91) ..	310
2.2.2	Weitere Projektvorhaben des Instituts für Zukunftsstudien (1991 - 1994)	316
3.	The Stockholm International Institute for Environmentally Sound Technologies Assessment (SIIESTA)	320
3.1	Technologiefolgenabschätzung und Technikgestaltung ..	324
3.1.1	Administrative Planung...	324
3.1.2	Das TA-Konzept des Sekretariats für Zukunftsstudien....	326
3.2	Die Ziele von SIIESTA	328
3.3	Weitere Informationen zu SIIESTA	328
	Bibliographie und Ausgewählte Literatur	331
	Schlußbemerkung	335

Einleitung

Es liegt nahe, das besondere Interesse für Zukunftsforschung und Zukunftsgestaltung in Schweden mit dem "Schwedischen Modell" in Zusammenhang zu bringen, d. h. mit der Integration von Arbeitsmarkt-, Wirtschafts- und Wohlfahrtspolitik, die in den dreißiger Jahren ihren Anfang nahm. In der Nachkriegszeit hat sich das Schwedische Modell konsequent auf die Ziele Vollbeschäftigung und soziale Gerechtigkeit konzentriert. Dieser Ansatz wirkt nach einer Stagnation in den siebziger Jahren bis in die Gegenwart hinein als das prägende Sozialkonzept Schwedens. Meidner und Hedborg (1985) sprechen von diesem Konzept als von einer "Politik im voraus" (ebd.:59), die nicht auf die Vorreiterrolle des "freien" Marktes vertraut und allein auf dessen Gesetzmäßigkeiten reagieren muß, sondern die nach intensiven Bemühungen um Konsens und Kooperation vorab bestimmt, was geschehen soll.

Das "Schwedische Modell" wird auf der Grundlage einer relativ zentralistischen Struktur durch die Arbeit in Parlament und Regierung, aber auch durch ein dichtes Netz von Kommissionen aus Vertretern von Parteien, Gewerkschaften und Verbänden sowie von Arbeitsgruppen, in denen vor allem Wissenschaftler und Fachleute aus den Verwaltungsressorts zusammenwirken, verwaltet. Alle diese Instanzen bedienen sich in starkem Maße staatlich geförderter Institute, die in diesem Gesamtzusammenhang schwedischer Politik auf vielfältige Weise an Zukunftsforschung und Zukunftsgestaltung für das Land beteiligt sind.

Mitte und Ende der sechziger Jahre entwickelte sich in Schweden wie in vielen anderen europäischen Ländern ein beachtliches Interesse an langfristigen Studien (Wittrock 1977:351), das noch durch einige aufsehenerregende Publikationen vor allem aus den USA, etwa von Kahn und Wiener (1967), Kahn (1972) oder Meadows (1972), verstärkt wurde.

Vor diesem Hintergrund kam es 1973 zur Gründung des bekannten "Sekretariats für Zukunftsstudien" (im folgenden SF), das uns hier als herausragendes Beispiel für die Zukunftsforschung in Schweden dient. Von Anbeginn war es ein zentrales Anliegen des Sekretariats, an der Förderung und Koordination der mannigfachen wissenschaftlichen Bemühungen um Zukunftsfragen in Schweden mitzuwirken. Ein weiteres Ziel der Schaffung des Sekretariats war eine engere Verknüpfung von politischer Planung und wissenschaftlicher Forschung an zentraler Stelle. Es war anfänglich dem Office des damaligen Premierministers Palme angegliedert, der auch an der Gründung des Sekretariats maßgeblich beteiligt war. Der Versuch einer relativ engen Anbindung an politische Entscheidungsfindungen blieb jedoch nicht ohne Rückschläge und war nicht gänzlich, wie anfänglich geplant, in die Tat umzusetzen.

Wie in anderen Ländern auch kam es zu Schwierigkeiten für die gesamte Richtung Zukunftsforschung, die sich Ende der 70er/Anfang der 80er Jahre zuspitzten und zu einer gewissen Desillusionierung der Zukunftsforscher und ihrer Auftraggeber führten. Einer der Gründe für diese Desillusionierung ist sicher in den teilweise überzogenen Erwartungen der Zukunftsforscher selbst bezüglich der Möglichkeiten von damals neuartigen computergestützten Prognosetechniken und des direkten Einflusses von Zukunftsforschung auf konkrete politische Veränderungen der 60er und 70er Jahre zu suchen (s. Moll 1989:182 - 195). Weitere Gründe lagen in der Vielzahl und Spannweite der zu lösenden praktischen und methodischen Probleme der Zukunftsforschung und in den weitgesteckten politischen Zielsetzungen von Zukunftsforschung und Zukunftsgestaltung in dieser Zeit. Diese Zielsetzungen wurden durch Reformbestrebungen der neuen sozialen Bewegungen der 60er und 70er Jahre, wie die erstarkende Umweltbewegung, die Studentenbewegung, die Frauenbewegung und die Bürgerrechtsbewegung, noch potenziert. Diese Phase der Zukunftsforschung hat ihre Entwicklung bis heute nachhaltig beeinflußt, und zwar im positiven wie im negativen Sinne. Die Tatsache, daß nicht alle Erwartungen erfüllt werden konnten, hat für viele Mitstreiter der Zukunftsforschung der 60er und 70er Jahre zu einer vorübergehenden Enttäuschung geführt, andererseits aber auch zu einer Klärung ihres Erkenntnisinteresses, ihrer Einsatzmöglichkeiten und einer heute sehr viel konkreter arbeitenden und handlungsbezogeneren/"pragmatischen" Forschungstätigkeit.

Das grundsätzliche Anliegen von Zukunftsforschung und Zukunftsgestaltung, über alternative Entwicklungspfade für alle gesellschaftlichen Bereiche zu informieren, konnte sich jedoch in Schweden stärker durchsetzen als in vielen vergleichbaren Ländern. Beispielsweise wurde das Sekretariat für Zukunftsstudien 1988 wieder etwas näher an politische Entscheidungsprozesse herangeführt und in den Status eines selbständigen "Instituts für Zukunftsstudien" (im folgenden IF) erhoben.

Dieser wechselreichen Geschichte mit ihren oft erhellenden Details für die Funktion von Zukunftsforschung nicht nur in Schweden, sondern auch für die Zukunftsforschung in der Bundesrepublik wird hier nachgegangen. Die Verflechtung von Zukunftsforschung und Politik mit herrschenden Zeitströmungen ist dabei von besonderem Interesse, da darin Grundstrukturen der Zukunftsforschung auch in anderen Ländern zu sehen sind.

Zentrales Element der Zukunftsdiskussion der letzten Jahre war auch in Schweden der Faktor Umwelt. Ein herausragendes Dokument mit großem Einfluß auf die schwedische Zukunftsforschung war der Bericht der "Weltkommission für Umwelt und Entwicklung", besser bekannt als "Brundtland-Bericht" (Hauff 1987). Das in diesem Bericht erläuterte "sustainable development"-Konzept ("nachhaltige Entwicklung") hat in vielen Ländern zu Neugründungen von Umweltinstituten beigetragen, die das wachsende Weltumweltproblem nicht mehr in getrennten Bereichen von umweltpolitischen und Wirtschaftswachstums-Konzepten untersuchen, sondern eine neuartige Verbindung zwischen diesen Bereichen anstreben. Auch die schwedische Regierung hat auf diese Herausforderung reagiert und ein neues Institut für die Bewertung von umweltfreundlichen Technologien *SIIESTA - International Institute for the Assessment of Environmentally Sound Technologies"* ins Leben gerufen. Da abzusehen ist, daß die Umweltdiskussion in nächster Zeit an Dynamik und Schärfe eher noch zunehmen wird, ist eine Betrachtung der schwedischen Schritte auf diesem Gebiet von besonderem Interesse.

Dieser wichtige Aspekt der Zukunftsdiskussion der letzten Jahre wird in einem zweiten Komplex dieser Studie untersucht und anhand der Neugründung des Instituts für die Bewertung von umweltfreundlichen Technologien beschrieben.

1. Das Sekretariat für Zukunftsstudien (1973 - 1988)

1.1 Zur historischen Entwicklung von Zukunftsstudien in Schweden

In den 60er Jahren gab es in Schweden wie in vielen anderen europäischen Ländern ein wachsendes Interesse an langfristigen Planungen und Zukunftsstudien. Dieses Interesse wurde zu einem gewissen Grad durch Aktivitäten der schwedischen Akademie für Ingenieurswissenschaften und einigen progressiv eingestellten Mitgliedern des schwedischen Parlaments im Bereich von Wissenschaft und Politik instutionell aufgenommen (Wittrock 1977:351).

Im Juni 1971 berief der damalige Premierminister Olof Palme eine Königliche Kommission zur Prüfung des Bereiches Zukunftsstudien und dessen Relevanz für die schwedische Planungsadministration. Die Kommision wurde unter den Vorsitz der bekannten Friedensforscherin und Ministerin für Inneres, Alva Myrdal, gestellt. In einjähriger Arbeit erstellte die Myrdal-Kommission ein umfassendes Gutachten zum Stand von Zukunftsforschung und Zukunftsgestaltung in Schweden und empfahl die Einrichtung einer selbständig arbeitenden Gruppe für Zukunftsstudien. Dieser Bericht mit dem Titel "To Choose a Future - a basis for discussion and deliberations on futures studies in Sweden" (Myrdal 1973) war mehr als nur ein Beitrag zur nationalen und internationalen Diskussion über Zukunftsprobleme. Das Hauptinteresse des Berichtes war, für die Fragen der Zukunftsforschung und Zukunftsgestaltung einen Rahmen für einen fruchtbaren Dialog zwischen der schwedischen Öffentlichkeit, den politischen Parteien, den wissenschaftlichen Einrichtungen und den verschiedenen Interessenverbänden zu schaffen.

Der Bericht schlug weiter vor, zur Prüfung der Notwendigkeit eines systematischeren Ansatzes und einer möglichen Institutsgründung auf diesem Gebiet ein vorläufiges "Sekretariat" innerhalb des Büros des Premierministers einzurichten. Palme unterstützte diesen Vorschlag, und das Parlament bewilligte für einen Zeitraum von eineinhalb Jahren Gelder aus dem allgemeinen Forschungsetat. Im Februar 1973 wurde das "Sekretariat für Zukunftsstudien" (SF) offiziell gegründet. Es begann seine Arbeit in den Jahren 1973/74 mit einer Reihe von fünf größeren wissenschaftlichen Symposien. Diese dienten der Kontaktaufnahme mit allen für die zukünftige Arbeit des Sekretariats wichtigen Ministerien. Außerdem wurden einige Studien durchgefüht, die die Reaktion verschiedener staatlicher Gremien auf den Myrdal-Bericht auswerteten. In der nächsten Legislaturperiode im Jahre 1974/75 wurden diese Aktivitäten ausgebaut, und das Parlament bewilligte Gelder für verschiedene Projekte der Zukunftsforschung.

Bäckstrand (1982:7) betont zu dem organisatorischen Ausgangspunkt für die Arbeit des Sekretariats für Zukunftsstudien die Bedeutung seiner relativ großen Unabhängigkeit. Für die schwedische staatliche Planung und Forschung war es gänzlich ungewöhnlich, *nicht*, wie sonst allgemein üblich, eng verbunden mit der offiziellen, formalisierten, nationalen Planung zu operieren. Diese Unabhängigkeit öffnete dem Sekretariat eine ganz andere Perspektive zur (Früh)-Erkennung nationaler und internationaler planerischer und politischer Zusammenhänge. Es sei deswegen: "...more correct to see these studies as a supplement, or as a new style, for investigations at government level."

Das spezielle Profil der Arbeiten des SF liegt nach Bäckstrand insbesondere in:

- einer unbehinderteren Suche nach Alternativen,
- dem Schaffen von Werkzeugen für eine Stärkung demokratischer Prozesse sowie
- dem Testen der möglichen Rolle und Position eines kleinen Landes in der globalen Gemeinschaft (ebd.).

Das Sekretariat hat nach Bäckstrand auf der Suche nach einer besseren Balance zwischen langfristigen und kurzfristigen Interessen der Gesellschaft zwei grundsätzliche Ziele:

- Zukunftsstudien anzuregen und zu koordinieren, die eine breitere und bessere Basis für politische Diskussionen schaffen und, z. B. durch das Ausarbeiten von Alternativen,

- das öffentliche Problembewußtsein und die mögliche öffentliche Beteiligung an Diskussionen über mögliche Zukünfte zu fördern und zu unterstützen (ebd.).

Diese Öffentlichkeitsorientierung war nach Ansicht der Sekretariatsmitarbeiter für ihre Arbeit zentral. Von Beginn an versuchte das SF darüber hinaus, seine Stellung beim Premierminister in der schwedischen Administration mit einer großen Offenheit nach außen zu verbinden. Diese Offenheit führte zusammen mit den weitreichenden Forschungsaktivitäten des Sekretariats bei den Oppositionsparteien dazu, daß dieser Institution bei einigen Parlamentariern von Anfang an mit einer gewissen Skepsis begegnet wurde.

Das Sekretariat fördert seit den frühen 70er Jahren Forschungsprojekte auf unterschiedlichen Gebieten, deren einzige gemeinsame Nenner die Langfristthematik und die gesamtgesellschaftliche Relevanz sind. In der ersten Projektphase des SF von Ende 1974 bis 1977/78 standen vier Hauptprojekte:

- Schweden in der 'Weltgesellschaft'
- Ressourcen und Grundstoffe
- Energie und Gesellschaft
- Arbeitsleben in der Zukunft

Besonders das Ressourcen- und das Energieprojekt standen in aktuellem Zusammenhang mit weltweiten Diskussionen und Auseinandersetzungen, die Mitte der 70er Jahre zu diesen Themen geführt wurden. Es gab daher ein reges Interesse an diesen Projekten in der schwedischen Öffentlichkeit. Dieses Interesse versuchte das SF mit unterschiedlichem Erfolg für sich zu nutzen. Sehr erfolgreich im Publizitätssinne war ein kurzer Aufsatz von Ingelstam und Bäckstrand (1975), der im Zusammenhang mit dem Energieprojekt entstand. Dieser Aufatz mit dem Titel "How much is enough? - Another Sweden" erschien als schwedischer Beitrag in dem Dag Hammerskjöld-Bericht "What Now - Another Development". Die Autoren des Berichtes hatten in der Hochphase der Nord-Süd- und Weltwirtschaftsdebatte der Vereinten Nationen vergeblich versucht, die Diskussion auf einen gemeinsamen Nenner bezüglich einer neuen internationalen Wirtschaftsordnung ("NIEO - New International Economic Order") zu bringen. Der Aufsatz "How much is enough - Another Sweden" beschrieb die Notwendigkeit, in der gegenwärtigen Weltwirtschaftssituation in der Ersten Welt den Verbrauch von Rohstoffen drastisch einzuschränken und auch zu unkonventionellen Maßnahmen zu greifen. Dazu gehörten u. a. auch die Vorschläge, in Schweden den Verzehr von Fleisch zu rationieren sowie den Gebrauch von Automobilen für den Individualverkehr stark zu begrenzen. Die Reaktion der Presse und der Öffentlichkeit war überwältigend: In der Mehrzahl befürchteten die sonst so gemeinnützig denkenden und in bezug auf die Dritte-Welt-Problematik nicht selten moralisch argumentierenden Schweden die Beschneidung ihrer persönlichen Freiheitsrechte (s. Lindholm 1976). Ein für das Sekretariat wichtiges Ergebnis der folgenden Diskussion war dennoch, daß von nun an die Presse regelmäßig Notiz von seiner Arbeit nahm.

1975, zwei Jahre nach seiner Gründung, wurde das Sekretariat dem Ministerium für Bildung und Forschung angegliedert. Dies geschah nach einer Anfrage der Liberalen im schwedischen Parlament zur politischen Rolle und Funktion des SF. Die Liberalen und die bürgerlichen Parteien waren von Beginn an skeptisch gewesen, was die politische Funktion des SF betraf. Die enge Anbindung an Olof Palmes Office trug nicht dazu bei, diese Skepsis abzumildern, so sehr die Mitglieder des Sekretariats auch ihre Unabhängigkeit betonten und in einigen Fällen - wie beispielsweise in der NIEO-Diskussion - auch bereits unter Beweis gestellt hatten. Die politische Lage war Anfang 1975 sehr angespannt. Schweden hatte große Schwierigkeiten im Umgang mit den Folgen des Ölpreis-Schocks und mit den im Anschluß an die Ereignisse von 1973 völlig veränderten internationalen Handelsbeziehungen. Die regierenden Sozialdemokraten waren geschwächt, während die bürgerlichen Parteien und die linke Opposition an Einfluß gewinnen konnten. In dieser angespannten innenpolitischen Lage sahen sich die Sozialdemokraten gezwungen, der Opposition Zugeständnisse zu machen. Aber auch um weiteren Angriffen auf das Sekretariat für Zukunftsstudien vorzugreifen, stimmten Palme und die Sozialdemokratische Partei Mitte 1975 der Verlegung des SF in das Forschungsministerium zu. Die direkte Anbindung an das Büro des Premierministers war damit aufgehoben (Bäckstrand, Ingelstam in Gesprächen mit dem Autor[1]).

Nachdem das Sekretariat in den ersten zwei Jahren zumindest in beratender Funktion an politischen Entscheidungsfindungen für einige der relevanten Planungsprozesse beteiligt war, wurde die jetzt eingetretene, nicht nur räumliche Entfernung vom Büro des Premierministers von vielen Beobachtern als Verlust von Einflußmöglichkeiten auf langfristige Planung in Schweden betrachtet (s. Glimmel und Laestadius 1987:643 - 645). Von manchen Beteiligten wurde vermutet, daß bei der Verlegung des Sekretariats auch das offensive Selbstverständnis und die teilweise fast als "bedrohlich" empfundene, breit angelegte Öffentlichkeitsarbeit des SF eine Rolle gespielt hatte (Bäckstrand, Huldt in Gesprächen mit dem Autor[1]).

Der Status eines "Sekretariats" wurde beibehalten. Weder die sozialdemokratische Regierung unter Palme noch die 1976 (!) für etwas mehr als eine Legislaturperiode (bis 1982) an die Regierung gekommene bürgerlich-liberale (Minderheits-)Koalition mochte bezüglich der genauen institutionellen Einbindung und der zukünftigen Aufgaben des Sekretariats eine klare Entscheidung fällen. Eigentlich, so Ingelstam, wußte keine der etablierten Parteien so recht, was sie mit den sich so unabhängig gebenden Zukunftsforschern anfangen sollte bzw. wie genau deren Rolle einzuschätzen war (Interview[1]). Dies beschreibt im wesentlichen die Situation für das Sekretariat bis Mitte der 80er Jahre. Sie änderte sich erst mit der Einrichtung der Folgeinstitution "Institut für Zukunftsstudien" im Jahre 1988 (s. u.). Bezüglich des administrativen Status des SF änderte sich vorerst nichts.

1978 begann die zweite Projektphase für das SF. Sie beinhaltete folgende Themen (s. Bäckstrand 1982:8):

- Gesellschaftliche Gesundheitsversorgung
- Schweden in einer neuen Weltwirtschaftsordnung (NIEO)
- Prognosen und politische Planung und Gestaltung der Zukunft
- Die verletzliche Gesellschaft

Diese vier Projekte wurden in den Jahren 1981/82 abgeschlossen und der Öffentlichkeit vorgestellt.

1980 wurde das Sekretariat ein zweites Mal verlagert. Die bürgerlich-liberale Koalition, die 1976 überraschend an die Regierung gekommen war, unterstellte es nun dem "Rat für Planung und Koordination der Forschung", kurz "Forschungsrat" ("Forskningsradsnämnden - FRN"). Der Forschungsrat spielt in der schwedischen Politik eine eher geringe Rolle und nimmt keine sehr zentrale Position in der Politikberatung für die schwedische Regierung ein. Diese erneute Verlagerung, so wurde es auch innerhalb des Sekretariats empfunden, entfernte das Sekretariat noch weiter von der politischen Einflußnahme (Svedin, im Gespräch mit dem Autor[1]).

Vor dem Hintergrund dieser Entwicklung der Jahre seit 1973 strebte das Sekretariat 1980 eine Präzisierung und Modifikation seiner künftigen Forschungspolitik an. Eine Liste möglicher Zukunftsperspektiven und Forschungsfelder wurde einer größeren Anzahl von Organisationen mit der Bitte um Stellungnahme unterbreitet. Auf dieser Grundlage entstand ein *Strategiepapier für die Arbeit von 1980 bis 1985*. Es zeigte zwei neue Interessenschwerpunkte:

- den lokalen und kommunalen Bereich und
- die Entwicklung gesellschaftskritischer Perspektiven auf der Basis historischer Analysen unter Einschluß der Probleme gesellschaftlichen Wertewandels

Die kommunale Ebene schien geeignete Möglichkeiten zu bieten, an traditionelle Muster der sozialdemokratischen Reformpolitik anzuknüpfen und diese eventuell durch neue Ansätze zu erweitern. Auch meinte man, das Interesse für Zukunftsvisionen und neue Denkansätze habe im lokalen Bereich bessere Bedingungen und eine möglicherweise größere Resonanz als auf der nationalen Ebene, auf der man sich bisher vorwiegend bewegt hatte. Das wachsende Interesse an historischen Entwicklungen, das von vielen Ansprechpartnern bekundet worden war, war Ausdruck einer Zeit, in der sich wichtige gesellschaftliche Umbrüche ereigneten und deren Interpretation einer eingehenden historischen und gesellschaftlichen Analyse bedurften. Die diffuse Situation in der schwedischen Politik Mitte der 70er bis Anfang der 80er Jahre, die der Hochzeit sozialdemokratischer Reformen in den 60er und 70er Jahren folgte, sollte durch gesellschaftskritische und historische Studien mit philosophischer Reichweite aufgehellt werden (Glimmel und Laestadius 1987:643).

Diese thematische Verschiebung schlug sich schon in den Projekttiteln nieder. Die Projekte, die in den Jahren 1981/82 initiiert wurden, waren wie folgt betitelt:

- Die Gesellschaft und der Nutzen der Wälder
- Die menschliche Kommunikation
- Wertewandel in der Zukunft und die Zukunft der Werte
- Lokale Verwaltung und Regierung (Bäckstrand, ebd.)

Etwa ein Jahr später, im Jahre 1982, kamen die Sozialdemokraten wieder an die Regierung. Nachdem das Sekretariat einige dieser Studien entsprechend der neuen Forschungsmaximen initiiert hatte, berief der Forschungsrat (FRN) eine Experten-Kommission, bestehend aus den drei Politologen Wittrock, de Leon und Novotny, die eine Bewertung der Arbeit des Sekretariats vornehmen sollten. Die Berufung der Kommission kam zu einem Zeitpunkt, als das schwedischen Parlament langsam gezwungen war, eine klarere Position zur Rolle und Stellung des Sekretariats zu beziehen. Die bürgerlichen Parteien, die jetzt wieder in der Opposition waren, hatten das Sekretariat immer in politischer Nähe zur Sozialdemokratie gesehen und forderten nun immer deutlicher eine Entscheidung bezüglich dessen Zukunft ein. Wie bereits innerhalb des Sekretariats erwartet (Ingelstam, Svedin, Interviews[1]), war aber eine Bewertung des relativ unorthodoxen Ansatzes und damit der Arbeit des SF, auf deren Grundlage eine Entscheidung fallen sollte, kein leichtes Unterfangen.

Glimmel und Laestadius (ebd.:644) beschreiben den Ansatz für die Untersuchung der Kommission:

"The panel of evaluators recognized the specific knowledge interest involved in futures studies, an interest that should be different from that of an academic discipline or of a planning body. To define that interest, the panel proposed an analytical framework or model of what they called societally relevant knowledge. The model was based on five different categories, each reflecting distinct approaches and skills considered appropriate for an organization like the Secretariat. These categories were:
- Inventories of existing knowledge
- Problem-oriented, long-range studies
- Policy analysis
- Service- or community-oriented studies
- Dissemination and information activities".

Mit Blick auf die drei ersten Punkte befand die Kommission, die sich in ihrer Beurteilung vornehmlich von politikwissenschaftlichen Gesichtspunkten leiten ließ, daß es dem Sekretariat an dem notwendigen Interesse bzw. einschlägiger Kompetenz fehle. Bezüglich der fünften Kategorie (dissemination and information activities) meinte sie, daß andere Stellen innerhalb des Forschungsrates eher zuständig seien. Nur für den Bereich öffentlicher Dienst und Kommunalpolitik (Service - or community-oriented studies) wurden dem Sekretariat genügend Aussichten auf Erfolg zugetraut. Die Kommission schlug vor, daß sich das Sekretariat innerhalb einer Frist von zwei Jahren diesen Vorschlägen stellen und daß es versuchen sollte, insbesondere auf dem Kommunalsektor dem Anspruch der "gesellschaftlich-relevanten Forschung" gerecht zu werden.

1.2 Das Sekretariat im Spannungsfeld unterschiedlicher Erkenntnisinteressen

Diese Beurteilung löste eine erneute Diskussion über Inhalt und Verfahren der schwedischen Zukunftsforschung aus. Die Mitglieder des Sekretariats beispielsweise waren recht erstaunt über die Schlußfolgerungen der FRN-Kommission. Auf dem Kommunalsektor hatte es bisher noch keine einzige größere Studie veröffentlicht. Und nun sollte gerade dort der alleinige Schwerpunkt entstehen. Auch wurde bemängelt, daß die Kommission keine empirischen Untersuchungen über die Arbeiten des SF angestellt hatte, sondern nur mittels vergleichender Studien und Analogien zu ihren Ergebnissen gekommen war.

Wegen dieser Kritik beschloß die schwedische Regierung, ein unabhängiges parlamentarisches Komitee zu berufen, um auf der Grundlage einer empirischen Analyse sowohl der Arbeit des Sekretariats als auch von Zukunftsstudien in Schweden allgemein eine Entscheidung über weitere Aktivitäten auf diesem Gebiet fällen zu können. Vom Frühjahr 1985 bis Herbst 1986 arbeitete das unabhängige Komitee. Es schlug am Ende eine Reorganisation von Zukunftsstudien in Schweden vor. Dies sei nur auf der Basis erweiterter finanzieller Mittel, durch die Förderung von Drittmittelforschung, durch Einrichtung eines gänzlich unabhängigen Instituts und einer starken internationalen Orientierung möglich.

Damit wich das parlamentarische Komitee deutlich von der Beurteilung der FRN-Kommission ab. Aber es wurden auch Problemfelder und Defizite identifiziert. Glimmell und Laestadius (1987) verweisen vor allem auf Defizite im wissenschaftstheoretischen und methodologischen Bereich. Dieser sei vernachlässigt worden, weil es sich in erster Linie um ein Sekretariat mit Koordinations- und Lenkungsfunktionen handele und nicht um ein selbständiges Institut, das grundlegende eigene Forschungsarbeit betreiben konnte. Überdies sei Zukunftsforschung keine traditionell-wissenschaftliche Disziplin mit festen Vorstellungen bezüglich ihrer wissenschaftlichen Grundkomponenten wie z.B.:

- ihrer paradigmatischen Grundlagen (beispielsweise Annahmen über das Universum, den Menschen, die Natur, die Gesellschaft etc.),
- der Methoden der Gewinnung und Anwendung ihrer Erkenntnisse,
- sowie bezüglich des geeigneten institutionellen und organisatorischen Rahmens für ihre Forschungsaktivitäten.

Auch das Erkenntnisinteresse ihrer Anhänger und Förderer variiere in stärkerem Maße als bei traditionellen Disziplinen mit den jeweiligen gesellschaftlichen Bedingungen und Tendenzen. Diese Tatsachen mußten nach Einschätzung der Parlaments-Kommission unweigerlich dazu beitragen, daß Zukunftsforschung auf die erwähnten Schwierigkeiten in Schweden gestoßen ist.

Für die Entwicklung von Zukunftsforschung in Schweden kann nach Glimmel und Laestadius (ebd.:642) festgehalten werden:

"The Secretariat for Futures Studies never aimed to become a knowledge interest with an epistemology of its own. It was built up as a part of an advanced, mature and partly self-reflecting reformist tradition. It recruited intellectuals with experiences from that environment, who often had one foot in policy administration and the other in a university. Being a newly established intellectual venture, with no inherited natural knowledge interests of its own, such as traditional academic disciplines, futures studies became dependent on the major intellectual trends and ruling paradigms once guiding its introduction in Sweden" (s. a. weiter unten).

Wie so viele europäische Zukunftsforschungsinitiativen in den späten 60er und Anfang der 70er Jahre steht auch die Gründung des Sekretariats in einem Spannungsfeld einer zweiseitigen Faszination. Diese richtete sich einerseits auf die (frühen) amerikanischen "futures research"- und "forecasting"-Aktivitäten, die stark von Elementen strategischer Planung und von Verteidigungsstrategien der Rüstungsindustrie und hochtechnologischen Entwicklungen, z. B. in der Weltraumfahrt (die sog. RAND-Tradition), beeinflußt waren. Andererseits gab es einen starken, oft indirekten Einfluß, insbesondere für die europäische Zukunftsforschung, durch die aufkommenden sozialen Bewegungen dieser Zeit. Hier sind vor allem die Studentenbewegung, die Friedensbewegung, die Umweltbewegung und die Frauenbewegung zu nennen (s. Moll 1989:17 - 22,152 - 170).

Das Sekretariat machte von Anfang an klar, wo es einzuordnen ist und stellte sich bereits mit seinen ersten Projekten in den Dienst sozial- und wohlfahrtsstaatlicher Anliegen und Bestrebungen. Für einige Vertreter in der politischen Administration ging dieses Engagement des Sekretariats zu weit. Es wurde nicht von allen mit Enthusiasmus aufgenommen, wenn gesagt werden konnte: "The Secretariat became the ambassador for the alternative social movements within the administration" (Glimmel und Laestadius 1987:638). Diese von Beginn an vorhandene Skepsis sowohl von Teilen der etablierten Administration als auch von den bürgerlichen Parteien trug sicher ihren Teil zu der unruhigen Entwicklung des Sekretariats bei.

Darüber hinaus arbeitete das SF an Problembereichen wie der Erneuerung der Weltwirtschaftsordnung, der globalen Ressourcenpolitik, an verantwortbaren Einstellungen zu Produktion und Konsum mit Blick auf künftige Generationen etc. All diese Bereiche erforderten neue paradigmatische Ansätze, die sich vom herkömmlichen Wissenschaftsverständnis grundlegend unterschieden. Im methodischen Vorgehen traten qualitative (Bewertungs-)Verfahren in den Vordergrund. Man begann, z. B. nach alternativen und "angepaßten" Technologien zu suchen und legte dabei auch organisatorisch besonderen Wert auf politische Querschnittsanalysen und Formen der interdisziplinären Forschung. Damit wollte man den Gefahren einer einseitigen Spezialisierung und Optimierung in Planungs- und Entscheidungsprozessen begegnen.

So entstand ein umfassendes "ganzheitliches" (holistisches) Konzept mit einer Vielzahl von Aspekten, das zusehends in lebhaften Widerspruch zu den etablierten Formen von Politik und Wissenschaft geriet und Zukunftsforschung gelegentlich zu einem "battlefield around epistemology, values and knowledge interests" (ebd.:636) machte. Die (anfängliche) Faszination an der US-amerikanischen Zukunftsforschung, die bei fast allen europäischen Instituten und Individuen Ende der 60er/Anfang der 70er Jahre zu finden war (s. z. B. Jantsch 1967, Polak 1971), ließ nach, als immer deutlicher wurde, wie sehr sich die mehr sozialwissenschaftlich und politisch orientierte Richtung, die auch vom SF favorisiert wurde, von der dominant technokratischen US-Tradition unterschied. Dies mündete in Schweden wie auch anderswo (beispielsweise in der Schweiz oder in Frankreich) in eine Übernahme vieler methodischer Ansätze der amerikanischen Zukunftsforschung, welche in der Folge aber oftmals für weiterreichende gesellschaftlich relevante Zusammenhänge eingesetzt wurden. Währenddessen widmete sich die amerikanische Zukunftsforschung in ihrer Hauptströmung (es gibt auch hier herausragende Ausnahmen![2]) weiterhin strategischer Planung und der rein wirtschaftlichen Zukunftsforschung mit ökonometrischen Modellen und wirtschaftlichen Trendanalysen und -prognosen[3].

1.2.1 Die schwedische Tradition

Andererseits sollte man die Konflikte, die für das Sekretariat durch seine offene und unorthodoxe Arbeitsweise entstanden, auch nicht überschätzen. Diese konnten auch als Elemente der Innovationsfähigkeit und Kreativität fruchtbar gemacht werden. Das vom Sekretariat entwickelte Konzept bewegt sich dennoch zu wesentlichen Teilen innerhalb der schwedischen Tradition von Politikgestaltung. Die Betonung von Wohlfahrtsstaat und Reformelementen wurde vom Sekretariat aufgegriffen und ist bis heute typisch für viele politisch-administrative und beratende Einrichtungen der Nachkriegszeit. Diese schwedische Tradition - wurzelt in einem demokratischen, pragmatischen und auf Modernisierung abzielenden Reformstreben. Hieraus resultieren bis heute anhaltende Verbesserungen im Gesundheitswesen, im Wohnungsbau und für die allgemeinen sozialen Verhältnisse.

Diese Entwicklung weist auf einen wesentlichen Faktor in der schwedischen Politik hin: die allgemein akzeptierte Notwendigkeit zur

Offenheit und Partizipation und ein ständiges Bestreben nach Konsens. Das Konsensstreben, so scheint es, macht es möglich, daß Gruppierungen, die so vielfältigen Einflüssen ausgesetzt sind wie das SF, trotzdem funktionieren. Diese Entwicklung war und ist eng verbunden mit der Kontinuität der Sozialdemokratie, die in Schweden mit nur einer kurzen Unterbrechung seit 1932 an der Regierung ist.

Darüber hinaus ging es in den 60er Jahren in Schweden wie in den USA ganz allgemein um eine Modernisierung der gesellschaftlichen und politischen Steuerung durch verbesserte Instrumente. Akute Probleme wurden systematisch bewertet und koordiniert. Man schuf neue Richtlinien und Grundsätze für die Industriepolitik, Forschungspolitik, Ressourcenplanung, Finanzplanung etc. All das geschah unter dem Einfluß systemanalytischer Ansätze, in denen sich das verstärkte Bemühen der Politiker und Politikberater um strategische Planung und Koordination widerspiegelte. Diese Entwicklungen gingen mit Bestrebungen der großen Konzerne einher, sich stärker an den Weltmärkten zu orientieren. In diesem Zusammenhang setzte man vermehrt neue Prognosetechniken ein, was wesentlich zur Verbesserung und Verbreitung dieser Techniken beigetragen hat. Darin liegt wohl auch der Grund, daß aus der Wirtschaft Signale für eine wohlwollende Haltung kamen, was die Gründung eines Instituts für Zukunftsforschung betraf. Auch dieses Moment trug seinerzeit mit zur Gründung des Sekretariats bei.

1.2.2 Die Veränderung der ursprünglichen Basis für Zukunftsstudien

Zum anderen waren es die Methoden und Prinzipien der Systemforschung, die die Zukunftsforschung damals für die alten wie für die neuen sozialen Bewegungen attraktiv machten. Immer deutlicher ging die Zukunftsforschung eine Verbindung mit dem in den 60er Jahren rapide wachsenden Umweltbewußtsein ein. Glimmel und Laestadius (1987:639) beschreiben die Wirkung dieser Konstellation auf die politische Landschaft in Schweden:

"At the same time, systems analysis thinking became a crucial part of the emerging environmentalism. Certain representatives of the sy-

stems analysis community took an interest in the other side of the coin; a new knowledge interest emerged around the possibility of using systems analysis (or systems dynamics) to increase our knowledge of ecological systems and relationships usually hidden by narrow geographical, sectoral, or short-term (e.g. profit maximizing) horizons. From now on, the systems analysis potential was desired by two competing parties. This rivalry provided the kind of turbulence that can be so important for the creation of a new, vital activity. A creative, well balanced tension grew up between the three following elements:
- the rational social reformism dominant in Swedish politics since the 1930s;
- the new social movements arising in the late 1960s; and
- the systems analysis élite capable of providing instruments beneficial for both of the above."

Der Einbruch, der diese Konstellation ins Wanken brachte, kam 1973 mit der ersten Ölpreiskrise. Ihre vielschichtigen Ursachen und Auswirkungen und das Fehlen von Prognosen, die das Ausmaß der wirtschaftlichen Umwälzungen annähernd beschrieben hätten, haben das Vertrauen in die Prognosefähigkeit der Systemtechnik erschüttert. Man hielt deren Modelle nun für zu weit aggregiert und zu sehr in mathematischen Kategorien befangen. Die Prognosefähigkeit der Zukunftsforschung wurde daraufhin allgemein stark in Zweifel gezogen. Allenthalben setzte sich die Überzeugung durch, die Zukunft sei nicht berechenbar, sondern es könne in derartigen Aktivitäten allenfalls über Alternativen und "wünschbare" zukünftige Entwicklungen nachgedacht werden. Dieser "bescheidenere" Ansatz war aber nicht das, was sich die großen Unternehmen oder die Politiker, die nach "sicheren" wirtschaftlichen Prognosen oder konkreten Entscheidungsvorgaben gesucht hatten, von der Zukunfsforschung erhofften.

In der Wirtschaft kreiste die Unternehmenspolitik von nun an um Begriffe wie Dezentralisierung, Flexibilität, Diversifikation, profit centres etc. Zukunftsforschung und damit auch das Sekretariat für Zukunftsstudien verloren weithin das Interesse der Wirtschaft, obwohl spezielle Prognosetechniken, die nur einzelne Faktoren der wirtschaftlichen Entwicklung (beispielsweise Energie) hochrechnen sollten, in Schweden weniger im Mittelpunkt gestanden hatten als anderswo. Daß die schwedische Zukunftsforschung selbst von Anfang an eine recht kritische Haltung gegenüber der Fähigkeit und dem Nutzen von eindeutigen Voraussagen ("positivistischen Prognosen") gehabt hatte, interessierte daraufhin kaum noch jemanden. Die Wirtschaft hatte offensichtlich in Schweden wie auch anderswo eine falsche Erwartungshaltung gegenüber der Zukunftsforschung, die von jenen positivistischen Vorstellungen über die Möglichkeit des Vorhandenseins von eindeutigen Entwicklungs- und Wachstumslinien ausging. Den Erwartungen, die sich mit dieser Vorstellung verbanden, konnte die Zukunftsforschung auch in Schweden nicht entsprechen.

Die neuen sozialen Bewegungen, zumal die für die Entwicklung des SF so wichtige Umweltbewegung, die Ende der 60er und Anfang der 70er Jahre sehr stark wurde, erfuhren in den darauffolgenden Jahren eine vorübergehende Abnahme an Einfluß und Breitenwirkung. Wirtschaftliche Stagnation und zunehmende Arbeitslosigkeit trugen dazu bei, daß das öffentliche Interesse wieder mehr arbeitsmarktorientiert wurde und sich "traditionelleren" Themen zuwandte. Struktur- und innovationspolitische Themen gerieten in den Mittelpunkt des Interesses. Lösungen mittels "neuer Technologien", auf nationaler Basis in den Erstweltländern etabliert, schienen für viele die besseren Antworten zu bieten als soziale Innovationen und ein mehr internationales und "holistisches" Verständnis der Weltprobleme, wie in dem vom SF bevorzugten Zweig von Zukunftsforschung propagiert.

Zwei weitere Tendenzen, nämlich Spaltungen innerhalb der sozialen Bewegungen und Integration von Teilen ihrer Ansätze in die etablierten Strukturen, reduzierten die Schubkraft vieler sozialer Bewegungen und nahmen ihnen Teile des anfänglichen Impetus. Im Falle der Umweltbewegung läßt sich sagen, daß auch dies nur eine vorübergehende Phase war. Inzwischen hat sie sich von dem "Tief" am Ende der 70er Jahre erholt und zu neuen Höhen aufgeschwungen (siehe Sandbach 1978, Lowe and Goyder 1983, McCormick 1989). Das weltweite Entsetzen über die Katastrophen in Bopahl, Tschernobyl oder Sandoz in Basel und die wachsende öffentliche Anteilnahme an globalen Umweltproblemen hat zu diesem Umschwung beigetragen. Für die Zeit von Mitte der 70er Jahre bis ca. 1980 schwächte jedoch die abnehmende Attraktivität der Umweltbewegung in Schweden auch die Schwungkraft der Zukunftsforschung.

Ein weiterer Stützpfeiler der Zukunftsforschung in Schweden, ihr wohlfahrtstaatliches Engagement, schien zwischenzeitlich auch Risse zu erhalten. Vordergründig betrachtet galt:

"Common wisdom in Europe today is that we are witnessing the withering away of the mythology of the welfare state, the end of social democracy and the end of the Swedish model" (Glimmel und Laestadius 1987:641).

Nach 44jähriger Regierungszeit verloren die Sozialdemokraten 1976 in Schweden erstmals die parlamentarische Mehrheit. Ein dramatischer Erdrutsch vollzog sich jedoch nicht. Die bürgerlich-liberale Koalition war von Beginn an eine Minderheitsregierung und hatte in der schwedischen Politik insgesamt mehr den Charakter einer Übergangsregierung. Seit 1982 ist wieder eine sozialdemokratische Regierung im Amt und bemüht sich mit wechselndem Erfolg, die traditionelle Wohlfahrtspolitik bei niedriger Arbeitslosigkeit mit einer konsequenten Finanz- und Wirtschaftspolitik zu verbinden.

"Thus, the conclusion that we are approaching the end of the welfare state is too simplistic from Sweden's point of view. We belong, as Therborn has shown, to a small minority of countries, which as a result of a strong coercive tradition, have managed to keep widespread unemployment outside our borders. At the same time we have managed to restructure large parts of the traditional industries - the steelworks, the clothing industry and the shipyards. During the last five years (since the return of a Social Democratic government), government overspending has been cured, and Sweden now has one of the lowest government deficits in Europe" (ebd.:642).

Eine neue Frage rückt gleichwohl mehr und mehr in den Vordergrund: Wie ist es mit den Spielräumen für die persönliche Freiheit bestellt - nicht nur für Privilegierte, sondern für die große Masse der Bevölkerung -, wenn der Wohlfahrtsstaat immer mehr verfeinert und perfektioniert wird? Glimmel und Laestadius (ebd.) greifen diesen Punkt auf und kommen zu dem Schluß:

"... the welfare state project seems to have lost part of its utopian energy and social base. Where that will take us no one knows, but it appears evident that it has introduced a new invisibility in political culture in Western democracies" (ebd).

Diese neue Unübersichtlichkeit der politischen Kultur (Habermas 1985) hat sicher ebenfalls zur teilweisen Diskreditierung der Zukunftsstudien in ihren alten planerisch-systemtechnischen Ansätzen und ihrer staatlich-zentralistischen Blickrichtung beigetragen. Dem schwedischen Sekretariat ist es in diesem Zusammenhang nur ansatzweise gelungen, die Unterschiedlichkeit seines eigenen Ansatzes einer ausreichend großen Öffentlichkeit deutlich zu machen. Dieser Ansatz war tatsächlich von Anfang an weniger technokratisch und baute nicht ausschließlich auf die Erfolge der Systemtechnik, sondern strebte in einem weiteren Verständnis politische Beratungstätigkeit an, die z. B. auch verschiedene soziale und kulturelle Faktoren in ihre Untersuchungen miteinbezog (z. B. SF 1976). So schwand vorübergehend der Einfluß der Zukunfsforschung in Schweden, und das Sekretariat hatte Ende der 70er/Anfang der 80er Jahre eine schwierige Phase zu überstehen (Svedin, Interview mit dem Autor[1]).

2. Das Institut für Zukunftsstudien (ab 1988)

Wie bereits unter 1.2 erwähnt, berief die schwedische Regierung im Jahre 1985 ein parlamentarisches Komitee für Zukunftsstudien, das seinen Bericht im folgenden Jahr vorlegte. Dessen Empfehlungen waren im einzelnen:

- die Zukunftsforschung zu reorganisieren,
- ihre finanziellen Grundlagen zu verbessern,
- mehr Auftragsforschung anzuregen,
- ein Institut außerhalb des jetzigen Rahmens des Sekretariats zu gründen,
- dem neuen Institut ein hohes Maß an Unabhängigkeit zu garantieren
- und es zu ermutigen, eine starke internationale Orientierung zu entwickeln.

Diese Empfehlungen wurden zur Überraschung einiger Beteiligter innerhalb des Instituts (Svedin, Interview[1]) im darauffolgenden Jahr vom schwedischen Parlament akzeptiert. Im Juni 1987 wurde ein

Vorschlag der Regierung für ein neues und unabhängiges Institut für Zukunftsstudien (IF) vom Parlament verabschiedet. Dieses Institut ersetzte das bislang auf reiner Projektbasis operierende Sekretariat und bekam einen günstigeren organisatorischen und finanziellen Rahmen. Im September 1987 erhielt das IF seine Grundfinanzierung und einen Verwaltungsrat.

In dem Antrag des Komitees wird vorgeschlagen, eine Mischform für das Institut zu finden. Es sollte formell eine Stiftung werden, wobei aber die Mitglieder des Vorstandes von der Regierung öffentlich berufen werden sollten. Dieser Vorschlag kann dahingehend gedeutet werden, daß man versuchte, das traditionelle Problem einer guten Balance zwischen politischem Einfluß auf Regierungsebene, qualitativ hochwertiger Arbeit und der notwendigen Unabhängigkeit für eine solche Einrichtung zu lösen.

Für das Institut für Zukunftsstudien wurde ein Mitarbeiterstamm von 15 - 25 festen Stellen und ein Forschungsetat über 2 Mio. US-Dollar pro Jahr vorgeschlagen. Es sollte sowohl in breit angelegten Prospektiv-Studien als auch in klar umrissenen und sehr genau zu recherchierenden Projekten aktiv werden. Das Institut sollte nach den Vorstellungen des Komitees außerdem zu einem Zentrum für die Entwicklung von Methoden der Zukunftsforschung werden. Das parlamentarische Komitee beschloß zudem, daß ein wichtiger Teil der Arbeit des IF in der Öffentlichkeitsorientierung liegen soll. Dazu könnte beispielsweise ein jährlicher Bericht des Instituts über aktuelle zukunftsorientierte Probleme an die Regierung gehören (s. a. Glimmel und Laestadius 1987:648).

2.1 Ein neuer Anfang für Zukunftsforschung in Schweden

Das vom Parlament eingesetzte Komitee meinte, gute Gründe zu haben, die Zukunftsforschung verstärkt fördern zu müssen, um die Probleme des Landes, die ja durchweg in die globalen Probleme und Entwicklungen eingebettet sind, meistern zu können. Die neue überragende Bedeutung der Zukunftsforschung wurde von Glimmel und Laestadius (1987:645-647) mit folgenden Argumenten begründet:

- die wachsende Bedeutung globaler Probleme,
- die Notwendigkeit zu interdisziplinärer Forschung (the counter balance motive),
- die Notwendigkeit, der wachsenden "Unübersichtlichkeit" gesellschaftlicher, politischer und wissenschaftlicher Prozesse entgegenzuwirken,
- es zu ermöglichen, Vorausschau und Vorüberlegungen unvorbelastet von technokratisch gefärbter Analysen zu betreiben (foresight without technocracy),
- die mögliche Bedeutung von verantwortungsbewußten "thinktanks" (the reorganization motive).

In der Begründung des parlamentarischen Komitees hieß es, die Menschheit werde sich immer neuen Problemen gegenübergestellt sehen, die dringend bewältigt werden müssen. Nichtsdestoweniger seien viele der alten Probleme aus den 60er und 70er Jahren weiterhin ungelöst:

- Die Umweltprobleme sind heute mindestens ebenso wichtig wie vor 10 oder 20 Jahren (zum Beispiel saurer Regen, Einsatz der Chemie in der Landwirtschaft, Waldsterben, Probleme der Kernenergie, Klimaveränderungen durch CO_2-Anstieg).
- Nach Jahrzehnten der Entwicklungspolitik ist insbesondere für Afrika der fast totale Mißerfolg der eingeschlagenen Politik festzustellen. Der Kontinent steht langfristig vor enormen Zukunftsproblemen (Ernährungssituation, AIDS etc.).
- Über 15 Jahre nach dem ersten "Ölschock" ist noch keine Lösung für das Problem der Massenarbeitslosigkeit in alten Industrieregionen in Sicht.
- Es gibt tiefreichende strukturelle Veränderungen auch im Hinblick auf soziale und kulturelle Werte, Formen der Lebensführung, Arbeit, Freizeit und Gesellschaftsstruktur in den Industrieländern, hauptsächlich verursacht durch Fortschritte in Wissenschaft und Technik - vor allem im Bereich der Informationstechnologien, der Mikroelektronik und anderer Schlüsseltechnologien. Trotz der internationalen Relevanz dieser Probleme hat sich das allgemeine

Interesse zeitweilig von globalen, langfristigen Problemen zugunsten näherliegender Fragen der Volkswirtschaft und der Industriepolitik abgewandt. Das sollte Grund genug sein, einen neuen Standpunkt einzunehmen, von dem aus die Probleme globalvernetzt und langfristig-perspektivisch angegangen werden.

"... a small, rich country like Sweden must maintain a capacity for a globally responsive and critical long-term analysis. Whether it ought to do so by its own moral standards, or whether it cannot afford not to do so because of its unfavourable peripheral location, is an open question" (ebd.:646).

Von Anbeginn waren Zukunftsstudien in Schweden also interdisziplinär bzw. ressortübergreifend angelegt. Fortwährende Spezialisierung und Arbeitsteilungen in den Bereichen Produktion und Wissenschaft innerhalb der Industrieländer erforderten nach Ansicht des parlamentarischen Komitees als Gegengewicht Bemühungen um ganzheitliche Konzepte. Die akuten Probleme der Menschheit lassen sich nicht allein disziplinär oder ressortspezifisch identifizieren bzw. lösen. Diese sind nur in einer echten Balance und ständigen Auseinandersetzung zwischen Momenten der Spezialisierung und synthetischen, zusammenführenden Betrachtungen und Bestrebungen erfolgreich anzugehen. Die Zukunftsforschung sei ein geeignetes Instrument, um insbesondere das synthetische Moment zu stärken.

Die Unübersichtlichkeit auf politischer Ebene läßt sich nach Ansicht des parlamentarischen Komitees zumindest teilweise darauf zurückführen, daß sich das schwedische Modell in einer Übergangsphase befindet. Diese Phase werde aber aller Voraussicht nach nicht mit der Übernahme von damals sehr im Auftrieb befindlichen neo-liberalen Strategien enden. In Schweden dominiere eine andere Tradition und damit weiterhin eine relativ große Aufgeschlossenheit gegenüber neuartigen sozialverträglichen Lösungen. Nach solchen Lösungen zu suchen, sei Aufgabe des neuen Instituts für Zukunftsstudien.

Darüber hinaus wächst in ganz Europa die Diskussion über tiefgehende kulturelle Veränderungen, die sich in den Industrieländern vollziehen könnten und die nicht nur mit den Krisenerscheinungen sozialdemokratischer Wohlfahrtspolitik und zunehmender Arbeitslosigkeit zusammenhängen, sondern vorrangig auf der alten Wachstums- und Fortschrittsphilosophie sowie der wachsenden Bedeutung internationaler wirtschaftlicher Verflechtungen und Wettbewerbsmuster und neuer Kommunikationstechniken beruhen. Zudem sind die heutigen jungen Europäer die erste Generation, die mit Massenkonsum und Massenarbeitslosigkeit zugleich aufwächst. Die heutigen Wertvorstellungen, die in früh- oder sogar vorindustriellen Gesellschaftsgenerationen wurzeln, scheinen ihre Gültigkeit zu verlieren. Die hieraus resultierenden Konsequenzen könnten die Grundlage für Studien über die langfristigen Zukunftsperspektiven von radikalen Reformkonzepten bzw. Wohlfahrtsprojekten bilden.

Auf internationaler Ebene ist derzeit eine Wiederbelebung der Zukunftsforschung - wenngleich teilweise unter anderen Bezeichnungen - festzustellen. Dieses neue Interesse, welches sich oft in mehr qualitativ als quantitativ angelegten Studien manifestiert, bezieht sich weniger auf "Vorhersagen" oder unflexible, oft viel zu linear angelegte Prognosen als auf Fragen der Vorsorge. Es entspricht damit viel eher den methodischen Ansätzen, die das Sekretariat für Zukunftsstudien schon in den 70er Jahren entwickelt hat. Dieses Interesse richtete sich nun beispielsweise auf Probleme der Technologiepolitik, d. h. auf Folgenforschung, Bewertung und Gestaltung im Bereich von Wissenschaft und Technik einschließlich der Wechselwirkungen mit sozialem Wandel und anderen relevanten Umweltfaktoren. Dieser Trend war mit dem vielerorts verkündeten Ziel verbunden, die gegenwärtige Krise zu meistern und den Weg für den Übergang in eine neue Zukunft zu ebnen, von dem man Anfang der 80er Jahre vielerorts meinte, ihn mit Hilfe neuer Technologien (High-Tech-Orientierung) zurücklegen zu können.

Damit empfahl es sich nach Einschätzung des Komitees, die schwedische Zukunftsforschung nicht allein auf lokale und regionale Studien zu konzentrieren, die man zeitweilig für vorrangig gehalten hatte (und wie von der Forschungsrat-Kommission vorgeschlagen), sondern an ihre erprobten Themenbereiche und Vorgehensweisen anzuknüpfen und sich der langfristigen internationalen Entwicklungsperspektiven von Wissenschaft und Technik im weiteren Sinne anzunehmen.

Mehrere institutionell-organisatorische Wege wären nach Einschätzung des Komitees für die Etablierung einer so ausgerichteten Zukunftsforschung denkbar. Nach Abwägung verschiedener Konzepte entschied man sich für die Form einer unabhängigen Institution, die Ähnlichkeit mit den amerikanischen Vorbildern der "think tanks" haben sollte. Solch eine unabhängige "Denkfabrik" (think tank) in Reichweite von administrativen und wirtschaftlichen Interessen und Planungsstellen, die sich mit der Zukunft technischer Entwicklungen befaßt, wäre am ehesten in der Lage, zu einem Ausgleich von sozialen, ökologischen und ökonomischen Interessen beizutragen.

Über die Legitimationsgrundlage für Einrichtungen wie das Sekretariat für Zukunftsstudien existiert eine weitgefächerte internationale Literatur. Ein Hauptproblem liegt bis heute in der Tatsache, daß solche Stellen weder vollständig die Form eines Beratungsinstituts oder einer Planungsinstanz noch einer wissenschaftlichen Einrichtung annehmen. Daher geraten sie oftmals leichter zwischen die Fronten konventioneller Institutionen und Administrationsverfahren als Institute herkömmlicher Art.

Der Vorschlag, ein selbständiges Institut zu gründen - was für die recht hierarchische, sozialdemokratisch dominierte schwedische Politik- und Forschungslandschaft eher ungewöhnlich ist -, trägt der Erkenntnis Rechnung, daß intellektuelle Eigenständigkeit, Innovationsfähigkeit und Flexibilität institutionelle Autonomie und Stärke voraussetzen. Aus diesem Grunde betont der Vorschlag des Komitees auch die Notwendigkeit, auf breiter Grundlage methodische Kompetenz in dem neuen Institut zu etablieren.

2.2. Zum Forschungsprogramm des neuen Instituts für Zukunftsstudien

Am 1. Januar 1988 trat das neue Institut offiziell an die Stelle des Sekretariats für Zukunftsstudien. Nach anfänglicher Übernahme der Geschäftsführung durch Staffan Laestadius wurde zum 1. August 1988 Åke Andersson zum Direktor gewählt. Andersson hat die Intentionen und das bisherige Forschungsprogramm des Instituts in einem Aufsatz dargestellt, an den wir in diesem Abschnitt anknüpfen

(Andersson 1988). Das Institut für Zukunftsstudien befaßt sich seit seiner ersten Projektphase (1988 - 1990/91) mit der Anregung und Durchführung von zukunftsbezogenen Projekten, Seminaren und Symposien. Ein wichtiges zusätzliches Element des Neuanfanges des Instituts sollte nach den Vorstellungen Anderssons die Weiterentwicklung geeigneter Zukunftsforschungsmethoden sein (ebd.). Die Aktivitäten des Instituts haben darüber hinaus von nun an erklärtermaßen (wie im Bericht des parlamentarischen Komitees vorgesehen) das Ziel, öffentliche Diskussionen über langfristige soziale Probleme und Zukunftsfragen anzuregen und auch auf diesem Wege zu deren Lösung beizutragen.

Die Zukunftsstudien des Instituts sollen sich hinsichtlich der Zeitperspektive von anderen Prognosen und Extrapolationen unterscheiden, die sich, so Andersson, besonders in der wirtschaftlichen Zukunftsforschung meistens in Zeithorizonten von 5, höchstens aber 15 Jahren bewegen. Die Arbeiten des IF sollen mit weiter in die Zukunft hineinreichenden Untersuchungen als eine komplementäre Ergänzung zu diesen herkömmlichen "Langfriststudien" fungieren und über die konventionellere Betrachtungsweise mit dem Blick auf das nächste Jahrzehnt hinausführen. In einer längerfristigen Perspektive sind es z. B. für den Bereich der neuen Technologien nicht nur der Ausbau des vorhandenen Technologiepotentials, sondern im weiteren Sinne neue technologische Entwicklungen mit all ihren gesellschaftlichen, politischen und ökologischen Folgewirkungen, die es für das Institut für Zukunftsstudien zu untersuchen und zu bewerten gilt. Dies wiederum erfordert eine Internationalisierung der Forschungsaktivitäten des Instituts und eine weitreichende Zusammenarbeit mit internationalen Institutionen der Zukunftsforschung. Zwei internationale Symposien und drei Seminarreihen sind zu diesem Zweck im Herbst 1988 durchgeführt worden.

Wenn sich das Institut in einer Zukunftsstudie engagiert, sollten nach Andersson (ebd.:3) bestimmte Voraussetzungen erfüllt sein, und zwar:

"- Relevanz für strategische Erörterungen und Entscheidungen,
 - gesellschaftliche Bedeutung der Konsequenzen aus den Untersuchungsergebnissen für mögliche Entscheidungen,

- Komplexität der Zusammenhänge und Vielfältigkeit der Konsequenzen, die eine herkömmliche Abschätzung der Wahrscheinlichkeiten und Risiken verhindern,
- eine echte Ungewißheit - wenigstens zunächst - über die Beziehungen zwischen den Entscheidungen im Rahmen der Untersuchungen einerseits und den weiteren Konsequenzen innerhalb und außerhalb des Untersuchungsbereichs andererseits".

Methodisch wird in vielen Projekten ein Szenario-Ansatz bevorzugt, basierend auf einer gründlichen Analyse der Gegenwart, der verschiedene Entwicklungspfade für den gewählten Zeitraum alternativ vorstellt und diskutiert. Die unterschiedlichen Entwicklungspfade werden analysiert, um so die Grundlage für eine Bewertung alternativer, mehr oder weniger "wünschbarer" Zukünfte zu schaffen. Von bisherigen Zukunftsstudien des SF sollen sich die Arbeiten des (neuen) Instituts für Zukunftsstudien dadurch unterscheiden, daß sie einen deutlicheren Bezug zur Zeitdimension haben und sowohl Beschreibungen der Gegenwart als auch der Vergangenheit miteinbeziehen, wie es z. B. im Projekt *Zukünftige Kulturgeschichte* (s. u.) der Fall ist, in dem zuerst ein Blick in die Vergangenheit geworfen wird und erst daraufhin mögliche zukünftige kulturelle Entwicklungen diskutiert werden.

2.2.1 Die erste Projektphase des neuen Instituts (1988 - 1990/91)

Das Institut für Zukunftsstudien hat in seiner ersten Arbeitsphase eine Reihe von Projekten des Sekretariats für Zukunftsstudien übernommen, so daß 1988, zur Zeit der Institutsgründung, lediglich ein großes neues Projekt hinzugenommen wurde. Es steht unter dem Thema "Biogesellschaft" (Bio-Society). In dem Projekt geht es um mögliche soziale Auswirkungen der umstrittenen, aber in den 80er Jahren dennoch stark geförderten und weiterentwickelten Bio- und Gentechniken.

Die partielle Bindung der Ressourcen und Kapazitäten durch weiterlaufende, vom früheren Sekretariat übernommene Projekte und durch das "Biogesellschaft-Projekt" bedeutete anfänglich, daß für andere, neue Fragestellungen die Projektarbeit etwas langsamer anlaufen mußte. Geplant und inzwischen zu weiten Teilen realisiert war allerdings, über die Entwicklung von Pilotstudien langfristige Kooperationen mit anderen (öffentlichen und privaten) Instituten und eine zusätzliche Drittmittelfinanzierung aufzubauen. Die Pilotstudien hatten in dieser Phase zwei Ziele. Durch sie wurden Kooperationen für einzelne Projekte vorbereitet und zusätzlich geeignete methodische Ansätze weiterentwickelt.

Grundsätzlich wird in zwei große Arbeits- und Projektbereiche unterschieden:

(1.) Der Bereich der sogenannten "ewigen" Fragen der Zukunftsforschung. Dazu gehören die Arbeitsgebiete:

- Allgemeine Methode und Theorie der Zukunftsforschung
- Prognosen und langfristige Analysen
- Risiko- und Konfliktforschung
- Wertesysteme und Wertewandel und
- Fragen nach möglichen Grenzen von Kreativität und Kunst (z. B. im anthropologisch-zentrierten Denken)

Für all diese Bereiche führte das Institut für Zukunftsstudien kleinere Projekte bzw. Seminare mit in- und ausländischen Experten durch. Beispielsweise entsteht in Kooperation mit dem chinesischen Forscher Wei Bin Zhang ein Lehrbuch "Futures Studies - Theories and Methods". Für den Bereich Prognosen und langfristige Analysen arbeitet das Institut für Zukunftsstudien mit der Handelshochschule Stockholm zusammen. Im Bereich Risiko- und Konfliktforschung wurden in Kooperation mit den Universitäten Lund und Uppsala zwei größere Seminarreihen veranstaltet. Bei Fragestellungen zu möglichen Grenzen von Kreativität und Kunst wurde eine längerfristige Kooperation mit der Universität Lund aufgebaut. Außerdem fand 1988/89 eine Seminarreihe mit Psychologen, Historikern, Sozialwissenschaftlern und erfahrenen Leuten in der Administration von Wissenschafts- und Kulturpolitik im öffentlichen und privaten Sektor statt.

Dieses weitreichende Seminarangebot ist ganz bewußt an den Anfang der neu beginnenden Phase der Institutsarbeit gestellt worden. Auf diese Weise konnten vielerlei Kooperationen aufgebaut und eine größere wissenschaftlich interessierte Öffentlichkeit angesprochen werden. Auch intern hat diese anfänglich starke Außenorientierung sehr zu einer Klärung der gesamten Zielrichtung der Arbeit des Instituts beigetragen und die Institutsmitarbeiter auf ein gut aufeinander abgestimmtes Forschungs- und Vermittlungskonzept eingestellt (Andersson und Fürth 1990).

In der weiteren Bearbeitung der "ewigen Zukunftsfragen" soll darüber hinaus auf folgende Themen schwerpunktmäßig eingegangen werden:

- Zeitbegriff und Zeitauffassung
- neue gesellschaftliche Tabus
- Zukunftshoffnungen und -träume der Gegenwart

(2.) Der zweite große Arbeitsbereich des Instituts bezieht sich auf sogenannte "zeitgebundene" Probleme. Diese sind in der Regel für die öffentliche Diskussion und für aktuelle Entscheidungen von besonderer Bedeutung. Hierbei sind drei Hauptbereiche zu unterscheiden:

a) Umwelt und Gesundheit
b) Arbeiten und Leben in Schweden
c) Schweden in der internationalen Entwicklung

In der Zeit von 1988 - 1990 sind für jeden dieser Bereiche je ein bis zwei zentrale Projekte angelaufen. In den Bereich *"Umwelt und Gesundheit"* gehören das bereits erwähnte Projekt "Biogesellschaft", welches bis 1992 laufen wird, und das Projekt *"Leben und Gesundheit"*. Dieses Projekt untersucht zukünftige Gesundheitsrisiken und mögliche strukturelle Veränderungen des schwedischen Gesundheitssystems. Das Projekt wird die Zustände "Gesundheit" und "Krankheit" in einer langfristigen Sicht untersuchen und Umwelt-, Machtund Systemperspektiven dabei berücksichtigen. Eine weitgehende Zusammenarbeit mit einschlägigen Institutionen auf dem Gesundheitsbereich wie dem Karolinska Institut oder dem schwedischen Apothekerverband ist vereinbart worden.

In dem Bereich *"Arbeiten und Leben in Schweden"* laufen das Projekt *"Volkskrankheiten der Zukunft"*, das 1990/91 zum Abschluß kommen soll und das Projekt *"Gesellschaftliche Bewegungen"*. In dem Projekt "Volkskrankheiten der Zukunft" werden Fragen der Zunahme bestimmter Krebskrankheiten und Zusammenhänge mit neuen Arbeitsstoffen, Ozonloch, Treibhauseffekt etc. eingehend untersucht, ebenso wie Gesundheitsrisiken und -belastungen im Zusammenhang mit der Einführung neuer Technologien. Das Projekt "Gesellschaftliche Bewegungen" hingegen wurde vom Sekretariat für Zukunftsstudien übernommen. Es wird seit 1988 mit einer breiteren Thematik weitergeführt. Vor allem wurde die Fragestellung im Hinblick auf die Zukunft sozialer Bewegungen und auf den Zusammenhang zwischen sozialen Bewegungen, politischem System und gesellschaftlicher Macht erweitert. Für diese beiden Projekte wurde eine Zusammenarbeit mit bestehenden schwedischen Forschungseinrichtungen wie z. B. auf dem Gebiet des Arbeits- und Gesundheitsschutzes eingeleitet.

Der Arbeitsbereich *"Schweden in der internationalen Entwicklung"* wurde bislang von dem Projekt *"Schweden im europäischen Kontext"* dominiert. Dieses Projekt läuft auf zwei Schienen: a) in Form von Seminaren und einer breiten Öffentlichkeitsarbeit (u. a. mit Hilfe des schwedischen Fernsehens), um die Diskussion in Schweden zu diesem aktuellen Thema anzuregen, und b) in einer mehr wissenschaftlichen Analyse, in der unter einer "netzwerktheoretischen Perspektive" Untersuchungen zum Zusammenspiel wirtschaftlicher, kultureller, politischer und geographischer Faktoren bei der europäischen Einigungsbewegung untersucht werden (s. Andersson und Fürth 1990:7).

Dieses Projekt hat für das IF eine wichtige Rolle eingenommen, als in den letzten Jahren die schon seit langer Zeit geführte Diskussion über die schwedische "Unabhängigkeit" oder einen möglichen EG-Beitritt aktueller wurde. Mit dem Projekt "Schweden im europäischen Kontext" führt das Institut eine Auseinandersetzung mit dieser Entwicklung Schwedens in den letzten Jahren. Thomas Fürth, seit 1982 Mitarbeiter des Sekretariats für Zukunftsstudien und des IF von Angebinn, beschreibt die Entwicklung Schwedens als eine dramatische Entwicklung in Richtung Europäische Gemeinschaft:

"...looking back on the situation 1986 - 87 reminds me of what a tremendous change that has occured in Swedish politics in the last few years. Today we have a social democratic government with great problems - changing its traditional views very fast. Sweden seems today rapidly adjusting its politics towards ideas that are common within the European Community"[4].

Die naheliegende Frage, ob diese jüngere Entwicklung auch das in der Nachfolge des eher mit sozialdemokratischen Werten der 70er Jahre operierenden Sekretariats für Zukunftsstudien stehende Institut beeinflußt hätte, verneint Fürth unter Betonung der weitgehenden Unabhängigkeit des neuen Instituts:

"The Institute for Futures Studies has on the other side developed into a respected and independent institution. The turbulence in politics has as far as I see it not affected the institute"[4].

Außerdem liefen in den Jahren 1988 - 1990 Pilotstudien zu folgenden vom Institut zukünftig weiter zu vertiefenden Themen, die einmal in Projekten münden sollen. Die meisten dieser Studien sind als öffentliche Seminare durchgeführt worden, was dazu führte, daß das IF in den ersten Jahren seines Bestehens eine rege Seminartätigkeit entwickelt hat. Eine solche Pilotstudie ist unter dem Titel *"Die chemische Gesellschaft und Möglichkeiten und Grenzen der Wiederverwertung"* ("Chemistry Society and Re-Use Society") durchgeführt worden. In dieser Studie sollen Auswirkungen spezifischer chemischer Substanzen auf Mensch und Natur sowie Möglichkeiten der Abfallverwertung und der Vermeidung bzw. Verminderung weiteren chemischen Abfalls geprüft werden.

Eine weitere Pilotstudie wurde durchgeführt unter dem Thema *"Informationsgesellschaft"*. Ausgehend von der Feststellung, daß 1960 etwa 350.000 Menschen, 1985 jedoch 900.000 auf Arbeitsplätzen im Bereich der Informationsbeschaffung und -verarbeitung tätig waren und daß ein Großteil dieser Arbeitsplätze datengestützte Informationsarbeit erfordert, sollen in diesem Projekt die Perspektiven der "Informationsgesellschaft" erarbeitet werden. Als wesentliche Untersuchungsgegenstände werden Personenverkehr (unter anderem Luftverkehr), Telekommunikation und Medien genannt. Zu den Projektzielen gehören: Untersuchung von neuen Netzwerken, nationale und internationale Konsequenzen für die sozialen, ökonomischen und kulturellen Strukturen Schwedens und seiner Umwelt. Diese Pilotstudie wird seit 1990 mit einer Schwerpunktverlagerung auf den privaten Sektor weitergeführt und trägt jetzt den Titel: *"Die Rolle des privaten Sektors in neuen gesellschaftlichen Netzwerken"*. Eine erste Teilstudie für dieses Projekt wird in Zusammenarbeit mit der schwedischen Post zur Entwicklung des zukünftigen internationalen und schwedischen Kommunikationssystems erstellt.

1988 wurde eine Seminarreihe zu dem Thema *"Zukunft des Arbeitslebens"* durchgeführt. Veränderungen in der Wirtschaftsstruktur Schwedens (Rückgang der Beschäftigung im verarbeitenden Gewerbe, Zunahme im privaten und öffentlichen Dienstleistungssektor) sowie im Arbeitskräfteangebot wurden hier untersucht. Besondere Relevanz hatte dabei die Frage, wie weit die Integration der Frauen in den Arbeitsmarkt, die in Schweden quantitativ gelungen ist, auch qualitativ zu einer Emanzipation beigetragen hat - etwa im Hinblick auf die Aufhebung geschlechtsspezifischer Ausbildungsgänge, Tätigkeiten und Berufe sowie geschlechtsspezifischer Berufshierarchien. Dabei waren bereits eingetretene Veränderungen im Qualifikationsniveau der Arbeitskräfte zu berücksichtigen (heute hat ein Viertel aller Beschäftigten in Schweden eine Hochschulausbildung!). Aus diesem Strukturwandel und den veränderten Arbeitsanforderungen resultierten Fragen wie: Sind die institutionellen Strukturen des Arbeitsmarktes zur Bewältigung künftiger Aufgaben geeignet? Welche Formen von Dezentralisierung sind für Verbesserungen im Hinblick auf Arbeitsbedingungen und Arbeitssicherheit notwendig? Welche Bedeutung kommt in diesem Zusammenhang der staatlichen Einkommenspolitik (Steuern, Lohn- und Preispolitik) zu? Wie entwickeln sich Ausländerbeschäftigung, Einwanderungen und Flüchtlingsbewegungen? Diese Studie könnte als Projekt in Zusammenarbeit mit entscheidenden Stellen in der Verwaltung, Arbeitgebern und Gewerkschaften fortgesetzt werden.

Zum Themenkreis *"Internationale und globale Entwicklung"* hatte das Sekretariat für Zukunftsstudien bereits zahlreiche *"Europastudien"* durchgeführt, die teilweise noch nicht abgeschlossen waren. Das Institut für Zukunftsstudien wollte diese Tradition von Europastudien mit einer klaren "Zukunftsdimension" fortsetzen und schlug deshalb vor, ein Netzwerk für Europastudien mit anderen Instituten aufzubauen (Andersson 1988:20 f).

Durchgeführt wurde in den Jahren 1989/90 auch eine Seminarserie unter dem Titel *"Freiheit, Gleichheit, Brüderlichkeit"*. Ausgehend von den drei Zielsetzungen der Französischen Revolution von 1789 wurde untersucht, wie sich der Freiheits-, Gleichheits- und Brüderlichkeitsgedanke historisch ausgeformt, politisch umgesetzt und in den verschiedenen Teilen der Welt konkretisiert hat. Mit den Veränderungen der Jahre 1989/90 in Osteuropa, so läßt sich sicher sagen, hat dieses Thema noch einmal an Aktualität gewonnen.

Im Sommer 1990 wurde mit dem Projekt *"Zukünftige Kulturgeschichte"* begonnen. Es geht dabei um die Zukunft von Kultur und Kunst in Schweden. Das Projekt, so ist es geplant, soll weder Formen von Denkmalspflege noch unhistorischer Utopie annehmen. Im Zentrum steht die Frage nach der kollektiven Fortentwicklung der durch die Industriegesellschaft geschaffenen kulturellen Realität der Jahre 1870 - 1990. Es soll sich um ein Querschnittsprojekt handeln, an dem schon das Zentralamt für Denkmalspflege, das Arbeitsministerium sowie verschiedene Regionalgemeinden und Kommunen Interesse angemeldet haben, unter anderem, um die "Kommune der Zukunft" zu studieren. Auch Künstler werden einbezogen. Geplant ist ein Buch von Andersson mit dem Titel "Kunst - Zukunft der Kultur" (s. Andersson 1988:15f).

2.2.2 Weitere Projektvorhaben des Instituts für Zukunftsstudien (1991 - 1994)

Andersson und Fürth (1990:9) betonen, daß eine ganze Reihe der zwischen 1988 und 1990 initiierten Projekte und Projektvorhaben eine Laufzeit und entsprechenden Budgetumfang bis 1994 haben. Die Mittel für gänzlich neue Projekte seien daher begrenzt. Vier neue Projekte sind aber dennoch in der Planung (s. Andersson und Fürth 1990:9 - 21):

1. *"Die Rolle des öffentlichen Sektors in neuen gesellschaftlichen Netzwerken"* (Den offentliga sektorn i de nya nätverkens samhälle) Dieses Projekt soll in einer Zeit, in der sich Schweden nach allgemeiner Einschätzung vom reinen Wohlfahrtsstaatmodell wegbewegt, Möglichkeiten eines veränderten öffentlichen Sektors in Schweden

untersuchen. Folgende Alternativen sollen in entsprechenden Szenarien durchgespielt werden:

- zentralstaatliche oder kommunale Lösungen,
- föderalistische Lösungen mit einer starken regionalen Selbstbestimmung wie in der BRD, Österreich oder der Schweiz,
- eine gleichberechtigte Rolle von kommunaler und regionaler Verwaltung unter Bewahrung einer staatlichen Kontrollfunktion und
- eine völlige Dezentralisierung des öffentlichen Sektors unter Aufgabe seiner Produktions- und Verteilungsaufgaben in einer stark konkurrenzorientierten und privatwirtschaftlichen Lösung.

2. *"Das Problem einer möglichen Zweidrittelgesellschaft in Schweden"* (Differentieringens, segregationens och diskrimineringens Sverige) Dieses Projekt soll verschiedene Aspekte sich möglicherweise verstärkender Diskrimierung und Ausgrenzung innerhalb der schwedischen Gesellschaft untersuchen. Genannt werden in diesem Zusammenhang:

- das Aufbrechen der alten Dorfstrukturen Schwedens bis hinein in den hohen Norden, die Überlastung der großen Städte durch eine weiter anhaltende "Landflucht" und das Problem der Überalterung der kleinen Kommunen,
- das Problem der Notwendigkeit einer ständig zunehmenden Mobilität, welches Frauen und Männer zu ungleichen Anteilen betrifft (die Mobilität von Männern ist doppelt so hoch, was zu einer Trennung der alten Familienstrukturen führt),
- das Problem der Integration ethnischer Minderheiten und
- die stark zunehmende Zahl an oft schlecht ausgebildeten Einwanderern.

3. *"Mobilität, Familienstruktur und soziale Kontrolle"* (Rörlighet, familjestruktur och social kontroll) In einem Rückblick auf traditionelle Familienstrukturen in Schweden im 19. Jahrhundert und auf einzelne Phasen der Veränderung von Mobilität und Familienstrukturen im 20. Jahrhundert wird für dieses Projekt die Grundlage für weitergehende Fragen zur Einschätzung heutiger Veränderungen in den Lebenszyklen der Menschen, ihrer Mobilität, möglicher zukünftiger Familienstrukturen und den sich ebenfalls stark verändernden Arten und Funktionen sozialer Kontrolle gelegt.

4. *"Die neue globale Bevölkerungswanderung"* (De nya globala folkvandringarna) Die Ausgangsproblematik, mit der sich dieses Projekt beschäftigt, ist kurz beschrieben: Die vorraussichtliche Zunahme der Weltbevölkerung zwischen 1990 und 2000 liegt bei ca. 900 Millionen Menschen. Ein Großteil des Zuwachses - annähernd 90% - wird in der Dritten Welt erfolgen. Schon jetzt ist aber in vielen Ländern der Dritten Welt die Situation erreicht, in der ein großer Teil der Bevölkerung weit unter der Armutsgrenze lebt. Zur gleichen Zeit ist der Lebensstandard in der Ersten Welt seit den 50er Jahre stetig gestiegen. Ein 10- bis 15faches Pro-Kopf-Einkommen zeichnet die Länder dieser Gruppe gegenüber den meisten Dritte-Welt-Ländern aus. Eine derartige Situation wird sich auf Dauer nicht aufrechterhalten lassen. Bereits jetzt haben Länder wie die USA und Kananda große Schwierigkeiten mit legaler und illegaler Einwanderung aus Südamerika und Asien. In Europa, so Andersson und Fürth (ebd.), ist bald mit einer ähnlichen Situation zu rechnen, die angesichts des ökonomischen Niedergangs der Sowjetunion und von Teilen Osteuropas noch dramatischer als in den USA und Kanada werden könnte. Es gibt nach Auffassung von Andersson und Fürth in der jetzigen Situation für Westeuropa keinerlei Möglichkeiten, sich dieser Entwicklung, die zu einer großen Bevölkerungswanderung führen kann, zu entziehen. Die bis dato gepflegte Unterscheidung der schwedischen Einwanderungspolitik in "Asylanten" und "Wirtschaftsflüchtlinge" sei angesichts des zunehmenden weltweiten Bevölkerungswachstums, politischer Repressionen, ethnischer Konflikte, ökologischer Katastrophen usw. aber völlig unbrauchbar (und oft geradezu zynisch) geworden. Sie werde nicht in der Lage sein, in Schweden - wie im übrigen Westeuropa und den USA - eine große Einwanderungswelle aufzuhalten. Im übrigen sei eine selbständige schwedische Einwanderungspolitik in einem Europa des gemeinsamen Marktes und der freien Arbeitsplatzwahl gar nicht mehr möglich. Mit dieser Situation und den daraus resultierenden Problemen wird sich das Projekt *"Die neue globale Bevölkerungswanderung"* eingehend auseinandersetzen.

Darüber hinaus plant das IF für das Jahr 1993 eine Publikation unter dem (Arbeits-)Titel *"Die Zukunft Schwedens"*. Hier sollen die Projektarbeiten des Instituts der ersten fünf Jahre in ihren wichtigsten Resultaten vorgestellt werden, und zwar so, daß die Interessengruppen und Entscheidungsträger, die direkt mit den Themen der einzelnen Projekte befaßt sind, dieses Buch als Informationsmaterial und Hintergrund für strategische Entscheidungen auf ihrem Gebiet benutzen können. Neben rein schwedischen Themen werden auch internationale wirtschaftliche, ökologische und soziale Themen mit aufgenommen. Als Vorbild für den internationalen Teil der Publikation dient die Zukunftsstudie des Internationalen Instituts für Angewandte Systemanalyse (IIASA) "The Future of the World Economy", die einen beachtlichen Einfluß auf die internationale Weltwirtschaftsdiskussion gehabt hat.

Insgesamt steht dieses Programm klar in der Tradition des Sekretariats, setzt aber auch insbesondere mit den Projekten "Die chemische Gesellschaft und Möglichkeiten und Grenzen der Wiederverwertung" und "Zukünftige Kulturgeschichte" neue eigene Akzente. Die Ausweitung der Aktivitäten auf dem Sektor der Europastudien könnte ebenfalls zu einem neuen inhaltlichen Schwerpunkt führen. Auch personell haben sich für das Institut einige Veränderungen ergeben. Die beiden leitenden Persönlichkeiten des Sekretariats, Göran Bäckstrand und Lars Ingelstam, die auch bei einigen in der Öffentlichkeit breit diskutierten Beiträgen des SF federführend waren (z. B. Ingelstam und Bäckstrand 1975), sind nicht mehr dabei. Auch einige andere Repräsentanten der ersten Stunde haben inzwischen die schwedische Zukunftsforschung wieder verlassen. Ansonsten aber ist der Mitarbeiterstamm gegenüber dem früheren Sekretariat deutlich angewachsen. Während das Sekretariat nur acht ständige Mitarbeiter hatte, sind es für das Institut für Zukunftsstudien einschließlich Teilzeitkräfte und Gastforschungsstellen insgesamt zwischen 40 und 50 Mitarbeiter. Damit ist es zum größten unabhängigen non-profit-Institut der Zukunftsforschung in Europa geworden.

Im folgenden Abschnitt betrachten wir eine der neuesten Entwicklungen von zukunftsorientierter Forschung in Schweden. Dieser Beitrag über ein viel jüngeres Institut soll verdeutlichen, daß auch in Schweden Zukunftsforschung ganz verschiedene Ausprägungen hat. Obwohl hier nur ein kleiner Eindruck vermittelt werden kann, charakterisiert die Geschichte des "Stockholm International Institute for Environmentally Sound Technologies Assessment - SIIESTA" (Stockholmer Internationales Institut für Umwelt und Technologiebewertung) eine wichtige neue Entwicklung und ist somit ein guter Ausgangspunkt für die Beobachtung neuester Tendenzen der Zukunftsforschung in Schweden.

3. The Stockholm International Institute for Environmentally Sound Technologies Assessment (SIIESTA)

In der Geschichte der Zukunftsforschung der 70er und abgeschwächt auch der 80er Jahre spielten internationale Politikberatungskommissionen, die meist im Auftrag einer der Agenturen der Vereinten Nationen länderübergreifende "Zukunfts-Berichte" erstellten, eine zentrale Rolle. Die Reihe umspannt, so ist es wiederholt in der einschlägigen Literatur beschrieben worden (s. z.B. Turner 1987), inzwischen eine recht beachtliche Anzahl einschlägiger Literatur zur internationalen politischen Lage, den Möglichkeiten und Grenzen einer neuen internationalen Weltwirtschaftsordnung, der Nord-Süd Problematik, der globalen Umweltproblematik und anderen Themen von internationaler bzw. globaler Bedeutung. Die Umweltthemen, dies ist ganz deutlich zu beobachten, spielen dabei in den letzten Jahren eine zunehmend zentrale Rolle. Die wichtigsten Berichte waren:

- Der "Pearson-Report" (Pearson u.a. 1969)
- Der Bericht "Grenzen des Wachstums" des Club of Rome (Meadows u.a. 1972)
- Der "RIO-Bericht" des holländischen Nobelpreisträgers Jan Tinbergen (Tinbergen u. a. 1976)
- Die beiden Nord-Süd-Berichte ("Brandt-Berichte") unter Vorsitz von Willy Brandt (Brandt 1978, Brandt 1980)
- Der "Palme-Bericht" über Abrüstung und Sicherheit unter Vorsitz von Olof Palme (Palme 1980)
- Der "Global Possible"-Bericht des World Resources Institute (Repetto u. a. 1985) und
- Der "Brundtland-Bericht" der "Weltkommission für Umwelt und Entwicklung" im Jahre 1987 (Hauff 1987)

Gerade der "Brundtland-Bericht" (deutsche Ausgabe: Hauff 1987) unter Vorsitz der norwegischen Premierministerin Gro Harlem Brundtland hat in den letzten Jahren die wissenschaftliche und politisch-administrative Umweltdiskussion nachhaltig beeinflußt. Er wurde - besonders innerhalb der Forschungs- und Politikberatungszirkel der Vereinten Nationen - zum Standardtext der Diskussion über "sustainable development" ("nachhaltige Entwicklung"). Das Neue an dem Brundtland-Bericht ist die enge Verknüpfung der langfristigen Erhaltung der Umwelt mit der wirtschaftlichen Entwicklung. In der internationalen Entwicklungsdiskussion war dies lange Zeit alles andere als selbstverständlich. Die ersten vehement vorgetragenen und auch manchmal das Gesamtbild verfälschenden Versuche, den Aspekt der Umwelterhaltung und der wirtschaftlichen Entwicklung zusammenzubringen, wie z. B. in dem "Grenzen des Wachstums"-Bericht des Club of Rome, wurden insbesondere von Vertretern der Dritten Welt mit großer Skepsis aufgenommen und innerhalb der Vereinten Nationen stark attakiert. Die Furcht der Dritten Welt richtete sich darauf, daß die reichen Länder den Status quo von Reichtum in der Ersten Welt und weitverbreiteter Armut in der Dritten Welt über den "Trick" mit dem Umweltargument - für die gesamte Welt sei ein "Einfrieren" des wirtschaftlichen Wachstums die geeignete Strategie zur Lösung der ansonsten stetig wachsenden Umweltprobleme, behaupteten einige in der Folge des "Grenzen des Wachstums"-Berichtes - festschreiben wollten. Diese Skepsis ist bis heute nicht völlig gewichen, obwohl der Brundtland-Bericht in dieser Hinsicht einiges in Bewegung gesetzt hat.

Der Bericht geht von der unbedingten Notwendigkeit aus, daß die Umwelterhaltung und die wirtschaftliche Entwicklung immer und notwendigerweise zusammenzudenken und als "zwei Seiten der Medaille" zu behandeln sind. Es kann nach Ansicht der Verfasser keine langanhaltende positive wirtschaftliche Entwicklung geben, wenn der Umweltfaktor nicht voll in den Wirtschaftsprozeß einbezogen ist. Umgekehrt läßt sich demnach feststellen, daß jede wirksame Umweltpolitik eine gute Wirtschaftspolitik zur Voraussetzung hat.

Damit setzt sich der Bericht gegenüber den beschriebenen Diskussionen in den 60er und 70er Jahren ab, in denen allzuoft in Form eines klaren Gegeneinander von der jeweilig anderen Seite gesprochen wurde. Auf der einen Seite versteifte sich die Position, daß nur ein tiefer Einschnitt in das ungehinderte wirtschaftliche Expansionsstreben umweltpolitische Erfolge bringen könne, auf der anderen Seite wurden immer wieder umweltpolitische Ansätze gegen die Furcht vor Arbeitsplatzverlust und wirtschaftlichen Einbußen ausgespielt. Mit dieser Disparität versucht der Brundtland-Bericht zu brechen. Im Bericht wird argumentiert, daß umweltpolitische Maßnahmen wirtschaftliches Wachstum nicht einschränken müßten. Ganz im Gegenteil könne davon ausgegangen werden, daß auf *lange Frist* umsichtige umweltpolitische Maßnahmen dem Wachstumsbestreben der einzelnen Wirtschaftszweige in allen Teilen der Welt sehr zuträglich wären, ganz besonders auch in der "Dritten Welt", deren Länder des wirtschaftlichen Wachstums am meisten bedürften.

Ob die angenommene Vereinbarkeit von wirtschaftlicher Entwicklung und Umweltaspekten im Bericht nicht zu optimistisch ist, bleibt fraglich. Sowohl der Faktor Umwelt wie auch der Faktor Wirtschaft sind ihrerseits immer von nationalen geographischen, politischen, kulturellen und sozialen Besonderheiten abhängig. Dadurch sind von Fall zu Fall auf allen nationalen und internationalen Ebenen Entscheidungen notwendig. Nur ein ständiges Abwägen zwischen kurzfristigem wirtschaftlichem Erfolg und langfristigen Folgewirkungen kann auf Dauer den bestehenden Bedürfnissen und Anforderungen gerecht werden (s. Pearce u. a. 1989:18 - 27).

Schon jetzt ist aber deutlich, daß der Brundtland-Bericht eine wichtige Wegmarkierung in der anhaltenden Diskussion um wirtschaftliche Entwicklung und Umweltpolitik geworden ist. Viele Regierungen der westlichen und teilweise auch der östlichen Welt haben Kommissionen eingesetzt, um prüfen zu lassen, inwieweit eine Auswertung des Brundtland-Berichts auch für ihr Land wichtige neue Erkenntnisse bringen könnte.

Infolge des allgemeinen großen Interesses an diesem Bericht hat auch das schwedische Ministerium für Umwelt und Energie einen Bericht an das Swedish Environmental Institute Committee in Auftrag gegeben, in dem die Relevanz des Berichts für Schweden untersucht werden soll. Außerdem sollten die Möglichkeiten für ein eigenes

Institut für "Umwelt und nachhaltige Entwicklung (sustainable development)" geprüft werden.

Im Mai 1988 übergab das Komitee der schwedischen Ministerin für Umwelt und Energie seinen Bericht, in dem Orientierungspunkte und Aufgabenbereiche für ein neues Institut zur Förderung umweltverträglicher Technologien für eine nachhaltige wirtschaftliche und umwelterhaltende Entwicklung (sustainable development) skizziert werden. Die englische Version des Berichtes - "SIIESTA. An International Institute for the Assessment of Environmentally Sound Technologies" *(SIIESTA-Report)* - wurde im Herbst 1988 in Stockholm veröffentlicht (SIIESTA 1988).

Auf der Suche nach einer Rolle mit internationaler Relevanz und nach einer angemessenen Aufgabenbeschreibung nahm das erwähnte Komitee mit zahlreichen internationalen und nationalen Organisationen, Behörden und Instituten Kontakt auf.[5] Der Bericht schlägt vor, die Hauptaufgabe des neuen Instituts auf den Bereich "Technologiefolgenabschätzung für umweltverträgliche Produkte und (gesamt)wirtschaftliche Entwicklung" zu legen.

Im November 1988 hat das schwedische Parlament eine Grundfinanzierung für die ersten fünf Jahre über 25 Millionen schwedische Kronen, das sind ca. 6.815.000 DM pro Jahr, bewilligt, gleichzeitig wurde für das Institut von der Regierung der rechtliche Status einer Stiftung verfügt.

SIIESTA ist nach folgendem Grundmuster aufgebaut (s. SIIESTA 1988): Das leitende Gremium ist ein *Institutsausschuß* (board). Er besteht aus neun Mitgliedern (mindestens fünf), die jeweils bedeutende Vertreter wissenschaftlicher Disziplinen, der Politik und der Industrie im internationalen Rahmen sind. Mindestens ein Mitglied ist nach Möglichkeit Schwede und sitzt dem Institutsausschuß vor. Als höchstrangiger Funktionsinhaber ist ein Direktor eingesetzt, der dem Institutsausschuß nicht angehören darf. Er ist durch den Institutsausschuß für fünf Jahre bestimmt (einmalige Verlängerung möglich). Vor der Berufung eines neuen Direktors werden die in dem Projekt tätigen wissenschaftlichen Mitarbeiter gehört. Außerdem ist für jeden Forschungsbereich ein Projektleiter eingesetzt. In jedem Forschungsbereich werden mehrere Projekte durchgeführt. Darüber hinaus gibt es ein "Diskussionsgremium" der wissenschaftlichen Mitarbeiter und einen wissenschaftlichen Beirat. Die wissenschaftlichen Mitarbeiter, die sich aus Wissenschaftlern/Forschern, Forschungsassistenten, Technikern und Experten für Öffentlichkeitsarbeit zusammensetzen, sind allesamt befristet für höchstens vier Jahre mit der Möglichkeit einer einmaligen Verlängerung eingestellt.

Die Beschlußvorlage, die vom Parlament angenommen wurde, stammt von Göte Svenson (Botschafter), Bert Bolin, Hans G. Forsberg und Kerstin Niblaeus (Generaldirektorin) und dem zuständigen Beamten Ulf Svensson.

3.1 Technikfolgenabschätzung und Technikgestaltung

3.1.1 Administrative Planung

Die besondere Ausprägung, die Technology Assessment (TA) in Schweden im Vergleich mit anderen europäischen Ländern gefunden hat, hängt mit der Eigenart der dortigen politischen und administrativen Verwaltung zusammen. Bereits im 17. Jahrhundert hatte sich eine klare Trennung von Gesetzgebung und Regierung herausgebildet (Eureta 1988:62). Auch die einzelnen Verwaltungsabteilungen arbeiten in Schweden vergleichsweise selbständig. Sie schaffen sich ihre Legitimationsgrundlage teilweise durch Beiräte, in denen Parteien, Gewerkschaften und andere gesellschaftliche Gruppen vertreten sind. Zusätzlich beruht ihre Legitimationsgrundlage auf einer wissenschaftlich fundierten administrativen Planung, die von der Verwaltung mit Hilfe eigener wissenschaftlicher Stäbe und der Universitäten betrieben wird. Die Universitäten haben sich in Schweden ganz allgemein zu praxisbezogener Forschung verpflichtet.

Innerhalb dieses Programms und innerhalb der Planung in der schwedischen Verwaltung spielt die Technikfolgenabschätzung (TA) eine besondere Rolle. Die Gruppen, in denen Technikfolgenabschätzung betrieben wird, haben in der Regel ca. 75 - 150 Mitarbeiter, eine

Größe, in der noch eine gewisse Flexibilität möglich ist. Es gibt sie in allen der etwa 100 Regierungsämter und Administrationen. Ihre Aufgabe, die Politik der Regierung zu beraten und mit statistischem Material und politischen Leitkonzepten zu versorgen, kann durch diese mittelgroßen Gruppen oft besser gewährleistet werden als in den riesigen bürokratischen Apparaten, wie sie in vielen anderen Ländern zu diesem Zweck üblich sind.

Es wird darauf geachtet, daß die Mitarbeiter dieser Planungs- und Politikberatungsgruppen von der jeweiligen Zusammensetzung der Regierung weitgehend unabhängig bleiben. Sie werden üblicherweise durch verschiedene Trägerorganisationen unterstützt. Hierzu gehören die Parteien, die Gewerkschaften, private Gesellschaften und andere öffentliche Einrichtungen.

Im Jahre 1979 beschloß das schwedische Parlament in zwei wichtigen Resolutionen die Errichtung von grundsätzlichen Prinzipien, auf denen die gesamte Forschungspolitik in dem Bereich Technologiefolgenabschätzung fußen sollte (s. Eureta 1988, 63 - 64). Der erste Grundsatz zielt auf eine größtmögliche Integration von Forschungsarbeit und gesellschaftlicher Anwendung. Um dies zu gewährleisten, wird eine Verbreitung von Forschungstätigkeiten im administrativen und universitären Bereich befürwortet. Studien, die in den erwähnten Regierungsstellen durchgeführt werden, sollen grundsätzlich für eine Beteiligung oder Überprüfung durch die Universitäten und private Forschungseinrichtungen offen sein. Als nächstes wurde vom Parlament befürwortet, daß die Planungsgruppen in den einzelnen Behörden und Ministerien neben der reinen Erforschung dieser Bereiche auch für Forschungsförderung und Entwicklungsprogramme zuständig sein sollten. Auf diese Weise wollte man die Gewichtung innerhalb der Forschung und der Politik mehr zugunsten langfristiger Planungen verschieben.

In den vergangenen Jahren hatte diese Verfahrensweise eine Reihe verschiedener sozialer Gruppen involviert, die in besonderer Weise betroffen waren und nun zu den politischen Zielen in einem ausgedehnten Beratungs- und Entscheidungsprozeß Stellung beziehen konnten.

3.1.2 Das TA-Konzept des Sekretariats für Zukunftsstudien

In diesem Kontext entstand 1977 auch der oben erwähnte "Swedish Council for Research Planning and Coordination" (FRN), dem 1980 auch das Sekretariat für Zukunftsstudien angegliedert wurde. Schon 1973 - im Jahre der Gründung des FRN - hatte das Sekretariat für Zukunftsstudien in der Nachfolge einer größeren Konferenz ein TA-Konzept entwickelt und vorgeschlagen. Das Besondere an diesem Konzept war, daß TA völlig in den politischen Apparat integriert werden sollte. Keine neue technologiepolitische Grundsatzentscheidung sollte ohne einen Prozeß intensiver TA-Diskussion ablaufen. Dieses Konzept sollte flexibel auf den jeweiligen organisatorischen Kontext abgestimmt angewendet werden. Damit war Schweden das erste europäische Land, in dem ein integratives TA-Konzept entwickelt wurde, welches auf die spezifisch schwedische Administration abgestimmt war. Besonders der methodische Ansatz des SF, die jeweiligen sozialen Gruppen gleich von Anfang an mit einzubeziehen und bei der Vergabe von neuen Forschungsaufträgen ein Mitspracherecht einzuräumen, ist in diesem Zusammenhang von vielen Beobachtern als äußerst erfolgreich eingeschätzt worden. Nur für die Umsetzung des Konzepts des SF ließ man sich noch einige Jahre Zeit. Erst mit der Etablierung von SIIESTA und dem Institut für Zukunftsstudien kam es einige Jahre später zur Umsetzung dieses Konzepts.

Insgesamt kann das schwedische TA-Konzept als ein "strategisches Konzept" zur kontinuierlichen Diskussion, Partizipation und Konsensbildung möglichst vieler gesellschaftlicher Gruppen gewertet werden. Insofern war es sicher erfolgreich. Man denke in diesem Zusammenhang nur im Vergleich zur Bundesrepublik an die innerhalb Schwedens weniger kontrovers geführte Auseinandersetzung über die "friedliche" Nutzung der Atomkraft (Eureta 1988:64). Zudem sollte noch einmal erwähnt werden, daß auch der Ansatz für Zukunftsforschung des Sekretariats genau in dem erläuterten konzeptionellen Sinne erfolgreich war.

Der SIIESTA-Report bringt zum Ausdruck, daß an diese Tradition der Zukunftsforschung angeknüpft werden soll und erwähnt in diesem Zusammenhang die erfolgreiche Arbeit des Sekretariats für Zukunftsstudien und die Arbeiten der TA-Forschungsgruppe der EG "Forecasting and Assessment in Science and Technology" (FAST).[6] In beiden Einrichtungen sei es gelungen, wirtschaftliche, technische und soziale Elemente gesellschaftlicher Entwicklung mit Umweltthemen und -aspekten zu verbinden. Dies sollte für das neu entstehende Institut Programm sein (SIIESTA 1988:147).

Aufgrund der schwedischen Tradition mit ihren zahlreichen Planungsinstanzen kam es dort seit jeher nicht nur darauf an, durch Vergegenwärtigung von Zukunftsrisiken Warnsignale zu setzen, um so auf mögliche Gefahrenpunkte der künftigen Entwicklung aufmerksam zu machen. Vielmehr entwarf man in erster Linie *künftige Gegenwarten*, denen man sich aktiv im Sinne einer Zukunftsgestaltung, etwa durch zielorientierte Planung, zu nähern versuchte.

Dies gilt für die Zukunftsforschung und die damit in Teilbereichen verflochtene Technologiefolgenabschätzung gleichermaßen. Während in den 70er Jahren in den Vereinigten Staaten zunächst eher extrapolative Zukunftsstudien (oft auf computergestützten Hochrechnungen aufbauend), Simulationsmodelle und Technologiefolgenabschätzung, insbesondere im Rahmen des 1982 gegründeten Office of Technology Assessment (OTA), dominierten, setzte man in Schweden mit seinem traditionellen Planungsoptimismus von Anfang an mehr auf Zukunftsgestaltung und Technikgestaltung. Dieser Unterschied ist gemeint, wenn Bäckstrand (1982:12) über die spezifische Geschichte von Zukunftsforschung der späten 60er/Anfang der 70er Jahre schreibt:

"Sometimes futures studies have been associated with spreading the message of doom, but it seems as if the Swedish studies have succeeded in making their reader aware of serious problems and situations without conveying hopelessness. This was verified in a critique by René Dubos in Wall Street Journal (May 8, 1981) when he reported on The US Global 2000 Report to the President in the following way: 'It is painful to compare the hysterical statements in *The Global 2000 Report to the President* with the well-balanced and critical views of world problems presented in the book *Ressources, Society and the Future*, published in 1980 by the Swedish Secretariat for Futures Studies in Stockholm. While the Swedish scholars aknowledge that difficult situations exist and that some will become worse, they do not envisage an apocalypse for the year 2000 or the 21st Century. They take it for granted that people will imagine constructive alternatives and that societies will take appropriate measures."

Dieser schwedischen Tradition fühlt sich zweifelsohne auch das neue Institut für Zukunftsstudien verflichtet (vergleiche z. B. Andersson 1988, Andersson und Fürth 1990).

3.2 Die Ziele von SIIESTA

Das Prinzip der Technikgestaltung kommt auch in den Kriterien zum Ausdruck, nach denen sich die Aktivitäten des Instituts richten sollen: Den Ausgangspunkt bilden die gravierenden Umweltprobleme. Kurz- und mittelfristig sollen Grundlagen für die Entwicklung und Anwendung möglichst umweltfreundlicher Technologien geschaffen werden. Langfristig geht es um Technologien für eine "nachhaltige Entwicklung" (Sozial- und Ökologieverträglichkeit), im Gegensatz zu den heutigen Trends, die als auf Dauer unhaltbar qualifiziert werden. Dabei sind soziale und ökonomische Fragen vorrangig, die sich auf den Übergang zu umweltverträglichen Technologien beziehen, und zwar auch im Hinblick auf internationale Bemühungen. Besonders wichtig ist es, Entwicklungs-Indikatoren zu bestimmen, um so langfristige Perspektiven bei ökonomischen Entscheidungen an die Stelle der heute üblichen kurz- und mittelfristigen Ziele zu setzen.

Die Lösungsansätze sollen aktiv gestaltend und ganzheitlich vernetzt sein, d. h. vor allem, daß die technischen Probleme gerade auch aus sozialer und ökologischer Sicht betrachtet werden. Das Hauptziel besteht darin, weltweit eine nachhaltige Entwicklung (sustainable development) zu fördern. Dabei sind nicht nur ökologische Notwendigkeiten zu berücksichtigen, sondern auch ethische Wertvorstellungen. Die grundlegenden Orientierungen bilden größere soziale Gleichheit zwischen sich entwickelnden und industrialisierten Ländern sowie soziale Gerechtigkeit und aktive Bürgerbeteiligung an Entscheidungen über technische und soziale Entwicklungen.

3.3 Weitere Informationen zu SIIESTA

SIIESTA hat im Sommer 1988 ein detailliertes Arbeitsprogramm vorgelegt. Das Institut soll international aufgebaut werden und sich inhaltlich auf wissenschaftliche Arbeiten zur Technik beziehen.

Ausgangspunkt der Forschung ist die Annahme, daß sich das ökonomische Wachstum nicht mehr in althergebrachter Weise vollziehen kann, sondern auf einer dauerhaft umweltverträglichen Technikentwicklung basieren muß (sustainable development-Konzept). Das Institut soll eine globale Perspektive für ressourcen- und umweltschonende Technik und für ein ebensolches Wachstum entwickeln. Dieser globale Ansatz macht die besondere Stellung des Instituts innerhalb der schwedischen Forschung aus und bringt es in eine gewisse Nähe zu dem, was schon in den 70er Jahren unter der Bezeichnung "Zukunftsstudien" in Schweden verstanden wurde.

Die Arbeit des Instituts ist interdisziplinär ausgerichtet. Fokussierungspunkte sind die schädlichen Effekte der technischen Entwicklung, die Untersuchung und Entwicklung alternativer Techniken und Politikempfehlungen zur Technikentwicklung.

Die Stiftung SIIESTA soll außerdem als "Inspirationsquelle" und Koordinator für entsprechende Arbeiten in anderen Ländern dienen und Hilfen für Entwicklungsländer bereitstellen. Ein wichtiger Teil der Arbeit besteht in der Aufbereitung und öffentlichen Verbreitung der Arbeitsergebnisse sowie in der Umsetzung der gewonnenen Erkenntnisse in betriebliche Praxis, Politik und Verwaltung. SIIESTA wird auch zur Ausarbeitung von Kommissionsempfehlungen herangezogen.

In den ersten zwei Jahren wurde in einem Projekt zur Technikentwicklung und -anwendung ein Arbeitsausschuß gebildet, der aus Vertretern öffentlicher und privater Betriebe, aus Verwaltungsfachleuten und Politikern besteht. Dieser Ausschuß soll einen Bericht erstellen, in dem mögliche Technik-Entwicklungslinien skizziert, Umsetzungsergebnisse bilanziert und konkrete Vorschläge zur Verbesserung der Technikentwicklung und des Technikeinsatzes erarbeitet werden.

Als weitere thematische Schwerpunkte werden genannt:

- Klimaveränderungen
- Verbreitung umweltgefährdender Stoffe durch Industrie und Landwirtschaft
- Biotechnik
- Gentechnik

Ein Stab von 15 Wissenschaftlern ist für diese Projekte eingestellt worden. Weitere Personaleinstellungen sollen im Zusammenhang mit einzelnen Projekten erfolgen.

Neben der bereits erwähnten staatlichen Finanzierung über jährlich 25 Mio. skr auf zunächst 5 Jahre ist eine darüber hinausgehende Drittmittelfinanzierung angestrebt, die langfristig u. a. von Entwicklungshilfe-Einrichtungen getragen werden könnte.

Schlußbemerkung

Ein Vergleich der Situation der Zukunftsforschung und wissenschaftlichen Zukunftsgestaltung zwischen der Bundesrepublik Deutschland und Schweden macht deutlich, daß konzeptionelle Ansätze durchaus parallel laufen und sich gegenseitig befruchten können. Er offenbart aber auch in besonders krasser Weise die Misere der deutschen Zukunftsforschung, die hinsichtlich der öffentlichen Förderung und Bedeutung noch weit von der Unterstützung und Anerkennung in Schweden entfernt ist. Dies gilt insbesondere, wenn es darum geht,

- geeignete Formen der Institutionalisierung von Zukunftsforschung und Zukunftsgestaltung im Spannungsfeld zwischen Wissenschaft und Politik zu finden,
- den besonderen Stellenwert von Technologiefolgenabschätzung und Technologiegestaltung zu berücksichtigen, sowie
- die globale und vernetzte Ausrichtung und internationale Orientierung von Zukunftsforschung in ein neues Konzept von zukunftswissenschaftlicher Politikgestaltung einzubinden und in solch einem Rahmen zu fördern.

Mit der Gründung eines nationalen Instituts für Zukunftsforschung (Institut für Zukunftsstudien), das nicht nur als Erfüllungsgehilfe der Politik fungiert, und der Gründung eines internationalen Instituts, das speziell der Umweltpolitik und Technikgestaltung gewidmet ist (SIIESTA), hat man in Schweden wichtige Weichen für die Zukunft gestellt. Es ist zu hoffen, daß diesen Bemühungen Erfolge beschieden sind, die auch in der Bundesrepublik Resonanz finden und dazu beitragen, der Zukunftsforschung und Technologiefolgenabschätzung in Deutschland so dringend benötigte Impulse zu geben.

Bibliographie

Andersson, Åke 1988: Prememoria Rörande Intriktningen av Framtidstudier 1988 - 1990, Stockholm: Institut für Zukunftsstudien

Andersson, Åke und Fürth, Thomas 1990: Institutet för Framtidsstudier: Forskningsplan för Perioden 1991 - 1994, Stockholm: Institutet för Framtidsstudier

Brandt, Willy (Hrsg.) 1980: North- South: A Programme for Survival, London: Pan Books

Brandt, Willy (Hrsg.) 1983: Common Crisis, North-South: Cooperation for World Recovery, London: Pan Books

Bäckstrand, Göran 1976: Preface (zu:) The Future Works! The Secretariat for Futures Studies, Stockholm: The Swedish Institute

Eureta Newsletter 1988: European Regional Technology Assessment, September, Nr. 2, Brüssel: Commission of the European Communities, 63 - 64

Glimmel, Hans und St. Laestadius 1987: "Swedish Futures Studies in Transition", Futures, Dezember, Bd. 19, Nr. 6, 635 - 650

Habermas, Jürgen 1985: Die neue Unübersichtlichkeit, Frankfurt a. M.: Suhrkamp

Hauff, Volker (Hrsg.) 1987: Unsere gemeinsame Entwicklung. Der Brundtland-Bericht der Weltkommission für Umwelt und Entwicklung, Greven: Eggenkamp

Ingelstam, Lars und G. Bäckstrand 1975: How much is enough? Another Sweden, in: What Now: Another Development, Dag Hammerskjöld Report on Development and International Cooperation, Uppsala: Dag Hammerskjöld Foundation, 44ff

Jantsch, Erich 1967: Technological Forecasting in Perspective, Paris: Organisation for Economic Cooperation and Development

Kahn, Herman 1972: Angriff auf die Zukunft. Die 70er und 80er Jahre: So werden wir leben, Wien: Molden

Kahn, Herman und A. Wiener 1967: The Year 2000: A Framework for Speculation on the Next Thirty-Three Years, New York: MacMillan

Lindholm, Stig 1976: "'Another Sweden': How the Swedish Press Reacted", in: Development Dialogue, Januar, Nr. 1, 68 - 81
Lowe, P. und J. Goyder 1983: Environmental Groups in Politics, London: Allen and Unwin
McCormick, John 1989: The Global Environmental Movement: Reclaiming Paradise, London: Belhaven Press
Meadows, Donella H. und Dennis L./J.Randers/W.W.Behrens III 1972: Die Grenzen des Wachstums, Ein Bericht an den Club of Rome, Stuttgart: DVA
Meidner, R. und A. Hedborg 1985: Modell Schweden. Erfahrungen einer Wohlfahrtsgesellschaft, 2. Aufl., Frankfurt a. M. und New York: Campus
Moll, Peter H. 1989: From Scarcity to Sustainability - The Changing Debate about Futures Studies and the Environment: the Role of the Club of Rome, PhD-thesis, Norwich: University of East Anglia
Myrdal, Alva 1973: To Choose a Future - A Basis for Discussion and Deliberations on Futures Studies in Sweden, Stockholm: Secreatariat for Futures Studies and Royal Ministry for Foreign Affairs
Palme, Olof (Hrsg.) 1982: Common Security, The Independent Commission on Disarmament and Security Issues, New York: ICDSI
Pearce, David/A. Markandya/E.B. Barbier 1989: Blueprint for a Green Economy, London: Earthscan
Pearson, Lester B. (Hrsg.) 1969: Partners in Development. A Report of the Commission on International Development, London (etc.): Praeger
Polak, Fred 1971: Prognostics: A Science in the Making Surveys and Creates the Future, London (etc.): Elsevier
Repetto, Robert (Hrsg.) 1985: The Global Possible, London (etc.): Yale University Press, for: World Resources Institute
Sandbach, Francis 1980: Environment, Ideology and Policy, Oxford: Basil Blackwell
Secretariat for Futures Studies (SF) 1976: The Future Works! A Selection of Projects Sponsored by the Swedish Secretariat for Futures Studies, Stockholm: The Swedish Institute
Swedish Environmental Institute Committee 1988: SIIESTA - An International Institute for the Assessment of Environmentally Sound Technologies, Report to the Minister of the Environment and Energy, Stockholm: Allmänna Forlaget

Tinbergen, Jan/A.J. Dolman/J. van Ettinger (Hrsg.) 1976: RIO: Reshaping the International Order, A Report to the Club of Rome, New York: Dutton
Turner, R. Kerry 1987: "Sustainable Global Futures: Common Interest, Interdependency, Complexity and Global Possibilities", in: Futures, Oktober, 574 - 582
Wittrock, Björn 1977: Sweden's Secretariat: Programmes and Policies, in: Futures, August, Bd. 9, Nr.4, 351 - 357
Wittrock, Björn/P.de Leon/H.Nowotny 1985: Choosing Futures - Evaluating the Secretariat for Futures Studies, Stockholm: FRN

Ausgewählte Literatur

Långtidsutredningen 1987 (Langzeitprognose 1987):
unter Federführung des Finanzministeriums in einer interdisziplinär zusammengesetzten Arbeitsgruppe entstanden; analysiert die ökonomische und soziale Entwicklung Schwedens bis zum Jahr 1995 und teilweise darüber hinaus.

Geschichte: 1948 wurde die erste Långtidsutrednigen veröffentlicht, seit 1960 von verschiedenen Kommissionen ausgearbeitet, seit 1985 dem Finanzministerium angegliedert. Regelmäßige Analysen im Abstand von 5 Jahren, Zeithorizont 10 - 25 Jahre mit Ergänzungen durch kurzfristige Prognosen mit 3 - 5 Jahren Zeithorizont.

Die Långtidsutredningen 1987 enthält Prognosen und Politikempfehlungen zu folgenden Bereichen:

- ökonomische Entwicklung Schwedens, der OECD-Länder und der Weltwirtschaft seit 1975
- kurzfristige Prognosen zur ökonomischen Entwicklung (Zentrale Indikatoren: staatlicher Haushalt, Exporte, Importe, Inflation, Lohnentwicklung)
- Entwicklung bis 1995: Arbeitskraftressourcen, internationale Konkurrenzfähigkeit, Preis- und Lohnentwicklung, öffentlicher Sektor, wirtschaftlicher Strukturwandel, Staatshaushalt, Finanzierung des öffentlichen Sektors, Finanzierung der Renten und ande-

rer staatlicher Transferleistungen, Haushaltseinkommen, Sparneigung, finanzielle Situation schwedischer Unternehmen, Geld- und Kreditmarkt, Steuersystem, öffentlicher Sektor und Wirtschaftswachstum, Strukturen des Arbeitsmarkts, Weiterentwicklung des Wohlfahrtsstaates, insbesondere: Einkommens- und Vermögensverteilung, regionale Ungleichgewichte und ökologische Probleme

Veröffentlicht wurden eine Zusammenfassung sowie als Beilage die von einzelnen Kommissionen und Wissenschaftlern ausgearbeiteten Einzelprognosen. Beteiligt waren u. a.:

- das Statistische Zentralbüro: Arbeitskraftprognose bis 2000, Bevölkerungsprognose bis 2025
- der schwedische Kommunalverband, der schwedische Regionalverband, die Expertengruppe für regionale Entwicklung
- Universitätswissenschaftler, z. B. der Universität Göteborg (Björn Gustafsson) zu Fragen des öffentlichen Sektors, der Universität Uppsala (Nilson/Zetterberg) zu Fragen der Lohnstruktur, der Universität Lund (Persson/Taninura) zur Arbeitsmarktentwicklung

Ausgewählte Veröffentlichungen des Instituts für Zukunftsstudien:

Bo Wiman, Att vidmakthålla naturressurserna; Vision, vilja, väg in nagra framtidsstudier över miljo och resurser i världen, 1988, 207 Seiten (Institutsreihe: Soziale Bewegungen und Zukunft)
Inhalt: Zur Aufrechterhaltung der natürlichen Ressourcen; Vorstellungen, Wünsche und Wege in verschiedenen Zukunftsstudien über Umwelt- und Naturressourcen in der Welt; der Autor stellt verschiedene polarisierte Zukunftsstudien vor (von Studien, die ein Überleben der Menschheit vom Verzicht auf weiteren menschlichen Eingriff abhängig machen bis zu Studien, die allein von einer Weiterentwicklung der Technologien eine positive Entwicklung erwarten), diskutiert Ansätze, Methoden und Prognosen.
Der Autor ist Hochschullektor am Institut für Umwelt- und Energiesysteme der Universität Lund.

Institutet for framtidsstudier (Hrsg.), Vardag varthan 24 Samtal om i dug och i morgen, Stockholm 1988;

Inhalt: Unter dem Titel "Alltag wohin?" werden Fragen aufgegriffen wie "Können wir unser Leben beeinflussen? Oder besteht unser Leben aus Arbeit, Technik, Politik und anderen Faktoren, die außerhalb unserer Kontrolle liegen? Welche Träume und Hoffnungen haben wir in bezug auf die Zukunft?" 24 Frauen und Männer berichten aus ihrem Leben. Sie sind in unterschiedlichem Alter, arbeiten in unterschiedlichen Berufen und berichten über ihren Alltag, über Arbeit, Erfahrungen mit neuen Techniken, mit Politik, Behörden, über Konfliktlösungen und Lebensweisen.

Wilhelm Agrell, En framtid i fred eller krig?; Stockholm 1988;
Inhalt: Unter dem Titel "Eine Zukunft im Frieden oder Krieg" analysiert der Autor vom Institut für Friedens- und Konfliktforschung der Universität Lund die schwedische Neutralitätspolitik, Perspektiven der Abrüstung und internationale Entwicklungen.
Veröffentlichung durch das Institut im Rahmen seiner "zeitunabhängigen" ewigen Fragen.

Anmerkungen

* An der Recherche für den Länderbericht waren darüber hinaus Friederike Maier und Klaus Burmeister beteiligt.

1 Im Februar 1987 fanden in Stockholm Interviews zwischen Peter Moll und den Sekretariatsmitarbeitern der "ersten Stunde" Lars Ingelstam (damaliger Direktor), Göran Bäckstrand, Bo Huldt und Uno Svedin, statt, auf die für diesen Bericht an vielen Stellen zurückgegriffen werden konnte (s. Moll 1989).

2 Zu solchen Ausnahmen müssen z. B. das "World Order Models Project" unter Leitung von Saul Mendlovitz in New York, das Political Science Department an der Unversity of Hawaii mit Jim Dator, das Futures Studies Programm der University of Houston at Clear Lake mit Christopher Dede und O. W. Markley, das Center for Integrative Studies mit Magda McHale in Buffalo

sowie das Futures Studies Programm der UNITAR in New York, an dem Sam Cole gearbeitet hat, gezählt werden.

3   In diesem Zusammenhang sei auf eine voraussichtlich 1993 erscheinende Studie des Sekretariats für Zukunftsforschung (SFZ) über die US-amerikanische Zukunftsforschung verwiesen, in der das Verhältnis von quantitativer und qualitativer Zukunftsforschung in den USA näher untersucht wird.

4   Thomas Fürth in einer Mitteilung an den Autor Peter Moll im Dezember 1990.

5   In diesem Zusammenhang fanden im März 1988 auch Gespräche zwischen dem IZT Berlin und dem schwedischen Außenministerium statt. Diese Gespräche wurden für diesen Bericht hinzugezogen.

6   FAST ist Teil des MONITOR-Programms der EG-Kommission. Dazu gehören drei große Technologiebewertungs- und -entwicklungs-Programme, über die ein Großteil der EG-Fördermittel für Forschung und Entwicklung für den Techniksektor vergeben werden:
FAST: Forecasting and Assessment in Science and Technology
SAST: Strategic Analysis in Science and Technology, und
SPEAR: Support Programme for Evaluation Activities in Research

C. Ausgewählte Einrichtungen der Zukunftsforschung und Literatur

Einrichtungen der Zukunftsforschung

*Klaus Burmeister**

Zukunftsforschung verfügt in der Bundesrepublik über keinen institutionell abgesicherten Ort, das ist das wichtigste Ergebnis der eingehenden Bestandsaufnahme zur Situation der Zukunftsforschung in diesem Band. Dieses Resultat besagt nicht, daß in Deutschland nicht an zukunftsrelevanten Fragestellungen gearbeitet wird. Bei dem Versuch, insbesondere die bundesrepublikanische wissenschaftliche Infrastruktur im Hinblick auf ihre Wahrnehmung und Verarbeitung zukunftsrelevanter Themen zu untersuchen, stießen wir auf eine Vielzahl relevanter Institutionen, die zu wichtigen und drängenden Zukunftsfragen forschen. Insbesondere auf dem Forschungsfeld der Technikentwicklung, -abschätzung und -bewertung bearbeiten zahlreiche Institute weit in die Zukunft reichende Entwicklungen.

Desgleichen wird dem gestiegenen Umweltbewußtsein von einer wachsenden Zahl einschlägiger bzw. neugegründeter Institute Rechnung getragen. Firmen-Stiftungen, politische Stiftungen und unabhängige Stiftungen sind gleichermaßen an unterschiedlichen Aspekten zukünftiger gesellschaftlicher Herausforderungen interessiert. Auf dem klassischen Feld der Prognostik unternehmen viele ausgewiesene Wirtschaftsforschungsinstitute langfristig angelegte wirtschaftliche Studien. Kirchliche Bildungszentren und Akademien, gewerkschaftliche Bildungseinrichtungen sowie sonstige Organisationen der politischen Erwachsenenbildung greifen drängende zukunftsrelevante Themen auf. Neue, oft kleine Initiativen, Projekte und Netzwerke entstehen aus dem Umfeld der neuen sozialen Bewegungen und besetzen neue Felder zukünftiger gesellschaftlicher Auseinandersetzungen. Daneben existieren Einrichtungen, die den Begriff "Zukunft" bereits in ihrem Namen führen, wie z. B. das *Institut für ökologische Zukunftsforschung* in Barsinghausen oder das *Wickert Institut für wirtschaftliche Zukunftsforschung*. Insgesamt zeigte sich bei der näheren Analyse eine differenzierte Forschungslandschaft sowie ein wachsendes Feld intermediärer Einrichtungen der politischen Bildung und der Politikberatung. Zukunftsforschung, wie sie eingangs als disziplinübergreifendes, gestaltungsorientiertes, gesellschaftsbezogenes und notwendigerweise spekulativ angelegtes Projekt charakterisiert wurde, findet allerdings nur in wenigen der genannten Bereiche statt.

Die empirische Erhebung zukunftsrelevanter Einrichtungen im deutschsprachigen Raum verlief in drei Phasen. In der ersten Phase beschränkten wir uns auf die Sammlung von Einrichtungen der Technikfolgenabschätzung (TA), dabei griffen wir u. a. auf die TA-Datenbank des Kernforschungszentrums Karlsruhe zurück. Wir stellten allerdings fest, daß die dort zur Verfügung stehenden Daten unserem Erkenntnisinteresse nicht genügten. Daher bezogen wir Sekundärquellen wie die sozialwissenschafliche Datenbank in Bonn sowie die Auswertung vorliegender Handbücher in unsere Erhebung ein. Diese wurden durch eigene Recherchen wie Telefon-Interviews und schriftliche Anfragen ergänzt. Hierbei haben wir ein Raster verwendet, das auch Einrichtungen im informellen Bereich der Wissenschaftsförderung wie Stiftungen und den unübersichtlichen alternativen Sektor erfaßt. Im Verlauf dieser Phase entstand der Gedanke zur Einrichtung einer Zukunftsdatenbank, die alle Institutionen enthalten sollte, die an zukunftsrelevanten Themen arbeiten. Ausgehend von dieser Idee wurden in der zweiten Phase auch interdisziplinäre Einrichtungen an Hochschulen wie das *Zentrum für interdisziplinäre Hochschuldidaktik an der RWTH Aachen*, wichtige Universitätseinrichtungen wie die *Forschungsstelle Umweltpolitik an der Freien Universität Berlin* und sogenannte An-Institute wie beispielsweise das *Zentrum für interdisziplinäre Forschung (ZIF) an der Universität Bielefeld* in die Erhebung einbezogen. Darüber hinaus wurde die Arbeit der Großforschungseinrichtungen in der Bundesrepublik beleuchtet, beispielsweise die damalige *KfA* und das jetzige Forschungszentrum Jülich. Schließlich wurden außeruniversitäre Forschungseinrichtungen wie die *Institute der Max-Planck-Gesellschaft* mitberücksichtigt. Wirtschafts- und Meinungsforschungsinstitute sowie privatwirtschaftlich organisierte Institute wie das *Hamburger Weltwirtschaftsarchiv* bzw. das *Institut für ökologische Wirtschaftsforschung* in Berlin ergänzten das Raster einschlägiger Einrichtungen. In der Empiriephase zeigte sich, daß aufgrund unserer Fragestellung weitere Ansätze erwähnenswert waren, wie beispielsweise das *Forum Zukunft* in Ottobrunn, die *Arbeitsgemeinschaft ökologischer Forschungsinstitute (AGÖF)*, das *Gen-ethische Netzwerk* und die *Evangelischen Akademien*. Ab diesem Zeitpunkt entschlossen wir uns, zweigleisig vorzugehen. Einerseits wurden die begonnenen Arbeiten zum Aufbau der Zukunftsdatenbank abgeschlossen, andererseits beschränkten wir uns für die vorliegende Studie auf die im engeren Sinne zukunftsrelevanten nationalen und internationalen Institutionen. Hier verfügen wir über ausreichend fundiertes Datenmaterial sowie seit langem bestehende Arbeitskontakte. In der dritten Phase sollen die Arbeiten zum Aufbau der Zukunftsdatenbank abgeschlossen werden. Das Sekretariat für Zukunftsforschung führt die Arbeiten fort und verfügt heute bereits über einen Datenbestand von rund 300 ausgewählten nationalen und internationalen Institutionen. Das besondere dieser im Auf- und Ausbau befindlichen Zukunftsdatenbank liegt neben ihrem thematischen Zuschnitt in der praxisübergreifenden Zusammenstellung von klassisch-wissenschaftlichen, traditionell-ökonomischen und innovativ-unkonventionellen Einrichtungen, die sich mit Zukunftsfragen beschäftigen. Einen ersten Baustein können wir mit den ausgewählten Einrichtungen der Zukunftsforschung vorlegen.

Die vorliegende Auswahl enthält für den deutschsprachigen Raum die relevanten Einrichtungen der Zukunftsforschung und Zukunftsgestaltung. Für den internationalen Bereich haben wir wesentliche europäischen Institutionen sowie bedeutende Beispiele internationaler Zukunftsforschungseinrichtungen aufgenommen. Mit dieser Auswahl legen wir eine Datensammlung vor, die im deutschsprachigen Raum bislang nicht existiert. Wir verstehen unsere Arbeit als einen Beitrag zur Förderung von Ansätzen der Zukunftsforschung und Zukunftsgestaltung sowie zur stärkeren institutionellen Vernetzung im Hinblick die gemeinsame Bewältigung der globalen Herausforderungen in der einen Welt.

Auf konkrete Anfragen übernimmt das Sekretariat für Zukunftsforschung (SFZ) gezielt Recherchen auf Basis des gesamten Datenbestandes. Weitere Anregungen, Verbesserungs- und Ergänzungsvorschläge nimmt das SFZ gerne entgegen.

---

* Peter H. Moll war an der Recherche beteiligt und hat wesentliche Beiträge mitverfaßt.

**Alternativ Framtid
(Alternative Futures)**

Hausmannsgate 27
N-0182 Oslo 1
Tel.: (0047) 2 - 69 76 50

Kontakt: Kjell Dahle
Leiter: Jorn Bue Olsen und Kai Arne Armann
Gründung: 1985
Ziele/Arbeitsfelder: Förderung alternativer Zukunftsprojekte in den skandinavischen Staaten. Der Schwerpunkt der Arbeit liegt auf der Unterstützung und Förderung von Umwelt-, Friedens-, Frauen- und Jugendprojekten in Zusammenarbeit mit 17 aktiven Organisationen und Gruppen aus diesen Sektoren. Alternativ Framtid kooperiert eng mit der skandinavischen Umweltbewegung "Die Zukunft in unserer Hand" und dem norwegischen Naturverband. Projekte über:
- soziale Experimente in Skandinavien
- feministische Werte
- Energie-Szenarien für Skandinavien
- "freie" Wirtschaft
- soziale und ökologische Werte

Aufbau einer datengestützten "Ideenbank" mit einer Übersicht für soziale und ökologische Experimente in Skandinavien.
Periodika: Zeitschrift "Alternative Framtid", Informationsschriften ("Ideenbank")
Ausgewählte Publikationen: Kjell Dahle, On Alternative Ways of Studying the Future, Oslo, 1991

**Arbeitsgruppe Sozialberichterstattung
am Wissenschaftszentrum Berlin für Sozialforschung (WZB)**

Reichpietschufer 50
1000 Berlin 30
Tel.: 030 - 25 49 10
Fax: 030 - 25 49 16 84

Kontakt: Dr. Katrin Gillwald
Leiter: Prof. Dr. Wolfgang Zapf
Träger: gGmbH
Gründung: 1969
Ziele/Arbeitsfelder: Die Arbeitsgruppe Sozialberichterstattung widmet sich in der Tradition der Sozialindikatorenforschung in erster Linie der Dauerbeobachtung von sozialem Wandel und Wohlfahrtsentwicklung in der BRD. Dies geschieht in vielen Projekten im internationalen Vergleich. Grundlage der Datenbasis sind größtenteils Repräsentativbefragungen der Bevölkerung wie die Wohlfahrtssurveys und das sozio-ökonomische Panel. Die theoretischen Orientierungen stammen aus der Modernisierungstheorie und der Theorie der Wohlfahrtsproduktion. In begrenztem Umfang werden unter dem Begriff "prospektive Sozialberichterstattung" auch handlungsrelevante Vorstellungen über zukünftige Entwicklungen unserer Gesellschaft theoretisch und empirisch untersucht.

In diesem Zusammenhang wird die Entwicklung von Theorien und Methoden der Zukunftsforschung beobachtet und zu ausgewählten Themen, namentlich zu Europa und vor allem bezüglich des Ost-West-Verhältnisses, zu demographischen Untersuchungen, Problemen der urbanen Entwicklung, sozialen Bedürfnissen u. a. gearbeitet.
Periodika: WZB papers, WZB Rundbrief
Ausgewählte Publikationen: Katrin Gillwald, Zukunftsforschung aus den USA - Prominente Autoren und Werke der letzten 20 Jahre, Berlin, WZB papers p 90 - 106, 1991

B.A.T. Freizeit-Forschungssinstitut

Alsterufer 4
2000 Hamburg 36
Tel.:   040 - 41 51 22 88

Leiter: Prof. Dr. Horst W. Opaschowski
Träger: B.A.T. Cigarettenfabriken GmbH
Gründung: 1979
Ziele/Arbeitsfelder: Freizeitwissenschaftliche Grundlagenforschung - vor allem im qualitativen Bereich und praktische Projektforschung. Eigene Forschungsarbeit sowie Vergabe von Aufträgen an Markt- und Meinungsforschungsinstitute. Forschungsarbeiten zum Handlungs- und Problemfeld Freizeit und zum Wirtschafts-, Politik- und Zukunftsfaktor Freizeit. Das B.A.T. Freizeitforschungsinstitut betont die Bedeutung der Entwicklung des Freizeitsektors für Lebensstil und -qualität des einzelnen und hat durch seine Forschungen wesentliche Beiträge dafür geliefert.
Periodika: Schriftenreihe zur Freizeitforschung, "Der Freizeitbrief"
Ausgewählte Publikationen: Horst W. Opaschowski, Wie leben wir nach dem Jahr 2000?, Hamburg, 1988; Horst W. Opaschowski, Wie arbeiten wir nach dem Jahr 2000?, Hamburg, 1989

Bureau of Studies, Programming and Evaluation der UNESCO

7, Place de Fontenoy
F-75007 Paris
Tel.:   (0033) 1 - 45 68 12 16

Kontakt: Pierre Weiss
Leiter: Frederico Mayor
Träger: Vereinte Nationen
Gründung: 1946
Ziele/Arbeitsfelder: Ziel der UNESCO ist die Förderung der Zusammenarbeit zwischen den Nationen auf den Gebieten der Erziehung, Wissenschaft, der Kultur und des Kommunikationswesens. Im Rahmen des Bureaus werden zukunftsorientierte Studien verge-

ben, die sich sowohl mit länderspezifischen als auch mit globalen Weltproblemen beschäftigen. Ab 1991 plant das Bureau die Einrichtung eines "clearinghouse"(FUTURESCO). Bis 1995 soll das clearing-house eine internationale bibliografische Datenbank aufbauen, ein internationales Verzeichnis von Institutionen, Forschungseinrichtungen und Experten der Zukunftsforschung anlegen und ein regelmäßig erscheinendes Bulletin "UNESCO FUTURE SCAN" herausgeben. Dazu will es mit verschiedenen nicht-staatlichen Einrichtungen zusammenarbeiten, derzeit sind an dem Projekt die Internationale Bibliothek für Zukunftsfragen (Salzburg), die World Future Society, die World Futures Studies Federation und die Association Futuribles (Paris) beteiligt.
Periodika: UNESCO FUTURE SCAN

Center za Strategitsjeski Izledvanija XXI Vek
Zentrum für strategische Wirtschafts- und Politikstudien für das 21. Jahrhundert

Ul. Aksakov 11
BG-Sofia 1000
Tel.:   (00359) 2 - 65 83 66
Fax: (00359) 2 - 65 75 90

Leiter: Prof. Aleksander Tomov
Gründung: 1990
Ziele/Aktivitäten: Das "Zentrum für strategische Wirtschafts- und Politikstudien für das 21.Jahrhundert" ist ein noch sehr junges, nach den politischen Veränderungen von 1989 gegründetes, unabhängiges Forschungs- und Beratungsinstitut. Es sieht seine Aufgabe in einer unabhängigen Beratung der staatlichen Administration bulgarischer Firmen und anderer gesellschaftlicher und politischer Gruppen des Landes in der gegenwärtigen Umbruchsituation in Bulgarien und dem gesamten Osteuropa. Ein Schwergewicht liegt auf der ökonomischen Umgestaltung der staatlich gelenkten Wirtschaft. Zu diesem Zweck hat das Zentrum eine Reihe interdisziplinärer Studien über mögliche wirtschaftliche und politische Veränderungen begonnen. Das Zentrum ist Veranstalter der WFSF-Konferenz "Alternative Futures for Eastern Europe" in Sofia vom 3. - 6. Juni 1991. Aleksander Tomov, der Direktor des Instituts, ist kürzlich zum stellvertretenden Premierminister der neuen Bulgarischen Koalitionsregierung gewählt worden.

Centre de Prospective et d'Etudes (CPE)

rue Descartes, 1
F-75231 Paris Cedex 05
Tel.:   (0033) 1 - 46 34 35 35
Fax: (0033) 1 - 46-34-34-23

Kontakt: Pierre de la Saussay
Leiter: Thierry Gaudin

Gründung: 1982
Ziele/Arbeitsfelder: Das Centre de Prospective et d'Etudes ist Teil des Forschungsministeriums. Hauptaufgabe des CPE ist die Abschätzung und Bewertung neuer Technologien im Rahmen der französischen Forschungs- und Technologiepolitik. CPE beobachtet die internationale Entwicklung auf dem Gebiet technischer Innovationen und verfaßt im Auftrag verschiedener Ministerien detaillierte Berichte über einzelne Techniksektoren. Seit 1982 hat das CPE mehr als 100 solcher Berichte verfaßt. Darüber hinaus werden vom CPE auch eigenständig Themen aufgegriffen. Derzeit wird an folgenden Themen gearbeitet:
- Energieressourcen
- Bio-Technologie und Ernährung
- Ozeane und Antarktis
- Kognitive Wissensverarbeitung
- Urbanität
- Unternehmensstrategien und die Ungleichgewichte in der Welt
- Zukunftsforschung

Zusätzlich entfaltet CPE rege Tagungsaktivitäten, u. a. in Kooperation mit der FAST-Gruppe der EG.
Ausgewählte Publikationen: institutseigene Veröffentlichungsreihe

---

Center for Integrative Studies
School of Architecture and Planning

Hayes Hall
USA-14214 Buffalo, New York
Tel.: (001) 716 - 831 37 27

Leiter: Magda Cordell McHale
Gründung: 1976
Ziele/Arbeitsfelder: Nach eingehender Forschungsarbeit an der Fakultät für Architektur und Design an der University of Binghampton gründeten John und Magda McHale das "Center for Integrative Studies" an der Universität Buffalo. Beide gelten als Pioniere der auf soziale und gesellschaftliche Themen ausgerichteten Zukunftsforschung. In ihrer jahrzehntelangen gemeinsamen Arbeit haben sie zentrale ausgewählte Publikationen der internationalen Zukunftsforschung verfaßt, in denen Fragestellungen der Systemanalyse, der Möglichkeiten neuartigen Designs und einer neuen Architektur (in Zusammenarbeit mit John Buckminster Fuller) ebenso behandelt wurden wie Theorien und Praktiken der "Basic Needs-Strategie" für die internationale Entwicklungspolitik und das weite Feld von Umweltpolitik- und Technikentwicklung. Diese Arbeiten sind eingegangen in das Center for Integrative Studies, das nach dem Tod von John McHale von Magda McHale betreut und verwaltet wird. Es ist eines der besten Quellen für Literatur zu vielen globalen und langfristigen Fragestellungen.
Ausgewählte Publikationen: John McHale und Magda Cordell McHale, Basic Human Needs - A Framework for Action, New Jersey, 1977; John McHale und Magda Cordell McHale, Futures Directory, Guildford, 1977

Club of Rome

Secretariat General
34 avenue d'Eylau
F-75116 Paris
Tel.: (0033) 1 - 47 04 45 25
Fax: (0033) 1 - 47 04 45 23

Kontakt: Bertrand Schneider
Leiter: Alexander King/Ricardo Diez-Hochleitner
Gründung: 1968
Ziele/Arbeitsfelder: Der Club of Rome wurde von dem Industriellen Aurelio Peccei und dem damaligen Direktor für Wissenschaft und Kultur der OECD Alexander King gegründet. Es war die erklärte Absicht der Gründer, keine schwerfällige bürokratische Organisation aufzubauen, sondern mit einem überschaubaren Kreis international anerkannter Persönlichkeiten und deren informellen Kontakten Einfluß auszuüben. Inhaltliche Grundlage sind die Berichte an den Club of Rome. Mit dem ersten Bericht "Grenzen des Wachstums" erlangte der Club Weltruhm. Darüber hinaus hat der Club ein Sekretariat eingerichtet und führt Veranstaltungen mit Vertretern aus Wissenschaft, Wirtschaft, Politik und Verwaltung zu den globalen Herausforderungen, Umweltthemen, "Regierbarkeit der Welt angesichts neuartiger Wirtschafts-, Umwelt- und politischer Organisationsprobleme" durch.
Periodika: ein unregelmäßig erscheinender Mitgliederrundbrief
Ausgewählte Periodika: Dennis Meadows u. a., Die Grenzen des Wachstums, Stuttgart, 1972; M. Mesarovic und E. Pestel, Menschheit am Wendepunkt, Reinbek bei Hamburg, 1977; Jan Tinbergen (Hg.), RIO - Die Erneuerung der Internationalen Weltwirtschaftsordnung

Commissariat Général du Plan (CGP)

5, rue Casimir Perier
F-75007 Paris
Tel.: (0033) 1 - 45 56 54 71
Fax: (0033) 1 - 47 05 25 22

Kontakt: Odile Hanappe, Bernard Cazes
Leiter: Pierre Yves Cosse
Gründung: 1946
Ziele/Arbeitsfelder: Aufgabe des fränzösischen "Plans" ist eine Koordination der nationalen Ökonomie sowie die Erarbeitung eines Rahmens für die allgemeine französische Wirtschaftsentwicklung. Die "Planification" übernimmt dabei eine beratende und koordinierende Funktion. Der Plan wurde von de Gaulle nach dem zweiten Weltkrieg ins Leben gerufen und diente der Unterstützung des wirtschaftlichen Wiederaufbaus Frankreichs. Seine Funktion ist bis heute die eines "think tanks" für die französische Regierung. Das CGP bietet darüber hinaus eine Plattform zum Dialog zwischen der Regierung, der Wirtschaft und den Gewerkschaften. Heute hat die Planification gegenüber der Nachkriegszeit deutlich an Bedeutung verloren. Das Commissariat Général du

Plan hat aber nach wie vor eine wichtige Funktion bei der Vergabe von Forschungsarbeiten und bei der Koordination von Zukunftsstudien in einzelnen Ministerien, wie z. B. der Abteilung für Wirtschafts- und Finanzstudien des Finanzministeriums (SEEF). Darüber hinaus führt das CGP auch eigene Untersuchungen zur zukünftigen Entwicklung Frankreichs durch, wie z. B. die Studie mit dem Titel "Horizon 2000" über die nationale Identität Frankreichs und die Folgen eines neuen Generationenkonflikts für die französische Gesellschaft bis zum Jahre 2000.

Ausgewählte Publikationen: CGP, Rêflexion pour 1985, Paris 1964; CGP, 1985 - la France face au choc du futur, Paris, 1969; CGP, Voies nouvelles pour la croissance, Paris, 1974; CGP, Faire gagner la France, Paris, 1986; Bernhard Cazes (Hg.), Entrer le 21ième Siècle: Rapport du Group Horizon 2000, Paris, 1990

Commission for the Future (CF)

P O BOX 115
AUS-3053 Carlton South, Victoria
Tel.: (61) 3 - 663 32 8

Leiter: Peter Ellyard
Gründung: 1985
Ziele/Arbeitsfelder: Die unabhängige Commission for the Future wurde 1985 auf Betreiben des damaligen Wissenschaftsministers Barry Jones einberufen. Sie dient der Information und möglichen Sensibilisierung der australischen Öffentlichkeit über Optionen der zukünftigen Entwicklung Australiens. Hintergrund sind die Probleme der traditionell landwirtschaftlichen Infrastruktur Australiens, der Einsatz und die Auswirkungen neuer Technologien und die gesellschaftliche Entwicklung in Richtung einer Dienstleistungs- und Kommunikationsgesellschaft. Der parteienunabhängigen Kommission gehören Vertreter aus Wissenschaft, Forschung, Wirtschaft und Verwaltung an. Langfristiges Ziel und Schwerpunkt der Arbeit sind die Demokratisierung von Entscheidungen über neue wissenschaftliche und technische Strategien für neue Technologien und die Verbreitung von Informationen über ihre möglichen sozialen, ökologischen und ökonomischen Folgewirkungen. Die Kommission betreibt eine großangelegte Öffentlichkeitsarbeit. Eine besondere Zielgruppe sind Jugendliche in der Ausbildung. Ein weiteres wichtiges Projekt befaßt sich mit dem Thema "Sustainable Australia: Towards Economic and Ecological Sustainability by 2010", das durch den Brundtland-Bericht angeregt wurde. Die Commission for the Future arbeitet eng mit der australischen Regierung zusammen.
Periodika: Monatszeitschrift "In Future"

Denkfabrik Schleswig-Holstein
Staatskanzlei des Landes Schleswig-Holstein

Düsternbrooker Weg 70
2300 Kiel
Tel.: 0431 - 59 61-24 19
Fax: 0431 - 59 61-24 23

Leiter: Dr. Werner Jann
Träger: Land Schleswig-Holstein
Gründung: 1989
Ziele/Arbeitsfelder: Politikberatungs-Einrichtung des Landes Schleswig-Holstein für eine zukunftsorientierte Überwindung der vorhandenen Strukturprobleme. Folgende Themen wurden bisher bearbeitet:
- Der EG-Binnenmarkt '92 und die Wirtschaft Schleswig-Holsteins
- Die Einbindung Schleswig-Holsteins in den Ostseeraum
- Wissenstechnologie und Ideentransfer in Schleswig-Holstein
- Szenarien zur Informationsgesellschaft

Die Denkfabrik versteht sich als Initiator und Moderator für Problemlösungsprozesse und nutzt externes Expertenwissen.
Ausgewählte Publikationen: bislang nur Arbeitspapiere zu den einzelnen Projekten

---

Eduard-Pestel-Institut für Systemforschung (ISP)

Königstr. 50 a
3000 Hannover 1
Tel.:   0511 - 34 52 41
Fax: 0511 - 31 87 34

Kontakt: Dr. Müller-Reißmann
Träger: e. V.
Gründung: 1975
Ziele/Arbeitsfelder: Das ISP ging aus den Arbeiten zum "Zweiten Bericht an dem Club of Rome" (1974) hervor. Der Mitbegründer des Club Eduard Pestel erstellte in diesem Zusammenhang ein systemanalytisches Weltmodell, das er auf die Bundesrepublik Deutschland übertragen wollte. Für diesen Zweck bildete er eine Gruppe von Wissenschaftlern, mit denen er 1975 das "Institut für angewandte Systemforschung und Prognose" gründetete. Nach seinem Tod erfolgte 1988 die Umbenennung. Heute arbeitet das ISP als unabhängige Forschungs- und Beratungsinstitution für Politik und Wirtschaft zu gesellschaftlichen, wirtschaftlichen und umweltbezogenen Fragestellungen. Themen: Bevölkerungsentwicklung, Wohnungs- und Arbeitsmarkt, Szenarien zum zukünftigen Energiebedarf bzw. zur Energieversorgung, umweltschonende Energieanwendung, Technikbewertung, Technikfolgenabschätzung, Entwicklung von Kriterien der Sozialverträglichkeit, Analysen von Umweltbelastungen, Entsorgungskonzepte für Haus- und Sondermüll, ökonomische, ökologische und soziale Rahmenbedingungen von Großinvestitionen.
Ausgewählte Publikationen: Kriterien der Sozialverträglichkeit der neuen Informations- und Kommunikationstechnologien; Perspektiven zur Zukunft der Landwirtschaft (Agrarpfade)

Environment Liaison Centre International (ELCI)

PO Box 72461
EAK-Nairobi
Tel.: (00254) 2 - 56 20 15
Fax: (00254) 2 - 56 21 75

Leiter: Shimwaayi Muntemba
Gründung: 1974
Ziele/Arbeitsfelder: Das Internationale Umweltzentrum in Nairobi fördert die Koordination der Aktivitäten nationaler Umweltgruppen. Ziel ist die Unterstützung einer geregelten internationalen Entwicklung, die mit den Umweltproblemen in anderer Weise umgeht, als es weitgehend heute geschieht. Das Umweltzentrum engagiert sich besonders für eine Stärkung der Zusammenarbeit zwischen nicht-staatlichen Gruppierungen und Organisationen (NGO's) im Süden und im Norden und für die Zusammenarbeit zwischen NGO's und den Agenturen der Vereinten Nationen, wie z. B. das Umweltprogramm der Vereinten Nationen UNEP. Darüber hinaus werden auch eigene Untersuchungen angestellt. Am ELCI laufen fünf Hauptprogramme:
- Frauen, Umwelt und Entwicklung
- Ernährungssicherheit und Forstwesen
- Energie für eine nachhaltige Entwicklung (sustainable development)
- Industrialisierung und menschliche Siedlungen
- Internationale Wirtschaftsbeziehungen

Das Umweltzentrum unterhält eine Datenbank über die Aktivitäten der NGO's und vergibt Gelder zur Unterstützung lokaler Umweltprojekte in Dritte-Welt-Länder. Das ELCI hat mehr als 300 Mitgliedsorganisationen aus 71 Ländern, die sich alle für eine nachhaltige Entwicklung einsetzen. ELCI gibt die Zeitschrift "Ecoforum" heraus, die in englisch, spanisch, französisch und arabisch erscheint und 7200 Organisationen erreicht. Das Umweltzentrum finanziert sich durch Gelder von UNEP und der kanadischen, niederländischen und norwegischen Regierung.
Periodika: "Ecoforum"
Publikationen: Einzelpublikationen von ECLI-Mitarbeitern

FAST - Forecasting and Assessment in Science and Technology
Forschungsgruppe der Kommission der Europäischen Gemeinschaften

Rue de la Loi 200
B-1049 Brüssel
Tel.: (0032) 2 - 235 11 11
Fax: (0032) 2 - 235 42 99

Kontakt: Lene Hove
Leiter: Riccardo Petrella
Träger: EG-Kommission
Gründung: 1978
Ziele/Arbeitsfelder: Die FAST-Gruppe ist als der Versuch der EG entstanden, die fortschreitende technologischen Entwicklung mit einer sozialwissenschaftlich orientierten

Technikfolgenforschung zu begleiten. Die FAST-Gruppe vergibt Forschungsaufträge an Institutionen der 12 Mitgliedstaaten und führt eigene Untersuchungen zum Stand von Wissenschaft und technologischer Entwicklung durch. Sämtliche Aktivitäten der Technikfolgenforschung sind heute im Rahmen des EG-MONITOR Programms zusammengefaßt. Thematisch wurden bisher u. a. bearbeitet: die Telekommunikation, die Bio-Gesellschaft, die Informationsgesellschaft und der Bereich Technik und Arbeit. Schwerpunkte des neuen Forschungsprogramms sind u. a.:
- Zukunft der Industrie in Europa
- Wissenschaft, Technologie und kommunale Selbstständigkeit in einem kontinentalen Europa
- Die globale Perspektive bis 2010: Herausforderungen für Wissenschaft und Technik

Ausgewählte Publikationen: Publikation und Verbreitung aller größeren Forschungsberichte, Forschungspläne und Ausschreibungen in den offiziellen EG-Sprachen

---

**Forschungsinstitut Berlin
Daimler Benz AG**

Daimlerstr. 123
1000 Berlin 48
Tel.:   030 - 74 91-26 87
Fax: 030 - 74 91-32 34

Kontakt: Dr. Eckard P. W. Minx
Träger: Daimler-Benz AG
Gründung: 1979
Ziele/Arbeitsfelder: Das Forschungsinstitut Berlin gehört zu den wenigen relativ unabhängigen und interdisziplinär zusammengesetzten Zukunftsforschungs-Einrichtungen der deutschen Wirtschaft. Eigenständige Forschungsarbeit u. a. zu folgenden Themen und methodischen Ansätzen: Kosten-Nutzen-Analysen, verhaltensändernde Einflüsse auf die Wahl der Verkehrsmittel, Zukunftsstudien und Weiterentwicklung entsprechender Methoden, Arbeitszeitentwicklung und Freizeitmobilität, Wertewandel, Auswirkungen neuer Informations- und Kommunikationstechnologien auf Güterproduktion und Güterverkehr, Frauen im Management, Dienstleistungen im Strukturwandel, Stadtentwicklung, systemisch-evolutionäres Management.
Ausgewählte Publikationen: interne Arbeitspapiere

Forum Zukunft e. V.

Daimlerstr. 15
8012 Ottobrunn
Tel.:   089 - 60 72-22 83
Fax: 089 - 60 99 73 1

Leiter: Dr. Hans-Georg Knoche
Träger: e. V.
Gründung: 1984

Ziele/Arbeitsfelder: Das Forum Zukunft versteht sich als Vermittlungsinstanz für anwendungsreife technologische Entwicklungslinien und arbeitet in diesem Zusammenhang eng mit der Ludwig-Bölkow-Stiftung und der Bölkow-Systemtechnik zusammen. Es fördert den Dialog zwischen Wissenschaft, Politik, Wirtschaft, Technik und interessierten Bürgern. Es werden zu folgenden Themen Foren für interdisziplinäre Gespräche und Diskussionen veranstaltet: Technik und Ethik, Europäische Sicherheitspolitik, künftige Energieversorgung, Verhältnis von Ökologie und Ökonomie.
Ausgewählte Publikationen: Tagungsberichte

Fundacion Bariloche

8400 S L de Bariloche
RA-Rio Negro
Tel.: (54) 944-257 55

Kontakt: Graciela Chichilnisky
Leiter: Amilcar Herrera
Ziele/Arbeitsfelder: Wichtiges lateinamerikanisches Zentrum für Zukunfts- und Umweltstudien. Innerhalb der argentinischen Stiftung finden Arbeitsgruppen zu Themen wie soziale Entwicklung, rationelle Energieverwendung und ökologische Systemanalyse statt. Die Systemanalyse-Gruppe arbeitet zur Zeit an zwei Projekten, die in Zusammenhang mit der Aufarbeitung des Brundtland-Berichts stehen: "Ökologische Perspektiven für Lateinamerika" und "Globale Verarmung, nachhaltige Entwicklung und Umwelt". International bekannt geworden ist die Stiftung Bariloche 1976 mit dem "Lateinamerikanischen Weltmodell" (A. Herrera u. a., Catastrophe or New Society), in dem Lösungen für die internationale Wachstums- und Umweltproblematik, wie sie damals vom Club of Rome vorgelegt wurden, wegen der Vernachlässigung der bestehenden sozialen, politischen und wirtschaftlichen Ungleichgewichte in der Welt kritisiert wurden. Statt dessen schlug die Bariloche-Forschungsgruppe Lösungsmuster vor, die die bestehenden Ungleichgewichte berücksichtigen. Ein zentrales Moment war eine globale Umverteilungspolitik des Weltreichtums von Nord nach Süd, die in ihren Auswirkungen für das "Weltsystem" in Szenarien durchgespielt und zur Diskussion gestellt wurde. Das Modell war ausdrücklich als "Gegenmodell" der Dritten Welt konzipiert und hat in der Diskussion der 70er Jahre über eine mögliche neue Weltwirtschaftsordnung - besonders in den Ländern der 3. Welt - eine relevante Rolle gespielt.
Ausgewählte Publikationen: A. Herrera/H. Scolnik/G. Chichilnisky u. a., Catastrophe or New Society - A Latin American World Model, Ottawa, 1976

Future Lab - Zukunftswerkstatt

Goldersbacher Str. 3
7400 Tübingen
Tel.: 05042 - 801 241
Fax: 05042 - 801 242

Leiter: Dr. Rüdiger Lutz
Träger: GmbH
Gründung: 1980
Ziele/Arbeitsfelder: Durchführung von Zukunftswerkstätten mit unterschiedlichen Themenstellungen: Abwicklung von Forschungs-, Planungs- und Beratungsprojekten zu Fragen der Technikfolgenabschätzung, Umweltverträglichkeitsprüfungen, Öko-Design, Öko-Architektur, Friedenspädagogik, Fragen der Futurologie, der Entwicklung neuer Formen der Kommunikation und Aspekten der Sozialökologie.
Ausgewählte Publikationen: Rüdiger Lutz, Die sanfte Wende, Frankfurt 1987; Rüdiger Lutz, Ökopolis, München 1987

Futuribles International

55, rue de Varenne
F-75007 Paris
Tel.:   (0033) 1 - 42 22 63 10
Fax: (0033) 1 - 42 22 65 54

Leiter: Hugues de Jouvenel
Direktor: Mahjdi Elmandjra
Träger: Stiftung
Gründung: 1960
Ziele/Arbeitsfelder: Futuribles war eine der ersten Organisationen, die in Europa zu sozialen und wirtschaftlichen Fragestellungen der Zukunft gearbeitet haben. Bertrand de Jouvenel begründete 1960 eine bis heute reichende Tradition der Zukunftsforschung. Er übte als Vordenker einer nicht-strategischen Zukunftsforschung (de Jouvenel, Die Kunst der Vorrausschau, Neuwied, 1967) in Frankreich und Europa einen beachtlichen Einfluß aus. Heute führt Futuribles qualitativ sowie quantitativ ausgerichtete Forschungsarbeiten auf folgenden Gebieten durch: Zukunftsforschung, Regional-entwicklung, Ökologie, Telematik, Bildung, Forschung und Technologie, globale Herausforderungen, allgemeine gesellschaftliche Entwicklungen, Europäischer Binnenmarkt, Nord-Süd-Problematik. Darüber hinaus gibt es eine Vielzahl von Beratungsangeboten für private Firmen und für Ministerien. Regelmäßig durchgeführte Bildungsseminare und nationale sowie internationale Diskussionsforen ergänzen das Weiterbildungsangebot. Futuribles unterhält eines der größten Netzwerke für Zukunftsforschungs-Institutionen und Individuen weltweit. Das Hauptaugenmerk der Studien von Futuribles liegt allerdings auf französischen Entwicklungen. Die Stiftung verfügt über eine der besten Bibliotheken zur internationalen Zukunftsforschung in Europa.
Periodika: monatlich erscheinende Fachzeitschrift "Futuribles", Futuribles News Letter

---

GAMMA

3636 Avenue de Musee, Montreal
CDN-Quebec H36, 2 C9
Tel.:   (001) 514 - 845 36 24

Leiter: Kimon Valaskakis
Gründung: 1974
Ziele/Arbeitsfelder: GAMMA ist ein unabhängiges, interdisziplinär arbeitendes Forschungsinstitut. Beteiligt an der Gründung und Mitarbeit waren zwei Montrealer Universitäten. GAMMA erstellt Szenarien und umfassende Analysen für private und öffentliche Auftraggeber zu sehr unterschiedlichen Themen wie der Nationalitätenfrage in Kanada, der Rolle der Hauptstadt Kanadas und der Zukunft Quebecs. Das Institut verwendet dabei modernste Szenariotechniken, die jeweils im Dialog und in Absprache mit den Auftraggebern entwickelt werden. Außerdem arbeitet GAMMA gezielt mit dem kanadischen Fernsehen zusammen. Die bekannteste Untersuchung wurde in den 70er Jahren unter dem Titel "The Conserver Society" durchgeführt, die für viel Aufsehen in der kanadischen Öffentlichkeit sorgte.
Ausgewählte Publikationen: Einzelveröffentlichungen von GAMMA-Mitarbeitern, Auftragsstudien (begrenzt zugänglich)

Gesellschaft für Zukunftsmodelle und Systemkritik (GZS)

Rotthauser Str. 97
4650 Gelsenkirchen 1
Tel.:   0209 - 13 67 04

Leiter: Werner Mittelstaedt
Träger: e. V.
Gründung: 1977
Ziele/Arbeitsfelder: Förderung und Verbreitung zukunftsrelevanten Wissens. Durchführung themenzentrierter Veranstaltungen im Bereich der Zukunftsforschung und -gestaltung, u. a. zu den Themen: Friedens- und Sicherheitspolitik, gerechte Verteilung des Wohlstands zwischen armen und reichen Ländern und Diskussion neuer Ansätze in den Naturwissenschaften, wie z. B. der Entwicklung der Chaosforschung.
Periodika: Zeitschrift "Blickpunkt Zukunft" (zwei bis drei Ausgaben pro Jahr)
Ausgewählte Publikationen: Werner Mittelstaedt, Wachstumswende, München 1988

Gesellschaft für Zukunftsgestaltung - NETZWERK ZUKUNFT e. V.

Lindenallee 16
1000 Berlin 19
Tel.:   030 - 302 90 08/9
Fax: 030 - 302 95 79

Kontakt: Beate Schulz
Träger: Verein
Gründung: 1989
Ziele/Arbeitsfelder: Mit der Akzentsetzung auf Zukunftsgestaltung und einer aktiven Netzwerkarbeit beschreitet der Verein neue Wege und versucht gleichzeitig, die organisatorische Lücke zu schließen, die die Auflösung der "Gesellschaft für Zukunftsfragen" hinterlassen hat. Gefördert werden soll die Zukunftsgestaltung in Politik, Wirtschaft und

Gesellschaft und die Weiterentwicklung der Zukunftsforschung und ihrer Methoden. Angestrebt wird die Kooperation mit Organisationen der Zukunftsforschung und -gestaltung. Die Einrichtung von Zukunftsarbeitskreisen, die Durchführung von Zukunftsgesprächen, Zukunftswerkstätten, Tagungen und Symposien und die Unterstützung sozialer Experimente ergänzen die Aufgabenbereiche. Bisher wurden u. a. das Symposium "Vernetzung und Zukunftsgestaltung" (Burmeister/Canzler/Kreibich, Netzwerke, Weinheim und Basel 1991), ein Zukunftsgespräch mit dem Titel "Visionen 2010: Leben in der Metropole Berlin" durchgeführt und eine Dokumentation zum Golf-Krieg und seinen Folgen erstellt.
Periodika: Mitglieder-Rundbrief

Gottlieb-Duttweiler-Institut für wirtschaftliche und soziale Studien (GDI) Stiftung Im Grüene

Langhaldenstr 21
CH-8803 Rüschlikon
Tel.:   (0041) 1 - 724 61 11
Fax: (0041) 1 - 724 62 62

Kontakt: Günter Cyranek
Leiter: Dr. Christian Lutz
Träger: Stiftung
Gründung: 1963
Ziele/Arbeitsfelder: Das GDI zielt auf einen Brückenschlag zwischen Wissenschaft und Praxis. Der Terminus Praxis bezieht sich dabei in erster Linie auf wirtschaftliches und zukunftsorientiertes Handeln in Unternehmen. Darüber hinaus versteht sich das GDI als Moderator zwischen unterschiedlichen Verantwortungsträgern in der Gesellschaft. Zu diesem Zweck bietet das Institut eine breite Palette von Seminaren und Symposien an. Organisatorisch verankert sind im GDI die Arbeitsbereiche Handel, Unternehmenspolitik, Technologie und Gesellschaft, Kultur und Gesellschaft, Wirtschaft und Politik. Thematisch wurden in den zahlreichen Veranstaltungen u. a. folgende Problemfelder bearbeitet: Region und Telematik, systemorientierte Zukunftsarbeit in Unternehmen, kulturelle Modernisierung, Logistik 2001, Langfristige Zukunftsaufgaben.
Zusätzlich unterstützt eine interne Forschungsstelle die wissenschaftliche Auseinandersetzung mit den genannten Themenfeldern.
Periodika: gdi-Impuls (vierteljählich)
Ausgewählte Publikationen: institutseigene Reihe "GDI- Schriften"

Haus Rissen
Internationales Institut für Politik und Wirtschaft

Rissener Landstr. 193
2000 Hamburg 56
Tel.:   040 - 81 80 21

Leiter: Uwe Möller und Dr. Hans-Viktor Schwierwater
Träger: e. V.
Gründung: 1954
Ziele/Arbeitsfelder: Das Haus Rissen wurde von Gerhard Merzyn, einem frühen Mitglied des "Club of Rome", gegründet. Es ist eine Einrichtung der politischen Erwachsenenbildung und wendet sich vor allem an Entscheidungsträger in Wirtschaft und Gesellschaft. Das Haus Rissen führt Fachkolloquien und internationale Konferenzen zu nationalen und internationalen Entwicklungstrends durch. Mit seinen Veranstaltungen hat sich das Haus Rissen zur Aufgabe gemacht, zur Konfliktbegrenzung und größerem Vertrauen zwischen Ost und West sowie zu einem Ausgleich zwischen Nord und Süd beizutragen. Ausgangspunkte für die Ansätze der Organisatoren sind Überlegungen zur langfristigen Zukunftssicherung einer wachsenden Menschheit angesichts knapper Ressourcen auf Grundlage der westeuropäischen und atlantischen Zusammenarbeit.
Periodika: Rissener Rundbrief, Rissener Jahrbuch

Institut für ökologische Zukunftsperspektiven
Zukunftsinstitut Barsinghausen

Wennigser Str. 1
3013 Barsinghausen 1
Tel.:   05105 - 83 76 1
Fax: 05105 - 83 12 9

Kontakt: Götz Wittneben
Leiter: Prof. Dr. Arnim Bechmann
Träger: gGmbH
Gründung: 1986
Ziele/Arbeitsfelder: Erarbeitung von Vorschlägen für eine ökologisch wünschenswerte Zukunft. Themenschwerpunkte der Forschungsprojekte sind:
- Evolutionäre Umweltpolitik
- Konzepte zur Selbstregulation lebender Systeme und ökologischer Technik
- Ökologisierung der Agrarpolitik
- Strategien zur Revitalisierung von Waldökosystemen
- Ökologischer Landbau als Leitbild für die Agrarpolitik (mit entsprechenden Szenarien)
- Umweltverträglichkeitsprüfungen
- Versuch des Entwurfs einer nach-materialistischen Naturwissenschaft

Ausgewählte Publikationen: Arnim Bechmann, Leben wollen - Anleitung für eine neue Umweltpolitik, Köln 1984

Institut für Umwelt- und Zukunftsforschung

Blankensteiner Str. 200 a
4630 Bochum 1
Tel.:   0234 - 47 71 1
Fax: 0234 - 46 15 04

Kontakt: Dr. Lutz R. Krüger
Leiter: Prof. Dr. Heinz Kaminski
Träger: e.V.
Gründung: 1982
Ziele/Arbeitsfelder: Das Institut für Umwelt- und Zukunftsforschung führt Forschungsprojekte mit naturwissenschaftlicher Schwerpunktsetzung zu folgenden Themen durch:
- Satelliten-Ökologie (Umweltbeobachtung aus dem Weltraum)
- Gewässerverschmutzung
- Belastung der Atmosphäre
- Klimatologische Veränderungen

Das Institut ist der Sternwarte Bochum angeschlossen.
Ausgewählte Publikationen: unregelmäßige, hausinterne Veröffentlichungen

---

Institut für Zukunftsstudien und Technologiebewertung (IZT)

Lindenalle 16
1000 Berlin 19
Tel.: 030 - 30 29 008/9
Fax: 030 - 30 29 579

Kontakt: Dr. Holger Rogall
Leiter: Prof. Dr. Rolf Kreibich
Träger: gGmbH
Gründung: 1981
Ziele/Arbeitsfelder: Analyse der Einführung und Entwicklung neuer Technologien sowie die Abschätzung und Bewertung ihrer wirtschaftlichen, politischen, ökologischen und sozialen Folgen. Dies geschieht am IZT auf interdisziplinärer Basis mit zukunftsorientierten Projektstudien. Zu den wichtigsten Themen der letzten Jahre zählten:
- Zukunftsperspektiven der Breitbandkommunikation
- Zukunft der Telearbeit
- Umweltplanung und -technologien
- Infrastrukturentwicklung und Verkehrstechnologien
- dezentrale Energiekonzepte und Einsatz regenerativer Energien
- Entwicklung der Haushaltstechnik
- Projekte zur Lärmsituation
- ökologische Produkt- und Produktionsgestaltung
- Entsorgungskonzepte

Für diese Projekte werden u. a. Methoden der Zukunftsforschung eingesetzt, wie z. B. die Szenario-Technik. Darüber hinaus veranstaltet das IZT Symposien und Tagungen, wie z. B. "Evolutionäre Wege in die Zukunft" oder "Solarcity".
Periodika: Publikationsreihe "ZukunftsStudien" (zusammen mit dem Sekretariat für Zukunftsforschung) im Beltz Verlag
Ausgewählte Publikationen: Rolf Kreibich et al., Zukunft der Telearbeit, Eschborn 1990; Kreibich/Rogall/Boës, Ökologisch Produzieren, Weinheim und Basel 1991

Institute for Future Technology (IFTECH)

2-1 Kitanomaru- Koen
J-Chiyoda- Ku, Tokyo
Tel.: (0081) 3 - 215 19 11

Leiter: Ken'ichiro Hirota
Gründung: 1971
Ziele/Arbeitsfelder: Das Institute for Future Technology ist eines der zentralen Technikfolgenforschungs-Institute in Japan. IFTECH arbeitet eng zusammen mit der Japan Techno-Economics Society (JATES). Beide Gruppen haben eine wesentliche Zuarbeiterfunktion für das nationale Industrieforschungsministerium NIRA (National Industrial Research Administration) sowie für andere betroffene Ministerien wie beispielsweise das Außenhandelsministerium (MITI). Die IFTECH- Forschungen beziehen sich auf ein weites Aufgabengebiet:
- Allgemeine Wissenschafts- und Technologieentwicklung
- Telekommunikation
- Informations- und Kommunikations-Technologien
- Energie und Rohstoffe
- Raumfahrtforschung
- Soziale Systeme und Krisenforschung
- Biotechnologien
- Ökologie

Das Institut arbeitet in interdisziplinär zusammengesetzten Forschungsgruppen und beschäftigt zur Zeit ca. 80 Mitarbeiter.
Ausgewählte Publikationen: Auftragsforschungsberichte (teilweise erhältlich)

Institute for Social Inventions

24 Abercorn Place
GB-London NW8 9XP
Tel.: (0044) 1 - 22 97 253

Leiter: Nicholas Albery
Gründung: 1985
Ziele/Arbeitsfelder: Förderung und Publikmachung sozialer Innovationen und Projekte. Soziale Innovationen werden definiert als "neue, kreative Lösungen für soziale Probleme in der Gesellschaft". Ausschreibung eines jährlichen "Social Invention"-Preises, Organisation von jährlich etwa 3000 Zukunftswerkstätten in Schulen und kommunalen Einrichtungen, breite Netzwerktätigkeit zur Förderung alternativer Gruppen und Lebensformen, breite Öffentlichkeitsarbeit, z. B. wird in einer Kolumne im "Guardian" regelmäßig über soziale Innovationen berichtet, Beratungstätigkeit für Bürgerinitiativen und alternative Grupppen. In den letzten drei Jahren sind zwei weitere Social Inventions Institute in Schweden und in der Sowjetunion entstanden.
Periodika: vierteljählich erscheinende Zeitschrift 'Social Inventions'

Ausgewählte Publikationen: Nicholas Albery und Valerie Yule, Encyclopaedia of Social Inventions, London, 1989

Institute for 21st Century Studies

1611 North Kent Street,
USA-22209 Suite 610, Arlington, Virginia
Tel.: (001) 703 - 841 00 48
Fax: (001) 703 - 525 17 44

Leiter: Gerald O. Barney, Martha J. Garrett
Gründung: 1985
Ziele/Arbeitsfelder: Das Institut for 21st Century Studies ist in der Nachfolge des "Global 2000"-Berichts an den damaligen Präsidenten Jimmy Carter entstanden, der unter der Leitung von Gerald Barney erarbeitet wurde. Heute koordiniert das Institut nationale "21st Century Studies", die in mehr als 40 Ländern weltweit - aber mit einem Schwergewicht auf Dritte-Welt-Ländern - durchgeführt werden. Das Institut berät die einzelnen Forschungsgruppen, tauscht Informationen zwischen ihnen aus und führt gegebenenfalls auch eigene nationale Studien durch. Unterstützt wird die Koordinationsfunktion des Instituts durch ein zusätzliches Büro in Stockholm. Als wichtigste Faktoren, die zu Instabilitäten der nationalen Entwicklung und zu internen Konflikten führen können, sieht das Institut ein übergroßes Bevölkerungswachstum, das Auslaufen von Rohstoffen und die weltweiten Umweltzerstörungen an. Das Institut for 21st Century Studies organisiert auch Treffen der nationalen Studiengruppen auf internationalen Konferenzen.
Ausgewählte Publikationen: von 21st Century Studien, institutseigener Rundbrief

Institute for the Future

2740 Sand Hill Road
USA-94025 Menlo Park, California
Tel.: (001) 415 - 854 63 22

Leiter: Roy Amara
Gründung: 1968
Ziele/Arbeitsfelder: Das Institute for the Future nahm seine ersten Aktivitäten in den frühen 60er Jahren auf. Die Gründung geht auf eine Initiative von ehemaligen Mitarbeitern der RAND Corporation zurück, wie Olaf Helmer und Ted Gordon. Es ist das erste amerikanische Institut, das auf nicht-kommerzieller Basis Zukunftsstudien durchführte, die über den militärisch-strategischen Bereich hinausgingen und das weite Feld sozialer und wirtschaftlicher Probleme aufgriffen. Schwerpunkte der heutigen Arbeit liegen auf der Firmenberatung und Ausarbeitung mittelfristiger wirtschaftlich-strategischer Pla-

nungen, Marktforschung und Produktanalyse, Untersuchung einzelner Umweltfaktoren und Technologienfolgenabschätzung, insbesondere der Informationstechnologien. In den letzten 10 - 15 Jahren ist die Arbeit des Instituts zunehmend auf mittelfristige wirtschaftliche Analysen ausgerichtet worden. Das Institute for the Future kann auf eine breite Unterstützung durch externe Experten und private und öffentliche Sponsoren zurückgreifen und verfügt über einen Mitarbeiterstab von 25 Personen.
Periodika: institutseigener Rundbrief, enge Zusammenarbeit mit der Zeitschrift "Futures"

Institutet för Framtidsstudier (IF)
(Institute for Futures Studies)

Hagagatan 23 A 3tr
S-11347 Stockholm
Tel.: (0046) 8 - 610 04 00
Fax: (0046) 8 - 332 04 6

Kontakt: Thomas Fürth
Leiter: Åke Andersson
Gründung: 1988
Ziele/Arbeitsfelder: Das Institute for Futures Studies führt die Arbeit des 1973 gegründeten "Secretariat for Futures Studies" auf institutioneller Basis fort. Es ist heute mit ca. 40 Mitarbeitern das größte und renommierteste Zukunftsforschungs-Institut in Skandinavien. Aufgabe des Instituts ist die Ergänzung der nationalen Planungen durch übergreifende, interdisziplinäre und für einen langfristigen Untersuchungszeitraum angesetzte Perspektivstudien. Ausgangspunkt der Arbeit des IF ist ein praxis- und problemorientierter Ansatz. Untersuchungen des Instituts sollen idealtypisch direkt in die schwedischen Langfristplanungen einfließen. Zur Zeit werden Perspektivstudien zu folgenden Themen durchgeführt: Bevölkerungsentwicklung, Umweltpolitik, Kommunalpolitik, Biomasse, Gesundheitsvorsorge, Abfallwirtschaft, internationale Entwicklung und Methoden der Zukunftsforschung. Das IF betreibt eine breit angelegte Seminartätigkeit und Öffentlichkeitsarbeit und arbeitet eng mit nationalen und internationalen Forschungsgruppen, Institutionen und Stiftungen aus der nationalen und internationalen Umwelt- und Friedensbewegung zusammen. Projekte werden u. a. zu folgenden Themen durchgeführt:

- Volkskrankheiten der Zukunft
- Schweden in der internationalen Entwicklung
- Informationsgesellschaft
- Zukunft des Arbeitslebens
- Probleme einer Zweidrittelgesellschaft in Schweden
- Die neue globale Bevölkerungswanderung

Ausgewählte Publikationen: Projektberichte

Inter University Centre of Postgraduate Studies Dubrovnik (IUC)

Frana Bulica 4
YU-50 000 Dubrovnik
Tel: (0038) 50 - 28 666

Leiter: Orjar Oyen
Gründung: 1974
Ziele/Arbeitsfelder: Das Inter University Centre ist als internationale Begegnungsstätte für Wissenschaftler aus Ost und West gegründet worden. Erster Direktor für den Zeitraum von vier Jahren war Johan Galtung. Es genießt als Ausbildungstätte einen guten Ruf und gehört zu den wenigen international orientierten Ausbildungsstätten für Zukunftsforschung. In Zusammenarbeit mit rund 200 Universitäten aus West- und Osteuropa, den USA sowie der World Futures Studies Federation (WFSF) bietet das Centre in Dubrovnik unter der Leitung prominenter Vertreter aus Wissenschaft und Forschung jährlich ein- bis zweimonatige Kurse zu aktuellen Themen und zu grundsätzlichen Fragen der Zukunftsforschung an. Neben der WFSF unterstützen u. a. auch das Future Research Committee der internationalen Soziologen-Vereinigung und das Gottlieb-Duttweiler-Institut die Arbeit des Centre.
Periodika: Rundbrief und Kurzinformationen

International Environment Institute (IEI)
c/o Foundation for International Studies

University of Malta
M-Valletta
Tel.: (00356) 22 40 67
Fax: (00356) 23 05 51

Leiter: Tony Macelli
Ziele/Arbeitsfelder: Das International Environment Institute arbeitet auf den Gebieten Ökologie, sozio-ökonomische Entwicklung und Unterentwicklung in der Dritten Welt. Besonders gefördert wird der internationale Austausch von Forschungsergebnissen. Zu den bisherigen Arbeiten des Instituts gehörte u. a. die Formulierung einer "Charter of Intergenerational Responsibilities of Humankind". Eine weitere Aktivität des IEI ist der Aufbau und das Betreiben eines globalen Umweltschutz-Netzwerks mit dem Titel "Global Network on Responsibilities for Future Generations and their Environment".
Periodika: "Future Generations Newsletter" (Netzwerk-Rundbrief)

International Futures Programme der Organisation für Wirtschaftliche Zusammenarbeit und Entwicklung (OECD)

2, rue André Pascal
F-75775 Paris Cedex 16
Tel.: (0033) 1 - 45 24 82 00
Fax: (0033) 1 - 45 24 85 00

Kontakt: Wolfgang Michalski
Leiter: Jean-Claude Paye
Träger: 24 Mitgliedsstaaten
Gründung: 1960
Ziele/Arbeitsfelder: Das OECD International Futures Programme beschäftigt sich mit langfristigen gesellschaftlichen Entwicklungen. Es besteht aus drei Elementen. Das erste Element ist das OECD International Futures Network. Dies ist ein Netz von Entscheidungsträgern und Experten in der ganzen Welt. Das zweite Element ist die OECD Future Studies Information Base. Dies ist ein computergestütztes Informationssystem, das versucht, alle für die Arbeiten des OECD relevanten Publikationen zu erschließen. Das dritte Element des Programmes ist das OECD Forum for the Future. Hierbei geht es insbesondere um neue Themen und Fragestellungen, die noch nicht auf der Tagesordnung internationaler Verhandlungen stehen.
Periodika: Informationsbroschüren
Ausgewählte Publikationen: Einzelstudien

International Institute for Environment and Development (IIED)

3 Endsleigh Street
GB-London WC1H ODD
Tel.: (0044) 71 - 388 21 17

Leiter: Brian W. Walker
Gründung: 1971
Ziele/Arbeitsfelder: Das International Institute for Environment and Development trat zum erstenmal anläßlich der UN Umweltkonferenz (UNEP) 1972 in Stockholm international in Erscheinung. IIED war Herausgeber des Konferenzbuches "Only One Earth" von Barbara Ward und Rene Dubos. Auch in den folgenden Jahren hat das IIED wichtige Beiträge zu den größten UN-Konferenzen der 70er Jahre geliefert. Barbara Ward übernahm 1973 bis 1980 die Leitung des Instituts und hat es zu einem einflußreichen Umwelt- und Entwicklungsinstitut gemacht. Arbeitsschwerpunkte von IIED betreffen ein breites Spektrum von Themen: marine und polare Rohstoffe, Energie, menschliche Siedlungen, Hilfsorganisationen und Entwicklungspolitik, nachhaltige Entwicklung (sustainable development) und die globale Umweltsituation. Neben der Zusammenarbeit mit UN-Agenturen, Regierungen und internationalen Hilfsorganisationen liegt ein besonderes Gewicht auf der Kooperation mit nicht-staatlichen lokalen Gruppen (NGO's) in der Dritten Welt. Eine wichtige Aufgabe ist die Verbreitung eines Aktionsprogrammes für 6 Entwicklungsländer, das auf der UNEP-Konferenz 1992 in Brasilien vorgestellt wird. Ein weiteres zentrales Anliegen der IIED ist die Öffentlichkeitsarbeit. Erfolgreich in diesem Sinne war die Fernsehserie "Only One Earth" des IIED-Mitarbeiters Lloyd Timberlake von 1987. Neben dem Londoner Hauptbüro unterhält das IIED weitere Büros in den USA, u. a. zusammen mit dem World Resources Institute in Washington DC und in Süd- Amerika.
Periodika: monatlich erscheinende Informationsschrift "IIED Perspectives"
Ausgewählte Publikationen: B. Ward und R. Dubos, Only One Earth, London, 1972; B. Ward, Progress for a Small Planet, London, 1972; B. Ward, The Home of Man, London, 1976; Erik Eckholm, Down to Earth: Environment and Human Needs, London, 1982 (im institutseigenen Verlag "Earthscan")

Internationale Bibliothek für Zukunftsfragen

Imbergstr. 2
A-5020 Salzburg
Tel.: (0043) 662 - 87 32 06
Fax: (0043) 662 - 87 12 96

Kontakt: Dr. Walter Spielmann
Leiter: Prof. Robert Jungk
Träger: Robert-Jungk-Stiftung
Gründung: 1986
Ziele/Arbeitsfelder: Die internationale Bibliothek für Zukunftsfragen ist die erste deutschsprachige Bibliothek dieser Art. Wesentliches Ziel der Bibliothek ist es, die in den letzten Jahren sprunghaft angestiegene und stetig wachsende Zahl zukunftsorientierter Materialien und Bücher übersichtlich zu sammeln und der Öffentlichkeit zugänglich zu machen. Organisiert als Präsenzbibliothek ermöglicht sie einen raschen Zugriff. Darüber hinaus führt sie als zusätzliche Serviceleistung auf schriftliche Anfragen Literaturrecherchen durch. Mit der Herausgabe der Zeitschrift "Pro Zukunft", die Rezensionen relevanter neuer zukunftsorientierter Bücher, Materialien und Artikel enthält, sichert die Internationale Bibliothek Zukunftswissen und schafft neue Möglichkeiten der Vernetzung. International arbeit die Bibliothek u. a. mit dem "clearing-house" der UNESCO zusammen, das auf internationaler Ebene versucht, das verfügbare Zukunftswissen auf ausgewählten Feldern einer interessierten Öffentlichkeit zur Verfügung zu stellen.
Periodika: vierteljährlich erscheinende Zeitschrift "Pro Zukunft"

Internationales Institut für Angewandte Systemanalyse (IIASA)
(International Institute for Applied Systems Analysis)

Schloßplatz 1
A-2361 Laxenburg
Tel.: (0043) 22 36 - 7 15 21 0
Fax: (0043) - 7 13 13

Kontakt: Jean-Pierre Ayrault
Leiter: Robert H. Pry
Träger: Internationale Mitgliederorganisationen
Gründung: 1972
Ziele/Arbeitsfelder: Durchführung und Förderung von systemanalytischen Forschungsarbeiten über Probleme wissenschaftlich-technischer Entwicklung und deren ökologische und soziale Folgen. Schwerpunkte der Projektarbeit von IIASA liegen u. a. auf den Themenkomplexen: saurer Regen, klimatische Veränderungen, Bevölkerungszunahme und landwirtschaftliche Produktion, Veränderungen von Altersstruktur und Lebensstilen, "Treibhaus-Effekt" und Mitarbeit am "Global Change Programm". Die Forschungstätigkeit erfolgt in interdisziplinären und multinationalen Forschungsgruppen. IIASA war die erste Forschungsinstitution auf der Basis einer internationalen Zusammenarbeit zwischen Ost und West. Gegründet wurde IIASA auf Betreiben des damaligen Präsiden-

ten der USA Lyndon B. Johnson und der damaligen sowjetischen Außenminister Aleksei Kosygin.
Periodika: Zeitschrift "options" (vierteljährlich), Annual Reports

---

Magyar Tudomanyos Akademia (MTA) - Jövökutatasi Bizottsag (JKB)
Ungarische Akademie der Wissenschaften - Komitee für Zukunftsstudien

Tárogató ut 2-4
H-Budapest II, 1021
Tel.: (0036) 1 - 1767 292

Kontakt: Mária Kalas-Köszegi, Erszebet Novaky
Leiter: Erzsebet Gidai
Ziele/Arbeitsfelder: Die "Magyar Tudomanyos Akademia" ist die ungarische Akademie der Wissenschaften. Die "Jövökutatasi Bizottsag" gehört der Akademie an und bildet das Komitee für Zukunftsstudien innerhalb der Akademie. Aufgabe des Komitees ist es, Zukunftsstudien als eine professionelle inter- und multidisziplinäre Aktivität zu fördern und Möglichkeiten der Einflußnahme auf gesellschaftliche, wirtschaftliche und politische Entscheidungsprozesse zu eröffnen. Zu diesem Zweck beteiligt sich das Komitee aktiv an der Koordination von Zukunftsstudien in Universitäten, Firmen und anderen gesellschaftlichen Bereichen. Wichtige Kooperationspartner für dieses Unterfangen sind das Ungarische Institut für die Erforschung der Arbeiterbewegung (SZGTI) und die Budapester Wirtschaftsuniversität, die einen separaten Fachbereich für Zukunftsforschung und Planung hat. Das Komitee für Zukunftsstudien war Hauptorganisator der 11. Weltkonferenz der World Futures Studies Federation (WFSF), die 1990 in Budapest stattfand. Erszebet Gidai, die Präsidentin des Komitees für Zukunftsstudien, ist zugleich Leiterin des europäischen Sekretariats der WFSF.

New Economics Foundation (NEF)

Universal House, Second Floor
88-94 Wentworth Street
GB-London W 1
Tel: (0044) 71 - 377 56 96

Leiter: George McRobie
Gründung: 1986
Ziele/Arbeitsfelder: Ziel der New Ecomonics Foundation ist die Unterstützung einer neuen Weltwirtschaftsordnung, die ein stärkeres Gewicht auf die Bedürfnisse der Menschen, auf soziale Gerechtigkeit, den Umweltschutz und auf einen verantwortlichen Umgang mit den Bodenschätzen legt. Die Arbeit von NEF bezieht Wissenschaftler und Politiker der Dritten Welt mit ein und legt einen besonderen Schwerpunkt auf Öffentlichkeits- und Bildungsarbeit. Die Gründung der NEF steht im Zusammenhang mit den Alternativen Wirtschaftsgipfeln (The Other Economic Sumnit - TOES), die seit 1984 regelmäßig kurz vor dem offiziellen Weltwirtschaftstreffen der sieben führenden Industrienationen stattfinden. Zentrale Themen der NEF waren in den letzten Jahren: die

Entwicklung der Informationsgesellschaft, der EG-Binnenmarkt, Freihandel und politische Unabhängigkeit sowie die "sustainable development"-Debatte.
Periodika: "New Ecomomics" (vierteljährlich)

Office of Technology Assessment (OTA)

600, Pennsylvania Ave S E
USA-20510 Washington, D C
Tel.: (001) 202 - 228 62 04

Leiter: John H. Gibbons
Gründung: 1972
Ziele/Arbeitsfelder: Das Office of Technology Assessment berät den amerikanischen Kongreß über wichtige wissenschaftliche und technische Entwicklungen und entsprechende Konsequenzen für politische Steuerung. Das Arbeitsgebiet beinhaltet Schwerpunkte wie Energie, industrielle Entwicklung, Sicherheit, Bio-Technologien, erneuerbare Ressourcen, Gesundheit, Informationstechnologien, Klimaveränderungen, Ausbildung und Verkehr. Zu jedem Schwerpunkt bildet das OTA Arbeitsgruppen, die eng mit Expertengruppen des Kongresses zusammenarbeiten. Teile der jeweiligen Untersuchungen werden als Aufträge an externe Forschungsgruppen aus Universitäten und Forschungsinstitutionen vergeben. Neben einem Stab von 140 Mitarbeitern unterhält OTA ein weitverzweigtes Netzwerk an externen Fachleuten. Das Office of Technology Assessment spielt in den USA in der öffentlichen Diskussion über Technologieentwicklung und gesellschaftliche Veränderung eine wichtige Rolle.
Periodika: Berichte in den institutionseigenen Rundbriefen

Polska Akademia Nauk - Komitet 2000

Palac Kultury i Nauki
PL-Warschau
Tel.: (0048) 22 - 200 211 / 200 21 4074

Leiter: Zdzislaw Kaczmarek
Kontakt: Andrzej Wierzbicki
Gründung: 1968
Ziele/Arbeitsfelder: Die polnische Akademie der Wissenschaften (Polska Akademia Nauk) hat bereits Ende der 60er Jahre ein Komitee für Zukunftsstudien (Komitet 2000) eingerichtet. Dem Komitee gehört eine interdisziplinär zusammengesetzte Gruppe von Wissenschaftlern an, die zugleich Mitglieder der Akademie sind. Ziel des Komitees ist eine Reform der polnischen Wirtschaft und der politischen Organisation Polens. Die größten Studie des Komitet 2000 war die Anfang der 80er Jahre durchgeführte Untersuchung "Poland 2000". 1989 erschien eine Studie über globale Entwicklungen, die in drei Szenarien die Folgen einer energie- und rohstoffintensiven Produktion, die Möglichkeiten einer "basic needs"-Strategie und die Chancen struktureller Gesellschaftsreformen untersuchte. Gegenwärtig beschäftigt sich das Komitee mit Fragen der Konsequenzen einer offeneren polnischen Gesellschaft und der langfristigen Veränderungen für Handel und Wirtschaftsaufbau des Landes. Innerhalb des Komitees gibt es eine Gruppe jüngerer

Wissenschaftler, die zum großen Teil mit "Solidarnosc" in Verbindung stehen und den Aufbau eines neuen innovativen think tanks innerhalb der Akademie vorbereiten.

Prognos AG
Europäisches Zentrum für Angewandte Wirtschaftsforschung

Steinengraben 42
CH-4011 Basel
Tel: (0041) 61 - 22 32 00
Fax: (0041) 61 - 22 40 69

Leiter: Dr. Hans J. Barth
Träger: AG
Gründung: 1959
Ziele/Arbeitsfelder: Kombination von Unternehmens- und Politikberatung sowie Auftrags- und Grundlagenforschung mit weltweiten Aktivitäten. Bekannt sind die Euro-Reports der Prognos, daneben findet regelmäßig das Prognos-Forum Zukunftsfragen statt. Schwerpunktmäßig beschäftigt sich die Prognos mit Innovationsberatung und neuen Technologien, Marktforschung und -beratung, Strategie- und Organisationsberatung, Wirtschaftsanalysen und Politikberatung, Regionalpolitik und Kommunalberatung, technische Infrastruktur, Gesundheitspolitik.
Periodika: Prognos Euro-Reports
Ausgewählte Publikationen: Einzelstudien

Projekt Soziale Innovationen
Fachbereich Sozialwesen der GHS Kassel

Arnold-Bode-Str. 10
3500 Kassel
Tel.: 0561 - 80 40

Kontakt: Prof. Dr. Rolf Schwendter
Ziele/Arbeitsfelder: Das Projekt Soziale Innovationen setzt auf die Kreativität und Innovationskraft der sozialen Bewegungen. Es will einer verengten technikzentrierten Sichtweise die Sammlung und Weiterverbreitung vielfältiger sozialer Innovationen entgegensetzen. Wichtiges Kommunikationsmittel ist ein regelmäßig erscheinender Rundbrief sowie eine Vielzahl themenzentrierter Arbeitskreise, die die Vernetzung der Aktivitäten und Ansätze fördern soll.
Periodika: Rundbrief des Forschungsprojekts "Soziale Innovationen" ("Feed-Backs" für Interessierte und Mitglieder des Projektes)

Prospektiker Erakundea
(Baskisches Institut für Zukunftsstudien)

Leandro Kalea, Villa Teresita
E-20800 Zarantz (Pais Vasco)
Tel.: (0034) 43 - 83 57 04
Fax: (0034) 43 - 13 25 20

Kontakt: Daniela Velte
Leiter: Juanjo Gabiña
Gründung: 1987
Ziele/Arbeitsfelder: Das baskische Institut für Zukunftsstudien ist eine unabhängige Einrichtung, die sich der Erstellung und Diskussion zukunftsorientierter Studien widmet. Prospektiker Erakundea bemüht sich darum, technische Fortschritte, neue Ideen und Entwicklungen zu erkennen, die das zukünftige Gesicht der Gesellschaft prägen werden. Die Bandbreite der Handlungsmöglichkeiten soll analysiert und die möglichen Auswirkungen eingeschätzt werden. Das Institut sieht darüber hinaus seine Aufgaben darin, versteckte Problematiken sichtbar zu machen und notwendige praktische Handlungsansätze aufzuzeigen. Bearbeitet wurden u. a. Studien zu zukünftigen Entwicklungen baskischer Regionen, Qualifikationsprofile der Arbeiter im Jahr 2001, die Situation der Frauen im Baskenland, verschiedene zukunftsorientierte Energiestudien.
Ausgewählte Publikationen: Einzelstudien

RAND-Corporation

1700 Main Street, POB 2138
USA-Santa Monica, CA 90407
Tel.: (001) 213 - 393 04 11
Fax: (001) 213 - 393 48 18

Leiter: James Thomson
Gründung: 1948
Ziele/Arbeitsfelder: Die RAND-Corporation gilt als eine der "Geburtsstätten" der modernen Zukunftsforschung. Die Gründung der RAND geht auf die Initiative eines Generals der US-Luftwaffe zurück. Anfänglich lag der Schwerpunkt der Tätigkeit auf der Entwicklung strategischer Planungskonzepte und Verteidigungsszenarien sowie der Einschätzung neuer waffentechnischer Entwicklungen, besonders für die Ausrüstung der amerikanischen Luftwaffe. Im Laufe der 60er und 70er Jahre hat RAND seine Forschungsaktivitäten auf soziale und wirtschaftliche Themen ausgedehnt. Ehemalige Mitarbeiter von RAND wie Hermann Kahn, Olaf Helmer und Ted Gordon haben sich seit Mitte der 50er Jahre verstärkt der Erforschung sozialer und wirtschaftlicher Problembereiche zugewandt und später eigene Institute wie das Hudson Institute bzw. das Institute for the Future gegründet. RAND war eines der ersten Institute, an dem Methoden der Zukunftsforschung wie die Trend-Extrapolation und -Analyse, die Kosten-Nutzen-Analyse, die Delphi-Technik oder die Szenario-Methodik entwickelt und erprobt wurden. Der Schwerpunkt von RAND liegt nach wie vor auf dem Feld militärisch-strategischer Planung für das Department of Defense und die NASA. Rund 50 - 60% aller Arbeiten sind

strategische Studien für diese Auftraggeber. Darüber hinaus arbeitet RAND u. a. zu diversen anderen Themen wie allgemeine wirtschaftliche Trends, Entwicklung des Erziehungswesens, Energie, Gesundheitsvorsorge, Entwicklung des Arbeitssektors in den USA.
Periodika: institutseigener Rundbrief
Ausgewählte Publikationen: Einzelstudien

Right Livelihood Foundation

Research Office
School of Peace Studies
University of Bradford
West Yorks BD 7 1DP
GB-Bradfort
Tel.: (0044) 274 - 737 14 3

Leiter: Jakob von Uexküll
Gründung: 1980
Ziele/Arbeitsfelder: Die Stiftung "Right Livelihood" ("richtige Lebensführung") vergibt am Tag vor der Verleihung des offiziellen Nobelpreises den "Right Livelihood Adward", bekannt als "Alternativer Nobelpreis". Mit dem inzwischen auf 200 000,- DM dotierten Preis unterstützt die Stiftung "alternative" Experimente und Projekte, die "praktische, exemplarische Lösungsansätze für die großen Probleme von heute" aufzeigen. Ein deutlicher Akzent liegt auf Projekten in der Dritten Welt, die sich mit Problemen der Abrüstung, der Umweltkrise, sozialer und politischer Ungerechtigkeit und Krisenanfälligkeit und dem kontraproduktiven Einsatz von Technologie und Wissenschaft in der Dritten Welt beschäftigen. Zu den bisherigen etwa 50 Preisträgern gehören u. a. Mike Cooley, Amory und Hunter Lovins, Petra Kelly, Anwar Fazal, Aklilu Lemma, Frances Moore Lappé, Erik Dammann, Johan Galtung und Robert Jungk.
Ausgewählte Publikationen: Jakob von Uexküll (Hg.), Der alternative Nobelpreis, München, 1985; Jakob von Uexküll; Bernd Dost (Hg.), Projekte der Hoffnung - Der alternative Nobelpreis, München, 1990

Schweizerische Vereinigung für Zukunftsforschung (SZF)

Brunnenwiesli 7
CH-8810 Horgen
Tel.: (0041) 1 - 725 78 10
Fax: (0041) 1 - 725 93 06

Kontakt: Dr. Gerhard Kocher
Leiter: Dr. Christian Lutz
Träger: Verein
Gründung: 1970
Ziele/Arbeitsfelder: Die Schweizerische Vereinigung für Zukunftsforschung ist die größte und älteste deutschsprachige Zukunftsforschungsvereinigung. Sie fördert und koordiniert Bemühungen der Zukunftsforschung und -planung. Wichtiges Instrument

dafür ist die 4-bis 5mal jährlich erscheinende Mitgliedszeitschrift "Zukunftsforschung", die eine Fülle interessanter Quellen auswertet und dokumentiert. Sie ist die einzige Zeitschrift dieser Art im deutschsprachigen Raum. Darüber hinaus richtet die SZF themenzentrierte Arbeitsgruppen ein, u. a. zu gesellschaftlichen Zielsetzungen, zur Zukunft des Verkehrs in der Schweiz, zu Technology Assessment etc., sie veranstaltet Tagungen, u. a. Wohnen im Jahr 2000, Haben die sozialen Netze Zukunft? Landesverteidigung im Jahr 2005. Sie widmet sich der Förderung und Koordination der Zukunftsforschung und veröffentlicht Bücher und Zeitschriften.
Periodika: "Zukunftsforschung" (4-bis 5mal pro Jahr)
Ausgewählte Publikationen: Die Herausforderungen der achtziger Jahre (1985), Zukunftsperspektiven (1986), Perspektiven unserer Landwirtschaft (1988)

Science Policy Research Unit (SPRU)
University of Sussex

Mantell Building
GB-0BN1 9RF, Brighton
Tel.: (0044) 273 - 68 67 58

Kontakt: Ian Miles
Leiter: Geoffrey Oldham
Gründung: 1966
Ziele/Arbeitsfelder: Wichtige britische Zukunftsforschungs-Institution. Studien zu langfristigen Entwicklungen und zu übergreifenden Fragen u. a. auf folgenden Gebieten:
- Technische, soziale und wirtschaftliche Entwicklung
- Technologiebewertung und Technologiefolgenabschätzung
- Telekommunikation
- Zukunft von Arbeit und Freizeit (Dienstleistungsgesellschaft)
- Energieversorgung
- Verkehrsentwicklung
- Gesundheitswesen
- Fragen der Umweltproblematik

SPRU hat besonders in den 70er Jahren in einer Reihe wichtiger Veröffentlichungen die Methodenentwicklung in der Zukunftsforschung stark beeinflußt und in der damaligen "Hochphase" der Zukunftsforschung Anfang der 70er Jahre eine zentrale Rolle in der internen Diskussion über "Grenzen des Wachstums" und anderen Themen gespielt. SPRU arbeitet eng mit der führenden internationalen Zeitschrift der Zukunftsforschung "Futures" zusammen.
Periodika: institutseigener Rundbrief
Ausgewählte Publikationen: S. Cole u. a., Thinking about the Future: A Critique of the Limits to Growth, London, 1973; C. Freeman und M. Jahoda (Hg.), World Futures: The Great Debate, London, 1978; S. Cole und I. Miles, Worlds Apart: Technology and North-South Relations in the Global Economy, Brighton, 1984

Sekretariat für Zukunftsforschung (SFZ)
(Secretariat for Futures Studies)

Leithestr. 37 - 39
4650 Gelsenkirchen
Tel.: 02 09 - 14 28 75/6
Fax: 0209 - 14 31 82

Kontakt: Klaus Burmeister
Leiter: Prof. Dr. Rolf Kreibich
Träger: gGmbH
Gründung: 1990
Ziele/Arbeitsfelder: Die Gründung des Sekretariats für Zukunftsforschung (SFZ) geht auf eine Initative der Landesregierung Nordrhein-Westfalens zurück und wird finanziert vom Ministerium für Stadtentwicklung und Verkehr des Landes. Das SFZ ist das erste öffentlich geförderte Zukunftsforschungsinstitut in Deutschland. Es arbeitet auf interdisziplinärer Basis und führt Einzelstudien zu sechs Leitprojekten durch: Systematische Beobachtung, Dokumentation und Auswertung der internationalen Zukunftsforschung; Erforschung der Krise des wissenschaftlich-ökonomischen Fortschrittsmusters und der Elemente einer neuen Zukunftsethik; Analyse und Bewertung neuer Wettbewerbsmuster und -strategien für den industriellen Strukturwandel; Erforschung der Bedeutung von Selbstorganisation für den gesellschaftlichen und kulturellen Wandel; Entwicklung von Konzepten und Handlungsstrategien der integrativen ökologischen Stadtentwicklung; Untersuchung der Folgen der Einführung neuer Informations- und Kommunikationstechnologien auf Arbeits- und Lebensstrukturen. Einen Schwerpunkt legt das SFZ auf die Vermittlung der Forschungsergebnisse, hierzu finden Workshops, Symposien, Ausstellungen und Sommerakademien statt.
Periodika: Buchreihe "ZukunftsStudien" im Beltz Verlag, Weinheim, WerkstattBerichte
Ausgewählte Publikationen: Rolf Kreibich, Holger Rogall, Hans Boës, Ökologisch Produzieren, Weinheim und Basel 1991; Klaus Burmeister, Weert Canzler, Rolf Kreibich, Netzwerke, Weinheim und Basel 1991; Kreibich, Canzler, Burmeister, Zukunftsforschung und Politik, Weinheim und Basel 1991

Stanford Research Institute (SRI)

333 Ravenswood Avenue
USA-Menlo Park, CA 94025
Tel.: (001) 415 - 326 62 00
Fax: (001) 415 - 326 55 12

Leiter: James Tietjen
Gründung: 1946
Ziele/Arbeitsfelder: Das Stanford Research Institute ist bis heute das größte Forschungsinstitut in den USA für langfristige Analysen und Prognosen. Im Gegensatz zur thematisch vergleichbaren RAND-Corporation ist das SRI in die University of Stanford eingebunden, verfügt aber über einen weitgehend unabhängigen Status. Die rund 2000

Mitarbeiter arbeiten zu 60% an mittelfristigen Wirtschaftsstudien von privaten und öffentlichen Auftraggebern und zu 40 % für den militärisch-industriellen Sektor, mit dem Ministry of Defense und dem Pentagon als Hauptauftraggeber. Organisatorisch ist SRI in weitgehend selbstständig arbeitende "Programme" aufgeteilt. Eine wichtige Stellung unter diesen nimmt das "Business Intelligence Program" ein. Aber auch andere Programme, wie das "New Ventures Program", das Programm "Long Range Planning Services", das "Health Business Intelligence Program" oder die "European Issues Group" spielen eine wichtige Rolle für die inhaltliche Orientierung des SRI. Darüber hinaus werden am Institut Studien zu Fragen künstlicher Intelligenz, der Bio-Technologie, neuartiger Umwelttechnologien, der Kommunikationsforschung, neuer Medienentwicklungen, der Energie und der Industriegesellschaft durchgeführt.
Periodika: Institutsrundbrief

Syntropie-Stiftung für Zukunftsgestaltung

St Johanns-Vorstadt 17
CH-4056 Basel
Tel.: (0041) 61 - 261 94 25

Kontakt: Dr. Hartmut E. Arras
Leiter: Dr. Hartmut E. Arras und Dr. Willy Bierter
Träger: Stiftung
Gründung: 1985
Ziele/Arbeitsfelder: Die Syntropie-Stiftung arbeitet als anwendungsbezogenes Forschungsinstitut. Es beschäftigt sich u. a. mit Konzepten der Stadt- und Regionalentwicklung und hat in diesem Kontext das "Basler Regio Forum" moderiert. Nach dem Brand bei dem Chemiekonzern Sandoz wurde dieses Projekt von den Kantonen Basel-Land und Basel-Stadt ins Leben gerufen. Es sollte Alternativen einer Regionalentwicklung aufzeigen und war als Dialog- und Lernprojekt angelegt. Technologie- und Zukunftsgestaltung, Verkehrskonzepte und Konzepte einer regionalen Ökonomie vervollständigen das Aufgabenspektrum der Syntropie-Stiftung.
Ausgewählte Publikationen: Hartmut E. Arras, Willy Bierter, Welche Zukunft wollen wir? Liestal 1989

United Nations University (UNU)

Toho Seimei Building, 5-1
J-150 Shibuya 2-chrome, Tokyo
Tel.: (0081) 3 - 499 28 11

Leiter: Heitor Gurgulino de Souza
Gründung: 1968
Ziele/Arbeitsfelder: Die United Nations University führt Untersuchungen über gobale Gefahren und Probleme wie die von Armut und Hunger, Entwicklungspolitik, genereller wirtschaftlicher Entwicklung und ökologischen Veränderungen durch. Die Aus- und Weiterbildung von Forschern, vor allem aus Ländern der 3. Welt, bildet neben der

Vermittlung von Wissen einen Schwerpunkt. Es laufen 5 Hauptprogramme:
- "Universal Human Values and Global Responsibilities"
- "New Directions in the World Economy"
- "Sustaining Global Life Support Systems"
- "Advances in Science and Technology"
- "Population Dynamics and Human Welfare"

Eines der bekanntesten Projekte der internationalen Zukunftsforschung Anfang der 80er Jahre war das "Goals, Projects and Indicators of Development"-Programm unter der Leitung von Johan Galtung, das zwischen 1978 und 1982 lief. Ein weiteres bekanntes Projekt war das "European Perspectives Project 1986-87", in dem u. a. die neuen sozialen Bewegungen West-Europas untersucht wurden. UNU verfügt über ein jährliches Budget von 50 Mio $. UNU. Es besitzt eine wichtige intergrierende Funktion in der internationalen Zukunftsforschung, die in den 80er Jahren durch finanzielle Kürzungen zeitweilig in Frage gestellt war.

Periodika: Zeitschrift "UNU Work in Progress"
Ausgewählte Publikationen: institutseigene Veröffentlichungen, Datenbanken

---

University of Hawaii
Department of Political Science

2424 Maile Way
USA-96822 Portens 640, Honolulu, Hawaii
Tel.:   (001) 808 - 948 83 57
Fax: (001) 808 - 956 28 84

Kontakt: Wendy Schultz
Leiter: James A. Dator
Ziele/Arbeitsfelder: Die Fakultät für politische Wissenschaften führt unter der Koordination von James Dator einen auf zwei Jahre angelegten MA (Magister artium) Kurs unter dem Namen "UH Alternative Futures Option Program" durch. Der Kurs verbindet traditionelle politikwissenschaftliche Elemente mit einem Studium der Zukunftsforschung und praktischer Projektarbeit in Firmen, Verwaltung oder Politik auf Hawaii. Das Schwergewicht liegt auf der Ausbildung zur Fähigkeit, alternative, "wünschbare" Zukünfte zu entwerfen und vorzustellen, weniger auf der Erarbeitung von Prognosetechniken. Das "Alternative Zukunftsoptionen"-Programm ist eines der wenigen universitären Standbeine der internationalen Zukunftsforschung und hat bereits eine ganze Wissenschaftler-Generation auf diesem Gebiet hervorgebracht. Bis 1990 war die Fakultät zugleich auch Sekretariat der World Futures Studies Federation (WFSF).
Periodika: institutseigener Rundbrief
Ausgewählte Publikationen: Einzelpublikationen der dort arbeitenden Wissenschaftler

---

Vereinigung " Igra-Technika"/Institut der Zukunft

ul. Mnewniki 7-1
SU-123308 Moskau
Tel.:   (007) 95 - 46 45 51
Fax: (007) 95 - 23 02 787

Leiter: Jan W. Siewerts von Reesema
Ziele/Arbeitsfelder: Die Hauptaufgabe der Vereinigung besteht in der Entwicklung und Realisierung des Projektes "Kosmopolis" (Inseln der Zukunft). Es ist ein Projekt der sozialen und kulturellen Entwicklung eines Territoriums. Die Kosmopolis soll folgende Zentren beinhalten :
- Weltausstellung "Drittes Jahrtausend: Zivilisation und Partnerschaft"
- Spielpark
- Internationale Akademie der Wissenschaften und Künste
- Kultur-historisches Zentrum
- Geschäfts- und Informationszentren
- Zentren für psycho-physische Rehabilitation und Rekreation

Im Rahmen der Vereinigung wurde das Institut der Zukunft gebildet, dessen Aufgaben bei der Durchführung wissenschaftlicher Forschung und der Erarbeitung von Prognosen liegen. Darüber hinaus beschäftigt sich die Vereinigung mit der Organisation von Messen, Folkloreveranstaltungen, Touristenrouten und modernen Shows einschließlich der Werbung, aber auch mit der Produktion von Spielzeug.

Wetenschappelijke Raad voor het Regeringsbeleid (WRR)
(Netherlands Scientific Council for Government Policy)

Plein 1813, Nr 2 P O Box 20004
NL-2500 EA Den Haag
Tel.: (0031) 70 - 356 46 00
Fax: (0031) 70 - 356 46 85

Kontakt: Jan Schoonenboom
Leiter: W. Albeda
Gründung: 1972
Ziele/Arbeitsfelder: Unabhängige Politikberatungsinstitution für die niederländische Regierung. Erstellung von "Berichten an die Regierung", die im niederländischen Parlament vorgestellt und diskutiert werden. Die Berichte haben rein beratenden Charakter. Die Themen behandeln das gesamte politische Spektrum der niederländischen Außen- und Innenpolitik, ein Schwergewicht liegt aber auf der Beschreibung langfristiger Entwicklungen in jedem dieser Bereiche. Publiziert wurden bis heute 39 "Berichte an die Regierung", mit denen das WRR jeweils auch an die Öffentlichkeit getreten ist. Themenschwerpunkte waren u. a.:
- Die langfristige wirtschaftliche Entwicklung der Niederlande
- Die europäische Integration/ EG-Politik
- Entwicklung der Landwirtschaft
- Gesundheitswesen
- Die Technologiepolitik der Niederlande
- Ein Überblick über die nationale und globale Entwicklung der nächsten 25 Jahre

Das WRR hat etwa 20 Mitarbeiter, die eine breite Palette wissenschaftlicher Disziplinen und politischer Einstellungen repräsentieren. Die Arbeit des WRR gilt als eines der wenigen funktionierenden Modelle einer unabhängigen, gleichwohl an die Regierungspolitik angebundenen Politikberatung.
Periodika: institutseigener Rundbrief
Ausgewählte Publikationen: "Berichte an die Regierung" auf niederländisch, nur teilweise in englisch

Wiener Internationale Akademie für Zukunftsfragen

Porzellangasse 35
A-1090 Wien
Tel.: (0043) 222 - 319 98 71
Fax: (0043) 222 - 319 98 78

Leiter: Mag.- Prinz Alfred von Liechtenstein
Gründung: 1987
Ziele/Arbeitsfelder: Die Wiener Akademie beschäftigt sich mit der Frage der Steuerbarkeit bzw. Selbst-Steuerung einer sich im raschen Umbruch befindlichen technisch-ökonomischen Weltgesellschaft und zielt dabei auf ein tieferes Verständnis von sozialen Wandlungsprozessen. Zielgruppe sind die Verantwortungsträger in Wirtschaft und Gesellschaft. Darüber hinaus versteht sie sich als Koordinations- und Austauschstelle für die Vernetzung von Wissenschaftlern, um aufgabenbezogen Expertenteams zur Bearbeitung interdisziplinärer Probleme zu bilden. Untersuchungen zum Thema "Evolution" und "Sustainable Development" sind geplant. Bisher hat die Wiener Akademie zahlreiche Tagungen und Messen veranstaltet, u. a. die Tagung "Identität zwischen Heimat und Globalität" und den "Oekologia-Kongreß". Zusätzlich bietet die Akademie Studiengänge an, wie "Management by Evolution" von Ervin Laszlo, der in zwei Teilen jeweils einwöchig durchgeführt wird.
Periodika: "World Futures - The Journal of General Evolution" (vierteljährlich), "The International Journal of Prenatal und Perinatal Studies" (vierteljährlich)

World Future Society (WFS)

49 16 St Elmo Avenue
USA-20 814 Bethesda, Maryland
Tel.: (001) 301 - 656 82 74
Fax: (001) 301 - 951-03 94

Kontakt: Susan Echard
Leiter: Edward Cornish
Träger: Verein
Gründung: 1966
Ziele/Arbeitsfelder: Die World Future Society ist weltweit die größte Vereinigung der Zukunftsforschung mit rund 30 000 Mitgliedern. Sie versteht sich als ein neutrales, unabhängiges, nicht-kommerzielles "clearing-house" zur Vermittlung von Ideen über die Zukunft. Hauptaktivität der WFS ist die Herausgabe von Zeitschriften und Publikationen sowie die Organisation von großen internationalen Konferenzen. Die Society finanziert sich in erster Linie durch Mitgliedsbeiträge und hat sich zur Aufgabe gemacht, Ideen zu vermitteln, "die helfen sollen zu antizipieren, was in den nächsten Jahren und Jahrzehnten auf uns zukommt". Dies versteht die WFS als Voraussetzung dafür, daß Menschen beginnen können, ihre Zukunft selbst zu gestalten. Ein wesentliches Medium hierfür sind die großen Konferenzen der WFS, die "General Assemblies", an der zwischen 1000 und 5000 Teilnehmer aus der ganzen Welt vertreten sind. Diese Konferenzen sind ein "Jahrmarkt" für verschiedene Bedürfnisse. Geschäftsleute, Wis-

senschaftler, interessierte "Future"- und Technologie-Freaks, Politiker, Weltverbesserer und Ideologen sind hier vertreten. Bisherige Themen dieser Konferenzen waren u. a. die Veränderung von Lebensstilen, die Herausforderung der Informationsgesellschaft, die Zukunft der Erziehung und "Zukunftsblick - die 90er Jahre und darüber hinaus". Die nächste größere Konferenz steht unter dem Thema "Die Zukunft der Wirtschaft". Für die mehr wissenschaftlich engagierten Mitglieder veranstaltet die WFS zweimal im Jahr ein sogenanntes "Professional Members Forum". Die Society hat einen eigenen Buchvertrieb für Bücher ihrer Mitglieder. Der Katalog führt im Durchschnitt rund 250 Titel zukunftsrelevanter Literatur. Trotz ihres Namens wird die World Futures Society eindeutig durch US-amerikanische Mitglieder dominiert. Es gibt in den USA etwa 100 lokale Büros der Society, und sie verfügt in Bethesda über einen Mitarbeiterstab von ca. 20 Personen.
Periodika: "The Futurist" (monatlich), "Future Survey" (monatlich), "Futures Research Quarterly"
Ausgewählte Publikationen: World Future Society (Hg.), The Futures Research Directory: Individuals 1991 - 92, Bethesda, 1991

World Futures Studies Federation (WFSF)

Turku School of Economics
Rehtorinpellonkatu 3
SF-20500 Turku
Tel.: (00358) 21 - 63 83 310
Fax: (00358) 21 - 33 07 55

Kontakt: Pentti Malaska
Leiter: James Dator
Gründung: 1973
Ziele/Arbeitsfelder: Die Gründung der World Futures Studies Federation geht auf eine Initiative von Robert Jungk und Johan Galtung zurück, die 1967 zu einer Tagung über soziale Innovationen nach Oslo einluden. Die offizielle Gründung erfolgte nach zwei weiteren Treffen 1973 in Rom. Heute ist die WFSF ein unabhängiges, internationales Forum für Anregung, Austausch und Untersuchung von Ideen, Visionen und Plänen für langfristige alternative Zukünfte. Die Federation unterstützt und fördert Zukunftsstudien, innovative, interdisziplinäre Analysen, kritische Stimmen und Projekte, die alternative Handlungschancen für eine lebenswerte und erhaltbare Zukunft eröffnen. Sie sieht eine ihrer zentralen Aufgaben in der Beteiligung der Öffentlichkeit an der Gestaltung einer anderen Zukunft. Gleiche Chancen für alle und andere Formen sozialer Gerechtigkeit werden als wesentlich für die Enwicklung "wünschbarer" zukünftiger Gesellschaften angesehen. Zur Erfüllung dieser Zielsetzung organisiert die WFSF regionale und internationale Konferenzen, unterstützt Zukunftsstudien auf allen Ebenen - von den Agenturen der Vereinten Nationen und Regierungen über die private Wirtschaft bis zum Erziehungssektor. Außerdem kooperiert sie mit vielen Gruppierungen und Organisationen in Schulen und Universitäten, Forschung, Kultur, Kunst und internationalen Institutionen. Besonders eng ist die Zusammenarbeit mi der UNESCO. Um eine große Flexibilität und Unabhängigkeit zu bewahren, finanziert die Federation ihre laufenden Kosten durch die Mitgliedsbeiträge und durch das jeweilige Büro, das für einen Zeitraum von 2 - 3 Jahren für die Administration und die Bearbeitung bzw. Verschickung des

Mitglieder-Rundbriefes verantwortlich zeichnet. Danach wechselt das "Hauptquartier" in ein anderes Land, wobei wie bei den Konferenzen und den Mitgliedern der Federation streng auf eine gleichmäßige Beteiligung von Staaten der Ersten, Zweiten und Dritten Welt geachtet wird. Im Gegensatz zur World Future Society handelt es sich bei der Federation um eine breite internationale Vereinigung. Die WFSF hat rund 800 Mitglieder. Auf den etwa alle zwei Jahre stattfindenden "Weltkonferenzen" der WFSF ist ein breiter Fächer von Themen behandelt worden. Dazu gehörten u. a.:
- Die Zukunft des Kampfes unterschiedlicher politischer Systeme
- Die Zukunft menschlicher Kommunikation und kultureller Identität in einer vernetzten Welt
- Die Zukunft der Politik
- Die Zukunft des Friedens
- Zukünftige Gesundheitsversorgung
- Die Gefahren und Chancen von Entwicklungspolitik: kulturelle, wissenschaftliche, wirtschaftliche, und politische Aspekte
- Die Verbindung zwischen gegenwärtigen Entscheidungen mit langfristigen Optionen und Visionen

Das Thema der nächsten Weltkonferenz 1991 in Barcelona lautet "Advancing Democracy and Participation: Challenges for the Future". Die Konferenzen werden zum größten Teil von den gastgebenden Organisationen (in diesem Fall das Centre Català de Prospectiva) finanziert. Seit ein paar Jahren trägt die UNESCO einen Teil zur Finanzierung bei.

Periodika: "Newsletter" (vierteljährlich)

World Order Models Projekt (WOMP)

777 United Nations Plaza
USA-10017 New York
Tel.: (001) 212 - 490 00 10

Leiter: Saul H. Mendlovitz
Gründung: 1965
Ziele/Arbeitsfelder: WOMP arbeitet stark normativ und hat sich zur Aufgabe gemacht, eine internationale kulturelle Betrachtungsweise globaler Probleme zu entwickeln. Die vier Grundpfeiler einer solchen Betrachtungsweise sind für die Mitarbeiter von WOMP:
- Frieden
- wirtschaftlicher Wohlstand
- soziale Gerechtigkeit und
- ökologische Stabilität

Hauptziel der Arbeit des Instituts ist die Unterstützung einer globalen Reformbewegung. Der Name der Gruppe stammt aus der Hochphase der Weltmodelle Anfang/Mitte der 70er Jahre. Heute wird nicht mehr mit computergestützten Modellen operiert, sondern mit traditionellen sozial- und politikwissenschaftlichen Methoden. Ein Schwergewicht der Arbeit von WOMP liegt auf dem Verfassen gut lesbarer und öffentlichkeitswirksamer politischer Artikel. WOMP gibt die internationale Zeitschrift "Alternatives" heraus, publiziert einen jährlichen "State of Globe"-Bericht und hat neben Veröffentlichungen einzelner Mitarbeiter inzwischen zehn institutseigene Bücher herausgebracht. Theoreti-

scher Ausgangspunkt der Gruppe ist die Basic Needs/Self Reliance-Theorie, die in den 70er und 80er Jahren eine wichtige Außenseiterrolle in der Diskussion um eine neue Weltwirtschaftsordnung gespielt hat. Der Stab von WOMP ist international zusammengesetzt. Darunter waren bekannte Persönlichkeiten wie John Galtung und Raji Kothari, die auch beide Preisträger des "alternativen Nobelpreises" sind.
Periodika: Zeitschrift "Alternatives", jährlicher "State of Globe"-Bericht
Ausgewählte Publikationen: R. Kothari, Footsteps into the Future, New York, 1974; S. Mendlovitz (Hg.), On the Creation of a Just World Order: Preferred Worlds for the 1990s, New York, 1975; J. Galtung, The True Worlds: A Transnational Perspective, New York, 1980; R. Falck/S. Kim/S. Mendlovitz (Hg.), Toward a Just World Order, Boulder, 1982

World Resources Institute (WRI)

1709 New York Avenue, NW
USA-20006 Washington DC

Tel.: (001) 202 - 638 63 00

Kontakt: Robert Repetto
Leiter: James Gustave Speth
Gründung: 1982
Ziele/Arbeitsfelder: Das World Resources Institute ist ein unabhängiges Forschungs- und Politikberatungsinstitut. WRI hat sich zur Aufgabe gemacht, Strategien zu entwickeln, die es möglich machen, wirtschaftliches Wachstum und die Ausbreitung des menschlichen Einflußbereiches mit der Sicherung der natürlichen Lebensgrundlagen zu vereinbaren. Die Politikberatung richtet sich an Regierungen, internationale Organisationen, den privaten und den öffentlichen Sektor. WRI arbeitet mit einem interdisziplinären Stab von Wissenschaftlern und politischen Experten und einem internationalen Netzwerk von Fachleuten und Kooperationspartnern zusammen. Ein Hauptanliegen ist die Verbreitung von Informationen aus den am WRI durchgeführten Umwelt- und Rohstoffstudien durch Seminare, Veröffentlichungen und Presse- und TV-Medien. An der Gründung des Instituts waren u. a. Regierungen und eine Reihe von UN-Agenturen beteiligt. WRI gibt unter dem Titel "World Resources" eine jährliche Übersicht über den Stand der Weltressourcen und mögliche politische Optionen heraus.
Periodika: jährlicher Bericht "World Resources"
Ausgewählte Publikationen: R. Repetto (Hg.), The Global Possible, Yale, 1985; R. Repetto; World Enough and Time, Yale, 1986

Worldwatch Institute

1776 Massachusetts Av., NW
USA-20036 Washington, DC
Tel.: (001) 202 - 452 19 99

Kontakt: Michael Renner
Leiter: Lester R. Brown
Gründung: 1974

Ziele/Arbeitsfelder: Worldwatch ist eine unabhängige und nicht kommerzielle Organisation. Sie gilt weltweit als eines der etabliertesten Umweltforschungsinstitute. Bekannt geworden ist Worldwatch in erster Linie durch die jährlich erscheinenden "State of the World"-Berichte, in denen aktuell die globale Lage von Klimaveränderungen, Welternährungssituation, Bodenerosion, Bevölkerungswachstum, Sicherheitspolitik, Dritte-Welt Problematik und entsprechenden politischen Initiativen geschildert wird. Das Institut arbeitet mit Hilfe eines weitverzweigten Netzwerkes von externen Forschern und Forschungsinstituten und verfügt über sehr gute informelle Kanäle zu den Medien. Neben dem erwähnten "Netzwerk" hat Worldwatch einen Mitarbeiterstab von rund 15 Personen, zu denen u. a. ein international so bekannter Umweltwissenschaftler wie Erik Ekholm gehört. Die Zielrichtung von Worldwatch ist aber nicht die einer rein wissenschaftlichen Arbeit. In erster Linie versucht das Institut auf der Grundlage fundierter Arbeiten und Kenntnisse, Einfluß auf das politische Geschehen zu nehmen.
Periodika: die Zeitschrift "WorldWatch" und die institutseigene Serie "Worldwatch Papers"
Ausgewählte Publikationen: "State of the World" Berichte, z. B.: L. Brown (Hg.), Zur Lage der Welt 89/90, Frankfurt a. M., 1989; L. Brown (Hg.), Zur Lage der Welt 90/91, Frankfurt a. M., 1990

Zukunftsinstitut Verkehr/Verkehrsentwicklung

Markgrafenstr. 34
1017 Berlin
Tel.:   00372 - 5 89 47 14

Leiter: Hans Joachim Bischof
Träger: GmbH
Gründung: 1990
Ziele/Arbeitsfelder: Das Zukunftsinstitut Verkehr arbeitet unabhängig und auftragsbezogen. Schwerpunkte der erst begonnenen Tätigkeit liegen in den Feldern Marktforschung und Verkehrsszenarien-Entwicklung, zukunftsrelevante Verkehrskonzepte, innovative Verkehrssysteme der Zukunft und Wirtschaftlichkeitsanalysen sowie Bewertung.

Zukunftswerkstätten Berlin

Görlitzer Str. 37
1000 Berlin 36

Tel.:   030 - 6 18 54 64

Kontakt: Horst Mauer
Gründung: 1988
Ziele/Arbeitsfelder: Organisation und Durchführung von Zukunftswerkstätten als eigenständiger Veranstalter sowie als Bildungsangebot an Gruppen, Initiativen und Verbände. Thematisch bildet die Gestaltung von Arbeit und Technik aus Arbeitnehmersicht einen Schwerpunkt.

Zukunftswerkstätten Ratingen

Nesenhaus 17
4030 Ratingen 6

Tel.: 02102 - 6 81 69

Kontakt:Dr. Norbert R. Müllert
Gründung: 1986
Ziele/Arbeitsfelder: Organisation und Durchführung von Zukunftswerkstätten als eigenständiger Veranstalter sowie als Bildungsangebot an Gruppen, Initiativen und Verbände. Norbert R. Müllert hat zusammen mit Robert Jungk das Konzept der Zukunftswerkstätten entwickelt. Im Rahmen des Forschungsprogramms "Sozialverträgliche Technikgestaltung" des Landes Nordrhein-Westfalens wurden thematisch ausgerichtete Zukunftswerkstätten durchgeführt und ausgewertet. Ziel war es, Bürgern ein Forum zu bieten, um ihre Vorstellung zur Gestaltung der Informationsgesellschaft zu entwickeln.
Ausgewählte Publikationen: Robert Jungk, Norbert R. Müllert, Zukunftswerkstätten, Hamburg 1981; Stephan Geffers, Robert Jungk, Norbert R. Müllert, Angelika Solle, Zukünfte erfinden und ihre Verwirklichung in die eigene Hand nehmen - was Bürgerinnen und Bürger in 7 Werkstätten entwickeln und vorschlagen, Werkstattbericht Nr. 78 des SoTech-Programmes NRW, Ahaus 1990

Ausgewählte Literatur

Albery, Nicholas/Yule, Valerie: Encyclopaedia of Social Inventions, The Institute for Social Inventions, London 1989
Alemann, Ulrich v./Schatz, Herbert: Mensch und Technik. Grundlagen und Perspektiven einer sozialverträglichen Technikgestaltung, Opladen 1986
Altvater, Elmar/Baethge, Martin (Hg.): Arbeit 2000: Über die Zukunft der Arbeitsgesellschaft, Hamburg 1985
Arbeitsgemeinschaft NRW 2000 (Thomas Baumgartner/Volker von Borries/A.Frosch/Arnold Harmsen/Peter Mettler): NRW 2020. Mikroelektronik, Arbeitsmarkt und Gestaltungsmöglichkeiten, (Werkstattbericht 35 des Programms "Mensch und Technik - Sozialverträgliche Technikgestaltung") Düsseldorf 1988
Association Internationale Futuribles: La Prospective et les Pouvoirs Publics en Europe, Rapport au Programme FAST - Nr. FS2 - 0150-F (CD), Paris 1987
Baade, Fritz: Der Wettlauf zum Jahr 2000 - Unsere Zukunft: Ein Paradies oder die Selbstvernichtung der Menschheit, Oldenburg und Hamburg 1968
Battelle-Institut e.V.: NRW 2000 - Wirtschaft, Qualifikation und neue Techniken. Erarbeitung alternativer Szenarien und Gestaltungsvarianten gesellschaftlicher Entwicklung, Projekt im Rahmen des Programms: Sozialverträgliche Technikgestaltung des Landes Nordrhein-Westfalen (noch nicht veröffentlicht)
Bechmann, Armin: Landbau-Wende - Gesunde Landwirtschaft - Gesunde Ernährung, Frankfurt am Main 1987
Beck, Ulrich: Gegengifte. Die organisierte Unverantwortlichkeit, Frankfurt am Main 1988
Beck, Ulrich: Risikogesellschaft. Auf dem Weg in eine andere Moderne, Frankfurt am Main 1986
Beck, Ulrich: Politik in der Risikogesellschaft, Frankfurt am Main 1991

Bell, Daniel: Die nachindustrielle Gesellschaft, Frankfurt am Main 1975

Bell, Daniel: Die Zukunft der westlichen Welt. Kultur und Technologie im Widerstreit, Frankfurt am Main 1976

Bertaux, Pierre: Mutationen der Menschheit, Stuttgart 1966

Bestushew-Lada, Igor: Die Welt im Jahr 2000, Freiburg 1984

Bierter, Willy: Mehr autonome Produktion - weniger globale Werkbänke - mit einem Blick in die Zukunft: Bericht von der "Alternativen Weltwirtschaftskonferenz" im Jahre 2003, Karlsruhe 1986

Binswanger, Hans Christoph/Frisch, Heinz/Nutzinger, Hans G./ Schefold, Bertram/Scherhorn, Gerhard/Simonis, Udo Ernst/ Strümpel, Burkhard: Arbeit ohne Umweltzerstörung. Strategien für eine neue Wirtschaftspolitik, Frankfurt a.Main 1988

Birnbacher, Dieter: Verantwortung für zukünftige Generationen, Stuttgart 1988

Bleicher, Siegfried: Technik für den Menschen. Soziale Gestaltung des technischen Wandels - Eine Dokumentation, Köln 1987

Bloch, Ernst: Das Prinzip Hoffnung, 3 Bände, Frankfurt am Main 1959

Brand, Stewart: Media Lab. Computer, Kommunikation und neue Medien. Die Erfindung der Zukunft am MIT, Reinbek 1990

Brandt, Willy (Hg.): Hilfe in der Weltkrise, Reinbek 1983

Brödner, Peter: Fabrik 2000. Alternative Entwicklungspfade in die Zukunft der Fabrik, Berlin 1985

Bruckmann, Gerhart: Langfristige Prognosen, Würzburg/Wien 1978

Bühl, L. Walter: Eine Zukunft für Deutschland - Grundlinien der technologischen, gesellschaftlichen und politischen Entwicklung, München 1985

Bund für Umwelt und Naturschutz Deutschland BUND (Hg.): Umweltbilanz - Die ökologische Lage der Bundesrepublik, Hamburg 1988

Bundesminister für Forschung und Technologie: Zukunftskonzept Informationstechnik, Bonn im Juni 1989

Burmeister, Klaus/Canzler, Weert (Hg.): Zukunftsmetropole Berlin. Kritik und Perspektiven wirtschaftspolitischer Leitbilder, Berlin 1988

Burmeister, Klaus/Canzler, Weert/Kreibich, Rolf (Hg.): Netzwerke. Vernetzungen und Zukunftsgestaltung, Weinheim/Basel 1991

Callenbach, Ernest: Ökotopia. Notizen und Reportagen von William Weston aus dem Jahre 1999, Berlin 1979

Capra, Fritjof: Wendezeit, Bern/München/Wien 1983

Chardin, Teilhard de: Die Zukunft des Menschen, Olten/Freiburg 1963

Chargaff, Ervin: Kritik der Zukunft, New York/Stuttgart 1983

Club of Rome: Die Herausforderung des Wachstums. Globale Industrialisierung: Hoffnung oder Gefahr?, Bern/München/Wien 1990

Cornish, Edward (Hg.):The 1990s & Beyond, World Future Society, Bethesda, Maryland 1990

Council on Environmental Quality: The Global 2000 Report to the President, Washington 1980

Daimler-Benz AG - Forschungsgruppe Berlin: Führt der Weg von der Industriegesellschaft in die Freizeitgesellschaft? - Aspekte veränderter Freizeitaktivitäten - erstellt von Reske, Joachim, Berlin im August 1988

Deutsch, Karl W.: Politische Kybernetik - Modelle und Perspektiven, Freiburg/Br. 1969

Deutsche Shell AG: Grenzen der Motorisierung in Sicht - Shell-Prognose des PKW-Bestandes bis zum Jahr 2010, Hamburg im September 1989

Deutscher Bundestag (Hg.): Bericht der Enquète-Kommission "Einschätzung und Bewertung von Technikfolgen; Gestaltung von Rahmenbedingungen der technischen Entwicklung", gemäß Beschluß des Deutschen Bundestages vom 14.3.1985 - Zur Institionalisierung einer Beratungskapazität für Technikfolgen-Abschätzung- und Bewertung beim Deutschen Bundestag -, BT-Drs. 10/5844, Bonn 14.7.1987

Deutscher Bundestag (Hg.): Chancen und Risiken der Gentechnologie - Der Bericht der Enquete-Kommission "Chancen und Risiken der Gentechnologie" des 10. Deutschen Bundestages, Bonn 1987

Deutscher Bundestag (Hg.): Schutz der Erdatmosphäre - Eine internationale Herausforderung - , Zwischenbericht der Enquete-Kommission des 11. Deutschen Bundestages "Vorsorge zum Schutz der Erdatmosphäre", Bonn 1988

Deutscher Bundestag: Enquete-Kommission "Neue Informations- und Kommunikationstechniken", Zwischenbericht Drucksache 9/2442 v. 28.3.1983

Deutscher Bundestag: Zukünftige Kernenergie-Politik. Bericht der Enquete-Kommission des Deutschen Bundestages, Teil I und II, Bonn 1980

Deutsches Institut für Wirtschaftsforschung (DIW): NRW 2000 - Wirtschaft, Beschäftigung, Qualifikation und neue Techniken, Projekt im Rahmen des Programms: Sozialverträgliche Technikgestaltung des Landes Nordrhein-Westfalen (noch nicht veröffentlicht)

Deutsches Institut für Wirtschaftsforschung (DIW): Perspektiven der wirtschaftlichen Entwicklung in der Bundesrepublik Deutschland bis zum Jahr 2000, DIW-Wochenbericht 25/87, bearbeitet von Blazejczak, Jürgen/Kirchner, W./Krupp, Hans-Jürgen, Berlin 1987

Didsbury, Howard F. (Hg.): The Global Economy. Today, Tomorrow and the Transition (published by World Future Society), Bethesda/USA 1985

Dierkes, Meinolf/Petermann, Thomas/Thienen, Volker von (Hg.): Technik und Parlament. Technikfolgenabschätzung: Konzepte, Erfahrungen, Chancen, Berlin 1986

Dierkes, Meinolf/Zimmermann, Klaus (Hg.): Wirtschaftsstandort Bundesrepublik. Leistungsfähigkeit und Zukunftsperspektiven, Frankfurt am Main 1990

Dinnebier, Antonia: Vernetzte Systeme - Frederic Vesters biokybernetisches Konzept - ein Versuch zur Bewältigung der Umweltkrise, Werkstattbericht des Instituts für Landschaftsökonomie der Technischen Universität, Heft 9, Berlin 1985

DIW-Wochenbericht 25/87 v.19.6.1987: Perspektiven der wirtschaftlichen Entwicklung in der Bundesrepublik bis zum Jahr 2000

Dokumentation des BHW Forums: 1. Workshop des BHW Forum 31.1. - 4.2.1986: "Bauen und Wohnen in der Zukunft", 2.Workshop 19.9. - 21.9.1986: "Fragen an die Zukunft: Arbeit und Freizeit", 3.Workshop 15.5. - 17.5.1987: "Fragen an die Zukunft: Die persönliche Sicherung der Zukunft", 4.Workshop 5.11. - 8.11.1987: "Mensch und Information: Wege in die Zukunft", 5.Workshop 10.6. - 12.6.1988: "Mode, Zwang, Zukunftschance?"

Dreitzel, Hans-Peter: Sozialer Wandel. Zivilisation und Fortschritt als Kategorien der soziologischen Theorie, Neuwied/Berlin 1967

Drucker, Peter F.: Neue Realitäten, Düsseldorf 1990

Engholm, Björn: Herausforderung an die Politik, in: Wechselwirkung, November 1988

Enquete-Kommission "Einschätzung und Bewertung von Technikfolgen; Gestaltung und Rahmenbedingungen der technischen Entwicklung", Materialien zur Drucksache 10/6801 Band I-V, Bonn März 1987

Eppler, Erhard: Wege aus der Gefahr, Reinbek 1985

Eurich, Claus: Die Megamaschine. Vom Sturm der Technik auf das Leben und Möglichkeiten des Widerstands, Darmstadt 1988

europäische ideen: Ossip K. Flechtheim zum 80. Geburtstag, Heft 69 (hrsgg. von Mytze, Andreas W.)

Evers, Adalbert/Nowotny, Helga: Über den Umgang mit Unsicherheit. Die Entdeckung der Gestaltbarkeit von Gesellschaft, Frankfurt am Main 1987

FAST-Gruppe der Kommission der Europäischen Gemeinschaften: Die Zukunft Europas: Gestaltung durch Innovationen, Berlin 1987'

Fischer, Joseph: Der Umbau der Industriegesellschaft, Frankfurt am Main 1989

Flechtheim, Ossip K.: Futurologie. Der Kampf um die Zukunft, Hamburg (Hoffmann und Campe) 1972

Flechtheim, Ossip K.: Ist die Zukunft noch zu retten?, Hamburg (Hoffmann und Campe) 1987

Flechtheim, Ossip K.: Möglichkeiten und Grenzen der Zukunftsforschung, in: Deutsche Rundschau, Heft 12, 1963

Flechtheim, Ossip K.: Warum Futurologie, in: Futurum - Beiträge des Instituts für Zukunftsforschung, München 1980

Forester, Tom: Die High Tech-Gesellschaft, Stuttgart 1990

Fornallaz, Pierre: Die ökologische Wirtschaft, Karlsruhe 1989

Forschungsgruppe Soziale Ökologie: Soziale Ökologie - Gutachten zur Förderung der sozial-ökologischen Forschung in Hessen, Frankfurt am Main im Dezember 1987

Forschungsstelle für gesellschaftliche Entwicklungen an der Universität Mannheim: Projekt-Endbericht: "Trends und Schwerpunkte in der Zukunftsforschung unter besonderer Berücksichtigung der Entwicklungsoptionen für die Bundesrepublik Deutschland", bearbeitet von Widmaier, Ulrich u. a., erstellt im Auftrag des Bundesministeriums für Forschung u. Technologie, Mannheim o.J.

Fourastie, Jean: Die große Hoffnung des zwanzigsten Jahrhunderts, Köln-Deutz, 1954

Fourastie, Jean: Die 40.000 Stunden, Düsseldorf 1986

Fowles, Jib (Hg.): Handbook of Futures Research, Connecticut, London 1978

Fraunhofer-Institut für Transporttechnik und Warendistribution: Cargo 2000 - Ein neues Konzept für den schnellen Kleingutverkehr auf der Schiene, Vorstudie, im Auftrag der Deutschen Bundesbahn, erschienen in: Jahrbuch des Eisenbahnwesens 1989 (Projektende: 12/1990)

Frei, Daniel/Ruloff, Dieter: Handbuch der weltpolitischen Analyse. Methoden für Praxis, Beratung und Forschung, Grüsch (Verlag Rüegger) 1988 (2. Auflage)

Friedrichs, Jürgen (Hg.): Die Städte in den 80er Jahren: demografische, ökonomische und technologische Entwicklungen, Opladen 1985

Friedrichs, Jürgen/Schaff, Adam (Hg.): Auf Gedeih und Verderb. Mikroelektronik und Gesellschaft. Bericht an den Club of Rome, Reinbek bei Hamburg 1984

Fucks, Wilhelm: Formeln zur Macht - Prognosen über Völker, Wirtschaft, Potentiale, Stuttgart 1965

Galtung, Johan/Jungk, Robert (Hg.): Modelle zum Frieden, Wuppertal 1972

Galtung, Johan/Jungk, Robert (Hg.): Pluralism and the Future of Human Society, Tokio 1970

Galtung, Johan: Die globale Verteilung von Wachstum und Stagnation, in: Jänicke, Martin (Hg.), Vor uns die goldenen neunziger Jahre? - Langzeitprognosen auf dem Prüfstand, München/Zürich 1985

Gatzweiler, Hans-Peter: Stadtregionen - Entwicklungsperspektiven und neue Forschungsinstrumente, in: Informationen zur Raumentwicklung, Heft 11/12 1987

Gewerkschaftliche Monatshefte 9/1986, Schwerpunkt: Zukunftstechnologien

Gillwald, Katrin: Zukunftsforschung aus den USA - Prominente Autoren und Werke aus den letzten 20 Jahren, papers des WZB (P 90-106), Berlin 1990

Giger, Andreas (Hg.): Eine Welt für alle. Rosenheim 1990

Global 2000: Der Bericht an den Präsidenten, Frankfurt am Main 1980 (im Original: The Global 2000 Report to the Präsident, hrsg. vom Council on Environmental Quality und dem US-Außenministerium unter der Leitung von Gerald O. Barney, Washington 1980)

Godet, Michel: From Forecasting to La Prospective from the Technological Mirage to the Social Breakthrough, Vortrag auf dem International Meeting on Forecasting and Assessment in the Field of Science and Technology in Rio de Janeiro vom 24.-26. Mai 1988
Godet, Michel: Prospective et planification strategique, Paris 1985
Godet, Michel: Reducing the Blunders in Forecasting, in: Futures, June 1983
Goeudevert, Daniel: Die Zukunft ruft, Herford 1990
Grossner, Claus/Oetker, Arend/Münchmeyer, Hans-Hermann/ v.Weizsäcker, Carl Cristian: Das 198. Jahrzehnt. Eine Teamprognose für 1970 bis 1980, Hamburg 1969
Habermas, Jürgen: Die Neue Unübersichtlichkeit, Frankfurt am Main 1985
Habermas, Jürgen: Technik und Wissenschaft als 'Ideologie`, Frankfurt am Main 1968
Haefner, Klaus: Mensch und Computer im Jahr 2000, Basel 1984
Harman, Willis W.: Gangbare Wege in die Zukunft?, Darmstadt 1978 (Originaltitel: An Incomplete Guide to the Future, San Francisco 1976)
Hauff, Volker (Hg.): Unsere gemeinsame Zukunft. Der Brundtland-Bericht der Weltkommission für Umwelt und Entwicklung, Greven 1987
Heinze, Rolf G./Hombach, Bodo/Scherf, Henning (Hg.): Sozialstaat 2000 - Auf dem Weg zu neuen Grundlagen der sozialen Sicherung, Berlin 1987
Helmer, Olaf: Looking Forward. A Guide to Futures Research, Beverly Hills 1983
Henckel, Dietrich (Hg.): Arbeitszeit, Betriebszeit, Freizeit. Auswirkungen auf die Raumentwicklung, Stuttgart 1988.
Hesse, Joachim Jens/Kreibich, Rolf/Zöpel,Christoph (Hg.): Zukunftsoptionen in der Wissenschafts- und Risikogesellschaft, (Forum Zukunft Bd.4) Baden-Baden 1988
Hesse, Joachim Jens/Rolff, Hans-Günter/Zöpel, Christoph (Hg.): Zukunftswissen und Bildungsperspektiven, (Forum Zukunft Bd.3) Baden-Baden 1988
Hesse, Joachim Jens/Zöpel, Christoph (Hg.): Neuorganisation der Zeit, (Forum Zukunft Bd.2) Baden-Baden 1988
Hesse, Joachim Jens/Zöpel, Christoph (Hg.): Zukunft und staatliche Verantwortung, (Forum Zukunft Bd.1) Baden-Baden 1987

Hesse, Joachim Jens/Zöpel, Christoph (Hg.): Der Staat der Zukunft, (Forum Zukunft Bd.5) Baden-Baden 1990

Hormann, John/Harman, Willis: Future Work. Trends über das leben von morgen, Stuutgart/München, Landsberg 1990

Holzapfel, Helmut/Traube, Klaus/Ullrich, Otto: Autoverkehr 2000, Karlsruhe 1988

Huber, Joseph: Die Regenbogengesellschaft - Ökologie und Sozialpolitik, Frankfurt am Main 1985

Huber, Joseph: Die verlorene Unschuld der Ökologie, Frankfurt am Main 1982

Huber, Joseph: Unternehmen Umwelt, Frankfurt am Main 1982

Industriegewerkschaft Metall (Hg.):Aufgabe Zukunft - Qualität des Lebens. Beiträge zur vierten internationalen Arbeitstagung der Industriegewerkschaft Metall für die Bundesrepublik Deutschland 11. bis 14.4.1972, Band 1-10

Industriegewerkschaft Metall (Hg.): Die andere Zukunft: Solidarität und Freiheit, Materialbände 1-6, Köln 1988

Inglehart, Ronald: Kultureller Umbruch, Frankfurt am Main 1989

Institut für Arbeitsmarkt- und Berufsforschung/Prognos AG Basel: Die Zukunft der Arbeitslandschaft, Nürnberg 1985

Internationale Bauausstellung Emscher Park, Internationale Bauausstellung Emscher Park - Werkstatt für die Zukunft alter Industriegebiete - Memorandum zu Inhalt und Organisation, hrsg. vom Minister für Stadtentwicklung, Wohnen und Verkehr des Landes Nordrhein-Westfalen, Düsseldorf o.J.

Internationales Institut für Umwelt und Gesellschaft des Wissenschaftszentrums Berlin: Zukunft der Städte. Ein Thesenpapier von Ekhart Hahn, discussion paper IIUG dp 83-10, Berlin 1983.

Jäger, Fredy/Kunz, Peter: Erneuerbare Energiequellen - Abschätzung des Potentials bis zum Jahr 2000 in der Bundesrepublik, München 1987

Jahn, Egbert: Zur Zukunft Europas, Osteuropas und Mitteleuropas, in: Hessische Stiftung für Friedens- und Konfliktforschung (HSFK) HSFK-Report 3/1989, Frankfurt/M 1989

Jahrbuch Arbeit und Technik in Nordrhein-Westfalen 1984-1990, hrsgg. von Fricke, Werner, Bonn

Jänicke, Martin (Hg.): Vor uns die goldenen Neunziger Jahre? Langzeitprognosen auf dem Prüfstand, München/Zürich (Piper) 1985

Jänicke, Martin: Staatsversagen. Die Ohnmacht der Politik in der Industriegesellschaft, München 1986
Jänicke, Martin: Wie das Industriesystem von seinen Mißständen profitiert, Opladen 1979
Jänicke, Martin: Zukunftsforschung: Erstens kommt es anders und zweitens als man wünscht, in: Natur 7/84
Jantsch, Erich: Die Selbstorganisation des Universums, München 1968
Japan Society of Futurology: Challenges from the Future, Proceedings of the International Future Research Conference, Vol. I, II, III and IV, Tokyo 1970
Jonas, Hans: Das Prinzip Verantwortung. Versuch einer Ethik für die technologische Zivilisation, Frankfurt am Main 1979
Jouvenel, Bertrand de: Die Kunst der Voraussschau, Neuwied/Berlin (Luchterhand) 1967
Jungk, Robert/Müllert, Norbert: Zukunftswerkstätten. Wege zur Wiederbelebung der Demokratie, Hamburg 1981
Jungk, Robert/Mundt, Hans Josef (Hg.): Modelle für eine neue Welt, Band I-XV, München 1964
Band I: Der Griff nach der Zukunft. Planen und Freiheit
Band II: Wege ins neue Jahrtausend. Wettkampf der Planungen in Ost und West,
Band III: Deutschland ohne Konzeption? Am Beginn einer neuen Konzeption
Band IV: Horizonte 1984. Wissenschaftler und Techniker entwerfen unsere Welt von morgen
Band IX: Wer regiert morgen? Die Demokratie im technischen Zeitalter
Band V: Den neuen Menschen formen. Reformvorschläge für Schulen, Volkshochschulen, Universitäten. Die permanente Bildung. Aufstieg durch Wissen
Band VI: Dämme gegen die Autolawine. Städte, Autos, Zirkulation
Band VII: Mit der Technik leben. Gesundheit im Industriezeitalter. Geburtenkontrolle. Erfülltes Alter
Band VIII: Das Ende der Fron? Gezähmte Maschinen
Band X: Milliarden Menschen wollen wissen. Lesen, Hören, Sehen durch Massenmedien
Band XI: Die Wiederentdeckung des Schöpferischen. Der Laie als Experte, als Künstler und Forscher

Band XII: Das ganze Deutschland. Modelle zwischen Ost und West
Band XIII: Planetarisches Zusammenspiel. Kontinentale und interkontinentale Projekte
Band XIV: Die Chancen des Schönen. Die Musen und die neue Wirklichkeit. Der Mensch in der 30-Stundenwoche
Band XV: Die permanente Wandlung. Die Weiterentwicklung des Menschen. Über die Zukunft der Religionen

Jungk, Robert: Der Jahrtausendmensch. Bericht aus den Werkstätten der neuen Gesellschaft, Frankfurt am Main 1980

Jungk, Robert: Die Zukunft hat schon begonnen, Reinbek bei Hamburg 1965

Jungk, Robert: Menschenbeben. Der Aufstand gegen das Unerträgliche, München 1983

Jungk, Robert: Projekt Ermutigung. Streitschrift wider die Resignation, Berlin 1988

Jungk, Robert: Zukunftsforschung und Friedensstrategie, in: Hersche, O. (Hg.), Was wird morgen anders sein? - Wissenschaftler sehen die Zukunft, München 1972

Jungk, Robert und die Internationale Bibliothek für Zukunftsfragen (Hg.): Katalog der Hoffnung. 51 Modelle für die Zukunft, Frankfurt am Main 1990

Kafka, Peter: Das Grundgesetz vom Aufstieg, München 1989

Kahn, Hermann: Angriff auf die Zukunft, München 1972

Kahn, Hermann/Wiener, Anthony: Ihr werdet es erleben, München 1986

Kato, Hidetoshi: Japan 2000, in: Futures, 17.Jg., Heft 6 (Dezember) 1985, S. 570-579

Klein, Dieter: Wohin? - Gedanken über eine demokratische Zukunft der Bundesrepublik, Berlin 1966

Koch, Claus: Kritik der Futurologie, in: Kursbuch Nr.14, Aufgust 1968

Koch, Claus/Senghaas, Dieter (Hg.): Texte zur Technokratiediskussion, Frankfurt am Main 1970

Kommission der Europäischen Gemeinschaften: Europa + 30 Jahre - Abschlußbericht, Köln 1976

Kreibich, Rolf et al.: Telearbeit - Untersuchung zur Dezentralisierung und Flexibilisierung von Angestelltentätigkeiten mit Hilfe neuer Informations- und Kommunikationstechnologien, Studie des IZT im Auftrag des RKW, Eschborn/Berlin 1989

Kreibich, Rolf: Die Wissenschaftsgesellschaft. Von Galilei zur High-Tech-Revolution, Frankfurt am Main 1986

Kreibich, Rolf/Rogall, Holger, Boës, Hans (Hg.): Ökologisch produzieren. Zukunft der Wirtschaft durch umweltfreundliche Produkte und Produktionsverfahren, Weinheim/Basel 1991

Krohn, Wolfgang/Küppers, Günter (Hg.): Selbstorganisation - Aspekte einer wissenschaftlichen Revolution der Wissenschaft, Braunschweig und Wiesbaden 1990

Kubicek, Herbert/Rolf, Arno: Mikropolis, Hamburg 1985

Küppers, Bernd-Olaf: Ordnung aus dem Chaos, München 1988

Kuhn, Thomas S.: Die Struktur wissenschaftlicher Revolutionen, Frankfurt am Main 1967

Kursbuch 98: Das Chaos, Berlin 1989

Kursbuch 100: Die Welt von morgen, Berlin 1990

Lafontaine, Oskar: Die Gesellschaft der Zukunft, Hamburg 1988

Landesregierung Baden-Württemberg: Bericht der Kommission "Zukunftsperspektiven gesellschaftlicher Entwicklungen", Stuttgart 1983

Landesregierung Baden-Württemberg: Bericht der Kommission "Neue Führungsstruktur Baden-Württemberg", Band I Leitbilder und Vorschläge, Stuttgart 1985

Langguth, Uli: Klettertour mit Propheten. Erkundungen zum Berufsbild des Zukunftsforschers. in: Transatlantik Winter 1/1988

Laszlo, Ervin: Evolution. Die neue Synthese, Wien 1987

Laszlo, Ervin: Global denken. Die Neu-Gestaltung der vernetzten Welt, Rosenheim 1989

Leipert, Christian: Die heimlichen Kosten des Fortschritts, Frankfurt am Main 1989

Linstone, Harold A./Simmonds, W.H.Clive (Hg.): Futures Research - New Directions, Reading/Massachusetts 1977

Lorenzen, Hans-Peter: Effektive Forschungs- und Technologiepolitik. Abschätzung und Reformvorschläge, Frankfurt am Main 1985

Luhmann, Niklas: Soziale Systeme, Frankfurt am Main 1984

Lutz, Rüdiger (Hg.): Plädoyer für eine menschliche Zukunft, Weinheim/Basel 1988.

Lutz, Rüdiger/Krötz, Thomas: Ökopolis Konzept für eine menschen- und umweltgerechte Stadt, Projektstudie im Auftrag der GRÜNEN im Landtag Baden-Württemberg, Stuttgart 1985

Mackensen, Rainer/Umbach, Eberhard/Jung, Ronald (Hg.): Leben im Jahr 2000 und danach. Perspektiven für die nächsten Generationen. Ergebnisse einer Studie über die Auswirkungen der Bevölkerungs-Entwicklung auf die künftigen Lebensbedingungen in der Bundesrepublik Deutschland - ABEL-Projekt, Berlin 1984

Mannheim, Karl: Ideologie und Utopie, 3.Auflage, Frankfurt am Main 1952

Marcuse, Herbert: Der eindimensionale Mensch, Neuwied 1977

Masini, Eleonora: Reconceptualizing Futures: A Neeed and a Hope, in: World Future Society Bulletin, 16 Jg., Heft 6 (Nov./Dez.) 1982

Maturana, Humberto R./Varela, Francisco J.: Der Baum der Erkenntnis, München 1987

Matzner, Egon/Schettkat, Ronald/Wagner, Michael: Beschäftigungsrisiko Innovation? Arbeitsmarktwirkungen moderner Technologien. Befunde aus der Meta-Studie,(edition sigma) Berlin 1988

Meadows, Dennis/Meadows, Donella/Zahn,Erich/Milling, Peter: Die Grenzen des Wachstums. Bericht des Club of Rome zur Lage der Menschheit, Reinbek bei Hamburg 1973

Mettler, Peter H.: Kritische Versuche zur Zukunftsforschung, Band 1: Retrognose, Frankfurt am Main 1979

Meyer, Thomas/Miller, Susanne (Hg.): Zukunftsethik und Industriegesellschaft, München 1986

Meyer-Abich, Klaus Michael: Wissenschaft für die Zukunft. Holistisches Denken in ökologischer und gesellschaftlicher Verantwortung, München (Beck Verlag) 1988

Meyer-Abich, Klaus Michael/Schefold Bertram:Die Grenzen der Atomwirtschaft - Die Zukunft von Energie, Wirtschaft und Gesellschaft, München 1986

Michelsen, Gerd (Hg.): Die Zukunft der Bundesrepublik. Szenarien und Prognosen, Hamburg 1988

Mittelstaedt, Werner: Wachstumswende. Chance für die Zukunft, München 1988

Naisbitt, John: Megatrends. Zehn Perspektiven, die unser Leben verändern werden, München 1985

Naisbitt, John/Aburdene, Patricia: Megatrends 2000, Düsseldorf 1990

Nora, Simon/Minc, Alain: Die Informatisierung der Gesellschaft, Frankfurt am Main 1979

OECD:Interdependence and Co-Operation in Tomorrow's World, Paris 1987

OECD: Science and Technology Policy Outlook 1988, Paris 1988

OECD: Technological Forecasting and Economic Prospects, Paris 1987

Öko-Institut Freiburg: Das grüne Energiewendeszenario 2010 - Viel Sonne + Wind - Weniger CO_2 - Kein AKW. Eine Untersuchung des Ökoinstituts Freiburg im Auftrag der GRÜNEN im Bundestag, Bonn, im Juli 1988

Opaschowski, Horst W: Zukunft der Freizeit, Hamburg 1987.

OPTEK - Projektgemeinschaft im Rahmen des Programms: Sozialverträgliche Technikgestaltung des Landes Nordrhein-Westfalen, Optionen der Telekommunikation (3 Bände), hrsg. vom Ministerium für Arbeit, Gesundheit und Soziales, Düsseldorf o.J.

Otto, Peter/Sonntag, Philipp: Wege in die Informationsgesellschaft, München 1985

Peccei, Aurelio: Die Zukunft in unserer Hand. Gedanken und Reflexionen des Präsidenten des Club of Rome, München 1981

Perrow, Charles: Normale Katastrophen, Frankfurt am Main 1987

Pestel, Eduard et al.: Das Deutschland-Modell. Herausforderungen auf dem Weg ins 21. Jahrhundert, Stuttgart 1978

Pforte, Dietger/Schwencke, Olaf (Hg.): Ansichten einer zukünftigen Futurologie. Zukunftsforschung in der zweiten Phase, München 1973

Picht, Georg: Prognose, Utopie, Planung, Stuttgart 1967

Picht, Georg: Mut zur Utopie, München 1969

Picht, Georg: Die deutsche Bildungskatastrophe, Olten/Freiburg 1964

Polak, Fred L.: PROGNOSTICS - A science in the making surveys and creates the future, Amsterdam/london/New York 1971

Polak, Fred L.: The Image of the Future: Enlightning the Past, Orienting the Present, Forecasting the Future, New York 1961

Prigogine, Ilya/Stengers, Isabelle: Dialog mit der Natur, München 1981

Probst, Gilbert J.B.: Selbstorganisation, Berlin und Hamburg 1987

Prognos AG: Die Zukunft der Arbeitslandschaft. Zum Arbeitskräftebedarf nach Umfang und Tätigkeiten bis zum Jahr 2000, Nürnberg 1985, Beiträge zur Arbeitsmarkt- und Berufsforschung BeitrAB 94.1,2, bearbeitet von Rothkirch, Christoph v./Weidig, Inge, erstellt im Auftrag des Instituts für Arbeitsmarkt- und Berufsforschung der Bundesanstalt für Arbeit

Prognos AG: Zum Arbeitskräftebedarf nach Qualifikationen bis zum Jahr 2000, Nürnberg 1986, Beiträge zur Arbeitsmarkt- und Berufsforschung BeitrAB 95, bearbeitet von Rothkirch, Christoph v./ Weidig, Inge, erstellt im Auftrag des Instituts für Arbeitsmarkt- und Berufsforschung der Bundesanstalt für Arbeit

Prognos AG: Die Bundesrepublik Deutschland 1985/1990/2000. Die Entwicklung von Wirtschaft und Bevölkerung in der Bundesrepublik und den Bundesländern bis 2000. (prognos-report nr. 11)

Provet-Projektgruppe: Informatisierung der Gesellschaft - Verfassungsverträglichkeit und Verletzlichkeit des sozialen und politischen Systems, Projekt im Rahmen des Programms: Sozialverträgliche Technikgestaltung des Landes Nordrhein-Westfalen (noch nicht veröffentlicht)

Richta, Radovan et al.: Zivilisation am Scheideweg, Politische Ökonomie des 20. Jahrhunderts, Interdisziplinäres Team zur Erforschung der sozialen und menschlichen Zusammenhänge der wissenschaftlich-technischen Revolution beim Philosophischen Institut der Tschechoslowakischen Akademie der Wissenschaft, Prag 1968

RKW (Hg.): Produktivität und die Zukunft der Arbeit, Kongreßband des Kongresses in München vom 14.-16.10.1986

Roßnagel, Alexander: Bedroht die Kernenergie unsere Freiheit?, München 1983

Roters, Wolfgang: Innovative Reaktionen auf technologische und ökologische Herausforderungen, in: Böhret, Carl (Hg.): Herausforderungen an die Innovationskraft der Verwaltung, Opladen 1987

Rousseau, Pierre: Geschichte der Zukunft, München 1960

Schaeffer, Roland (Hg.): Ist die technisch-wissenschaftliche Zukunft demokratisch beherrschbar?, Schriftenreihe der Heinrich-Böll-Stiftung, Bonn, Frankfurt am Main 1990

Schmacke, Ernst (Hg.): Baden-Württemberg auf dem Weg in das Jahr 2000, Düsseldorf 1971

Schmacke, Ernst (Hg.): Nordrhein-Westfalen auf dem Weg in das Jahr 2000. Sechzehn Prognosen, Düsseldorf 1970

Schulze, Lothar: Die Zukunft geht uns alle an, Hannover (Selbstverlag) 1976

Schwendter, Rolf: Zur Geschichte der Zukunft. Zukunftsforschung und Sozialismus Band 1, Frankfurt am Main 1982

Schwendter, Rolf: Zur Zeitgeschichte der Zukunft. Zur Geschichte der Zukunft Band 2, Frankfurt am Main 1984

Secretariat for the Futures Studies and Ministry of Foreign Affairs: To chose a Future, Stockholm 1974

Senghaas, Dieter: Die Zukunft Europas - Probleme der Zukunftsgestaltung, Frankfurt am Main 1986

Servan-Schreiber, Jean-Jaques: Die amerikanische Herausforderung, Hamburg 1968

Servan-Schreiber, Jean-Jaques: Die befreite Gesellschaft - eine Charta für Europa, Hamburg 1970

Slaughter, Richard A.: Recovering the Future, Monash University Clayton, Australia 1987

Slotterdijk, Peter (Hg.): Vor der Jahrtausendwende: Bericht zur Lage der Zukunft, 2 Bände, Frankfurt am Main 1990

Sonderausgabe: Unsere Welt 1985. Hundert Beiträge internationaler Wissenschaftler, Schriftsteller und Publizisten aus fünf Kontinenten, München 1965

Späth, Lothar: Wende in die Zukunft. Die Bundesrepublik auf dem Weg in die Informationsgesellschaft, Hamburg 1985

Steinbuch, Karl: Falsch programmiert, Stuttgart 1968

Steinbuch, Karl: Mensch-Technik-Zukunft: Probleme von morgen, Stuttgart 1971

Steinbuch, Karl: Programm 2000, Stutgart 1970

Strasser, Johano/Traube, Klaus: Die Zukunft des Fortschritts. Der Sozialismus und die Krise des Industrialismus, Bonn 1981

Strauß, Franz-Josef: Der Weg in die Zukunft - an der Schwelle einer neuen Zeit, München 1964

Sydow, Werner (Hg.): In die Zukunft gedacht, Berlin 1983

Syntropie-Stiftung für Zukunftsgestaltung (Projektleitung): Basler Regio Forum - Werkstattberichte und Szenarien, Basel 1987 und 1988

Technik und Gesellschaft, Jahrbuch 1-4, Frankfurt am Main 1983-1988

Technologie und Politik. Das Magazin zur Wachstumskrise, Band 1-19, Reinbek bei Hamburg

Thienen, Volker von: Technikfolgenabschätzung und sozialwissenschaftliche Technikforschung, Berlin 1983

Tietz, Bruno: Optionen bis 2030. Szenarien und Handlungsalternativen für Wirtschaft und Gesellschaft in der Bundesrepublik. Ein Handbuch für Entscheidungsträger, Stuttgart (Poller Verlag) 1986
Tietz, Bruno: Optionen für Deutschland, Landsberg 1990
Toffler, Alvin: Der Zukunftsschock, München 1974
Toffler, Alvin: Die dritte Welle - Zukunftschance. Perspektiven für die Gesellschaft des 21. Jahrhunderts, München 1980
Toffler, Alvin: Machtbeben, Düsseldorf 1990
Traube, Klaus: Müssen wir umschalten? Von den politischen Grenzen der Technik, Reinbek bei Hamburg 1978
Uexküll, Jakob von/Dost, Bernd: Projekte der Hoffnung, München 1990
Ullrich, Otto: Technik und Herrschaft, Frankfurt am Main 1977
Van den Daele/Krohn, Wolfgang/Weingarten, Peter: Geplante Forschung, Frankfurt am Main 1979
Vester, Frederic: Unsere Welt - ein vernetztes System, Ausstellungskatalog, Stuttgart 1978
Vester, Frederic: Ausfahrt Zukunft, München 1990
Von Neumann, John/Morgenstern, Oskar: Theory of Games and Economic Behavior, New York 1944
Wagenführ, Horst: Industrielle Zukunftsforschung, München 1970
Weizenbaum, Joseph: Die Macht der Computer und die Ohnmacht der Vernunft, Frankfurt am Main 1977
Weizsäcker, Ernst Ulrich v.: Erdpolitik. Darmstadt 1990
World Future Society: The Future: A Guide To Information Sources, Washington, D.C. 1977
World Future Society: The Futures Research Directory: Individuals, Bethesda, Maryland 1987
World Futures Studies Federation: Science and Technology and the Future, Proceedings and Joint Report of World Future Studies Conference and DSE-Preconference, held in Berlin (West), 4th-10th May 1979, ed. Hans Buchholz, Wolfgang Gmelin, Part I and II and Offprint, München 1979
Worldwatch Institute: Worldwatch Institute Report: State of the World 1984-1988, herausgegeben von Lester R. Brown, Washington D.C.
WSI-Mitteilungen 3/1986: Schwerpunktheft: Zukunft der Arbeit
WSI-Mitteilungen 8/1987: Schwerpunktheft: Gegenwelt durch Gegenmacht - Szenarien 2000

WSI: Tätigkeitsbericht 1982-85, Düsseldorf o.J.
Zentrum Berlin für Zukunftsforschung: Die Frage nach europäischer Zukunftsforschung, Symposiumsbericht, Forschungsbericht Nr.49 des Instituts für Zukunftsforschung 1976/77
Zöpel, Christoph (Hg.): Technikgestaltung durch den Staat, Bonn 1988
Zöpel, Christoph (Hg.): Technikkontrolle in der Risikogesellschaft, Bonn 1988

Nachwort

Ossip K. Flechtheim

Die vorliegende Publikation berichtet sehr ausführlich und gründlich über den Zusammenhang von Zukunftsforschung und Politik. Wir selber haben betont, zur Futurologie gehöre die Zukunftsphilosophie nebst der Politik und Pädagogik der Zukunft als Futuristik im eigentlichen Sinne wie auch die Prognostik und Planung, wobei sich die Zukunftspolitik und Zukunftsplanung durchaus überschneiden können. Doch geht es bei jener häufiger um Einzelentscheidungen und -maßnahmen, bei dieser eher um einen Gesamtkomplex von Planzielen und Durchsetzungsstrategien.

Bei der Zukunftspolitik spielt stets nicht nur die mögliche und wahrscheinliche, sondern auch die wünschenswerte Zukunft eine Rolle. Kritische Futurologen wie Sozialisten sehen in der Politik (anders als Bismarck) nicht nur die Kunst des Möglichen. Ja, der revolutionäre Sozialist Karl Liebknecht hat sogar (wie auch der Soziologe Max Weber und der Dichter Hermann Hesse!) die produktive Politik als die Politik des *Unmöglichen* definiert. Was heute noch unmöglich scheint, mag doch morgen wider allem Erwarten möglich werden. Selbst der sonst so skeptische Max Weber hat einmal erklärt, daß in der Politik auch das Mögliche nicht erreicht worden wäre, "wenn nicht immer wieder in der Welt nach dem Unmöglichen gegriffen worden wäre".

Diese Haltung ist auch typisch für den Sozialismus. Das gilt nach wie vor, trotz des heute so laut verkündeten Endes des Sozialismus. Das Debakel des "realen Sozialismus" ist nicht ein solches des Sozialismus schlechthin. Man sollte sich immer vor Augen halten, daß der Zusammenbruch der Ostblocksysteme das Ende dessen darstellt, was nur als Perversion, Deformation, Verzerrung des Sozialismus zu betrachten ist. Es handelt sich also um eine Erscheinungsform eines

Systems, einer Ideologie, einer Herrschaftsform vom "Sozialismus", die als Pseudosozialismus vom echten Sozialismus zu unterscheiden ist. Daran ändert auch nichts, daß der ursprüngliche Stalinismus wie die von ihm abgeleiteten Ostsystme zugegebenermaßen noch mehr Elemente des echten Sozialismus enthielten als etwa der Nationalsozialismus, der mit dem Sozialismus überhaupt nichts zu tun hatte.

Es liegt in der Natur des Sozialismus, daß dieser nie wirklich eindeutig zu bestimmen war. Es gab stets die verschiedensten Erscheinungsformen des Sozialismus - sie reichten von einem anarchischen und humanistischen Sozialismus bis zu einem mehr oder weniger autoritären Staatssozialismus. Es lag sozusagen im Wesen des Sozialismus, daß er nicht gegen Mißinterpretation und Mißbrauch gefeit war und ist. Typisch für den Stalinismus im Gegensatz zum Nationalsozialismus war, daß es selbst Stalin auf dem Höhepunkt seiner Schreckensherrschaft nie ganz gelungen ist, auch den letzten humanistischen Rest in seinem sogenannten Sozialismus zu eliminieren. Und das gilt erst recht für den real existierenden Sozialismus der letzten Jahre, der sich ja im Vergleich mit dem Hochstalinismus immerhin etwas "liberalisiert" hatte, ohne doch m. E. zu einer echten Variante eines echten Sozialismus zu werden.

Solange der Sozialismus nicht wirklich realisiert ist, und das ist, wenn überhaupt, doch wohl nur sehr kurzfristig und auch nur örtlich begrenzt der Fall gewesen, bleibt er eine Zukunftsvision oder auch ein Traum, eine "Ideologie" oder besser eine Utopie. Dieses utopische Element war stets wesentlich für den Sozialismus und wird es auch wohl, soweit wir in die Zukunft schauen können, bleiben. So kann man vielleicht behaupten, daß der Sozialismus zwar eine sehr ernstzunehmende Niederlage erlitten hat, aber keineswegs total ausgelöscht ist. Die große Enttäuschung liegt wohl vor allem darin, daß der Pseudosozialismus im Osten nicht von einer echten Erscheinungsform des Sozialismus abgelöst worden ist. Das war wohl die große Erwartung, insbesondere zu Beginn des Zusammenbruchs des alten Systems und in den ersten Stadien der gewaltfreien Revolution. Sie hat nicht zu einer "Sozialisierung" der Ostsysteme geführt, sondern eher zu einer möglicherweise sehr weitgehenden Annäherung an den westlichen Kapitalismus. Wir haben immer von einem Dritten Weg gesprochen als positiver Synthese der kapitalistischen Demokratie im Westen und des "autoritären Sozialismus" im Osten. Wir haben allerdings auch die Möglichkeit einer negativen Synthese ins Auge gefaßt - diese hätte in einer Verschmelzung der kapitalistischen Elemente des Westens mit den autoritären Elementen im Osten bestanden. Das hätte nicht notwendigerweise zu einem neuen faschistischen System führen müssen, wohl aber zu einem autoritären oder autokratischen Kapitalismus. Diese schlimmste Variante ist allerdings nicht eingetreten. Sie ist zwar nicht unmöglich, aber auch nicht unvermeidlich. Wir haben eine sicherlich mehr oder weniger provisorische neue Form eines demokratischen Kapitalismus entstehen sehen. Der Prozeß dürfte zu einer vorübergehenden Stärkung des Kapitalismus führen, ohne daß man von einer bedeutsamen Stärkung der Demokratie sprechen kann. Wahrscheinlich wird die in letzter Zeit in jeder Beziehung festzustellende Bedrohung oder Schwächung der Demokratie immer weitergehen. An die Stelle der sogenannten Volksdemokratie des Ostens würde dann so etwas wie eine sterile Staatsdemokratie treten.

Die Utopie oder der Traum des Sozialismus ist aber - es ist wichtig, das festzuhalten - nicht total vernichtet. Zum Beweis sei nur auf die Fortexistenz etwa der Sowjetunion unter Gorbatschow und auf die Sozialistische Internationale mit an die 60 Parteien mit 17 Millionen Mitgliedern, aber auch auf die Tatsache der gewaltfreien Revolution in Osteuropa hingewiesen. Aber selbst der sogenannte real existierende Sozialismus besteht ja nach wie vor in nicht zu übersehendem Umfange in der Welt weiter. Es sei hier nur an China und manche Staaten der Dritten Welt erinnert. Trotzdem bleibt das Trauma der negativen Konvergenz beachtlich und bedrückend.

Wir dürfen also die Hindernisse, die nach wie vor dem Sozialismus entgegenstehen, nicht übersehen. Dennoch möchten wir an der "Utopie" oder dem "Traum" von einer sozialistischen Zukunft festhalten. Wir können das tun, gerade auch wenn wir uns bewußt bleiben, wie steil und schwierig der Dritte Weg eines echten Sozialismus und wie groß zunächst einmal die Wahrscheinlichkeit eines endgültigen Scheiterns ist. Wir haben deswegen in unserer Futurologie[1] von drei möglichen Zukünften gesprochen, einer positiven, aber auch zwei negativen. Über die beiden negativen Szenarien sei hier nur soviel gesagt, daß sie ihrerseits aus verschiedenen Varianten bestehen, die von dem Ende des Menschengeschlechts über den Rückfall in ein Steinzeitalter oder ein finsteres Zeitalter, aber auch über neue Formen des Totalitarismus oder eines autokratischen Neocäsarismus und eines sich entdemokratisierenden Kapitalismus bis zur positiven Zukunft einer Gesellschaft reichen, die sich einem Sozialismus nähert, den wir als humanen, globalen und frugalen Ökosozialismus charakterisiert haben.

Es mag der Menschheit schließlich doch gelingen, die ersten beiden Zukünfte zu vermeiden und trotz aller Schwierigkeiten und Widerstände eine wünschens- und lebenswerte Zukunft zu verwirklichen, so gering die Chancen auch zunächst erscheinen mögen. Für diese Möglichkeit spricht der Umstand, daß es neben den rückläufigen auch immer wieder fortschrittliche Tendenzen, Bewegungen und Kräfte gibt. Rüstungswettlauf, Umweltzerstörung und Ausbeutung der Dritten Welt stoßen auf wachsenden Widerstand. Ein neuer Mut zur Utopie ist spürbar, der aus christlich-pazifistischen, libertär-sozialistischen, ökologisch-humanistischen Quellen gespeist wird. Alle diese unterschiedlichen Gruppen streben nach einer Welt, in der man wohl noch mit Konflikten leben muß, diese aber immer mehr gewaltfrei austrägt. Sie alle wollen den Gegensatz zwischen westlichem Kapitalismus und östlichem Etatismus, zwischen technologischem Gigantismus im Norden und primitiver Rückständigkeit im Süden überwinden. Skeptisch gegenüber der überlieferten Staatsgewalt erstreben sie deren Abbau - u. a. durch die Übertragung von staatlichen Kompetenzen auf kleinere, sich selbst verwaltende Einheiten einerseits und eine den Frieden sichernde Weltföderation andererseits. In der Weltwirtschaft erscheint immer mehr Gleichheit ebenso unabdingbar wie mehr Freiheit in den verschiedenen nationalen, regionalen und lokalen Kulturbereichen. Schließlich soll nicht nur der Weltfrieden gewahrt, sondern den Bürgern auch ein erhebliches Maß an echter Autonomie gewährt werden. Das erfordert eine politische Organisation, in der sich stets wechselnde Mehrheiten und Minderheiten demokratisch und solidarisch zueinander verhalten und die veralteten Machtstrukturen durch neue Formen funktional-rationaler Leitung nach und nach ersetzt werden. An die Stelle des Gewaltmonopols des Staates bzw. der Staaten träte eine gewaltfreie Politik nach dem Vorbild von Gandhi oder M. L. King, die der genossenschaftlichen rational-funktionalen Leitung wie der Selbstbestimmung, d. h. der unmittelbaren, antizipatorischen und partizipatorischen Demokratie, immer weitere Handlungsspielräume verschafft.

Die rational-funktionale Leitung trägt den größeren Kenntnissen und Erfahrungen der einzelnen Rechnung. Manipulation und Gewalt würden Aufklärung, Belehrung und Überzeugung Platz machen. Der rational-funktionale Leiter erteilt keine willkürlichen Befehle, sondern gibt sachgerechte Anweisungen, die dem Geleiteten einsichtig zu machen sind. Er genießt keine Privilegien aufgrund von Geburt, Status oder Vermögen, verfügt vielmehr nur auf Zeit über die für seine spezifischen Funktionen absolut unerläßlichen Mittel. Nach Beendigung seines Auftrags kehrt er wie der römische Staatsmann Cincinnatus an den Pflug zurück. Den Unterschied zwischen politischer Macht und rational-funktionaler Leitung hat schon Shakespeare in der ersten Szene des "Sturm" anschaulich beschrieben. Dort müssen Könige und Höflinge ihre Befehlsgewalt an den Kapitän und die Schiffsmannschaft abtreten. Zeitnäher und bescheidener wäre das Beispiel des Amtsarztes, der eine Impfung vorschreibt, oder des Polizisten, der den Verkehr regelt.

Die Gesellschaft der Zukunft würde weder stehende Heere noch bewaffnete Polizeitruppen, weder die Todesstrafe noch das Gefängnis benötigen. Wie noch zu zeigen sein wird, kann eine relativ stabile Gesellschaft mit humaneren Resozialisierungsmaßnahmen auskommen. Als ein Mittel, die Welt zu vereinheitlichen, könnte eine Weltwährung dienen, aber auch eine Weltsprache, die die unerläßliche Kommunikation erleichtern und die Kultursprachen nicht verdrängen, sondern ergänzen würde.

Zur Humanisierung der Bevölkerung würde auch der Verzicht auf die Tötung und den Verzehr von Tieren beitragen. Der Mensch hat ja auch einmal auf den Kannibalismus verzichten gelernt. Eine vegetarische Lebensweise würde helfen, die noch hungernde Bevölkerung angemessen zu ernähren. Die Tierzucht verschlingt ja heute ungeheure Mengen an Kalorien, die den Ärmsten der Armen, vor allem in der Dritten Welt, verlorengehen.

Eine solche Welt würde die vielbeschworenen "Grenzen des Wachstums" nicht so sehr als Bedrohung denn als Chance sehen. Wahrscheinlich müßte die Weltbevölkerung einige Jahrzente lang geplant und systematisch verringert werden. Vielleicht sollte sich in dieser Übergangsphase die Mehrheit der Menschen mit zwei Kindern oder gar nur einem Kind begnügen. Dafür würden die Elternpaare nicht isoliert wohnen und leben müssen, vielmehr in Großfamilien, Kommunen und Nachbarschaftsgruppen vereint sein. Jüngere Paare könnten sich aber auch, bevor sie einen Beruf ergreifen, mit ihren Kindern einige Jahre lang in ländlicher Umgebung ganz dem Familienleben widmen, um erst wieder, nachdem die Kinder selbständig geworden sind, in größere Städte zu ziehen und dort beruflich tätig zu werden. Die riesige Millionenstadt Megalopolis mit ihren Slums würde freilich nur noch in der Erinnerung fortleben. An die Stelle von Wolkenkratzern wären neue überschaubare Siedlungen getreten, so daß die Kluft zwischen Stadt und Land gemildert wäre.

Niemand würde bis zur Senilität oder Ivalidität 50, 60 oder gar 70 Stunden in der Woche schuften. Das Recht auf Arbeit wäre mit dem Recht auf Faulheit, über das schon Marxens Schwiegersohn Lafargue geschrieben hat, so kombiniert, daß genug Arbeit und Muße für alle vorhanden wäre. Dabei würde den Schwerstarbeitern die kürzeste Arbeitszeit zugebilligt werden. Arbeitsloses Einkommen und Kapitalakkumulation wären verpönt. Die Einkommen und Verdienste hätten sich so angeglichen, daß es weder Bettler noch Millionäre oder gar Milliardäre gäbe. Kein Wunder, daß, um Erhard Eppler zu zitieren, niemand mehr über" eine Villa mit geheiztem Schwimmbad" verfügen könnte. Vielleicht müßte auch der einzelne darauf verzichten, allein im Privatauto durch die Stadt zu rasen. Angesichts der Verknappung der Ressourcen könnte die alte sozialistische Parole "jedem nach seinen Bedürfnissen" einen neuen Sinn erhalten. Doch müßten die lebensnotwendigen Güter und Dienstleistungen allen Menschen unentgeltlich zur Verfügung stehen. Für den Nahverkehr, aber auch z. B. für Brot, Milch oder andere Grundnahrungsmittel würde ein Nulltarif gelten, über den heute schon viel gestritten wird.

An die Stelle der die Umwelt immer stärker bedrohenden Großtechnik wären umweltverträglichere kleinere und mittlere Techniken getreten. Man hätte auf jede Art von Verschleiß-, Verschwendungs- und Luxusproduktion verzichtet. Dafür hätten alle Produkte eine möglichst lange Lebensdauer. Wie schon öfter erwähnt, würde Qualität Quantität ersetzen. Die Menschen würden nicht leben, um zu arbeiten und immer mehr zu verdienen und zu horten, sondern um in einem ganz neuen Sinn produktiv zu werden - in der Arbeitszeit und in der Freizeit. Selbst wenn trotz Roboter und Mikrochips die Arbeit noch kein reines Vergnügen wäre, so würde auf ihr doch nicht mehr der biblische Fluch lasten. Schon 1857 hatte John Stuart Mill erklärt, gerade eine Gesellschaft mit konstantem Kapital und gleichbleibender Bevölkerung könnte viel Spielraum gewähren "für alle Arten geistiger Kultur, für moralischen und sozialen Fortschritt". In der Tat könnte sich der Mensch nunmehr ganz anders als bisher statt auf die Eroberung der Natur, auf die Entfaltung des Menschlichen konzentrieren. Die technische Leistung würde zurücktreten, und der einzelne würde mehr Zeit haben für die Pflege der Beziehungen zu seinen Mitmenschen. Soziale Dienste würden einen neuen Stellenwert gewinnen, und neue Berufe würden entstehen. Mancher könnte sich als Pädagoge oder Psychagoge, Therapeut oder einfacher "Gesellschafter" betätigen, wobei der Begriff des Gesellschafters an den alten Beruf der Gesellschafterin anknüpfen soll. Wer sich für Politik interessiert, würde nicht von der Politik, sondern für die Politik leben. Verborgene Talente könnten sich so entfalten, daß die Zahl der Künstler, Schriftsteller oder Philosophen beträchtlich anstiege. Neue Formen der Muße würden entdeckt werden. Der Mensch von morgen hätte ungeahnte Möglichkeiten zu spielen, zu sammeln und zu wandern, zu musizieren und zu malen, zu schreiben und zu dichten. So gewänne das sprichwörtliche "otium cum dignitare" (Muße mit Würde) einen neuen Sinn. Es wäre nicht mehr das Privileg der wenigen, sondern tägliche Lebenspraxis der vielen.

Wie der Amerikaner Lewis Mumfort es formuliert, würde der Mensch der Zukunft eine Fülle von neuartigen Rollen kombinieren. Seine nicht von der Automation erfaßte Arbeit erhielte eine erzieherische Funktion, die Intelligenz und Gefühl mit einbezöge und den mechanischen Verrichtungen etwas von der Freiheit des alten handwerklichen Schaffens zurückgäbe. In einer solchen "Lebenswirtschaft" würde "Erziehung das Hauptgeschäft des Lebens" ausmachen. Diese Gesellschaft von morgen würde dann zu einer Art globaler "pädagogischer Provinz" werden. Außerdem würde der neue Mensch, wie ihn sich so nüchterne Wissenschaftler wie Julian Huxley oder Haldane vorstellen, nicht nur ein neues Bewußtsein der Körperfunktionen entwicklen, sondern auch "Hypnose, Traum, Tanz und Besessenheit" als normale Lebensäußerungen ansehen. Der Dramatiker Jean Anouilh meint allen Ernstes, in der Zukunft könnte jeder zum Theaterspiel verpflichtet werden, um so seine Aggressionen abzureagieren.

Auf welchem Wege können wir aber zu einer auch nur halbwegs sozialistischen Welt gelangen? Wir haben wiederholt von einem "Dritten Weg" zwischen West und Ost gesprochen. In Europa, besonders aber auch in Deutschland, setzten viele unmittelbar nach 1945 ihre Hoffnung auf den Dritten Weg. Dabei reichten ihre Vorstellungen von einem leicht modifizierten Wirtschaftsliberalismus mit starker Betonung des kleinen und mittleren Eigentums bis zu einem demokratischen Sozialismus oder sogar auch einem angeblichen "bürokratischen Verwaltungssozialismus". Im Rückblick auf das bekannte Ahlener Programm der CDU von 1947 bekannte sich Norbert Blüm auch später noch zu "einer Neuordnung, die zwischen Kapitalismus und Kommunismus einen Dritten Weg sucht". Richard von Weizsäcker erklärte, das Ziel der CDU sei die politische Gestaltung eines Dritten Weges zwischen Liberalismus und Kommunismus, zwischen dem ungehemmten Recht des Stärkeren und dem sozialistischen Kollektiv. Anläßlich der Verleihung eines Friedenspreises an Egon Bahr führte Günter Grass aus, Wandel durch Annäherung könnte "in der Tat einen Dritten Weg offenlegen: *Hier* würden Banken und Produktionsstätten unter gesellschaftliche Kontrolle gestellt werden; *dort* würden Grundrechte den Bürgern nicht mehr verweigert bleiben. Ein noch unbestimmter, als Hoffnung dämmernder Sozialismus, der den Menschen als mündig begreift und sich nicht totaler Selbstzweck ist, könnte nach langwieriger Annäherung Wandel bedeuten".

Auch in der Dritten Welt suchte man nach neuen Lösungen jenseits der in der Ersten und Zweiten Welt etablierten Systeme. Eine Zeitlang schienen Mexiko, Tansania, Chile oder Peru, Nicaragua und Bhutan einen neuen Dritten Weg gehen zu wollen. In Guayana steuerte Präsident Burnham eine "kooperative Republik" und einen "kooperativen Sozialismus" als dritten Entwicklungsweg an. Das letzte Buch Vinoba Bhaves, eines Mitstreiters von Gandhi, trägt den Titel "Dritte Macht". Diese stehe der Macht der Gewalt entgegen und sei selbständig gegenüber der Macht des Staates: "Diese dritte Macht gehört zum Menschen als Menschen, und wir suchen sie in weitestem Umfang zu verwirklichen". Ebenso wie bei uns sind freilich die Bemühungen in der Dritten Welt um einen Dritten Weg meist steckengeblieben.

Wir denken bei dem Begriff eines Dritten Weges an eine Synthese von sozialistischen und demokratischen Elementen, wie sie im Osten und im Westen zu finden sind. Insofern bieten gewisse demokratischsozialistische Programmpunkte einen möglichen Ausgangspunkt. Dennoch ist es wohl alles andere als ein Zufall, daß so mancher heute zögert, sich einfach zum Sozialismus, welcher Prägung auch immer, zu bekennen. Es gibt wenige Begriffe, die so vieldeutig sind wie dieser und so oft mißbraucht wurden und werden - man denke an den "realen Sozialismus" oder gar an den Nationalsozialismus. Trotz aller Enttäuschungen wollen wir auf den Terminus Sozialismus dennoch nicht verzichten. Warum sollte nicht auch den Sozialisten recht sein, was den Christen oder Demokraten billig ist, die trotz des doch uralten Mißbrauchs der Begriffe Christentum und Demokratie an ihnen festhalten? Zudem sind Menschen im Namen des Sozialismus immer wieder für eine bessere Zukunft eingetreten und haben in ihrem eigenen Leben ein Stück Sozialismus vorweggenommen oder sogar ihr Leben für ihr Ideal geopfert.

Zum ersten Mal in der Geschichte der Menschheit sitzen heute alle Menschen in einem Boot. Zwar reicht die Stufenleiter der Insassen nach wie von dem Schiffsjungen bis zum Kapitän oder Admiral, vom Zwischendeckpassagier bis zum Inhaber einer Luxuskabine. Einerseits ergibt sich so, objektiv gesehen, eine Identität der Interessen; alle sollten daran interessiert sein, daß das Boot nicht kentert, das heißt, daß kein atomarer Krieg ausbricht und die natürlichen Lebensgrundlagen des Menschen nicht zerstört werden. Dieses gemeinsame Schicksal bildet die große Chance, daß auch die Privilegierten sich überzeugen lassen, den Dritten Weg mitzugehen. Andererseits besteht die Gefahr, daß sie durch ihre besonderen Interessen und Vorrechte daran gehindert werden, daß Ausmaß der Krise rechtzeitig zu erkennen. Solange es ihnen noch gutgeht, fällt es ihnen schwer, langfristig und im Weltmaßstab zu handeln. Die Masse der Unterprivilegierten wiederum hat nicht gelernt, selbständig zu denken. Woher sollte der Durchschnittsmensch, der heute und hier für sich und seine Familie sorgen muß, Zeit und Muße finden, sich intensiv mit den globalen Bedrohungen der Zukunft zu befassen?

Sowohl die Herrschenden als auch die Beherrschten werden kaum durch gründliche Kenntnisse, rationale Überlegungen oder umfassende Erfahrungen motiviert; sie handeln eher aufgrund uralter Vorurteile, unbewußter Antriebe und kurzfristiger Interessen. Weder Ausbildung noch Bildung machen es dem Normalbürger leicht, sich intensiv mit den großen Herausforderungen auseinanderzusetzen. Die Massenmedien erschweren es ihm zudem, Abstand zu gewinnen zu den Staaten, die auf gewaltsame Konfliktlösungen nach außen und innen programmiert sind, zu den Wirtschaftssystemen, die auf quantitatives Wachstum auf Kosten der Umwelt angelegt sind, schließlich auch zur Gesellschaft und zur Familie, die das Bevölkerungswachstum fördern.

Es gibt also die paradoxe Situation, daß alle Menschen objektiv so wie noch nie gefährdet sind, daß viele dies jedoch subjektiv nicht genügend wahrnehmen. Der Minderheit, die weiß, um was es geht, fällt daher die unglaublich schwere Aufgabe zu, eine unaufgeklärte Mehrheit für eine dritte Zukunft zu gewinnen. Sie muß damit im Prinzip auf jegliche Form physischer Gewaltsamkeit verzichten, da Gewalt heute unversehens der Kontrolle entgleiten und die Menschheit bedrohende Dimensionen annehmen kann. Gäbe es heute eine gewaltsame Revolution, so würde sich diese kaum auf einen Barrikadenkampf im Stil des 19. Jahrhunderts beschränken lassen. In den Zentren der Macht müßte man mit dem Einsatz von Massenvernichtungsmitteln rechnen. Dies ist, wenn auch nicht der einzige, so doch ein wichtiger Grund, weshalb die Anhänger des Dritten Weges auf Gewaltfreiheit bestehen. Das bedeutet jedoch nicht, daß sie von vornherein auf politischen Kampf verzichten und den von den jeweiligen Machthabern diktierten Status quo unterwürfig hinnehmen sollten. Als Dritter Weg bleibt ihnen die Möglichkeit des gewaltfreien Widerstands.

Bisher galt auch bei den Sozialisten die Verhaltensregel, daß man entweder das jeweilige Gewaltmonopol des Staates, ganz gleich, ob es sich um den demokratischen Rechtsstaat im Westen oder die Volksdemokratie im Osten handelte, unbefragt respektierte oder aber durch gewaltsame Revolution abzuschaffen trachtete. Das Prinzip der Gewaltfreiheit stellt nun eine Synthese zwischen revolutionärer Gewaltsamkeit und quietistischem Legalismus dar: Es ist eine dem Dritten Weg angemessene Strategie. Die Anhänger der gewaltfreien Aktion verzichten auf die physische Gewalt gegenüber Menschen, sind aber nicht bereit, die bestehenden Gewalten stets und überall widerstandslos hinzunehmen. So hat Martin Luther King seine Politik der Gewaltfreiheit und des Widerstands selber als Dritten Weg zwischen Ergebung und Gewalt beschrieben: "Der Anhänger des gewaltfreien Widerstands ist mit dem, der sich in sein Schicksal ergibt, einer

Meinung, daß man nicht tätlich gegen seinen Gegner vorgehen soll. Andererseits ist er aber auch mit dem, der für Gewalt ist, einig, daß man dem Bösen Widerstand leisten muß. Er vermeidet die Widerstandslosigkeit des ersteren und den gewaltsamen Widerstand des letzteren".

Gibt es überhaupt eine Chance, daß ein noch so langer und steiniger Dritter Weg die Menschheit einer humanen Gesellschaft näher führt? Es wäre Selbsttäuschung zu behaupten, daß die Chancen sehr groß sind oder auch nur so groß wie noch vor einem Menschenalter. Der Atomphysiker Leo Szilard hat ganz offen erklärt: "Ich rechne mir zwar auf dem Papier 85 Prozent Wahrscheinlichkeit für den gewaltsamen Untergang aus, aber ich lebe und kämpfe für die verbleibenden 15 Prozent". Der Futurologe kennt jedoch auch unerwartete Entwicklungen, die sich der Prognose entziehen. Ausnahmsweise ereignet sich einmal etwas, das aller Erwartung und jedem Kalkül widerspricht. Unter der Oberfläche wirken hie und da Kräfte, die höchstens unsere kühnste Phantasie erahnen kann. Tschechische Reformer erzählen, daß, hätte man 1967 einen Prager Frühling prognostiziert, sie eine solche Entwicklung für undenkbar gehalten hätten. Und wer hätte vorauszusagen gewagt, daß 1974 in Portugal ausgerechnet Militärs eine Militärdiktatur stürzen und eine radikal-demokratische Revolution einleiten würden? Oder wer rechnete gar mit Gorbatschow und seiner Perestroika? Grenzen solche Entwicklungen nicht an so etwas wie historische "Wunder"?

Mit Recht hat man von unserer modernsten Supertechnik, der Kernenergie, als einem "faustischen Pakt mit dem Teufel" gesprochen. Oswald Spengler hat unsere ganze moderne Gesellschaft als faustische Kultur gedeutet und behauptet, sie sei dem Untergang geweiht. In der Tat hatte sich Faust rettungslos dem Teufel verschrieben. Bei Goethe geschieht dann aber doch ein Wunder: Trotz allem wird der verdammte Faust gerettet. Ist es da ganz und gar ausgeschlossen, daß unsere faustische Zivilisation noch durch eine Art von historisch-politischem Wunder gerettet wird. Wir wissen das nicht - dennoch sollten wir alles in unseren Kräften Stehende tun, um eine solches "Wunder" etwas wahrscheinlicher zu machen.

1   Ossip K. Flechtheim, Ist die Zukunft noch zu retten?, Hamburg 1987, (Taschenbuchausgabe München 1990)

Autoren

Klaus Burmeister

Politologe, wissenschaftlicher Mitarbeiter im Sekretariat für Zukunftsforschung in Gelsenkirchen (SFZ), Arbeits- und Forschungsschwerpunkte: Technologie- und Modernisierungspolitk, Netzwerk- und Zukunftsforschung

Weert Canzler

Politologe, wissenschaftlicher Mitarbeiter im Sekretariat für Zukunftsforschung in Gelsenkirchen (SFZ), Arbeits- und Forschungsschwerpunkte: Technologie- und Innovationspolitik, Unternehmensstrategien und Zukunftsforschung

Henning Dunckelmann

Prof. Dr., Soziologe, wissenschaftlicher Mitarbeiter im Institut für Zukunftsstudien und Technologiebewertung (IZT) in Berlin, Arbeitsschwerpunkte: Stadt- und Regionalsoziologie

Ossip K. Flechtheim

Prof. Dr. Dr., Politologe, emer. Hochschullehrer am Otto-Suhr-Institut der Freien Universität Berlin, Mitbegründer der Zukunftsforschung und Autor einer Vielzahl von Grundlagentexten zur Futurologie

Rolf Kreibich

Prof. Dr., Physiker und Soziologe, Leiter des Instituts für Zukunftsstudien und Technologiebewertung in Berlin und des Sekretariats für Zukunftsforschung in Gelsenkirchen, Arbeits- und Forschungsschwerpunkte: Zukunftsforschung, Wissenschafts- und Technikentwicklung

Peter H. Moll

Dr., Sozialwissenschaftler, wissenschaftlicher Mitarbeiter im Sekretariat für Zukunftsforschung, Arbeits- und Forschungsschwerpunkte: Zukunftsforschung, Umwelt- und Entwicklungspolitik

Christoph Zöpel

Dr., Wirtschaftswissenschaftler, SPD-MdB, ehem. Minister für Stadtentwicklung, Wohnen und Verkehr in Nordrhein-Westfalen, Initiator des "Forum Zukunft" und des Sekretariats für Zukunftsforschung in NRW